陕西历史博物馆
学术文库

周天游学术文存

周天游　著

科学出版社

北　京

内 容 简 介

《周天游学术文存》一，收入 1978—2020 年前的作者发表的学术论文为限。二，以代表作者学术方向和特点出发，论文分秦汉史研究总论、秦汉史专题研究、史学史和文献学专题、考古与文物考订专题、序跋类、学术综述六大部分。三，原文一般不加修订，基本保持原貌。四，总字数控制在 50 万字左右。五，以《周天游自传》收尾。

本书适合从事历史、考古、文物等相关专业的研究者及高等院校师生、文史爱好者等参考阅读。

图书在版编目（CIP）数据

周天游学术文存 / 周天游著. —北京：科学出版社，2023.8
（陕西历史博物馆学术文库）
ISBN 978-7-03-076164-4

Ⅰ.①周… Ⅱ.①周… Ⅲ.①中国历史–秦汉时期–文集 Ⅳ.①K232.07-53

中国国家版本馆 CIP 数据核字（2023）第 169211 号

责任编辑：王 蕾 / 责任校对：邹慧卿
责任印制：肖 兴 / 封面设计：金舵手世纪

科 学 出 版 社 出版
北京东黄城根北街 16 号
邮政编码：100717
http://www.sciencep.com

北京中科印刷有限公司 印刷
科学出版社发行 各地新华书店经销
*
2023 年 8 月第 一 版 开本：787×1092 1/16
2023 年 8 月第一次印刷 印张：21 1/4
字数：510 000
定价：278.00 元
（如有印装质量问题，我社负责调换）

作者简介

周天游，男，1944年7月18日（公历9月5日）生于上海，祖籍浙江诸暨。1967年毕业于天津南开大学历史系。1968年至1978年分别于黑龙江省龙江县华民公社中学、西安市第73中任教。1978年考入西北大学历史系，师从陈直先生攻读秦汉史。1981年毕业，获历史学硕士学位，留校任教。历任古籍整理教研室主任、历史系副主任（文博学院副院长）兼西北大学古籍整理研究所所长、图书馆馆长。1993年获评教授，又获评有突出贡献专家并享受国务院津贴。1995年调任陕西历史博物馆馆长，再获评有突出贡献专家。2006年起至今任西安曲江艺术博物馆馆长。现任陕西师范大学教授博导、北京师范大学双一流特聘教授、陕西省古籍整理出版委员会专家委员会主任委员、国家古籍整理出版规划领导小组成员。原中国秦汉史研究会会长、顾问、中国历史文献研究会副会长、中国社会史学会副会长。陕西省第七届人大代表、第八届政协委员、全国政协第九届和第十届委员（社会科学界）。

学术代表作有：《秦汉社会文明》（合著，负责衣食住行四章，西北大学出版社1985年版、1998年增订版、台湾谷风社繁体字版）、《秦汉史研究概要》（天津教育出版社1990年版，北京大学指定古代史专业必读书目）、《后汉纪校注》（天津古籍出版社1987年版）、《八家后汉书辑注》（上海古籍出版社1986年版，2020年增订版）、《汉官六种》（中华书局1990年版，2008年再版）、《西京杂记校注》（三秦出版社2006年版，中华书局2020年增订版）、《古代复仇面面观》（陕西人民教育出版社1992年版）、《秦汉雄风》（浙江人民美术出版社1999年版）、《盛唐气象》（同上）、《色挂形象穷神变——中国古代壁画源流》（文物出版社2013年版）、《中国通史》（白寿彝主编，本人应邀撰第四卷《秦汉时期》第一章"文献资料"）等。

代表论文有：《荀悦与〈汉纪〉》（《西北大学学报》1979年第4期）、《西汉末年吕母起义新探》（《光明日报》1984年1月25日史学版）、《袁宏》（载《中国史学家评传》上册，河南人民出版社1985年版）、《论东汉门阀的形成》（载《中国人文社会科学博士硕士文库》历史学卷，浙江教育出版社1998年版）、《两汉复仇盛行的原因》（《历史研究》1991年第1期）、《探微知著 "活"现历史》（《历史研究》1993年第2期）、《中国社会史研究的新趋势》（与葛承雍合撰，《历史研究》1995年第1期）、《20世纪的中国秦汉史研究》（与孙福喜合撰，《历史研究》2003年第2期）、《汉代中原史籍考述》（载《史学新论：祝贺朱绍侯先生八十华诞》论文集，河南大学出版社2005年版）、《汉书说略》及《后汉书说略》（载《经史说略》之《二十五史说略》，北京燕山出版社 2002 年版，中华书局 2015 年再版）、《论秦汉帝国与"中国"的关系》（载《秦史：崛起与统一》，西北大学出版社 2019 年版）、《论汉代文化的基本特征》及《周天游自传》（载《社会科学战线》2007 年第 2 期）等。

《周天游学术文存》序

　　天游先生厚重的文集编成，来信命我"写序言"，作为晚学，不胜惶恐之至。但回想数十年学术交往，确实有话要说，于是"从命"胜过了"恭敬"。

　　天游先生与黄留珠、张廷皓、吕苏生、余华青等先生同学，在西北大学历史系从陈直先生攻读硕士学位。其中黄留珠先生和周天游先生都是被称作"老大学生"的17年教育"黑线"培养出来的先进人才，受到大家共同的尊重，与后来的"工农兵学员"有所不同。当然，张廷皓、吕苏生、余华青几位学者后来都各有独自的重要贡献，分别成为学界翘楚。他们在读期间，陈直先生于1980年6月2日去世，于是由林剑鸣先生指导继续完成学业。传说赵俪生教授称自己当年指导的七位硕士生（杨善群、马明达、杨国祥、白文固、葛金芳、霍俊江、秦晖）是"七只九斤黄"。这样的称谓，潜涵慈爱之心。而陈直先生指导的黄留珠、周天游、张廷皓、吕苏生、余华青形成的学术组合，与赵门"七只九斤黄"同一年级，当时又有林剑鸣先生作为学术中继，以学术方向彼此接近，学术实力初露锋芒，似乎更享有盛名。

　　陈直先生是中国秦汉史研究会筹建机构的负责人。1981年9月，中国秦汉史研究会在西安成立，林甘泉先生被推选为第一任会长，林剑鸣先生任副会长兼秘书长。当时各高校和研究单位有秦汉史研究室建置的其实并不多，而西北大学秦汉史研究室因林剑鸣及黄留珠、周天游、张廷皓、吕苏生、余华青的学术实力和学术影响，大受秦汉史学界的看重。不过，林剑鸣教授后来调京，青年研究力量的工作岗位也分别有所变化。按照林剑鸣教授的说法，称作"星散"。而天游先生先后在西北大学历史系、西北大学文博学院、西北大学古籍整理研究所、西北大学图书馆、陕西历史博物馆、西安曲江艺术博物馆担任领导职务。他在繁复纷杂的行政管理和学术领导工作的间隙，依然坚持从事学术研究，在多个领域取得突出成就。我们面前的这部《周天游学术文存》就是其中的一部分。

　　《周天游学术文存》分"总论""秦汉史专题""史学史文献学专题""考古与文物考订""序跋""学术综述"几个部分，以及《周天游自传》。总体说来，大致可以体现天游先生勤苦的学术跋涉足迹和优异的学术研究创获。

　　天游先生在秦汉史籍整理方面累年辛苦经营，付出甚多，贡献甚大。其学养之深厚、钻研之勤奋，为学界公认。他整理的《七家后汉书》（汪文台辑，周天游校，河北人民出版社，1987年）、《八家后汉书辑注》（周天游辑注，上海古籍出版社，1986年；增订版，上海古籍出版社，2020年）、《汉官六种》（孙星衍等辑，周天游点校，中华书局，2008年），都有无可替代的作用。《八家后汉书辑注》又经增订，更是精益求精。收入《周天游学术文存》的这几种书的"序""前言"和"点校说明"，都是古籍整理或者说文献学的成果。在文献学史及史学史的领域，周天游的研究成果都受到肯定。而他在这一方向的学术心路和研究收获，在收入此书的《周天游自传》（《社会科学战线》，2002年第2期）中有所说明。

文献学其他论作，有《荀悦与〈汉纪〉》（《西北大学学报（哲学社会科学版）》1979年第4期）、《汉魏六朝佚史刍议》（《纪念林剑鸣教授史学论文集》，中国社会科学出版社，2002年）、《宋王叔边本〈后汉书〉识语》（《高敏先生八十华诞纪念文集》，线装书局，2006年）等。这些论文，都是富有前沿性且高质量的文献学与史学史研究成果。或许可以说，如果离开天游先生的论著，是不大容易弄清楚秦汉史籍的背景、内涵和学术意义的。而《史略浅析》（《〈史略〉校笺》，书目文献出版社，1987年）等，也可以增益读者的文献学知识。

关于秦汉史研究的基本学术基底，关于秦汉史研究应当注意的主要问题，关于秦汉史研究的合理路径等，天游先生的《秦汉史研究概要绪论》（《秦汉史研究概要》，天津教育出版社，1990年）有重要的提示。我自己作相关的思考，经常参考这篇文字，也曾多次向学生推介。而天游先生《20世纪的中国秦汉史研究》（与孙福喜合著）（《历史研究》2003年第2期）等秦汉史学术综述，也为研究者提供了比较全面的学术史总结。

西北大学历史学科曾经为中国社会史研究新高潮的到来有力地推波助澜。天游先生参与发起组织，在西北大学召开了全国第五次社会史学术研讨会，到会学者一定不会忘记当时活跃的场面。林剑鸣老师组织，黄留珠、周天游、余华青等共同编著的《秦汉社会文明》中，天游先生主持撰写了衣食住行四章。他以东汉门阀的形成作为硕士论文主题，随后又于1991年在《历史研究》发表《两汉复仇盛行的原因》一文，不久又主编《中国社会史文库》，第1辑收入所著《古代复仇面面观》一书，即站立在社会史研究的前沿。《中国社会史研究的新趋向》（与葛承雍合著）（《历史研究》1995年第1期）收入这部《周天游学术文存》，可以体现作者作为社会史研究先行者的深刻思考。

天游先生的《论汉代文化的基本特征》（《社会科学战线》2007年第2期）对"汉代文化"的基本风格和时代意义进行了宏观考察、全面总结和比较合理的说明。而《论秦汉帝国与"中国"的关系》（《秦史：崛起与统一》，西北大学出版社，2019年）则通过新的学术视角分析了秦汉国家在"中国"政治实体与政治理念出现与发展进程中的意义，所论主题有鲜明的学术前沿意义和理论创新价值。

陈直先生是西北大学的光荣，他坚持的学术原则，他贡献的学术成就，他引领的学术方向，李学勤先生曾经以"治学朴实精深""学有端绪""又能开辟新境"评价，又说"他的精神亦得永存，值得我们长期学习"（李学勤：《陈直先生其人其事》，《陈直先生纪念文集》，西北大学出版社，1992年，第23、25页）。作为陈直先生直接指导的学生，天游先生总结师说、明朗师承、坚守师训的文字，如《陈直与秦汉砖陶研究》（《中国史研究动态》1994 年第 12 期）、《摹庐藏瓦题识辑存》（《文博》1991 年第5 期）、《关中秦汉陶录前言》（《关中秦汉陶录》，中华书局，2006 年）等，都对我们理解和继承陈直先生的学术风格大有助益。

　　"陈先生一生治学的基本方针"，就是他在《汉书新证》自序中所说，"以（《汉书》）本文为经，以出土古物资料证明为纬，使考古为历史服务，既非为考古而考古，亦非单独停滞于文献方面"。李学勤先生明确指出，"把考古和文献互相结合起来，借以研究古代历史文化，即王国维提倡的二重证据法""王氏所说'纸上之学问'指文献，'地下之学问'指考古。他当时讲的新发现，共列举五项：殷墟甲骨文、敦煌及西域简牍、敦煌卷子、内阁大库书籍档案、古代少数民族遗文，至今仍是专门研究的对象"。对于陈直先生坚持其治学基本方针在相关研究领域的新的推进，李学勤先生予以高度肯定："陈直先生的研究范围，则超过了这五项。我们知道汉代文物极为零散繁多，真是所谓片砖残瓦、散金碎玉，而陈先生却积几十年的功力，加以汇集萃聚，一一与文献相印证，为汉代研究别开生面。如他自己所说，这一新道路，'为推陈出新者所赞许，为守旧不化者所睢盱，知我罪我，所不计已'。"对于这种学术风格予以指责的声音现在已经不大听得到了。正如李学勤先生所说，"他开拓的道路，已为学术界大多数所肯定了。这正是把王国维提倡的二重证据法做了进一步的发挥，从而取得丰富的成果"（《陈直先生其人其事》，《陈直先生纪念文集》，第 23、24 页）。天游先生深情回忆："令我终生难忘的是，在陈先生去世前半小时，他尚在为我解答论文有关问题。而当我离开后仅十多分钟，他便平静安详地睡在床上离我们而逝。用'鞠躬尽瘁、死而后已'来评价陈先生的师德，是再恰当也不过的了"（《周天游自传》，《社会科学战线》2002 年第 2 期）。理解这种深厚的师生情谊，使得我们读《周天游学术文存》中有关颂扬陈直先生学风的文字可以产生更深切的感念。而天游先生继承与实践陈直学术精神的成果，如《"秦缶"考》（《西北大学学报（哲学社会科学版）》1984 年第 1 期）、《秦乐府新议》（《西北大学学报》1997 年第 1 期）、《西安相家巷出土秦封泥简读》（与刘瑞合著）（《文史》2002 年第 3 期）等论文，以及在承担陕西历史博物馆、西安曲江艺术博物馆领导职务之后的一些文字，如《中国古代壁画源流前言》（《色挂形象穷神变——中国古代壁画源流》，文物出版社，2013 年）、《色·物象·变与辩序》（《色·物象·变与辩》，文物出版社，2014 年）、《丝路回音序》（《丝路回音》，文物出版社，2020 年）等，是可以读作陈直学术努力的继续的。我曾经说，陈直《史记新证》《汉书新证》开启了"以出土古物资料证明"秦史古籍这样的工作路径。在陈直之后，许多学者继续进行着这样的工作，取得了明显的成就。如果有青年学者愿意继陈直之后作《史记新证》《汉书新证》续补的工作，条件已经成熟（《考古发现与秦史古籍研究的进步》，《中国社会科学报》2022 年 7 月 1 日第 5 版）。对于更长久时段的古籍研究也是如此。而天游先生的工作，其实有先行开拓的作用。

天游先生曾经连续担任中国秦汉史研究会的副会长兼秘书长、会长。在他担任学会领导期间，中国秦汉史研究会进入比较平稳、比较团结的阶段。整个学会的学术气候亦转向晴朗，这是学会同仁有目共睹的。天游先生能文能酒，举杯颇有豪气。为人亦宽容，作为领导出差较多，下属有"周天""游"的议论，天游先生并不以为忤。我在酒席上三五杯后有时无大无小，敢称天游先生夫人"弟妹"，他则但作一笑而已。天游先生的宽怀礼让，尤其表现在学问上。记得《后汉纪校注》面世，有学者提出批评，言辞稍显严厉。我看到后即转致天游先生，附语亦代为不平。他却诚挚表示，那是从事古籍整理初期的工作成果，确实多有疏失。这样的态度，让我非常感动。

收集旧文，天游先生的意见，是"从能代表本人学术方向与特点角度出发"，并且"对原文一般不加修订，维持原貌，以反映学术研究实际发展演变过程"。这种态度，我以为是正确的，天游先生自己的说明，也是十分得体的。《周天游学术文存》的编定于是保持了原貌，这对于反映学术研究演进的实况，确实是适宜的。这一做法，对照随着时势变化反复改变过去文字的情形，当然是开明的，合理的，也是符合历史主义精神的。这一点，也体现了天游先生作为文献学者的科学意识。

我们在肯定《周天游学术文存》学术价值的同时，也应当致谢陕西历史博物馆组织安排出版此书。这确实是功德心促成了功德事。

陈直先生有《忆与贾芸孙同游天水东门外诸葛垒》诗："我自为偏安，人亦必偏安。我不为兼并，人兼并亦难。如此论诸葛，灼然见肺肝。涕泣《出师表》，特与后人看。尝以语贾生，至言惊不刊。"此作收入《陈直先生遗诗〈摹庐诗约〉选》，作为《陈直先生纪念文集》第一部分发表，署"摹庐弟子周天游整理注释"（《陈直先生纪念文集》，第12页）。此诗没有注释。诗句的深意"至言"，虽用"灼然见肺肝"句，其实好像并不"灼然"，也许需要反复深思方能尝试解说。从字面看，与"后人"的史识交流，空间定位于"天水东门外诸葛垒"，涉及"偏安""兼并"。我们在这里更为注意的是先生与晚辈"贾生""贾芸孙"的学问接递。陈直先生与天游先生的学术精神交映，或许是做到了"灼然见肺肝"的。而"后人"之"后"，更有"后人"，年轻学者体会天游先生大著《周天游学术文存》所透露出的师生关系，包括师德继承、学风发扬，以及心意印合与情感沟通，即所谓"灼然见肺肝"，也许会有自己的理解。我们希望这样的理解，是积极的，富有进取意义的。

王子今

北京大有北里

2022 年 7 月 19 日

宏阔的视野　不懈的追求
——《周天游学术文存》读后

大家知道，周天游先生早年师从我国著名秦汉史学家陈直教授，毕业后，或在高校任职，或在文博系统，但始终都没有离开历史文物这个大的圈子。几十年的岁月里，无论是繁忙的教学，还是琐碎的管理工作，周先生都没有中断学术研究。周先生以秦汉史为中心，在历史文献整理、考古文物研究以及社会史研究等领域都取得了丰硕成果，透射出他宽阔的学术视野、深厚的学术功力和强烈的现实关怀。《周天游学术文存》（以下简称《文存》）共收有35篇文章，集中了周先生自1978年至2020年间公开发表的主要作品，其中总论类有3篇，秦汉专题论文6篇，历史文献学专题论文7篇，文物考订论文5篇，序跋类文章11篇，综述类文章2篇，以及作者自传1篇。《文存》编选内容丰富，分类细致，我这里再做一点归纳总结，为学界了解、学习、研究周先生的学术成就提供一点便利。

一、秦汉历史文献研究

学习秦汉史的人都知道，周先生在秦汉历史文献整理上有深厚的造诣，这实际上是以他对秦汉历史文献的深入研究为基础的。《文存》中收入的《荀悦与〈汉纪〉》《袁宏》《评司马彪的史学成就》《汉代中原史籍考述》《汉魏六朝佚史刍议》《宋王叔边本〈后汉书〉识语》等文，就反映了周先生在这一研究领域的水平。就传世文献而言，前四史是研究秦汉历史主要脉络的基本史料，但并不能仅限于前四史。除前四史外，荀悦的《汉纪》、袁宏的《后汉纪》、司马彪的《续汉书》，以及诸多秦汉文献的佚文辑本，也有其独到的史学价值，可为秦汉史研究补充很多有益的史料，需要史家努力去发掘其内在的价值。从20世纪70年代后期开始，周先生在陈直先生的指引下，就开始研究这类史书辑本，并对其成书缘由、编撰体例、主体内容、史学价值、史家思想、版本流传等基本信息进行考证梳理，从而极大开阔了我们对秦汉史研究领域传世文献史料范围与史料价值的认识。

在《荀悦与〈汉纪〉》一文中，周先生对《汉纪》的史学贡献进行了总结，认为《汉纪》开编年体断代史之例、开抄书别创新体之例，同时还"运用类比的方法，把同类的人或事巧妙地联系起来记载，突破了编年体以年月记事的限制，给读者一个比较完整的印象。这是荀悦在断代史写作中，创造性地贯彻会通思想的一个范例"，从而开拓了编年体史著的内涵，是纪事本末体的萌芽。作为我国官修史书中最早的一部，周先生并不认为《汉纪》只是简单地照搬《汉书》，思想上也并非完全因袭班固的保守性，而是"也有人民性的进步的另一面""坚持了我国秉笔直书的史学优良传统"。周先生以唯物史观的眼光科学辩证地分析了《汉纪》的不足，也肯定了其史学价值。

在《袁宏》一文中，周先生对《后汉纪》的史学价值进行了全面阐释，认为《后汉纪》选用史料丰富，撰写内容翔实，特别是关于汉末的记载"不仅远远超过同时代的诸家后汉书，就连晚出的范晔《后汉书》也不如其翔实"。同时认为在纪传体史书如林的情况下，袁宏能够承继古史之遗风，"以《汉纪》为蓝本，完成了又一部便于观览而又详略有体的编年体断代史……得到了许多学者的重视"。文章还将《后汉纪》与《后汉书》进行了多重对比，肯定了《后汉纪》的史料价值。

在《评司马彪的史学成就》一文中，周先生对《续汉志》的主要内容进行了细致梳理，指出彪志作为范书不可分割的一部分，与范书之间是一种互补的关系，甚至认为"从某种意义上讲，与其说是彪志依范书而得以传世，不如说是范书凭彪志而近于完备"，充分肯定了《续汉志》的价值。文章还认为《后汉书》存在着失实和疏漏之处，还需要依靠司马彪《续汉书》等八家书来补正，只重视范晔的《后汉书》而漠视其他后汉史书的情况亟须改变。周先生对司马彪的其他史学成就也做了梳理。

在《汉代中原史籍考述》一文中，周先生介绍了两汉史学发展的总体情况，同时对散见于史籍中的中原史家与史籍资料钩沉稽隐，按照时代先后进行考述，并归纳其成就特点，极大丰富了我们对汉代中原史籍的认识。

在《汉魏六朝佚史刍议》一文中，周先生对汉魏间的正史、起居注、谱牒及杂传三类史料的基本情况进行了梳理，也阐释了自己在辑佚工作上的原则。

周先生将自己对秦汉文献的研究贯穿在秦汉文献的整理上。大家知道，周先生在秦汉历史文献整理上用功甚勤，按照《自传》的说法，他是在陈直先生的教导下，"按他的部署一步步走来"。周先生先后整理出版有《八家后汉书辑注》《〈史略〉校笺》《七家后汉书》《后汉纪校注》《汉官六种》等多部古籍。《文存》中选录的《八家后汉书辑注前言》《汉官六种点校说明》《西京杂记校注前言》《〈史略〉浅析》等篇目均选自相关作品的前言部分，便于读者了解相关古籍的历史背景、编撰特点、主体内容、史学价值、流传情况及整理情况，也便于读者在阅读过后，基于各自的学术兴趣及研究需求，准确定位所需的相关史料。

二、文物考古资料研究的探索

周先生深受陈直先生的治学影响，特别是陈直先生"创造性地把考古资料系统地引进该领域，使古籍整理与研究工作达到新高度，创出新水平"（《自传》）的方法，对周先生影响至深。在深入研究传世文献的同时，周先生同样注重考古文物资料在秦汉史研究中的运用，特别是1995年至2004年出任陕西历史博物馆馆长之后，他关注与研究的方向尤其如此。

在《〈关中秦汉陶录〉前言》一文中，周先生归纳陈直先生的学术成就主要表现在《汉书》研究、秦汉经济史研究、居延汉简研究以及秦汉砖陶瓦当研究四个方面。在评价《汉书》研究成就时，周先生特别强调陈直先生基本摆脱了从文献到文献转相征引的传统方法，而是"以本文为经，以出土古物材料证明为纬"的新方法，在前人耕耘过千百遍的熟土上，取得了一系列令人瞩目的成果。这种治学方法对周先生有深刻影响。

《文存》中收录有《海昏侯墓三议》《秦乐府新议》《〈西汉诸侯王陵墓制度研究〉序》《20世纪的中国秦汉史研究》等文，这些文章既反映了周先生对继承陈直先生"二重证据法"的重视，又反映了他对这一方法未来前景的展望。在《海昏侯墓三议》一文中，周先生将墓中出土的大量与文化相关的器物同《汉书》相参证，认为霍光集团对刘贺"罪行"的宣判只是政治斗争的需要，刘贺的命运始终与朝廷权力角逐形势紧密相连。而海昏侯墓的发现，说明《汉书》关于刘贺的记载"突显了历史的真实"，证明《汉书》写作的可靠性。在《秦乐府新议》一文中，周先生指出新公布的"乐府丞印""左乐丞印"和"雍左乐钟"三枚秦封泥，为研究秦汉乐府制度的发生、发展、更变提供了新的资料，得出秦乐府应属太乐令而非少府这一新的结论。在《〈西汉诸侯王陵墓制度研究〉序》一文中，周先生在对《西汉诸侯王陵墓制度研究》的学术特色及学术价值进行概述时谈到，该书"把陈直先生将二重证据法引入秦汉史研究领域的科学方法，在本课题中发挥得淋漓尽致。作者把与该课题相关的历史文献几乎搜罗齐备，同时也把一切能够收集到的考古资料网罗殆尽，并且把两者恰当地结合起来进行印证，得出一批大体可信的结论"。在《20世纪的中国秦汉史研究》一文中，周先生对秦汉史研究的未来进行展望，认为"秦汉的文献史料集中而有限，可文物考古资料却相当丰富。20世纪的秦汉史研究充分说明：将文物考古资料和文献资料熔于一炉，使文物考古资料与文献资料互相印证，是秦汉史研究取得重大进展的必由之路"。

其实周先生不仅在传世文献整理上下过很大功夫，在考古资料的考订研究及保护上也做过很多工作。比如《西安相家巷出土秦封泥简读》《西安曲江艺术博物馆收藏棺木画浅析》等就是属于这类研究文章。需要特别提及的是周先生在壁画保护研究上的重大贡献，2006年后他任西安曲江艺术博物馆馆长，十分重视古代壁画的保护与研究。他认为，"中国古代壁画是中国文博界里一类重要却又遭到漠视的文物，也是既古老而又年轻的一个科研对象与课题。说它重要，是因为古代壁画是中国古代社会最为直观也是最为真实的历史再现，极大地弥补了文献的不足。它的存在系统而完整，几乎每个朝代都不存在缺项；同时还传承有序，具有十分鲜明的时代特征，是我们了解中国古代社会与历史不可或缺甚至是不可替代的宝贵文化遗产"。由于各种原因，国内学界对古代壁画资料的史学价值重视不够，保护措施也不够。鉴于此，周先生利用西安曲江艺术博物馆这个平台，积极开展国内外学术交流，极大地推动了我国壁画的保护、研究与宣传工作。《文存》中收入的《〈色挂形象穷神变——中国古代壁画源流〉序》《〈色·物象·变与辩——首届"曲江壁画论坛"论文集〉序》《〈再获秋实：第二届曲江壁画论坛文集〉序》《〈丝路回音：第三届曲江壁画论坛论文集〉序》等，是周先生长期关注我国古代壁画保护、研究及宣传的一个缩影。

三、秦汉社会史研究的深刻揭示

依照周先生《自传》中自己的话说："我治学的基本特点是在整理秦汉文献的基础上，开展秦汉社会史专题研究。"《文存》中收入的《两汉复仇盛行的原因》《西汉末年吕母起义新探》及《探微知著 "活"现历史》等几篇文章，就是周先生在秦汉社会史领域多年耕耘的佳作。

在《两汉复仇盛行的原因》一文中，周先生系统探讨了两汉复仇的起源、背景、状况与特点，指出旧有的血亲复仇在春秋战国的社会大变革中仍然保存下来，成为维系宗族团结关系的重要凝固剂之一。"两汉封建社会仍是以血缘关系为基础的宗法社会""这种以血缘关系为纽带的封建宗法关系，跳出了奴隶制宗法制的贵族小圈子，深入到社会的各个大小不等的血缘群体之中，非但没有丝毫的松弛，反而更为强化，更具有普遍性"。基于这样的历史视角和理论视角，周先生深刻揭示了两汉复仇的历史渊源、社会基础、理论依据与政治基础，使这一问题的研究大大突破了以往的狭隘局限。但周先生并没有到此为止，而是在《探微知著 "活"现历史》一文中继续谈到，过往对于复仇问题的研究使他深刻认识到，复仇风尚的盛行不仅具有前作所述的种种原因，同时它也是"不同阶级、不同阶层人士经济利益、政治利益、社会利益冲突的外在表现形式之一，是古代社会习俗和地域文化特征、价值取向的一种独特反映。从一个小小的社会现象中，可以透视一个时代乃至整个封建社会。采用这种以小见大、探微知著的研究方法，从不同的角度和侧面解剖中国社会，我们对中国社会就会有一个比较全面而深入的认识，同时也会对社会史有更明确和深刻的了解"。这样他就把对某个具体社会史问题的研究上升到了一般方法论的高度。

社会史研究是改革开放以后我国史学研究中发展最为快速的一个领域。周先生无疑是比较早的在这个领域进行实证研究与理论探索的先行者。在《探微知著 "活"现历史》一文中，他还谈及社会史研究的诸多理论方法问题，认为社会史研究绝不应仅局限于微观或是中观，而应在前者研究的基础上"从宏观上揭示历史上中国社会的基本构架和发展规律。只有这样，才能克服社会史研究的'离心'倾向，才能克服社会史研究领域过于宽泛的不足，才能克服为再现历史而再现历史的弊病"。社会史研究过程中应避免将注意力过多地集中在政治制度、经济制度、文化制度上，从而忽视对于制定或改变上述种种制度的本体的人的研究。对于历史时期内作为某个阶级、阶层或集团的整体意义上的人的活动，我们在研究中应给予充分的重视，从而令社会史的研究焕发活力。他的这些思考至今仍有很大的启发意义。

周先生在学术研究上非常注重历史整体性的把握。在《〈秦汉史研究概要〉绪论》中指出，新一代的秦汉史研习者应该调整好博与专的关系，"不能就秦汉史而论秦汉史，而是应该将秦汉史置于中国历史的发展过程中，并置于世界历史的发展过程中去考察，去比较，去总结"。他的《论秦汉帝国与"中国"的关系》《论汉代文化的基本特征》《论东汉门阀的形成》等文章均是如此，虽讨论的仅是秦汉时期的某一问题，但均从先秦谈起，追根溯源，对问题的认识更为深刻。对历史整体性的把握又彰显出周先生宏阔的学术视野，因此他特别强调"不但要把中国秦汉时期的各种发展变化状况置于整个中国历史发展变化的长河中去，而且要把秦汉时期的中国置于当时整个世界范围内，作为世界的有机组成部分去认识、理解、描述、分析"。他在任陕西历史博物馆馆长时期，就非常注重汉代与古罗马的比较，多次举办展览，推进了学术界与社会大众对东西方两大文明的认识。

四、浓厚的学术情怀与现实关怀

周先生是一位具有家国情怀的学者，这充分体现在他所从事工作的各个方面。在学术研究上，他甘为人梯，整理出版多部古籍，是著名的秦汉历史文献学大家，但实际上他明白，"古籍整理工作往往不被现今的学界看重，甚至不少院校在考核科研成果时少计或不计古籍整理成果。殊不知古籍整理的难度不亚于写部新著，更重要的是这是一件功德事，也是做学问必走的打基础的门径。它利人利己，利国利民，何乐而不为！"（《自传》）。周先生自己释然了自己的心中之结，也就不再为此而纠结，而是心甘情愿投身于文献整理，为众多的秦汉史研究者提供了极大便利，其功德值得我们铭记。

西北大学长期是我国秦汉史的研究重镇，也是中国秦汉史研究会的重要基地。周先生也长期在西北大学任职，后又担任研究会的领导，因此他对秦汉史研究的动态与发展方向十分关心，不断予以总结归纳，提出意见看法，以利于秦汉史研究不断完善。在《〈秦汉史研究概要〉绪论》中，他就谈到了当时秦汉史研究中存在的主要问题和次要问题，他当时提出的一些需要重视而又少有人问津的问题，如家族史和社会史研究、豪族研究等，在其后的几十年间都成为重要问题，取得了很大成绩。秦汉史研究应当怎样推进？在《绪论》中，周先生提出"我们既要抓住重点，又要开拓新领域，以点带面，相辅相成"的方法，这个方法我以为对今天的秦汉史研究避免细碎化仍然有深刻的借鉴意义。同样在《20世纪的中国秦汉史研究》一文中，周先生非常系统详尽地总结归纳了20世纪中国秦汉史研究的各个发展阶段特点及其代表性人物的论著，并对21世纪的中国秦汉史研究提出了展望。对这样一些烦琐庞杂的综述类学术工作的关注，同样是一种学术情怀的体现。

周先生学术研究上的家国情怀还体现在他对现实的关注，以及对中华优秀传统文化的总结梳理上。在《论秦汉帝国与"中国"的关系》一文中，周先生认为"从现今中国为基点出发，追本溯源，找出中国形成完整意义上合格国家产生的年代，具有重要的历史价值与现实意义。只有找到了国家的起始点，才能弄清它的传承性；而只有弄清了它的传承性，才能更好地维护它的合法性"。在《论汉代文化的基本特征》一文中，周先生不仅对汉代文化的多元性、统一性、包容性、和谐性与创造性，以及中华传统文化博大精深的特点进行了分析与梳理，更重要的是，他认为"以汉文化为主型的中华传统文化，能适应中国现代化的进程，使其具有永恒性。即使在当前全球化的巨大冲击下，只要我们坚持自己文化的基本特性，潜移默化、深入人心的中华传统文化的精粹仍能独立于世界文化之林，为中国的现代化建设发挥出积极的作用。这是汉代文化对中国作出的带有决定性影响的贡献，值得我们去深入研究，使之发扬光大"，这一观点与党的十八大以来以习近平同志为核心的党中央关于中华优秀传统文化的论断完全吻合，对汉文化的当代价值研究具有重要的启示意义。在《〈名门家训〉序》及《中国社会史研究的新趋向——"地域社会与传统中国"国际学术会议综述》等文中，周先生也都在呼吁应当深化传统文化研究，为当前的精神文明建设作出有益的贡献，为今天的改革开放提供历史借鉴，体现了一位史学家的现实关怀。除此之外，周先生还担任很多社会职务，做了大量的参政议政工作，更是把自己的学识直接服务于党和国家。

《周天游学术文存》即将出版，周先生嘱我写个序。说实在话，从年龄资历来说，周先生都是我的长辈与师辈，我是不够这个资格的。但是，我和周先生交往有年，在学习和工作的道路上受惠于周先生指点很多，特别是他的很多著述，是我案头的必备书。这次利用这个机会我又系统温习了周先生的部分著述，十分愉快，受益良多，草成小文，不敢言序，仅作为我的一点学习体会。其中如果有总结归纳不当之处是我的责任，在此向周先生道歉！我的博士研究生张心怡同学为我收集梳理了周先生的相关论著，在此表示感谢！最后，衷心祝贺《文存》的出版！

卜宪群

2022年12月31日于北京

自　序

八十矣！回顾过往，感慨万千！

学人总喜欢在耄耋之年由自己或学生整理旧作，欲传之于世。既是对自己的一个交代，也是给家人或事业的一个交代。本《学术文存》的面世，便应了这个道理。

说起来，我非出身书香门第，家中数代与史学无缘。幼时，父亲和外公经商，四处奔波，因此我也分别随其出行，匆匆来去，常无定所。中华人民共和国成立以后，几十年来，我几乎没有一年会窝在一个地方不动的。定居西安后，也一直涉足中外，迄无改变。当我出生时，祖父为我取名"天游"，寓意指我是周家的"千里驹"。结果我却成了"天游者，天天游也"。至今文博界业内还流传一个谜语，曰"人造卫星，打一个文博业者的名字"。谜出事随，诚不虚矣！

古人云"读万卷书，行万里路"，知行合一，学以致用。这是学子的必由之路。

平津战役结束后不久，我入学天津达文小学上一年级。所以我是中华人民共和国成立起，完整接受新教育的第一批学子之一。新教育与旧教育的一大不同，就是课堂教学永远与社会实践相结合。我六年小学，六年中学，六年大学（最后一年等新分配方案出笼），无论是在哪一个阶段，学课本知识之余，总会安排一定时间进工厂，下农村，去商店，到军营，劳动加锻炼，在积累书本知识的过程中，逐渐增加社会阅历。尽管一度难免被划入"臭老九"之列，但是绝不会丧失独立的思考和正确的判断。这十八年历程，为而今的学术生涯奠定了深厚的基础。

我是一个十足的幸运儿！八十年来，虽时有坎坷，却基本上顺风顺水。每当关键转折时刻，总会碰到贵人相助，化险为夷。在种种幸运之中，有两件事，印象深刻。

第一件事是我上中学时，零花钱较多，在班主任的循循善诱下，喜欢读书，也喜欢买书，逐渐有了不小积累，中国古典章回小说大略齐备。上大学后，又去苏州一个出身世家大族的亲戚家，搜罗一大箱古籍珍本、孤本、自刻本、稿本等。"文革"来临前，我的小书房存书至少有三大箱。1966 年秋的一天，我正躺在南开大学第十宿舍的床上假寐，突然心有悸动，总觉得家中有事发生，于是匆匆赶回。果然一队中学红卫兵正在抄家，我的书堆了一地，正要当"四旧"烧毁。巧的是这队红卫兵与我所在的南开卫东红卫兵一派，于是灵机一动，经沟通让其队长同意先将书装箱运到南开，然后我陪他去找我的头头认定是烧是留。结果当然如愿以偿，藏书均逃过一劫，遂伴我一生。这批书让我在黑龙江和西安教书之余，总能挤出时间一读，为重返学术奠定基础。

第二件事则是在 1978 年迎来了恢复研究生考试的喜讯。我于是考入西北大学历史系，师从陈直教授，正式开始从事秦汉史研究工作。当年我已 34 岁，再拖一二年，便会与学术失之交臂。历史在我面前曾关上了一扇窗，现在则打开了一扇门。我不仅幸运地走进了西北大学，更幸运地认了陈直先生为师。陈先生作为中国秦汉史研究界的开拓者和带路人，一生只有我们这一届五名研究生。更感到荣幸的是，他老人家亲自为我选择以整理东汉历史文献作为突破口，还制订了在整理古籍基础上开展专题史研究的计划。在具体实施方面，他强调我要用最笨，也是最有后劲的手抄史料的方法，从事学术"清仓"工作。这一决定让我终身受益，老而弥坚。

我是在他突然离世之前的最后一个请教者，当他回答完我关于硕士学位论文的难点问题之后，吩咐我扶他上床休息，并嘱咐我通知从北京赶来的李学勤先生下午见他。谁知我刚赶到思想史研究所之时，他竟已溘然长逝。一次寻常的分别，竟成为永别！我之后的所有努力，既是为了自己，为了家人，为了事业，为了国家，同时也是为了宽慰和报答"鞠躬尽瘁，死而后已"的淳厚长者！《学术文存》是一份答卷，一份报告，虽堪堪及格，总是一番心意。

序言序言，点到为止。有不少细节，可参阅《自传》。

感谢陕西历史博物馆为研究员推出"陕西历史博物馆学术文库"，让《学术文存》得以出版。感谢王子今、卜宪群诸道友在百忙之中为我写序，加以鼓励。同时也感谢科学出版社的领导与责编为本书的出版所付出的心血。更感谢师恩！倾尽一生也难以报答！

又，学术从来是公德，公德自当公示于世，任人剖判。知我非我，必有公论。一切交由历史，哪怕是些许肯定，也不枉传承一次。

周天游

2023 年 1 月 9 日草成于西安天鹅堡不舍斋

目　　录

《秦汉史研究概要》绪论

秦汉史是中国古代史的重要组成部分之一。秦汉时期是中国统一的多民族中央集权制国家的奠基时期。自魏晋以降，直至鸦片战争前的清朝，历代封建国家的各项制度基本以秦汉之制为基准而发展变化，其基本内涵和主要矛盾迄无实质性的改变。从某种意义上讲，没有秦汉，就没有封建时代的中国。所以，秦汉史历来为史学家所重视，不仅有人终生从事秦汉史的研究，甚至绝大多数其他断代史的研究者，也往往把秦汉史作为其专题研究的先导。显而易见，秦汉史研究在中国古代史研究中具有独特的重要意义。

一、秦汉史研究的范围、对象和特点

所谓秦汉史研究的范围，是指上下断限而言。

众所周知，秦汉史的上限是公元前 221 年，即秦始皇统一六国，正式建立秦王朝之时，至今没有争议。但是，在实际研究中，这一上限常常被打破。究其原因，无非是秦王朝存在的时间过于短暂，仅有 15 年。有关秦朝的经济制度、政治制度、阶级结构、军事制度，以及思想文化方面的史料十分有限，不足以说明问题。而出土的文物考古资料如秦简，其主要内容也是反映秦国的制度，很少涉及到秦朝的历史。鉴于秦朝以中央集权制为核心的各项制度，并非一时一地的偶然产物，而是秦国，尤其是商鞅变法以来，历孝公、惠文王、武王、昭襄王和秦王嬴政五代 140 年左右励精图治、艰苦创业过程的必然结果。可见秦朝之制实际上是秦国之制在全国范围内的确立、改进和实施，其间有着不可分割的连续性。所以秦汉史研究者往往把研究范围上溯到商鞅变法，甚至还要追述一下秦人先祖的早期历史，就是十分自然的事了。林剑鸣的《秦史稿》就是这方面的典型代表。因此，秦汉史研究的上限不必拘泥于公元前 221 年的界限。至少商鞅变法以来的秦国历史，也应该纳入秦汉史研究的范围。

关于秦汉史研究的下限，传统的观点是断于汉献帝延康元年（220 年），即至曹丕代汉，建立魏国止。这一说法仅以东汉末代皇帝失去帝位为主要依据，而无视自黄巾起义被镇压的同时，东汉政权已名存实亡的客观事实，是很不足取的。一般说来，汉灵帝死后，无论是少帝还是献帝，都是各路军阀手中的玩偶。不过，各霸一方的军阀力量虽然有强有弱，但开始时却并未形成一个可以左右全国形势的政治集团。而汉室仍拥有一大批较为忠实的追随者，竭力企图维护汉献帝的正统地位。因此，当时的东汉政权还存在着一个短暂的苟延残喘的时期。直到建安元年（196 年），汉献帝迁都许昌，寄身于曹操的卵翼之下，这一局面才开始有了决定性的改变。从此以曹操为主的强大的政治集团直接影响着历史发展的进程，他迅速统一北方，虎视巴蜀、江南，揭开了三国鼎立新时期的序幕。所以把 196 年作为秦汉史研究的下限，是比较符合历史实际的。

既然已经明了秦汉史研究的范围，那么秦汉史研究的对象就迎刃而解了。也就是说，凡是上溯到秦国商鞅变法，下探及汉献帝迁都许昌止的，包括秦、西汉、东汉三个朝代的五百余年历史的全部内容，都是秦汉史研究的对象。

秦汉史研究的内容十分丰富，涉及到政治、经济、军事、农民战争、民族关系、中外关系、思想文化、社会生活和历史人物评价等各个领域。面对如此众多的研究对象，我们不能不加区别地眉毛胡子一把抓，其结果必然事倍功半，收效甚微。因此，区别课题的主次缓急，是十分重要的事。可以说诸如秦汉的社会性质、秦汉封建专制主义中央集权制度、秦汉时期的阶级矛盾和农民战争、秦汉时期汉民族的形成及其与诸少数民族的关系等问题，无疑是主要研究的对象。这些牵动全局的问题弄懂了，那么秦汉史的其他问题，就可以比较容易地得到解决。

当然，在研究主要问题的同时，也不能忽视次要问题的探讨。比如对汉代家族史和社会生活史的研讨，自 1949 年以后的三十多年来，几乎无人问津，近几年才稍有转机。其中关于两汉豪族发展变迁史的探索，对解决秦汉社会性质、中央集权制的衰落和世族门阀的形成等问题，大有帮助。而在了解汉代饮食生活基本以一日两餐为主要形式的情况后，对某些学者过高估计两汉农业生产的实际水平，也等于注入了一针清醒剂。

因此，我们既要抓住重点，又要开拓新领域，以点带面，相辅相成。这样，秦汉史研究才能有条不紊地顺利开展下去。

无需讳言，秦汉史研究的难度是较大的。主要是理论上有待于突破，史料极需要开拓。这两个问题解决不好，秦汉史的研究就难以深入。

比如秦汉社会性质问题，不仅是秦汉史研究者重点攻关的对象，也是中国古史分期争论的焦点。尽管已取得了许多成绩，但离问题的最终解决还有很大的距离。其主要原因首先是对马克思主义关于奴隶社会和封建社会的基本定义和主要理论的学习缺乏系统性和完整性，理解上也带有较大的片面性。所以至今尚没人能够结合中国古代社会的实际，从理论上作出全面的令人信服的回答。甚至在如何区别奴隶制和封建制的标准上，也没有统一的认识。这种状况不改变，秦汉社会性质的问题自然不可能解决好，而秦汉其他问题的解决也必然受到影响。其次，为了弄清秦汉社会性质，在商鞅变法的性质和作用，秦汉租佃制度及其在经济生活中的比重，秦汉生产力的发展水平，秦汉自耕农的地位，秦汉官私奴婢的数量、来源、地位及其在农业、工商业中的作用，秦汉地主阶级的类别及其历史作用等具体问题的研究中，取得了较大的进展，然而由于史料的不足，许多问题仍难以形成定论。如江陵凤凰山汉墓出土的汉代持锸、持锄奴隶俑和遣策中有关从事农田劳动的大奴大婢的记载，使我们清楚了汉代奴婢并非完全是家务奴隶，他们也是农业生产中的劳动者。这说明秦汉社会的确打下了很深的奴隶制印记。然而这种生产奴隶是否构成当时农业生产中的主流，他们在全体劳动者中的比重和作用如何，都仍缺乏充分的材料予以说明。

从上述典型事例中不难看出，秦汉史是块"硬骨头"，比较"难啃"。面对这一特点，有志于秦汉史研究的青年同志，应该首先树立高度的使命感和战胜困难的信心。因为只要我们认真、全面、深入地学习和领会马克思主义关于古代社会形态的理论，并结合中国古代社会的实际进行分析、比较和概括，又注意吸收近几十年来中外理论界和历史界、考古界的最新科学成果和研究方法，理论难关的突破是完全可能的。其结果不但会把秦汉史的研究推向更高的水平，也会给整个中国古代史的研究带来深刻的影响。至于史料不足的难题，也是可以逐步解决的。除了进一步从"前四史"为主体的秦汉史籍中再加爬梳外，还应积极开拓史料收集的范围，将经、子、集部诸书中零散的有用资料，汇总起来。此外，清人的考订之作，还大有潜力可挖。而更具有重要意义的是，1970年以来，具有很高学术价值的秦汉考古资料大批出土。除轰动中外的居延和张家山新出土的大批汉简外，最近在西安西汉未央宫遗址中，又出土了一批汉代官府的档案材料。其记载之完整，内容之丰富，世所罕见。估计这种势头还将持续下去，许多沉埋已久的历史真相，必将陆续大白于天下。

因此可以断言，秦汉史研究是大有可为的。

二、秦汉史研究的目的和意义

从事任何一项事业，都必须首先了解这项事业的重要性，端正工作的目的，才会产生强大的动力，并满怀热情地为之奋斗。研究秦汉史，也是如此。

秦汉时期是封建社会的奠基时期，封建社会的基本特征于此确立。

之所以这样讲，是因为皇权形成于秦汉。从秦始皇自号"皇帝"开始，全国的主要政务由皇帝裁决，中央乃至地方的主要官吏由皇帝任免，全国的军队由皇帝批准调动。皇帝作为封建地主阶级的总代表、封建国家的化身，享有至高无上的权力。而这种权力又以世袭的形式逐代传递。

之所以这样讲，又是因为秦汉时期分别在中央和地方建立了完备的行政体制。秦朝建立后，中央设"三公九卿制"。所谓"三公"，是由丞相总领百官，助理万机，太尉掌军事，御史大夫掌监察。三者职掌有别，既互相协作，又互相牵制，分别直接向皇帝负责。九卿则分管财政、礼仪、刑法、公共工程、警卫、少数民族等具体国家事务。而地方则实行郡县制。郡设郡守、郡尉、郡监，与中央"三公"相对应，是上情下达的关键一环。县是基层行政机构，皇帝任免官吏，至县而止。其下设乡、亭、里等乡间组织，以直接控制百姓。这一自上而下的庞大官僚体系，虽然随着时代的推移而不断调整，但其基本内容毫无改动。

同时又必须看到，西汉时的豪强已然鱼肉乡里，干扰地方政治。进入东汉，门阀世族的出现，又严重威胁着皇权。因而在中央集权制的形式不断强化的过程中，也一直存在着封建统一局面下的各种形式的封建割据。这一特点，也贯穿于封建社会的始终。

之所以这样讲，还因为到了秦汉，封建地主大土地所有制才真正发展起来，成为占有主导地位的土地占有形态，并成为封建中央集权制国家赖以生存的经济基础。秦统一六国后，秦始皇命"黔首自实田"，意味着封建土地私有制的法典化。刘邦于汉初"复故爵田宅"，进一步推动了大土地所有制的发展。文景时期的黄老之治，更使"豪强富人占田逾侈"，终于形成不可遏止之势，并且激化了阶级矛盾，武帝、哀帝、王莽都曾试图限制土地兼并，但均失败。两汉之际，大田庄经济的出现，更标志着大土地所有制的发展进入了新阶段。从此保护和扶植封建地主土地所有制，成为历代封建政权的重要职能。

之所以这样讲，也因为秦始皇以法家为核心，首先实行了封建文化专制主义。从汉武帝开始，又确立了儒学在思想领域里的统治地位。战国时期百家争鸣的学术风气不复存在。以儒学为主，兼容法家、道家、阴阳五行家等各派学说中有利于专制主义的内容形成的新儒教，是整个封建社会文化专制主义的核心组成部分。东汉时佛学的东渐和道教的流播，又成为儒教的重要补充，形成套在中国人民头上的三大精神枷锁。其影响绵延两千余年，至今仍有影响。

之所以这样讲，更因为从第一个统一的封建王朝——秦朝开始，就爆发了中国历史上第一次大规模的农民起义——陈胜吴广起义。它标志着地主阶级与农民阶级的矛盾，是封建社会的主要矛盾。秦汉三次农民大起义，都推翻了腐朽的旧王朝，显示了农民阶级的强大威力。他们的英勇斗争，调整了生产关系中不适应生产力发展的因素，推动着社会经济不断朝前发展。证明在中国封建社会里，农民阶级是推动历史前进的重要动力。

毫无疑义，秦汉社会是中国两千年封建社会的诸制之源，是研究中国封建社会史的入门钥匙，是探索中国封建社会基本矛盾、主要矛盾和发展规律的关键所在。

不仅如此，秦汉时代还是汉民族的形成时期。秦统一天下之后，先秦时期的"华人"和"夷人"，一概被称为"秦人"。他们分布在广阔的疆域之内，说着彼此基本听得懂的语言，过着大致方式相似的生活，有着基本相同的思想意识。一个民族所必须具备的四大因素，秦汉时期的汉民族都已具备。

中华民族是以汉族为主的多民族大家庭。秦汉时期许多少数民族移居内地，同时大批汉族人民也迁往少数民族地区。在统一的国家中，作出各自积极的贡献。尽管在封建社会中，不可能存在平等的民族关系，征服和被征服是最常见的民族压迫形式。然而，民族间的交流和融合毕竟是主流。从秦汉开始，凡属中国版图内的诸民族就已不可分割地紧密联系起来，共同创造着灿烂的古代文明。

秦汉时代还是中西文化交流的重大转折时期。张骞凿空西域，开辟了中西交通史的新纪元。中国的丝绸、冶铁技术、水利技术等传入中亚和欧洲；西方的玻璃、呢绒、芝麻、大蒜等和印度的佛教、音乐、舞蹈、艺术等也大批传入中国。同时，中国与朝鲜、日本、越南及东南亚的交往也日益频繁。大规模地吸收外来文化，远距离地传播中国文化，不仅为世界文化的发展作出了卓越的贡献，也使我国古代的文明更加丰富多彩，充满了活力。

因此，秦汉时期也是中国各族人民共同创造的灿烂文化高度发展的时期，是中国古代文明走向世界的伟大时代。秦汉史研究无疑是总结中国古代优秀文化遗产，提高全民族文明程度，振奋民族自信心的重要内容之一。

秦汉史研究具有如此重要的意义，但当今秦汉史研究的水平却与之不相适应。许多重要课题仍悬而未决，许多重要领域还有待于开发，需要更多的有志青年参加到秦汉史研究者的队伍中来，为改变秦汉史研究的落后面貌，为繁荣我国的史学，为两个文明的建设而共同奋斗。

三、秦汉史研究的基本方法

秦汉史研究的方法是多种多样的，每个人都应该根据自己的特点，采用适合于自己条件的治学方法。即使是专家，名人行之有效的方法，不懂得灵活运用，一味刻意去模仿，其结果往往到处碰壁，无功而返。所以方法绝不是可以凭空轻易得到的，只有勇于实践，勤于思考，善于总结的人，才能在学习的过程中，逐步发现它，掌握它，进而自如地运用它。但这绝不是说可以不借鉴和不吸取前人的有益的经验和方法，也绝不是说学习方法是个神秘莫测的和毫无轨迹可寻的东西。总结世代留传下来的宝贵经验，可以使我们少走弯路，更快地进入"角色"，使研究工作迅速打开局面。所以本节只就入门的基本途径，作一个大略的介绍，以供秦汉史爱好者参考。

巧妇难为无米之炊，不熟悉秦汉史料，而侈谈秦汉史研究，必将一事无成。史料是研究的基础和出发点，这是任何史学工作者都必须遵循的基本原则。当然各个不同历史时期的史料各具特点，所以熟悉每个断代史史料的方法也不尽相同。

秦汉史料比较缺乏，这是人所共知的事实。现存史书不过有《史记》《汉书》《后汉书》《三国志》《汉纪》《后汉纪》等十来部。与浩繁的明清文献及档案相比，真有九牛一毛之叹。但是秦汉史料少而精，"前四史"的可信程度，在"二十四史"中首屈一指。由于作者博闻强识，见解高深，诸史所反映的秦汉历史的内容十分广泛，政治、经济、军事、思想文化、民族关系等各个方面的材料，几乎面面俱到。这就给初学秦汉史的人创造了一个有利的条件，即只要把"前四史"读熟读透，秦汉史的主要问题就可以基本弄清。已故秦汉史专家陈直先生之所以能完成二百余万字的近十部专著，引起中外秦汉史界的注目和尊敬，一个重要的原因是他从十三岁起，每隔两年便重读一遍《史记》《汉书》，这为他的治学奠定了坚实的基础。当然，完全凭靠"前四史"是很不够的。此外，秦汉诸佚史的辑本也应利用，没有辑本的应该补辑。还需要从经、子、集诸部书中广泛发掘资料，以订补正史的错误和不足。

与秦汉文献资料的缺乏不同，秦汉的考古资料极为丰富，具有很高的史料价值。其中以载有文字的秦汉简牍、汉碑、瓦当、玺印、封泥最为重要。这类材料的出现，为秦汉史研究开辟了崭新的天地。凡是有成就的秦汉史专家如翦伯赞、陈直等，无不用历史文献与考古资料相互参证，相互发明，融会贯通，以成一家之言。即使是一些极为零星的考古资料，只要利用得法，也有大用处。陈直先生就曾经通过汉晋数十枚少数民族的印玺上的文字，结合有关文献的记载，详细地考证了边境地区少数民族的官制、行政制度、兵制、法律制度及其与中央政权的关系等重要问题，颇发人深思。因此，秦汉考古资料的大批出土，不仅极大地丰富了秦汉的史料宝库，而且对一味在"前四史"上兜圈子的从文献到文献的旧治学方法，来了个大冲击，给艰难跋涉的秦汉史界带来了勃勃生机。从整理史料的角度出发，可以断言，只有坚持文献与考古资料相结合的研究方法，秦汉史研究才有出路。

史料不等于史学，只是掌握了秦汉史料，而不能从中揭示出秦汉社会的本质，总结出秦汉社会发展的规律，那么不管取得了多大的成就，充其量不过是个"活字典"而已。史学是门阶级性很强的学科，不同阶级的人对历史会作出不同的回答。封建时代、半殖民地半封建时代的秦汉史研究，不可避免地带有那些已经没落的阶级烙印和当时的时代标记，都在一定程度上歪曲了历史的真相。而唯一能彻底改变这一状况的有效武器，只能是马克思主义理论。所以，用马克思主义为指南，解剖秦汉社会，是每个秦汉史研究者必须坚持的一项原则。

但是，我们说用马克思主义理论指导研究实践，绝不能重蹈过去形式主义、教条主义的覆辙，更不能搞"四人帮"那套"影射史学"。只能从马克思主义的立场、观点和方法出发，通过对秦汉历史进行具体的深入分析，得出其固有的符合历史实际的结论。同时马克思主义的理论，尤其是关于古代社会的一系列论述，在新的历史条件下，还有待于继续发展和完善。特别是随着科学技术的飞速进步，新的理论和新的研究方法层出不穷。剔除其唯心的、伪科学的成分，吸取其辩证的、合理的因素，不仅不会动摇马克思主义的指导地位，反而会进一步丰富马克思主义的史学理论和研究方法，更有力地推动秦汉史研究的健康发展。

无论是熟悉史料还是学习理论，必须循序渐进，要有计划有目的地逐步进行。

熟悉史料，当然以"前四史"为主。不过在读"前四史"之前，最好先把《资治通鉴》有关秦汉的部分，先细读一遍。"编年详于代"，通过这一步骤，可以使我们对秦汉史有一个轮廓的了解。然后再通读"前四史"，效果会更好。第一遍通读"前四史"可以稍粗一些，以后就要带着问题反复精读，每次突出一个重点，或政治史，或经济史，或军事史，或文化史。这样目的明确，精神集中，材料的收集才能周详，问题的归纳才会准当。与此同时，对其他秦汉文献，陆续抽空浏览。对其中有价值的部分做出卡片和札记，一般的可划标记，以便将来检索。考古资料也应有主次之分，有文字的部分当然是主要整理对象。但不管考古资料的价值高低如何，一般说来，毕竟是局部的、片断的记录，就史料的完整性和重要性而言，仍不能与"前四史"相提并论。考古资料只是"前四史"的重要补充。

掌握理论也绝非一朝一夕之功。首先要学习一些历史唯物主义、社会发展史和政治经济学方面的基本知识。然后通读《马克思恩格斯选集》《列宁选集》和《毛泽东选集》。对于重要的思想专著如《共产党宣言》《资本论》《反杜林论》《家庭、私有制和国家的起源》《社会主义从空想到科学的发展》《自然辩证法》《中国革命和中国共产党》等，以及重要的历史理论著作如《法兰西内战》《路易·波拿巴的雾月十八日》《德国农民战争》等，应该精读。并且要随时将已学到的理论知识，运用于研究工作的实践中，不断总结，反复提高，加深理解，方能奏效。

一般来说，在对秦汉史有了一个总体的了解之后，研究课题的确立就迫在眉睫。选题大小要适宜，要结合自己的实际，挑选最能发挥自己特长，又有一定价值，还能在其基础上进一步延伸或扩展的题目作为研究的突破口。题目一经确定，就要把与该专题有关的史料和前人、今人的研究成果来一个"清仓"。这样既能避免无效的重复劳动，又能及时吸收已有的有益成果，开阔自己的视野，提高研究的起点。而要想做好这一工作，就应该随时注意秦汉史的研究动态和出版信息。还应学点目录学、版本学、校勘学、史学史方面的知识，熟悉基本工具书的使用方法。克服研究的盲目性，提高自觉性，增强主动精神。

由于现今教育制度中分科过细，造成新一代秦汉史研究者知识单一，视野狭窄的先天缺陷。这对秦汉史研究十分不利。秦汉史研究不能就秦汉史而论秦汉史，而是应该将秦汉史置于中国历史的发展过程中，并置于世界历史的发展过程中去考察、去比较、去总结。所以新一代秦汉史研究者应该以老一辈史学家为榜样，把博通古今、学贯中西作为自己的奋斗目标，调整好博与专的关系。同时还应该掌握一些自然科学的知识和自然科学的研究方法。这样才有助于我们透过秦汉政治生活、社会生活中许多迷信色彩极浓的事物的表面现象，找出其中本质的和规律性的东西，以加深我们对秦汉社会的认识。

最后，随着国际上学术交往的日益频繁，秦汉史研究者也应该掌握一门外语，以便及时了解国外有关研究的动态和研究方法，为我所用。

（原载《秦汉史研究概要》，天津教育出版社，1990 年）

论秦汉帝国与"中国"的关系

"国家"是近代才由欧洲学术界提出的一个崭新的政治概念。16 世纪初，意大利政治思想学者马基雅维利发表了《君主论》，首次论述了这一概念。尽管欧洲学者在有关讨论中，出现了形形色色的解说，但是在"国家"的两大要素上认识一致，即国家由国民和国民政府组成，有了这两个要素，才会产生国家的基本属性——主权。

什么是"国家"？国家必须具备以下特点。

第一，具备制定、发布、解释、实施一套完整法律的最高权威，具有绝对的强制力。

第二，该权威以武力为后盾，即拥有常设的军队来保证法律可以强制执行。

第三，无论是国民还是疆域都具有稳定性与连续性。

第四，拥有稳固的有执行力的权威行政机构。

第五，有抵御外侮，维护国家主权的职能。

基于以上认识，从现今中国为基点出发，追本溯源，找出中国形成完整意义上合格国家产生的年代，具有重要的历史价值与现实意义。也就是说，只有找到了国家的起始点，才能弄清它的传承性；而只有弄清它的传承性，才能更好地维护它的合法性。本文试图对此做出自己的判断，以供大家讨论时参考。

一

"中国"，在先秦时期有三种解释。

首先，是京师之谓。《诗经·大雅·民劳》曰："惠此中国，以绥四方。"《毛传》曰："中国，京师也。"换言之，"中国"最早就是指西周的丰京与镐京。1963 年陕西宝鸡的贾村曾出土了一件西周青铜重器"何尊"。该酒器铸有铭文，其中"宅于成周"四字，说明它是周公平定了武庚叛乱，于雒邑组建成周八师以控制原商朝领地时期的作品。该器铭文还记录了武王伐纣取胜后向天告示的一段话："余其宅兹中国，自立辟民。"武王这句话的意思是说，我已经拥有了中国，那里的人民从此由我治理。于此可知，"中国"一词也可以通指王畿，既包括以关中为主的宗周之地，也包括新建的以河洛为主的成周，甚至还可以包括成王弟弟叔虞的封地——晋南。

其次，则指春秋时期，除秦、楚、吴、越等戎蛮之邦外的中原诸国。

再次，则泛指整个黄河中下游地区。

总之，先秦时期的"中国"，严格地讲是一种处于不断变动中的政区地理概念，与现今认可的国家概念划不了等号。

许慎《说文解字》在解析"國"字时，颇具意趣。他说"國"可以写作"或"，"或"是邦的意思，它"从口、戈以守其一。一，地也"。所谓"口"，就是人口，也就是民人。所谓"戈"，就是武器，也就是军士。二者要守护脚下的土地。这三者再加上一个"囗"框起来，便成了"國"字，是守在城邑中的民人与军士。关于这个字的解说，涉及了现代国家概念中的三个要素：国民、军队、土地。这倒是比较接近"国家"的本意。这便是中国在翻译"the state"时，首先选择"國"这一汉字的原因。

国加上家，出于中国人的原始理解，认为是一个个家组合起来才形成国。家是国的基本单位，国是一定数量家的集合体。没有家便没有国，没有国则家便失去保护。家国一体，不能分离。

在周代，国字不包含法律这个要素。不是说周代无法律，周有礼法，也有刑法。但是礼不下庶人，刑不上大夫，周法有严重缺陷，并不完整。而就国民而言，周代只包括贵族与平民，而不包括居于"野"的奴隶。更何况当时的政权形成是个松散的邦联，名义上"溥天之下，莫非王土。率土之滨，莫非王臣"，而实际上周天子只能控制王畿，各封国自行其是。因此，周王室并不拥有完整的执行力。特别到了周平王东迁雒邑之后，天子沦为傀儡，成了列国争霸的工具。而春秋五霸所追求的，也只是他国像对待周天子一样，名义上服从自己便可，从来没有想到要去直接治理。所以只能说那是早期中国缺乏凝聚力的一个不成熟的过渡状态罢了。这种状态到了战国时期，才有了实质上的改变。

进入战国时期，随着魏国李悝《法经》的问世，法家走入兴盛时期。秦、楚、齐、燕、韩、赵、魏纷纷变法图强，力求称雄天下。这时的各国虽然强弱有别，但是个个具备了完整的国家要素。值得关注的是，他们都不认可一个中国，而是继续各自为政，有待进一步的整合。

诸子百家争鸣，士人在各国间奔走，推销自己的主张，以求一逞。然而"听则留，不听则去他国"的事，天天都在上演。而秦人却在被漠视中，通过商鞅变法，踏上富强之路。秦国不仅在政治上完善了法制，政体上逐步实现了政令上下贯通的集权制，军事上则推行军功爵制，经济上则重农利商，文化上更是系统总结百家而开创杂家。乱世中人心思定，止战统一成为大势所趋。《孟子·梁惠王上》曾记载，梁襄王请教孟子："天下恶乎定？"孟子答道："定于一。"在这一大形势下，秦国终于揭开统一天下的大幕，"中国"也随之大踏步走来。

二

公元前 221 年，秦始皇统一了六国。在统一后应该实行什么样的政体一事上，朝廷发生了激烈的争论。丞相王绾等诸多大臣以"燕、齐、荆地远"为名，主张依照周初推行的分封制，分封秦始皇诸子为王，代为统治。廷尉李斯则力排众议，提出周武王分封子嗣及同姓甚众，结果后代疏远，互相攻击，如同仇雠，周天子也无力制止，以致天下分崩。现在好不容易归于一统，不该重蹈覆辙。于是他建议推行郡县制，归中央政府辖制。上下政令，一以贯之，便可以长治久安。秦始皇坚定地支持了李斯，分天下为 36 郡，郡下设县、乡、亭、里等基层机构，均执行中央政府旨意，不再各自为政。从此，中央集权制正式成立。

不仅如此，秦始皇采取了一系列巩固统一的措施。他更名民人为"黔首"；统一了度量衡；推行"书同文，车同轨，行同伦"；完善法律，以吏为师，"事皆决于法"；又修驰道、直道、五尺道、新道，用邗沟连接黄河流域与长江流域，用灵渠连通长江水系与珠江水系，还加强海上航线的发展，构筑水陆海全国交通网；他筑长城，派蒙恬率 30 万大军震慑匈奴，安定北境；同时迁徙 50 万人戍守五岭，并开始经略西南夷。上述种种措施，意义非凡。

正因为采取了上述措施，秦朝"皇帝临位，作制明法，臣下修饬"(《泰山石刻》)，"法令由一统"，呈现"君上守法，秦民趋令"的局面。秦代法律条文严密，系统完整，当时规定只有法官、法吏才有解释法律权，如想了解法律有关问题的人，必须向法官、法吏咨询讨教。此外，除中央下达统一法令之外，地方上郡一级也可以根据本地实情，制定地方法规，以作为国家大法的补充。可以说秦代已经完全具备了制定、发布、解释、实施完整法律的权威性与强制力。

秦代拥有强大的常备军。根据文献记载，成年男子一般 23 岁起要为中央政府服兵役两次，另在地方上还要服役一个月。秦时人口大约为 3000 万，以五口为一家计，壮丁应该在 600 万上下。仅戍守北境的就有 30 万人，驻岭南的便有 50 余万人，估计常备军应该在 100 万人以上。这么庞大的军队，是保证法律强制执行的主力。

秦代的黔首户籍在册，大体稳定。而疆域除东北大部与新疆、西藏之外，黄河中下游地区、长江中下游地区及珠江水系地区已基本在中央政权的控制之下。也就是说，今日中国的主要版图，秦代已完成有效管控。

当然，秦朝行政机构的权威性无可置疑，执行力也有明载。只是由于过于苛刻严酷，所以在后世备受指责。

秦朝只存在短短的 15 年，但当时在北疆，匈奴不敢南下；在东北疆，影响已进入朝鲜半岛；在南疆，不仅岭南永远归于中国版图，势力还推及越南顺化以北。国家的主权几乎没有受到有力的挑战。

可以这样说，秦朝奠定了中国作为现代意义上的国家的基础。若不是秦始皇好大喜功，急于求成，一遇反抗便不惜用重法弹压，所作所为远远超出社会可以承受的能力，也不会速亡。于是历史在汉初转了一个弯，让胜利的果实最终落到了汉武帝的手上。

汉初形成"布衣将相"之局，统治集团中的核心人物大多数出身卑微，也缺乏治理国家的能力。而国家战乱已久，人口锐减，经济凋敝，国库空虚，全社会需要休养生息。再加上匈奴大军压境，侵扰不断；岭南赵佗自主，建南越国；闽越也频频发难。在此情况下，选用黄老之术为治国思想，合乎时宜。所以对内轻徭薄赋，恢复生产，安定民心，改善治安；对外则委曲求全，不惜纳贡和亲，以图东山再起。当时政治的一个典型案例，是萧规曹随。曹参为相，以无为求有为，以不扰民、少扰民为准则，重用厚重守善之吏，排斥精明强干之吏。这就应了物极必反的老话，"秦之苛暴，汉之简易，相激相反"，言之不虚。

只是汉初做了一件荒唐事，即错误总结秦亡教训，居然恢复了分封制。好好的郡县制，变成了郡国并行制。这一改变，几乎倾覆辛苦得来的汉政权。

春秋战国时期，养士成风，而诸子百家也极为活跃。这批士人思想活跃，不断著书立说，游说列国，寻找出头之日。他们大多数并不希望统一，不是说自己是楚人便是齐人，不是说自己是燕人便是韩人、赵人或魏人。秦亡之后，这批人都在搞复国运动，没有人真心愿意归属汉朝。秦始皇当年下令焚烧藏于民间的《诗》《书》及百家之书，表面上看是摧残文化，实质上其本意在于制止分裂，巩固统一。统一思想是前提，稳定社会是目的，而官府及博士所藏儒家及诸子的著作依然保留，说明秦始皇并非是大搞文化专制的糊涂人，这是"定于一"的时代所决定的。然而现在对于这批士人来说，机会又来了。

汉初实行分封制，士人乘机团结到诸王及列侯身边，摇唇鼓舌煽动对抗中央，维护独立王国。汉文帝在朝中缺乏靠山和嫡系臣子，不得不仰仗旧权臣鼻息。所以贾谊虽然洞悉了分封的弊端，也竭力上书谏言，希望改变"一胫之大几如要，一指之大几如股"的诸侯国尾大不掉的危机。但是，时机未到，只能含恨而亡。景帝下令实施晁错的削藩策，最后引来吴楚七国之乱，晁错也成了替罪羊，被景帝下令斩杀，以安抚叛军。之后周亚夫在梁王的帮助下，最终平定叛乱，于是才引来改革的良机。到武帝即位，彻底剥夺了诸侯国治土治民、任命官吏、自立年号、自有军队、铸币等特权，让诸侯国如同郡县，甚至不如郡县，只能衣食租税。从此，士人风气在"表彰六经"之后，由把自己的才干售于诸侯家，转到售于帝王家中来。东汉时，今古文之争虽以古文经的胜利而告终，却都走上了衰败之途，玄学取而代之。然而东汉士人面对外戚与宦官的肆虐，以家国情怀与死谏精神，实实在在维护了东汉二百年的统治。

可以说，汉承秦制，是经历了汉初的回头路后，再度得到了确认。这时名义上虽是郡国并行制，实质上是恢复了郡县制。秦制在汉武帝手中得到了巩固与提升。

首先，作为国家要素的法律，高祖入关时约法三章，与秦形成鲜明的对比。由于过于简略，不足以理政，所以丞相萧何又制定了《九章律》，应一时之需。但是随着经济的发展，人们的欲望与日俱增，社会矛盾层出不穷。到了汉武帝时，法律日见繁杂，律令 359 章，大辟 409 条，死罪决事比 13472 事。法律文书在西汉末竟达一百余万字，可谓"密如凝脂"。不仅远超秦律，甚至可以说有过之而无不及。之所以指责不及秦朝，是因为有了礼这个外衣，即所谓"儒表法里"。这一点不影响汉代法律的权威性及强制力。

其次，汉代的军备也远超秦军，法律有了坚强的后盾。

再次，汉代的国民户籍制也远胜秦代，在与大土地所有者争夺民人控制权方面，至少在宣帝以前，政府占有优势。而疆土的稳固依旧，特别是西域都护府的设立，为以后新疆的内属，打下了基础。

再次，汉代中央集权制的执行力也毋庸置疑。

最后，闽越与南越国割据状态的结束，驱逐匈奴的重大战果，西南夷的深度开发，西域丝绸之路的开通和西域都护府的设立，使国家主权得到了空前的强化。

完全可以断言，到汉武帝时，作为现代意义上的中国已基本确立。

三

之所以做出上述断言，还有一个文化意义上的标志，既代表那个时代，又反映秦汉共识，为"中国"的确立作了背书，那就是千古巨著《史记》。

《史记》的证明有三。

第一，黄帝从神话传说中的众多中国祖先中被司马迁选出，列入开篇《五帝本纪》之首。这就意味着，黄帝被确定为国之祖。

中国人是最为注重血缘关系的。中国人对国家概念的理解，与西方有一个很大的不同，即必须加上一个特征，就是必须有祖先，这就是我们常说的祖国。"国之大事，在祀与戎"。祀不仅是祭祀天地，更重要的是祭祀祖先。一个国家没有一个共祖是不可想象的。西方人可以信上帝，穆斯林可以信安拉，中国人则必须拜祖先。这也是一种信仰，一种崇拜，一种标志，一面旗帜。司马迁说，他遍游天下名山大川，所在皆言黄帝。所以不管还有什么盘古，什么伏羲，什么女娲，什么神农，秦汉就只认黄帝。

从此以后，黄帝不仅是汉族人的祖先，也变成了中华民族中各民族的共同祖先。无论是汉人主政还是少数民族主政，不管有没有直接血缘关系，都需要承认，之后才是正统，才有政权的合法性。比如《史记·匈奴列传》就说匈奴是"夏后氏之苗裔"。

《晋书·慕容廆载记》就讲鲜卑人是"有熊氏之苗裔，世居北夷，邑于紫蒙之野，号曰东胡"。《北史·魏本纪》也说"魏之先出自黄帝轩辕氏"。甚至《辽史·世表》也有契丹人为"轩辕后"的说法。

这是一种历史现象，是中国之所以成为中国的一种血缘印记。

第二，从《史记》始，下一代为上一代写史，成为定制。《史记》需要溯源，所以成为通史。《汉书》则开断代史之例，之后二十二史都依《汉书》之例，从未间断。现在也修清史和中华民国史。因为如果不撰写，就不算正统，便丧失了合法性。不管朝代有多少变迁，不管国名是叫秦、汉，还是叫隋、唐，都是一个国家，即中国。

第三，姓氏合一。过去先秦时期，姓为贵族而且是嫡系所独擅，旁支称为氏，奴隶只有名。这种姓氏的不平等，在秦汉时期被彻底打破。姓仍是姓，氏也成了姓，无姓之人也可以拥有姓。它反映了同样作为国家的编户齐民，在人格上的平等。而这种平等恰恰反映出一个新型国家的进步。这一重大改变一直延续至今。

《史记》这三大创造，是秦汉已经成为现代意义上的中国的一个重大反映。

总而言之，秦始皇没有完全实现的事，被汉武帝完成了。所以讲汉语，认汉字，称汉族，推崇汉文化，以"汉"为名，功德无量。从此统一成为主流，分裂不得人心。开创之功，当归于秦始皇；奠定之功，则非汉武帝莫属。秦汉一体，这个"本"不能忘。

（原载《秦史：崛起与统一》，西北大学出版社，2019 年）

论汉代文化的基本特征

汉代文化是春秋战国时期"百家争鸣"得到总结的直接产物，是中华传统文化成熟的标志，它突出的基本特征是多元文化基础上的统一和统一条件下的文化多样性，共生并存。

汉代文化可追溯到传说的英雄时代，即以农耕文化为代表的华夏文化与游牧文化为代表的草原文化，以及周边各古代民族文化为代表的域外文化，在互相交流、较量甚至经历铁与火的洗礼中，形成以中原文化为核心，并在不断融合其他文化的过程中成长起来的中国古代文明。它的表征即为周文化，不过这种文化的统一性还处于初期阶段。换句话说，地处黄河中游地区的关中、河洛及三晋的中原文化圈处于上风，并初步被奉为正统而傲视天下。但同时其他文化圈仍然具有较强的竞争力，如地处北方草原地区及其相邻农耕地区的北方文化圈，位于山东地区的带有东夷文化色彩的齐鲁文化圈，流行于长江中游地区的楚文化圈，奠基于长江下游地区的吴越文化圈，活跃于川滇黔一带的巴蜀及滇文化圈，据有岭南地区的南粤文化圈，以及崛起于西羌后挺进到关中的秦文化圈。他们均长期保持各自的特色文化，并极力试图影响其他文化，抢夺主导权。随着周王朝的衰落，这种趋势日益明显，而最终的胜利者，无疑是秦文化。

秦人起源于东夷，以玄鸟（燕）为图腾，故姓嬴，与商人的图腾崇拜相一致。尽管秦人与商人也有过矛盾冲突，但长期以来，秦人一直是商王朝的忠实同盟者。而且秦人与商人一样，是精于畜牧与狩猎更甚于农耕的民族，同样善于经商，所以早期的秦文化是东夷文化与商文化的混血儿。由于秦人常随商人一起与北方游牧民族打交道，不可避免地吸收了北狄文化。他们又与楚人具有姻亲关系，如昭母宣太后、华阳太后均为楚人。在春秋战国的绝大多数时期内，秦楚是坚定的同盟者，很少发生战争。《诅楚文》中记录的秦穆公与楚成王盟誓"叶万子孙，毋相为不利"，就是明证。那时秦人受到楚文化的影响，也就不足为怪。周灭商，秦人地位骤降。特别是周公平定武庚叛乱之后，参与暴动的秦人大部被强行迁徙至陇上，一方面替周王室养马，另一方面为周王室屏蔽西羌。正因为秦人替周王室养马有功，且在与羌人的对抗中由弱转强，秦人逐渐摆脱种族奴隶的地位，得以"邑之秦"。西周末年，周幽王"烽火戏诸侯"以博褒姒一笑的闹剧而遭杀身之祸后，秦襄公因护送周平王东迁洛阳有功，因此理所当然地享有关中，跻身诸侯之列。然而秦人保有不少西羌习俗，被东方诸侯固视为"戎狄"，难以平等会盟，但秦人接受平王东迁之后保留在关中的周文化，并对其改造利用。正是由于秦人这一特殊经历，它在文化上才能兼容并蓄，为其崛起服务。这正是《吕氏春秋》颁布于秦国，并真正形成杂家的原因。正因为如此，秦人最少受中原文化约束，自商鞅以来变法最为彻底，到秦王嬴政时期形成以法家为核心来统一诸子百家学说的治国思想，为秦统一六国奠定坚实的理论基础。秦朝建立后，"书同文""行同伦"，中国历史上第一次出现立足于多元文化基础上的统一。这种统一配合中央集权政体及其他一系列巩固统一的措施，对统一的多民族封建帝国的建立起了决定性影响。虽然这种文化的整合尚未完全成熟，实施的时间也过于短暂，也没有机会让比如扶苏去进行调整，使之更趋合理适度，但这一趋势，这一重大成果，却被汉朝所承继利用。

汉文化并非秦文化的照搬。"秦之苛暴，汉之简易，相激相反。"汉初吸取秦亡教训，曾用黄老之学来取代法家的主导地位，是形势使然，必须借此以休养生息，恢复百姓与国家的元气。包括恢复分封，特别是分封同姓王以屏蔽帝室，也是一时之策。然而随着经济的复苏与繁荣，诸侯王的坐大，以及帝王越来越希望有所大作为，黄老之学已明显无法适应社会发展的需要，汉武帝在董仲舒的建议下，决心"罢黜百家，独尊儒术"。这一变革，使儒学在以后 2000 余年的历史中，成为中华民族传统文化无可替代的中心。于是有人把儒学与中国传统文化完全划起了等号，仿佛中国的一切，兴也儒学，败也儒学。但实际上，这是对汉代文化的多元统一的误解。它忽略了事物的另一面，即统一条件下文化的多样性。也就是说，儒学是汉文化的重要组成部分，是起主导作用而又影响至深至远的一种文化，但并非唯一。此前在百家中，儒学从来不是显学，孔子及大部分弟子常惶惶如丧家之犬，只有像荀子那样能吸收其他学说特别是法家学说者，才能顺应历史潮流而有所作为。即便在明命独尊儒术之后，汉武帝看中的无非是"大一统"观念，"皇权神授"，"天人感应"，以及三纲五常和臣民应遵守的长幼尊卑等级秩序与行为规范，无非是利用儒家学说使其更具合理性，更注重平衡关系，更具有诱导力。其实武帝更认可法治，其在位期间，律令多达 359 章，大辟 409 条，死罪决事比 13472 事，文字至西汉末多达百万余字。法律之烦苛不仅远远超出刘邦的约法三章，也甚于秦律，称之"密如凝脂"，并不为过。正如汉宣帝所言，"汉家自有制度，本以霸王道杂之"，可见"儒表法里"，才是其实质。也就是说，它是借助于儒家的外衣，吸纳其合理的内核，利用法家、阴阳五行等多家学说对其进行改造，以适应封建统治的需要。所以这时的"儒术"已不完全是当年孔子的儒家学说，而是诸子百家之说在儒学为体之下的成功统一。如果书呆子式的崇儒敬儒，这种儒君与儒臣，往往误国误民。同时我们也必须看到，即使儒学中心地位不可动摇，但许多学派仍然存在，且拥有各自发展的空间。

此外，东汉初年洛阳白马寺的建立，标志着佛教在中国正式立足。汉魏之际，由《牟子理惑论》首先提出的佛教中国化的主张，得到了响应，于是中国不仅成为佛教的中心，佛学也成为儒学的重要补充。而从道家学说吸收营养，结合古代巫术与阴阳五行学说等形成的道教，于东汉也正式成立。这一土生土长的宗教，也成为儒学的重要补充。儒、道、释三教鼎立，儒生、道士、僧侣各行其道，又相互联络请益，才是汉文化的基本构成，才是中华文化的主流。

需要进一步明确的是，儒、道、释三教鼎立的背后，还有一个十分重要的文化背景。这就是汉代文化不仅是黄土文明的反映，也是草原文明的反映，还是海洋文明的反映。中华传统文化绝非某些学者所说的是封闭保守的城墙文化。

汉代文化是黄土文明的反映，这显而易见，无需置辩。中华民族主要是农业民族，中国是以农立国的国度，重农抑商是治国的根本大策，但并不排斥贸易，而且抑商也是口头上说得多，行动上做得少。

汉代文化也是草原文明的反映。汉代形成以汉民族为主体的多民族统一的国家。中原汉族在与北方游牧民族、西方西域诸国及各民族、南方百越，以及西南诸夷的长期交往与斗争中，逐渐融合。以《风俗通义》所述中国古代乐器而言，笙在汉章帝时得自湖南零陵蛮；马融《笛赋》曰"近代双笛从羌起"；《释名》以为琵琶是胡人"马上所鼓"之乐器；而孤据杜挚《筑赋》可知，是"李伯阳入西戎所造"。尽管上述论断均为一家之言，但中国民乐中的许多乐器大多可以从少数民族尤其是游牧民族乐器中探寻渊源，则是确凿无疑的，而这种吸纳并未影响到大多数少数民族文化的存在与延续。这里需要特别强调的是，中原汉民族与北方草原民族匈奴、鲜卑、乌桓等的斗争贯穿于两汉始终。无论是人员互动，还是政治、经济、文化和风俗、军事上的互动，都深入到社会生活的方方面面，极大地丰富了汉文化。随着时间的推移，北方草原民族入主中原的浪潮愈来愈频繁，愈来愈强劲，以至后来出现了辽、金、元、清等重要王朝。不过草原文明为中华传统文化的尊奉与改造注入了不少新鲜因素，绝对不应忽视。他们在不断同化的过程中，也在一点点影响儒教本身。

汉代文化还是海洋文明的反映。中国自古就有漫长的海岸线，有像东冶（福州）、番禺（广州）那样的国际海上贸易大港，也从不缺乏出色的航海家和水手，也时常出现移居海外的壮举。汉代海上丝绸之路的开通，成为中外交流的主要通道之一。且不说秦末徐福带数千童男童女东渡日本，仅《汉书·艺文志》上所载用于航海的文献就有《海上星占验》《海中五星经杂事》《海中五星顺逆》《海中二十八宿国分》《海中二十八宿臣分》《海中日月彗虹杂占》六种之多，共136卷之巨。而在20世纪80年代，西汉阳陵陪葬坑中所出土的陶仓中，曾有玉米和花生被发现，可见过去一直以为此两种作物到了明代才从南美洲传入的说法，是多么的不可靠。在汉代甚至更早一些的年代，域外各民族间的交往常常不畏千山万水的阻隔，有的远远超出现代人的想象。中国古代先民的开放程度，值得我们尊敬。

上述事实说明汉代文化表现出了多元性、统一性、包容性、和谐性与创造性，使中华优秀传统文化具有了"博大兼容"的特点。既能坚持本土文化的传统，又能不断吸纳其他民族的优秀文化来丰富自己，为己所用。而这恰恰是中华文明在古埃及文明、古巴比伦文明、古印度文明相继中断或转型之后，仍能唯一延续至今的根本原因。

正是基于这种认识，我们可以断言，以汉文化为主型的中华传统文化，能适应中国现代化的进程，使其拥有永恒性。即使在当前全球化的巨大冲击下，只要我们坚持自己文化的基本特性，潜移默化、深入人心的中华优秀传统文化的精粹仍能独立于世界文化之林，为中国的现代化建设发挥出积极的作用。这是汉代文化对中国作出的带有决定性影响的贡献，值得我们去深入研究，使之发扬光大。

（原载《社会科学战线》2007 年第 2 期）

两汉复仇盛行的原因

复仇，或称报怨，两汉时此风极盛，文献中屡有记载。鲍宣把"怨仇相残"列为民人"七死"之一①。不仅同一代人私结怨仇，互相杀伤，甚而"子孙相报，后忿深前，至于灭户殄业"②，给社会带来深刻的影响。研讨两汉复仇盛行的原因，对深入了解两汉社会当有补益。因此，笔者不揣浅陋，将散见的有关资料稍加厘正，以一孔之见就教于读者。

一

远古时代，血亲复仇在世界不同地区、不同种族的原始人群中普遍流行。恩格斯曾指出："同氏族人必须相互援助、保护，特别是在受到外族人伤害时，要帮助复仇。个人依靠氏族来保护自己的安全，而且也能做到这一点，凡伤害个人的，便是伤害了整个氏族。因而，从氏族的血族关系中便产生了那为易洛魁人所绝对承认的血族复仇的义务。"③为本氏族的人复仇，是氏族每一个成员享有的基本权利和应尽的神圣义务，二者密不可分。任何拒绝这一使命的行为，都是不可思议和难以原谅的。因而复仇也自然而然地具备了某种宗教色彩。在当今世界少数保留原始习俗的部落群居地，血亲复仇仍是他们生活中必不可少的组成部分。既然复仇是完全合理的，根本无需顾及死者的是非曲直，所以复仇往往酿成氏族间大规模的械斗。这种习俗一直延续到阶级社会，尤其在中国这个家族观念深入人心的国度。

夏、商、西周三代，由于文献阙如，有关复仇的记述语焉不详。《竹书纪年》曰："殷王子亥宾于有易而淫焉，有易之君绵臣杀而放之。是故殷上甲微假师于河伯以伐有易，灭之，遂杀其君绵臣也。"④这场子报父仇的血族复仇，以灭绝性的战争而告终。奴隶社会初、中期复仇的流行与残酷，略见一斑。

春秋战国之际，是奴隶制崩溃与封建制崛起的社会大变革时代。在封建成文法陆续面世的过程中，有意识地抑制复仇，以强化国王的最高权威和国家的制衡机能，已

---

① 《汉书·鲍宣传》。

② 《后汉书·桓谭传》。

③ 恩格斯：《家庭、私有制和国家的起源》,《马克思恩格斯选集》第4卷，人民出版社，1972年，第83页。

④ 《山海经·大荒东经》郭璞注引。

纳入法律制定者的考虑之中。然而旧有的血亲复仇影响根深蒂固，难以遏制。特别是关东六国地区，贵族往往聚族而居，数世共财。如齐之孟尝君及其他田氏诸族、赵之平原君、魏之信陵君、楚之春申君及昭、屈、景诸族等，之所以在所在国的政治和经济上据有举足轻重的地位，主要得益于宗族联系的庞大和稳固。其中血亲复仇便是维系宗族团结的重要凝固剂之一。因此，关东六国地区复仇事例于文献中屡见不鲜。如魏信陵君替如姬除掉了杀父仇人，后来如姬不惜冒死窃取魏王的兵符，使信陵君得以发兵救赵。又，晋之屠岸贾将晋灵公之死归罪于赵盾及其子赵朔，擅兴兵，"杀赵朔、赵同、赵括、赵婴齐，皆灭其族"①。当赵朔的遗腹子赵武成人之后，又在韩厥的帮助下，反攻屠岸贾，灭其族，恢复了祖业。如此种种，不胜枚举。孟子曰："吾今而后知杀人亲之重也。杀人之父，人亦杀其父；杀人之兄，人亦杀其兄。然则非自杀之也，一间耳。"②这无疑是孟子在耳闻目睹众多复仇事件后所得出的结论。流风所及，开两汉复仇风气之先。

秦国则是唯一的例外。自商鞅变法始，明令"为私斗者，各以轻重被刑"，并严格执行，犯者必究。秦民畏法，无不"勇于公战，怯于私斗"③，不敢轻言复仇。之所以如此，除秦法苛酷，具有强大的威慑力之外，主要还因为秦国宗族观念本来就比较淡薄。变法后，"家富子壮则出分，家贫子壮则出赘"④，进一步削弱了宗族联系，复仇之风因而随之消沉。然而，对于秦国上层统治者来说，秦法的约束力就不能不大打折扣。秦昭王曾主动为秦相范雎报怨，胁迫赵国斩取魏齐的头。秦王嬴政在灭赵之后，亲自巡行邯郸，下令"诸尝与王生赵时母家有仇怨，皆坑之"⑤。

进入两汉，西周奴隶制的宗法制度虽已消亡，但是新的"家天下"则清楚地表明，两汉封建社会仍是以血缘关系为基础的宗法社会。所不同的是，随着封建土地私有制的发展，旧有的大家族形式走向瓦解。如河内郡"俗刚强，多豪杰侵夺，薄恩礼，好生分"；颍川郡也是"好争讼分异"⑥。像樊重三世共财，缪彤兄弟四人皆同财业，蔡邕与叔父、从弟同居三世不分财之类，虽时有所闻，但是"仅三世同居，兄弟同居，而亦为人所称道，则分异之风之甚可知矣"⑦；代之而起的则是财产分析而举族聚居的新的组合形式。崔寔《四民月令》所描述的族长负责制的大庄园最为典型。在庄园内，

① 《史记·赵世家》。
② 《孟子·尽心下》。
③ 《史记·商君列传》。
④ 《汉书·贾谊传》。
⑤ 《史记·秦始皇本纪》。
⑥ 《汉书·地理志》。
⑦ 吕思勉：《秦汉史》下册，上海古籍出版社，1983 年，第 485 页。

族人对以族长为代表的宗族的依赖，取代了远古个人对氏族的依赖和三代小宗对宗子的依赖。族长虽不能直接处理每一族人的土地和财产，但他拥有祭祀祖宗及天地鬼神的主持权、处理族人矛盾的调解权、宗族内部赈济的分配权、保护庄园不受侵扰的指挥权，以及统筹协调庄园生产的指导权。宗族作为同姓个体家庭的集合体，早有一定的独立性而雄踞于地方。对于国家来说，一方面这种相对割据的血缘实体对集权政体造成威胁，另一方面却可以借助它来稳定地方，贯通政令的实施。对于一般族人来说，一方面它是重要的保护神和代言人，另一方面却不得不忍受族规的约束，屈从于族长及富贵族人的驱使。而对于宗族上层人士来说，宗族是他们显示力量，谋求政治、经济、社会等种种利益的工具。宗族的存在不无弊端，又不可或缺，时代赋予它社会使命和存在价值。其作为个体家庭与专制国家之间的缓冲器，起着制衡两者利害冲突的作用。于是，这种以血缘关系为纽带的封建宗法关系，跳出了奴隶制宗法制的贵族小圈子，深入到社会的各个大小不等的血缘群体之中，非但没有丝毫的松弛，反而更为强化，更具有普遍性。

宗者，明血缘世系，重祖宗崇拜，以别于异姓；族者，凑也，同姓相聚凑，重在收族，以孝道为本。祖宗崇拜和孝道成为公认的伦理规范。"礼：父母之仇，不同戴天；兄弟之仇，不同国；九族之仇，不同乡党。"[①] 这个古老的复仇原则依然神圣。就是凭借这一赖以孳生的土壤，血亲复仇作为原始社会的遗风愈演愈烈，成为两汉复仇的主要形式。

汉代的宗族乃指父宗，凡同一始祖的男性成员，上起高祖，下迄玄孙，是为九族。既属同一血缘世系，便皆为族人。而母党则为外亲，并不受重视。这一点，在血亲复仇上反映得最为明显。

汉代血亲复仇以为父报仇的最多，如《后汉书·列女传》曰："酒泉庞淯母者，赵氏之女也，字娥。父为同县人所杀，而娥兄弟三人，时俱病物故，仇乃喜而自贺，以为莫己报也。娥阴怀感愤，乃潜备刀兵，常帷车以候仇家。十余年不能得，后遇于都亭，刺杀之。"其他见于文献的还有猴玉、万良、防广、苏不韦等，共 14 例。此外，内蒙古和林格尔汉墓壁画上还有榜书"七女为父报仇"的图像。而《华阳国志》卷十则载有为养父复仇的唯一一例："左乔云，绵竹人也。少为左通所养为子。通坐任徒，徒逃，吏欲破通腩。通无壮子，故为吏所侵。乔云时年十三，嗒然愤怒，以锐刀杀吏，通解走。将令出追，初闻以为壮士，及知是小儿，为之流涕。"另为从父报仇的有原涉、陈公思二例。

其次则属为兄弟（包括从兄弟）报仇，计有 8 例。如《后汉书·魏朗传》曰："魏朗字少英，会稽上虞人也。少为县吏。兄为乡人所杀，朗白日操刃报仇于县中，遂亡

---

① 《春秋公羊传》庄公四年《解诂》。

命到陈国。"又《后汉书·赵熹传》曰:"赵熹字伯阳,南阳宛人也。少有节操,从兄为人所杀,无子,熹年十五,常思报之。乃挟兵结客,后遂往复仇。而仇家皆疾病,无相距者。熹以因疾报杀,非仁者心,且释之而去。后竟杀之。"

此外,淮南厉王、毌丘长、阳球均为母报仇,吕荣为夫报仇,吕母则为子报仇,唯有翟酺和贾淑二例是为舅报仇,属外亲之类,仅占血亲复仇可知诸例的6%。这是汉代三纲五常伦理观念的系统化和规范化之后,父权思想进一步强化的必然结果。

同时,汉代复仇与古代斯堪的纳维亚等地区父仇未报不能享受财产继承权不同,不仅与财产继承权毫无瓜葛,而且为了达到复仇的目的,往往不惜倾家荡产,广结宾客,协力复仇。如苏不韦为报父仇,"尽以家财募剑客"[1]。吕母原有"赀产数百万",数年间,通过赊与众少年醇酒、刀剑、衣服,直到"财用稍尽"[2],终于赢得众少年的同情和支持,一举攻破海曲县城,吕母亲斩县令之首,报了杀子之仇。汉代血亲复仇的目标是再明确而又单纯不过的了。

但是,汉代复仇与其他国家或民族最大的不同,在于有为君上、举将、座师、朋友复仇的义务。

中国古代十分重视人际关系,孔子的"仁"学,归根结底讲的是如何处理人际关系。《大戴礼记·曾子制言上》曰:"人之相与也,譬如舟车然,相济达也。是以人非人不济,马非马不走,土非土不高,水非水不流。"所以人们从不把自己局限于血亲圈中,而是努力争取社会上多方面的联系,扩大生存的空间,以巩固和发展自己及本族的利益。五伦的观念由此应运而生。

《孟子·滕文公上》曰:"使契为司徒,教以人伦:父子有亲,君臣有义,夫妇有别,长幼有序,朋友有信。"君臣关系、朋友关系开始与血亲关系相提并论;又《管子·大匡》曰:"君谓国子,凡贵贱之义,入与父俱,出与师俱,上与君俱。凡三者,遇贼,不死,不知贼,则无赦。"师开始与父、君并列,一旦遇难,作为弟子者如不复仇,不仅不耻于世人,甚至要受到严厉的法律制裁。

在汉代,《白虎通》对此作了理论上的高度概括,代表了当时社会上普遍认可的伦理规范:

> 三纲者何谓也?谓君臣、父子、夫妇也。六纪者,谓诸父、兄弟、族人、诸舅、师长、朋友也。故君为臣纲,父为子纲,夫为妻纲。又曰敬诸父兄,六纪道行,诸舅有义,族人有序,昆弟有亲,师长有尊,朋友有旧。三纲法天地人,六纪法六合。君臣法天,取象日月,屈信归功天也。父子法地,取

---

① 《后汉书·苏不韦传》。
② 《后汉书·刘盆子传》。

象五行，转相生也。夫妇法人，取象六合，阴阳有施化端也。六纪，为三纲
之纪者也。师长，君臣之纪也，以其皆成己也。诸父兄弟，父子之纪也，以
其有亲恩连也。诸舅朋友，夫妇之纪也，以其皆有同志，为纪助也。

君、师、友与血亲关系相对应，随其各自的轻重等差，在复仇时也有所区别。《周
礼》所载："凡和难，父之仇避诸海外，兄弟之仇避诸千里之外，从兄弟之仇不同国。
君之仇视父，师长之仇视兄弟，主友之仇视从兄弟"即为其证。但是在实际行动时，
这种区别就无足轻重了，复仇者不尽泄其愤，以快其意，一般是不会善罢甘休的。

《后汉书·刘玄刘盆子传》曰："三辅苦赤眉暴虐，皆怜更始，而张卬等以为虑。
于是（谢）禄使从兵与更始共牧马于郊下，因令缢杀之。刘恭为更始报杀谢禄，自系
狱，赦不诛。"这是臣子为已故君主报怨。

《华阳国志·广汉士女》曰："宁叔字茂泰，广汉人，与友人张昌共受业太学。昌
为河南大豪吕条所杀，叔杀条，自拘河南狱，顺帝义而赦之。"此则为友报仇。而友之
亲仇因故不得报，他的朋友也会责无旁贷地代行其责。《东观汉记·郅恽传》曰："恽
与董子张友。子张父及叔父为乡里盛氏一时所害。子张病将终，恽往候之，子张视恽，
歔欷不能言。曰：'吾知子不悲天命长短，而痛二父仇不能复也。'子张目击而已。恽
即将客遮仇人，取其头以示子张，子张见而气绝。"

师生情深，非但座师被杀，弟子要倾力报仇，即使受辱，也常不为弟子所容。汉
末，夏侯惇"人有辱其师者，惇杀之"，竟"以烈气闻"[1]。这种义务有时还可延及座师
的子孙。《华阳国志·广汉士女》曰："张钳，字子安，广汉人也。师事犍为谢衷，衷
死，负土成坟。三年，衷子为人所杀，钳复其仇，自拘武阳狱，会赦免，当世义之。"

东汉时期，主吏与故吏的隶属关系一旦形成，故吏就应有"资父事君之志"，一生
效忠。由于察举关系到故吏一生的前程，所以二者之间往往周旋于死生患难之间。于
是又形成故吏为主吏和举将复仇的特殊现象，给五伦观念注入了新的内容。

《三国志·魏志·张绣传》曰："边章、韩遂为乱凉州，金城麹胜袭杀祖厉长刘隽。
绣为县吏，间伺杀胜，郡内义之。"又据《广州先贤传》载，太守南阳□宠之父为大
豪周张所害。郡吏尹牙混入周张家，充驺马之职，乘其醉，手刃周张之首而还。皆为
其例。

显而易见，作为血缘关系的外延而形成的五伦观念，对两汉复仇的泛滥起到了推
波助澜的作用。

---

① 《三国志·魏志·夏侯惇传》。

二

但凡法律制度健全之后，生杀予夺之权收归国家，国民不论以何种理由杀伤他人，都将受到国法制裁。秦自商鞅变法以后即开始作此尝试，并取得了相应效果。秦统一天下后，政令一统。封建专制主义中央集权制国家不允许百姓以私干法，损害皇权尊严。秦末：范阳人蒯通劝说范阳令起兵时曾说："足下为范阳令十年矣，杀人之父，孤人之子，断人之足，黥人之首，不可胜数。然而慈父孝子莫敢事刃公之腹中者，畏秦法也。"[①] 可见秦代禁民报怨是雷厉风行的。

汉承秦制。汉初虽"禁网疏阔"，民间复仇之事时有发生，但国家一旦走上正轨，便法禁复仇。郭解，"少时阴贼感慨，不快意，所杀甚众。以躯借交报仇，藏命作奸剽攻，休乃铸钱掘冢，不可胜数"。班固认为："郭解之伦，以匹夫之细，窃杀生之权，其罪已不容诛矣。"[②] 郭解虽逃脱于一时，但最终仍被武帝下令族诛。又，元朔中，睢阳人犴反因"人辱其父，而与睢阳太守客俱出同车，犴反杀其仇车上，亡去。二千石以下求反急，执反亲戚"[③]。

元帝以后，复仇转炽，但至王莽摄政前后，法禁复仇，仍未改变。《汉书·游侠传》曰："先是（原）涉季父为茂陵秦氏所杀，涉居谷口半岁所，自劾去官，欲报仇。谷口豪杰为杀秦氏，亡命岁余，逢赦出。"直到绿林、赤眉起义爆发后，社会动荡，法禁废弛，复仇之风才进入高峰期。

光武中兴后，复仇之风仍盛行于世。因此，桓谭上疏曰："今人相杀伤，虽已伏法，而私结怨仇，子孙相报，后忿深前，至于灭户殄业，而俗称豪健，故虽有怯弱，犹勉力而行之，此为听人自理而无复法禁者也。"并建议"宜申明旧令，若已伏官诛而私相伤杀者，虽一身逃亡，皆徙家属于边，其相伤者，加常二等，不得雇山赎罪"[④]，以加以制止。虽未被理睬，但郅恽代友报仇后，自首于县廷，对西平县令说："为友报仇，吏之私也。奉法不阿，君之义也。亏君以生，非臣节也。"[⑤] 请求对其绳之以法。西汉旧令重又生效，则是事实。其后，章帝一度颁行轻侮法，以宽宥因父母受辱而复仇的人。但至和帝时，即遭废止。所以，毌丘长杀辱母之醉客，胶东侯相吴佑觉得"赦

① 《汉书·蒯通传》。
② 《汉书·游侠传》。
③ 《汉书·文三王传》。
④ 《后汉书·桓谭传》。
⑤ 《后汉书·郅恽传》。

若非义，刑若不忍"①，仍不得不致之于法。又贾淑为舅宋瑗报仇于县中，"为吏所得，系狱当死"②。经郭泰多方设法，才获幸免。游桂以为"自秦以来，私仇皆不许报复"③，是中肯之论。

但是，制定法律是一回事，执行法律又是一回事。有法不依，因人而异，是人治社会的通病，两汉自不例外。尤其当儒学成为统治思想之后，儒家道德规范对法律的干预和影响，使复仇者赢得了合法的道义依据。法律与封建道德规范的一致性，是汉代复仇盛行的决定性因素之一。

经义对复仇有种种解说。《礼记·檀弓》曰："子夏问于孔子曰：'居父母之仇如之何？'夫子曰：'寝苫，枕干，不仕，弗与共天下也。遇诸市朝，不反兵而斗。'曰：'请问居昆弟之仇如之何？'曰：'仕弗与共国，衔君命而使，虽遇之不斗。'曰：'请问居从父昆弟之仇如之何？'曰：'不为魁，主人能，则执兵而陪其后。'"又《大戴礼记·曾子制言》曰："父母之仇，不与同生；兄弟之仇，不与聚国；朋友之仇，不与聚乡；族人之仇，不与聚邻。"《公羊解诂》所言，也大致相同。总之，"君弑，臣不讨贼，非臣也；不复仇，非子也"④。

正如韩愈所言："子复父仇，见于《春秋》，见于《礼记》，又见于《周官》，又见于诸子史，不可胜数，未有非而罪之者也。最宜详于律，而律无其条，非阙文也。盖以为不许复仇，则伤孝子之心，而乖先王之训；许复仇，则人将倚法专杀，无以禁止其端矣。"⑤这种矛盾心理，并非始之于唐，汉即有之。汉末有人问荀悦如何处理复仇之事，荀悦的回答是："有纵有禁，有生有杀，制之以义，断之以法，是谓义法并立。"就具体措施而言，他认为须"依古复仇之科，使父仇避诸异州千里，兄弟之仇避诸异郡五百里，从父从兄弟之仇避诸异县百里。弗避而报者，无罪；避而报之，杀"⑥。此处方貌似公允，实则断送了法律。纵例一开，法有何尊严可言！人言言殊，标准也难以把持。因而所谓以"义"纵囚者有之。《后汉书·张禹传》注引《东观记》曰："（张）歆守皋长，有报父仇贼自出，歆召囚诣阁，曰：'欲自受其辞。'既入，解械饮食，便发遣，遂弃官亡命，逢赦出，由是乡里服其高义。"又谢承《后汉书》曰："汝南周躬为洛阳令，功曹万良为父报仇，自械诣狱，躬解械放良。"⑦代为求得减刑者有之，《后

---

① 《后汉书·吴佑传》。

② 《后汉书·郭泰传》。

③ 丘濬：《大学衍义补》卷110。

④ 《春秋公羊传》隐公十一年。

⑤ 《旧唐书·刑法志》。

⑥ 《申鉴·时事》。

⑦ 拙著《八家后汉书辑注》上册，上海古籍出版社，1986年，第249页。

汉书·钟离意传》曰:"县人防广为父报仇,系狱。其母病死,广哭泣不食。意怜伤之,乃听广归家,使得殡敛。丞掾皆争,意曰:'罪自我归,义不累下。'遂遣之。广敛母讫,果还入狱。意密以状闻,广竟得以减死论。"又申屠蟠同县大女缑玉为父报仇,杀夫之从母兄李士。姑执玉以告吏,令欲论杀玉。蟠"时年十五,极谏之,得减死论"[1]。而朱晖任临淮太守,"其诸报怨,以义犯率,皆为求其理,多得生济。其不义之囚,即时僵仆"[2]。报怨者的生死,全悬于执法者之手,由其好恶标准而定。甚而有些地方官对复仇之事不仅不予惩处,反而大加奖掖。阳球杀掉侮辱其母的郡吏及其一家,竟由此知名,举孝廉,累官至司隶校尉。寇祺为同学侯蔓报仇,"由是察孝廉,为灞陵令、济阴相"[3]。此等怪现象,屡有所闻。

礼正其始,刑防其失。礼"缘人情而制"[4],因此法之所禁必先合乎礼,而礼之所许则法必难禁。重礼治而轻法治,是汉代治国的重要特征。武、宣之前尚能"霸王道杂之",元、哀之时,"轻殊死之刑以一百二十三事,手杀人者减死一等。自是以后,著为常准,故人轻犯法,吏易杀人"[5]。东汉初,光武帝提倡名节,不采纳梁统重刑的建议。因此东汉法家执法务宽,如郭躬"决狱断刑,多依矜恕"[6]。陈忠"世典刑法,用心务在宽详……狂易杀人,得减重论;母子兄弟相代死,听,赦所代者。事皆施行"[7]。所以,李夷杀人亡命,母慎系狱当死。其弟李余年十三,自杀以代死。郡县上报朝廷,"天子与以财葬,图画府廷"。这种基于孝道的表彰,置杀人者于法外不顾,鼓励人们为"礼信仁孝"做出过激的惊世之举,无疑是为复仇之风火上浇油。

两汉政府多赦,武帝在位55年,凡18赦。元帝时翻了一番,在位15年,凡10赦,不足两年即有一赦。哀、平在位日浅,几乎无年不赦。东汉自光武帝始,屡颁赦令。桓、灵之时,达到高峰。桓帝在位21年,凡13赦;灵帝在位22年,赦达20次之多。二代赦令之频繁,可谓空前绝后。

大赦是复仇者的福音,仅以《华阳国志》所载东汉巴蜀地区所赦者为例,即有敬扬、陈纲、张钳、宁叔、王晏五人之多,占当地复仇事例的一半。其中陈纲被赦后,还"三府并辟,举茂才,拜弘农太守"[8]。以义刷耻,而蒙恩赦,成为人们争相传颂的美谈,大加讴歌。左延年的《秦女休行》曰:"始出上西门,遥望秦氏家。秦氏有好女,

---

① 《后汉书·申屠蟠传》。

② 《后汉书·朱晖传》。

③ 《华阳国志·梓潼士女》。

④ 《史记·礼书》。

⑤ 《后汉书·梁统传》。

⑥ 《后汉书·郭躬传》。

⑦ 《后汉书·陈忠传》。

⑧ 《华阳国志·汉中士女》。

自名曰女休。女休年十五，为宗行报仇，左执白阳刀，右据宛景矛，仇家东南僵，女休西上山。上山四五里，关吏捕得休。女休前置辞：'生为燕王妇，今为诏狱囚。'刀矛未及下，拢橦击鼓赦书下。"[①]反映出东汉人普遍的心态和价值取向。

大赦还使会任之家获益，为轻薄恶子张目。东汉时，洛阳有会任之家，主谐合杀人，"受人十万，谢客三千""身不死则杀不止，皆以数赦之所致也"，以至"令恶人高会而夸诧""孝子见仇而不得讨"[②]。代人复仇的杀人集团长兴不衰，法禁复仇，几同具文。

"拨乱世反之正，莫近于《春秋》""万物之散聚皆在《春秋》"[③]。在汉初五经中，对于法律影响最大的莫过于《春秋》，尤其是《春秋》公羊学。董仲舒著《公羊董仲舒治狱》十六篇，第一次将儒学经义应用于法律之中，以儒为体，以法为用，试图以刑辅教，以致太平。其中一个重要原则是"论心定罪"。所以《盐铁论·刑德》曰："法者缘人情而制，非设罪以陷人也。故《春秋》之治狱，论心定罪。志善而违于法者免，志恶而合于法者诛。"执法的尺度全依执法者对经义的理解和对犯法者动机的判断而变化，伸缩无常。桥玄任齐国国相时，有一孝子为父报仇，关在临淄狱中。桥玄欲上谳请求减刑，而县令路芝却先将孝子处死。桥玄以为"深负孝子，捕得芝，束缚籍械以还，笞杀以谢孝子冤魂"[④]。这种法理颠倒之事，今天看来实在过于偏激，但对桥玄来说，正是"论心定罪"后的恰当处理。因为孝子虽违于一法，但为父报仇出于孝道，志善则当免。路芝虽依律执法而合于法，但违人情而斩孝子，近于酷烈苛暴，志恶则当诛。桥玄只是未先请而刑路芝，故而免官，否则谁又能奈之何？

对法律的破坏，还表现在对父子相隐的认可。孔子曾说："父为子隐，子为父隐，直在其中矣。"[⑤]也就是说，"子苟有过，父为隐之，则慈也。父苟有过，子为隐之，则孝也。孝慈则忠，忠则直也，故曰直在其中矣"[⑥]。基于此种观念，宣帝于地节四年下诏曰："父子之亲，夫妇之道，天性也。虽有患祸，犹蒙死而存之。诚爱结于心，仁厚之至也，岂能违之哉！自今子首匿父母，妻匿夫，孙匿大父母，皆勿坐。其父母匿子，夫匿妻，大父母匿孙，罪殊死，皆上请廷尉以闻。"[⑦]而父母匿子，之所以要上闻以定罪行轻重，主要在于失教。但处理时，多予以宽宥。东汉期间，李弘之子李燮以

---

① 《太平御览》卷481引。

② 《潜夫论·述赦》。

③ 《史记·太史公自序》。

④ 《八家后汉书辑注·谢承后汉书·桥玄传》。

⑤ 《论语·子路》。

⑥ 《十三经注疏·论语注疏》。

⑦ 《汉书·宣帝纪》。

见辱杀人，蜀郡太守初以为"贤者之子，必不杀人"，将其放归。李弘从儿子口中获知真情，立即命其出逃。太守闻讯大怒，召来李弘，予以斥责。不料，李弘振振有词地反诘道："赘为杀人之贼，明府私弘枉法。君子不诱而诛也，石碏杀厚，《春秋》讥之。孔子称'父子相隐，直在其中'。弘实遣赘。"[①] 太守竟无言以对，只好作罢。只要符合经义，即使是包庇杀人犯，居然也可免罪。

《周礼·调人》曰："凡杀人而义者，不同国，令勿仇。"则杀盗、杀敌，以及父母兄弟师长被大辱而杀人者，等驾齐观，皆成义举，均可依此经义而行事。除张敏等少数人认为"杀人者死，三代通制，今欲趣生，反开杀路，一人不死，天下受敝"[②]，主张相杀之路不可开，吏设巧诈不能容之外，连荀悦那样的醇儒都同意"弗避而报者无罪"，道德的砝码偏置于法律的天平之上，其失衡也就不可避免。

关于复仇，或纵或禁，是封建统治者一直无法解决的难题。因为无论法治、礼治或是德治，归根结底是人治。封建统治阶级在不同历史阶段出于相同的政治需要，始终高擎"礼信仁孝"的招牌，以愚弄世人，这就必然带来法律的随意性和不公正性。汉代酷吏专以诛杀而立名，循吏和儒吏则以礼入刑，以经学断狱，务求宽平。于是复仇之人或得到纵容，或因正义不得伸张，便铤而走险。玩弄法律者必被法律所玩弄，两汉复仇的盛行便是一例。

三

两汉复仇的覆盖面十分广袤。以东汉为例，十三州可以说州州皆有，试举例于下。

司隶部：苏不韦，扶风平陵人。为报杀父之仇，变名姓，以家财募剑客，杀司隶校尉李暠之妾和小儿，掘冒父李阜之墓，断阜头以祭父坟。致使李暠为此愤恚而死。

豫州：郅恽，汝南西平人。为友董子张遮杀杀父仇人，县令以义释之。

冀州：崔瑗，涿郡安平人。兄章为州人所杀，瑗手刃报仇，因亡命，会赦，归家。

兖州：缑玉，陈留外黄人。为父报仇，杀夫之从母兄李士。同县申屠蟠谏外黄令梁配，上请得以减死论。

徐州：防广，广陵堂邑人。为父报仇，县令钟离意怜之，得以减死。

青州：毌丘长，北海安丘人。道遇醉客辱其母，长杀之而亡。后捕得，自投环而死。

荆州：何颙，南阳襄乡人。友人虞伟高有父仇未报，笃病将死。何颙感其义，替其报杀仇人。

① 《华阳国志·蜀郡士女》。
② 《后汉书·张敏传》。

扬州：魏朗，会稽上虞人。为兄报仇，亡命得免。

益州：孟伯元，广汉雒人。为父报仇，往投什邡贾栩。栩自杀，以绝线索而获免。

凉州：赵娥，酒泉福禄人。为父报仇，遇赦得免，州郡表其闾。

并州：孙资，太原人。兄为乡人所害，资手刃报仇，将家属避地河东。

幽州：阳球，渔阳泉州人。郡吏有辱其母者，球杀吏，灭其家。

交州：□□，苍梧人，为遗腹子。报父怨，系狱，无子。太守陈临令其妻入狱，产得男①。

之所以如此，除前述血亲因素和法律因素外，社会风气的诱导和煽惑又是一重要原因。

汉初承战国之余烈，尚武任侠，"轻死重气，怨惠必仇，令行私庭，权移匹庶"②，已成风俗。时鲁有朱家，楚有田仲，洛阳有剧孟，俱以任侠声闻天下。而河内郭解尤为著名，静悍任气，借友报仇，发于睚眦。少年慕其行，凡敢冒犯郭解者，必暗为报复，屡行杀戮。武帝时，郭解虽遭族诛，而为侠者益众。宣、元时期，平陵朱云，"少时通轻侠，借客报仇"。40岁以后，改节学《易》及《论语》，仍"好偶谠大节，当世以是高之"③。时长安"街间各有豪侠"，萬章称霸城西，倾动朝野。哀、平、王莽之时，则以原涉为魁首，"郡国诸豪及长安、五陵诸为气节者皆归慕之"。其性似郭解，"外温仁谦逊，而内隐好杀，睚眦于尘中，触死者甚多"④。

东汉时，奖励名节，"志节之士好为苟难，务欲绝出流辈"⑤。不仅豪侠之风依旧，如杜季良"豪侠好义，忧人之急，父丧致客，数郡毕至"。宋果"性轻悍，喜与人报仇，为郡县所疾"⑥。杨阿若名丰，"少游侠，常以报仇解怨为事，故时人为之号曰：'东市相斫杨阿若，西市相斫杨阿若。'"⑦而且大批儒者从事报怨之举，为东汉一大特色。祭遵好经学，初以孝谨闻。后为亭长所辱，于是结客杀亭长，"县中称其儒而有勇"⑧。太原周党曾在大庭广众之中，受到乡佐的羞辱。后从师学读《春秋》，闻复仇之义，便辍学而归，与乡佐约期相斗，几至于死。巴蜀儒生从事复仇人数之众，令人咋舌。已知

---

① 以上分见《后汉书·苏不韦传》《后汉书·郅恽传》《后汉书·崔瑗传》《后汉书·申屠蟠传》《后汉书·钟离意传》《后汉书·吴佑传》《后汉书·党锢传》《华阳国志·广汉士女》及《三国志·魏志·刘放传》注引《资别传》，《后汉书·酷吏传》，《太平御览》卷465引谢承《后汉书》。

② 《后汉书·党锢传》。

③ 《汉书·朱云传》。

④ 《汉书·游侠传》。

⑤ 《廿二史札记》卷5。

⑥ 《后汉纪·光武帝纪》。

⑦ 《后汉书·郭泰传》。

⑧ 《三国志·魏志·闫温传》注引《魏略》。

10 例复仇事件，儒生所为占 8 件。

缑玉一弱女子，为父报仇，当时闻之者，"人无勇怯，莫不张胆增气，轻身重义，攘臂高谈，称羡其美"①。风气所至，"忍辱之子"，一时间摩拳擦掌，欲与仇家一决死生。什么国家法度，什么社会秩序，均全然不顾，脑子中唯有孝、悌、忠、义四字，舍生忘死，以报私怨。

报仇并非人人都能如愿以偿，赍志没地是常有的事。于是冥报作为一种精神寄托，流行于两汉社会，为失意者吐一口恶气，使同情者得到些许安慰，令为恶者有所顾忌。此类传说较早见于《史记》，武安侯田蚡患病，精神恍惚，一连声呼喊服罪。命巫人视之，竟是被他陷害至死的窦婴和灌夫两个鬼魂向其索命。不久，田蚡便一命呜呼。东汉时，北方地区流传郿令王忳于邸亭受理女鬼诉冤，捉拿杀死女鬼一家十余口的凶犯，为其报怨的故事。南方地区则盛传交趾刺史周敞诛杀凶犯亭长龚寿，为女鬼苏娥昭雪沉冤。这些见于正史的记载，经《搜神记》《还冤记》《太平广记》等书的铺陈推演，流传千余年，成为古小说中的一大主题。

在十三州中，复仇最盛的地区，当推关中、南阳、颍川和太原，其次则为巴蜀和会稽，均与当地风俗有关。

关中自汉兴，"徙齐诸田，楚昭、屈、景及诸功臣家于长陵。后世世徙吏二千石、高赀富人及豪杰并兼之家于诸陵。是故五方杂厝，风俗不纯。其世家则好礼文，富人则商贾为利，豪杰则游侠通奸"。郡国辐辏，各色人等麇集其中，争雄逞强，复仇之事自然远较他处为多。而复仇者的身份主要是关东迁徙而来的大姓和豪侠。

南阳多秦时所徙"天下不轨之民"，故"其俗夸奢，上气力，好商贾渔猎，藏匿难制御"。今可知荆州复仇事例，均出于此郡。而复仇者，非皇族即大姓。

颍川，本韩都所在，"民以贪遴争讼生分为失"。汉时经韩延寿、黄霸推行教化，风俗转向笃厚。但积习难以尽除，平民好为人报仇，而儒者也多勇，复仇之盛，略逊于南阳。

太原、上党"多晋公族子孙，以诈力相倾，矜夸功名，报仇过直，嫁娶送死奢靡。汉兴，号为难治，常择威猛之将，或任杀伐为威。父兄被诛，子弟怨愤，至告讦刺史二千石，或报杀其亲属"。此风至东汉不衰，复仇始终是冠冕子弟和大姓的拿手好戏。

会稽地处江南，承吴越好勇之风，汉时民人仍好用剑，"轻死易发"。上自掾吏、大姓，下讫平民百姓，勇势凌人，任气放纵，报怨众多，为扬州之冠。

巴蜀人"轻易淫泆，柔弱偏厄"。自西汉文翁为太守后，提倡经学，文人辈出，儒学鼎盛。东汉时诸生多游学于洛阳和关中，因受"五经"复仇经义的影响，儒生多为

---

① 《后汉纪》卷二十五。

学友、座师及其亲属报仇，特色鲜明①。

在两汉复仇事例中，除手刃仇人外，借客或借交报仇是普遍的方式。西汉时，"长安中奸滑浸多，闾里少年群辈杀吏，受赇报仇，相与探丸为弹，得赤丸者斫武吏，得黑丸者斫文吏，白者主治丧，城中薄暮尘起，剽劫行者，死伤横道，枹鼓不绝"②。并出现万章、箭张回、酒市赵君都、贾子充等专养刺客报仇怨的名豪。东汉时，洛阳也有会任之家，主谐合杀人，"高至数十，下至四五""受人十万，谢客数千""身不死而杀不止"③。说到底，正如《史记·货殖列传》所言，"其实皆为财用耳"。在自战国以来商品经济发展的影响下，受赇报怨，成为谋取高额利润的手段，职业杀手以及相应组织的产生，也是促发两汉复仇的重要因素。

从上述分析中可以看出，许多复仇表面上涉及私人之间的恩怨，实质上无不与当时社会的阶级矛盾有关。文献中尤以统治阶级内部争权夺利的斗争更为突出。

王莽建立新朝后，"诸刘抑废，为郡县所侵"，曾引发一系列仇杀事件。先是蔡阳国釜亭长醉后辱骂刘玄的父亲刘子张，子张大怒，将其刺死。过了十多年，亭长的儿子为报父仇，杀死了刘玄的弟弟刘骞。刘玄结客欲为其弟雪恨，不料宾客犯法，事泄，刘玄狼狈逃到平林。此时，其族兄刘显代为报仇，事发，被州郡处死于狱中。不久，刘显之弟刘赐和刘显之子刘信"卖田宅，同抛财产""结客陈政等九人，燔烧杀亭长妻子四人"④。新莽政权与下台皇族间的这场斗争，以付出 8 条人命的代价而暂时告一段落。

东汉贵戚，骄恣放纵，横行无法。如窦宪"性果急，睚眦之怨莫不报复。初，永平时，谒者韩纡尝考劾（宪）父勋狱，宪遂令客斩纡子，以首祭勋冢"⑤。而梁冀更为暴戾，"父商所亲客洛阳令吕放，颇与商言及冀之短，商以让冀，冀即遣人于道刺杀放。而恐商知之，乃推疑于放之怨仇，请以放弟禹为洛阳令，使捕之，尽灭其宗亲、宾客百余人"⑥。

其他官吏间的恩怨，也往往酿成血案。美阳令李暠，勾结宦官具瑗，贪暴为民所患。苏谦为扶风郡功曹，"案得其赃，论输左校"。后苏谦自金城太守免官归家。按照汉代法令，免官者非由皇帝征诏，不得随便前往京师。而苏谦有事偷进洛阳，被时任司隶校尉的李暠获悉，为报前仇，乘机将谦捕入狱中打死，还刑尸泄愤。于是苏谦之子苏不韦倾财募客，寻机报仇。因李暠十分警觉，不韦屡屡失手。最后竟掘开暠父李

---

① 以上见《汉书·地理志》。

② 《汉书·尹赏传》。

③ 《潜夫论·述赦》。

④ 《八家后汉书辑注·续汉书·宗室四王三侯传》。

⑤ 《后汉书·窦宪传》。

⑥ 《后汉书·梁冀传》。

阜之墓，砍下人头，祭奠其父亡灵，活活气死了李暠。然而，事犹未了。苏氏与弘农张奂友善，李暠则和武威段颎交好。奂、颎有隙，段颎为司隶，礼辟不韦为吏，不韦称病不诣。于是段颎追究不韦报仇之事，派属下杀不韦一门六十余口。此后，阳球为司隶，又诛杀段颎，"天下以为苏氏之报焉"①。

桓灵之际，党人与宦官的斗争十分激烈。建宁二年（169年），青蛇见于前殿，大风拔木，灵帝下诏，让公卿议政得失。东郡谢弼上书为陈蕃鸣冤，建议起用遭到禁锢的党人领袖王畅和李膺，得罪了宦官及其党羽，只好去官归家。中常侍曹节的从子曹绍正好任东郡太守，有意罗致罪名，将谢弼收入狱中，拷打致死。到了初平二年（191年），司隶校尉赵谦，"讼弼忠节，求报其怨魂，乃收绍斩之"②。

而更为大量出现的则是豪族间为争霸地方所引起的仇杀。

汉末南阳堵阳大姓韩暨，其父兄被同县豪右陈茂所陷害，几至大辟。"（韩）暨阳不以为言，庸货积资，阴结死士，遂追呼寻擒茂，以首祭父墓，由是显名。"③

当社会出现大动乱时，此类事件则随之剧增。西汉末年，湖阳大姓虞都尉起兵反，旧与同县申屠季有仇，乘机杀死其兄，并谋灭其族。申屠季无奈，只得携家投奔冯鲂，方始免祸。又刘秀之兄刘縯，称霸南阳，吏不敢至其门。李通也是南阳著姓，同母弟申徒臣医术较为高明，因不大买刘縯的账，被刘縯杀死。两家于是结怨。在同王莽的斗争中，一度捐弃前嫌，合作起兵。然而，李通之弟李轶心常快快，在争夺绿林军领导权的斗争中，支持刘玄，排挤刘縯，并借刘玄之手诛杀了刘縯。刘秀自立于河北，南下攻夺洛阳，李轶又想归降。刘秀有意透露消息，借洛阳刘玄主将朱鲔之手，处死李轶，报了兄仇。

两汉时，豪强势力盛大，在争夺民人、土地和地方控制权的斗争中，与政府矛盾尖锐。武帝时曾利用酷吏，诛锄豪强，引起激烈反抗。如尹齐为淮阳都尉，斩伐不避贵势，诛杀甚多。死后，仇家皆欲烧其尸，妻子只好偷尸逃走。东汉初，此风犹存。董宣以法斩杀北海大姓公孙丹，而"丹宗族亲党三十余人，操兵诣府，称冤叫号"④，气焰嚣张。由于豪族大姓以宗族为依托，大量荫庇民户，建立庄园，拥有私兵，为害一方，官府对此常常听之任之。如有人敢于对其依法处置，则往往酿成局部复仇性叛乱。建武初，任延为武威太守，大姓田绀为将兵长史，子弟宾客多非法。任延收系田绀，处死其父子宾客五六人。于是田绀少子田尚聚众数百人，"自号将军，夜来攻郡"⑤。东

---

① 《后汉书·苏不韦传》。
② 《后汉书·谢弼传》。
③ 《三国志·魏志·韩暨传》。
④ 《后汉书·酷吏传》。
⑤ 《后汉书·循吏传》。

汉末，贺齐为剡长，县吏斯从轻侠为奸，被其斩决。斯氏为大姓，山越所附，其族党竟聚"众千余人，举兵攻县"[①]。

因此，两汉复仇不仅仅局限于血亲复仇的范围，常常带有浓重的政治色彩，成为政治斗争的一种重要手段。

有关人民反抗地主阶级压迫的复仇事件的记述，屈指可数。统治阶级的偏见和胆怯，可以抹杀无数人民复仇的事实，但无法阻止和掩盖人民更大规模斗争的爆发。《史记·张耳陈余列传》曰："陈王奋臂为天下倡始，王楚之地，方二千里，莫不响应，家自为怒，人自为斗，各报其怨，而攻其仇，县杀其令丞，郡杀其守尉。"秦末农民大起义可以说是积压已久的人民复仇欲望的总爆发，它已摆脱个人恩怨的束缚，演成一幕惊天动地的农民战争的壮举。

西汉末年，吕母为其子报仇，在百余名贫苦少年的帮助下，攻破海曲县城，杀县宰以祭子墓。这场出于个人恩怨的复仇行动，在当时阶级矛盾的推动下，揭开了绿林、赤眉大起义的序幕。

综上所述，两汉复仇，既富含正义，又盈溢丑恶；既不乏悲怆感人的壮举，也时现偏执与迷狂的行径；既有血亲因素的内涵，又有政治斗争的色彩，还有金钱物质的诱惑，构成一幅幅色彩斑斓的两汉社会生活场景。

毫无疑义，原始血亲复仇是两汉复仇的历史渊源，封建宗法关系的强固和"轻死重气"、崇尚名节风俗的深入人心是两汉复仇赖以孳生的社会基础，商品经济的发展则是两汉复仇发展的助力，而以孝治天下及"春秋决狱"的产生，又为两汉复仇提供了合法的理论依据，农民阶级与地主阶级的矛盾和地主阶级内部矛盾的交织发展，构成两汉复仇长兴不衰的政治基础。

（原载《历史研究》1991 年第 1 期。此文为增订稿，载《南开大学历史系建系七十五周年纪念文集》，南开大学出版社，1998 年）

[①] 《三国志·吴志·贺齐传》。

海昏侯墓三议

西汉海昏侯墓的发现，是进入 21 世纪以来最为重要的汉代考古成果。该墓连同墓园名为列侯级墓葬，实则在某些方面具有帝王级墓葬的特征。因此，海昏侯墓出土的金器、青铜器、玉器、漆器等，尤其是出土的大量简牍材料，在一定程度上，可以弥补有关汉代帝王陵园文献记载和考古材料中所缺失的内容，具有独特的学术价值。

鉴于西汉海昏侯墓发掘中的材料尚未正式公布，从媒体披露的有限信息和"五色炫耀——南昌西汉海昏侯墓考古成果展"所展出的文物来看，目前汉代海昏侯研究的考古资料仍然是比较简略的，相关的文献资料也明显不足。为此，"南昌海昏侯墓发掘暨秦汉区域文化"国际学术研讨会在江西师范大学召开并受到史学界的高度关注，对考古研究有十分重要的意义。囿于时间，仅就海昏侯墓发现所想到的几个不成熟的看法列于下文，供讨论时参考。

一、再 议 刘 贺

第一代海昏侯刘贺，即汉废帝。在以往的历史学者眼中，刘贺是一个一身污点的匆匆过客。在历代史书中，由霍光主持的皇位更替中的汉废帝事件，往往也被当作昭宣中兴时期的一段插曲，并没有得到史学界应有的重视。然而，南昌海昏侯墓园的发现，尤其是海昏侯墓中出土的一批精美文物所带给学术界的重要信息，让人们开始重新审视刘贺在历史上的真实面目。

根据《汉书》等记载，刘贺似乎不学无术，"荒淫迷惑，失帝王礼谊，乱汉制度"，不是一个适合继承大统的人。然而，南昌海昏侯墓出土大量与文化相关的器物，如孔子师徒像漆屏风、砚台、编钟编磬、竹简木牍等，与班固所记载的刘贺人物形象似有不小差距。

刘贺为首的昌邑集团为了获得实际上的最高权力，决心要扳倒霍光及其集团。可惜的是，刘贺毕竟十分年轻，他错误地估计了朝廷的政治形势和力量对比，未能充分消化、吸收身边谋臣的意见和建议，在没有形成稳固的反霍联盟统一战线之时，既急于求成，又优柔寡断，结果反被霍光先下手为强。霍光利用自己把持的朝廷权力和控制了太后的有利地位，果断地将自己选择的新帝赶下了台，并诛杀了他几乎所有的党羽，稳住了自己在朝中的垄断地位。尽管在这场斗争中，刘贺失败了，然而，在废黜刘贺的问题上，绝大多数朝臣基本保持沉默，实际上对霍光废立之举心存疑惧，但慑于霍氏之威权而不敢表达异议。在另一方面，太后尽管不能反对废黜新帝，但仍对刘贺庇护有加。在其坚持之下，刘贺不但能够保住性命，而且还能回到昌邑故地，继承昌邑王所有的财产。这就说明，霍氏集团对刘贺"罪行"的宣判只是政治斗争的需要。刘贺后来的命运也始终与朝廷权力角逐形势紧密相连。在宣帝将霍氏集团铲除之后，刘贺虽不能回到权力的中心，但也没有遭受杀身之祸，以海昏侯的身份，被"流放"至江南水乡而终了自己的一生，成为历史上少有的长命废帝。

其实，在《汉书》中，关于刘贺的记述十分谨慎而隐晦。基于西汉对刘贺的传统评价，班固保留了西汉关于刘贺"荒淫"之说，然而，在有限的表述之中，班固仍能较为客观但又不锋芒毕露地揭示刘贺短暂的一生。尤其是在刘贺与霍光围绕最高权力的争斗中，其27天的短暂表现，尽管大多史料都说明了刘贺与自己身份地位的种种言行不端，但也透露了不少你死我活的斗争信息："当断不断，反受其乱。"所谓"荒淫迷惑，失帝王礼谊，乱汉制度"，固然有刘贺自身的原因，但从根本上说，不过是霍氏集团为维护自己权力的口实。这反映出班固敢于纪实的史书写作特点。海昏侯墓的发现，则把班固较为隐晦的表述扩大开来，突显了历史的真实，也进一步证实了班固《汉书》写作的可靠性。因此，结合海昏侯墓考古资料，还原在人们眼前的人物形象，仿佛是一个崇尚儒学，颇有主见，敢于碰硬，又知进退的刘贺。这的确应该引起学术界的重新审视。

二、再议"罢黜百家，独尊儒术"

刘贺在过去史学家的笔下是一个不读《诗》《书》，不讲礼仪，亲近小人，祸乱后宫的败类。然而，此次在南昌汉代海昏侯墓中出土了绘有孔子及其弟子事迹的漆屏风，还发现大量记有《论语》《易经》《礼记》等儒学典籍的竹木简牍。这是否说明，刘贺至少还是读过儒家经典，接受过儒学教育，在思想上是崇信儒学之人。从《汉书》有限的记载中，我们也发现一个能纳谏，诚受诏，知礼仪，有主见的刘贺形象。而一个被班固定性为"不学亡术，暗于大理"的霍光，竟以儒学卫士的身份出现，抓住刘贺所谓"昏乱""劣迹"，把一个崇尚儒学、知书识礼的刘贺打成"废礼谊""行昏乱""恐危社稷"的罪人。这不能不说是一大讽刺。

西汉之时，儒学的地位虽有明显的提高，但远未达到"独尊"的地位。正如宣帝所言："汉家自有制度，本以霸王道杂之。"一般秦汉史论都会提到汉武帝的"罢黜百家，独尊儒术"。但是，这其实是一个伪命题。史载："孝武初立，卓然罢黜百家，表章六经。"其实，这只是班固《汉书·武帝纪》之赞语，它既非董仲舒之名言，于史也无"独尊"一说。汉武帝提倡儒学，不过是因势利导，改革不合时宜的黄老之学，让更符合当时汉朝政治需要的儒学取得主导地位。然而，此时的儒学既未排斥百家，也未独享政坛，而是在统治上层的大力提倡下，以儒学为主兼容诸家罢了。所谓"独尊"之说是后人对汉武帝推崇儒学的臆断。

儒学真正享有无上地位是在东汉。而恰恰是在东汉，随着今古文之争以古文经胜利而告终之后，以汉学为代表的儒学也走到了尽头，玄学取而代之。所以，首次在海昏侯墓出土的孔子画像及若干儒家经典简牍之例，说明我们有必要重新审视儒学在中国文化史上的地位，特别要注意在不同历史阶段的变化轨迹，而其中的变化才是研究中国文化走向的决定性要素。

三、再议汉代的用金

汉代用金数量巨大，陈直在《两汉经济史料论丛》一书中，引用了顾炎武《日知录》、赵翼《廿二史劄记》之说，如王莽聘史氏女为皇后，用三万斤（金）；梁孝王薨，有四十万斤（金）。汉代赏赐贵族外戚，动辄数百至数千斤，可见汉代黄金之多。这次海昏侯墓已出土马蹄金98件、麟趾金25件、金饼285枚，金板20块。之前，1974年西安鱼化寨曾出土有马蹄金。1999年西安未央区东十里铺村出土金饼219枚，每枚247克左右，应是汉朝的中央储备，是证明汉代用金多的实例。金币虽为上币，有一定的比价，不过，却非市场正式流通的货币，主要用于皇家的赏赐和汉朝宗庙的酎金。

然而，一个值得研究的重要问题是，汉代有关金矿的记述十分有限。《汉书·地理志》曾讲西汉桂阳郡有金官，豫章郡鄱阳县有黄金可采。又《华阳国志》卷二讲到梓潼郡涪县、晋寿县和阴平郡刚氏道均有金银矿。除此之外，经眼之处，尚无准确记载可考。西汉之金料从何而来，除了继承前代金器之外，这确实是一个值得重新考虑之谜。何况古文献所言之"金"，往往指的是铜。所以动辄数万或数十万斤之币，很可能说的不是金币而是铜钱。

先秦之时，亦有用金。甘肃礼县大堡子山秦墓曾出土大量秦国早期国君的金器，距今有2700多年。陕西凤翔春秋墓也有金器出土，与大堡子山相仿，金器都带有一定的域外特征。除秦之外，楚国货币为金币，即郢爰。这可能与湖南、江西产金有一定关系。然而出土量也十分有限。不过，西汉海昏侯墓出土如此大量金器，其金料来源仍无从考证。由于金矿有限，自古以来，中国的金器制作，在民国之前，从未达到希腊迈锡尼文化、古埃及文化、两河流域文明、古波斯的水平。在丝路正式开通之前，西域通道就有金料和制金技术的流入。张骞凿空西域，曾带来汉代金器制作技艺的提升，至唐的发展，金器制作达到高峰。后经历五代、宋、元的战乱迁徙，金器制作一度衰落，至明才重现繁荣。其中海上丝路中的黄金贸易是金器繁荣的催化剂。明代永乐年间，郑和下西洋曾从红海和印度洋沿岸采购大批金料和珠宝，供明皇室银作局制造金饰。梁庄王墓出土的"永乐十七年"金锭就是证明。明英宗实录中也有记载，银作局官员申请仿照郑和下西洋之例，派遣人员再去西洋采购金料，以弥补朝廷库藏用料的不足，这也是事实。所以，陆上和海上丝路，不仅是丝绸之路，也是瓷器之路，不仅是香料之路，更是金银珠宝之路。由此是否可以大胆推测，由于古代中原地区缺乏金矿的开采，先秦和秦汉时期的用金，大量金料是从西域而来，加之江南、西南等周边少数黄金产地，构成了当时金料的主要来源。这点推测是因为南昌海昏侯墓再次出土西汉大量黄金而引发的议论，能否得到论证，尚需时间的研判与资料的挖掘。

（原载《纵论海昏：南昌海昏侯墓发掘暨秦汉区域文化国际学术研讨会论文集》，江西教育出版社，2016年）

昭君文化三议

一

匈奴之称形成于战国时期。对中原诸国而言，匈奴是北方最大的威胁，所以才有燕长城、赵长城和秦长城的修建。此前匈奴或称鬼方，或称山戎，或称猃狁，或称荤粥，多养马、牛、羊等牧畜，逐水草而居，过着悠放、豪爽、雄健而又艰辛的游牧生活。《史记·匈奴列传》称其为"夏后氏之苗裔"，先祖叫"淳维"，虽系出自传说，但是匈奴与中原华夏诸族同为蒙古人种，只是不同文而已，确是不易的事实。

生活在蒙古高原上的匈奴人，由于地理环境与自然条件的局限，只能选择游牧生活。而黄河中下游地区诸族中，商族与早期置身于东夷的"秦人"，也都是游牧精于农耕的部族。秦人能被周孝王看中，被安置于汧渭之会为周王室养马；其造父一支能一日千里驱车送周穆王由天山赶回宗周，平定徐偃王之乱，并因此被封在赵；而赵武灵王在战国中期率先改革，实行胡服骑射，与后来崛起的秦国均能威慑匈奴，使之轻易不敢南进，这些与他们丰富的游牧经历密不可分。在周代，中原诸族最终选定了以农立国，奠定了相应的礼仪制度。后来无论是赵还是秦，都汇于农耕文化，但同时也将游牧文化中的有益营养引入其中，推动了农耕文化的发展。

秦始皇统一六国，建立起中国历史上第一个统一的中央集权制国家，为以后以汉族为核心的中华民族的形成奠定了基础。本来秦始皇完全有能力有条件在强大国力的支持下，推动匈奴与中原帝国的结合，但是秦朝的迅速灭亡却使这种可能没有成为历史现实。汉朝在经历了一系列重大改革和调整之后，在与匈奴的长期斗智斗勇中，以稳固、强大、繁盛、有后劲的农业社会为基础，逐步夺取了主导权，不断促进民族间的融合，尤其是与匈奴族的融合，为唐以后留在中国的匈奴人融入农耕文化创造了条件。

这是符合中国历史发展趋势的过程，而以和亲为形式的昭君文化恰恰适应与代表了这一进步趋势。这是王昭君能被世代传颂，能被各族人民充分肯定的根本原因。在中国历史上，这样的典型除了王昭君之外，只有唐代的文成公主。她们是为中华民族的发展作出卓越贡献的伟大女性中的两座丰碑。

二

和亲政策自古以来就是民族间、国家间解决矛盾的一种重要手段。有时是强者的恩赐与笼络，有时是弱者的求和与屈从，有时是对等者的利益结盟，有时是敌对双方的暂时平衡，处处体现着智与勇、忠与奸的角逐。

而汉代的和亲政策，自汉高祖平城之围开始，便经历了一个曲折的变化过程。这个过程与汉朝由初创至发展，由发展到极盛，再由盛转衰的历程十分合拍。也就是说，双方的实力此消彼长，汉朝统治者对匈奴先蔑视，继而震慄，进而忍辱负重，终至战略反攻，引来朝野欢庆，转而得意忘形，穷兵黩武，乃至府库空竭，民怨沸腾，最后归于理性务实，使匈奴首次大举内附，赢得民族融合的重大转折。150年的铁血战火，通过昭君出塞，换来50年的和平。

昭君出塞并非汉代第一次和亲。从汉高祖开始，历经惠帝、吕后、文帝、景帝至武帝之初的数代之中，和亲是一贯的政策。和亲以满足匈奴的欲望，换来的是短暂的安宁与力量积聚所需的时间。可以这样说，和亲在许多情况下并不能带来真正的和平，也不会使民族间的融合发生质的飞跃。这种质的飞跃需要条件，而这种条件的出现并不一定会出现在强者取得绝对优势的时候。王昭君出塞，一方面汉朝在武帝晚年已经耗尽国力，再也没有力量将战争持续下去。经历昭宣的短暂中兴后，国力虽有所恢复，却依然难以承受战争之重，所以和亲是唯一正确的选择。而在匈奴方面，恰恰也陷入困境。首先是内争不断，并引发南北匈奴的分裂；其次是由于不能与汉朝正常互市，民愈困，国愈穷；再次是乌桓等东胡部族迅速强大，对匈奴也构成严重威胁。在此种种不利情况下，南匈奴内附，寻求汉政权的保护，成为当务之急。于是朝觐、质子加上贡赋，使自己成为外臣，也成为南匈奴唯一正确的选择。过去所有的障碍都迎刃而解，一切水到渠成。这是汉匈利益平衡的结果，有条件妥协的结果，也是理性思考的结果。而这种结果具有相对的稳定性。

历史造就了王昭君，而王昭君也当之无愧地实现了历史赋予她的责任，出色地完成了和平使者的历史重任，成为一个成功者。

三

自晋以来，王昭君经常出现在文学作品中，红颜薄命成了主题。无论是庾信的"围腰无一尺，垂泪有千行"，还是沈佺期的"薄命由骄虏，无情是画师"，更有李白的"燕支长寒雪作花，蛾眉憔悴没胡沙"，无不悲悲切切，恓恓惶惶，说不完的愁苦，道不尽的哀怨。他们除了痛斥"骄虏"和"画师"之外，汉元帝也难以遁身，才有了白居易"自是君恩薄如纸，不须一向恨丹青"的诗句。总之，王昭君成了不折不扣的一场政治交易的牺牲品。到了当代，则有了这是封建时代重男轻女思想典型反映的批评。

中国古代是有重男轻女的传统，但是在秦汉至隋唐的千余年间，妇女在政治、经济、军事、文化诸领域均作出过重要贡献，她们的地位绝非如宋明理学家腐朽妇女观泛滥时的那般卑下与无助。仅《隋书·经籍志》所列《列女传》就有刘向《列女传》、赵母注《列女传》、高氏《列女传》、刘歆《列女传颂》、曹植《列女传颂》、缪袭《列女传赞》、项原《列女后传》、皇甫谧《列女传》、綦母邃《列女传》和《女记》《美妇人传》等12种之多。范晔在《后汉书》中创《皇后纪》和《列女传》于正史，以尚女德。这里所谓的"列女"，并非如宋代以后所谓的"贞节烈女"，而正如范晔在《列女传》叙中所言，是要把东汉时期如"贤妃助国君之政，哲女隆家人之道，高士弘清淳之风，贞女亮明白之节"的种种才行高秀的女子德行公诸于世，加以表扬。

综观两汉历史，就后妃而言，前汉有汉高祖吕后、孝文窦后、孝宣王后；后汉有明德马后、和熹邓后、顺烈梁后，在政治上各有一番作为，或多或少地影响了历史的进程。又，卓文君之大胆追求幸福；冯嫽之安定西域乌孙国；班昭之博学多闻，著述等身；桓少君之"存不忘亡，安不忘危"；曹娥之为父尽孝；赵娥之为父报怨；蔡文姬之博学多才，妙于音律，均体现出汉代妇女的聪明才智。而王昭君则是千千万万汉代妇女中的又一个杰出代表。

范晔在《后汉书·南匈奴传》中，特意做出如下记述：

> （王）昭君字嫱，南郡人也。初，元帝时，以良家子选入掖庭。时呼韩邪来朝，帝勒以宫女五人赐之。昭君入宫数岁，不得见御，积悲怨，乃请掖庭令求行。呼韩邪临辞大会，帝召五女以示之。昭君丰容靓饰，光明汉宫，顾景裴回，竦动左右。帝见大惊，意欲留之，而难于失信，遂与匈奴。生二子。及呼韩邪死，其前阏氏子代立，欲妻之，昭君上书求归，成帝勒令从胡俗，遂复为后单于阏氏焉。

这段记载是正史中唯一完整的记录（《汉书》中仅有两处个别文字涉及），为我们了解王昭君的事迹提供了重要的线索。由于王昭君在困境中勇于自拔，顾大局，识大体，才能从一个默默无闻的宫女，跃身成为替国家和百姓带来长久和平，促进汉匈加速融合的巾帼英雄。虽然当时她并未彻底解决汉匈矛盾，然而到了东汉，匈奴问题得到基本解决，这与她的行为不无因果，后人也因此永远记住了她。

王昭君在远嫁匈奴前后，肯定有哀怨，有无奈，但更有决绝，有志气。我们不能被古代文人学士的浪漫悲情与道德偏见所左右，应该看到王昭君是一个有真性情，敢作为，求幸福，能屈伸的女中大丈夫，永远值得我们纪念。

（原载《光明日报》2008 年 2 月 3 日史学版）

西汉末年吕母起义新探

吕母为什么要起义？她是怎样成为一名农民起义领袖的？在有关的论著中，语焉不详，故作新探，以就教于读者。

吕母是西汉末琅琊郡海曲县（今山东日照县西）著名的富户，有"赀产数百万"（《后汉书·刘盆子传》）。她的儿子名育，在县中任乡官游徼（《后汉书·刘盆子传》注引《续汉书》）。掌管地方治安，以弹压人民的反抗。不难看出，吕母与当时的封建政权并无根本的利害冲突，更谈不上久已蓄志要同王莽新朝誓不两立，一决高低了。吕母之所以起义，最初的动机只有一个，即为子报仇。

报仇，或称报怨，秦汉时此风极盛。"怨仇相残"被鲍宣列为民人"七死"之一（《汉书·鲍宣传》）。当时不仅同一代人私结怨仇，互相杀伤，甚至"子孙相报，后忿深前，至于灭户殄业"（《后汉书·桓谭传》），造成严重的社会恶果。报怨主要是男子的责任，而女子也常常勉力为之。"杀人者死"是汉律的基本准则，但是由于汉以《春秋》断狱，儒家的伦理道德为复仇披上了合法的外衣。只要在五伦的范围之内，复仇是理所当然的事，否则就要成为"无耻之孙""忍辱之子"，而不齿于世人。所以男女老幼，甘冒触犯法禁之危，必以手刃仇人为快。法律的尊严在封建伦理道德面前，终于黯然失色，吕母自然不能不受这种风气的影响。她认为其子犯小罪，不当死，而县宰竟冤杀之，因而不惜倾家荡产，为子报怨。

结客报怨，是秦汉一般豪强大姓报仇的惯用手法，如《汉书·朱云传》曰："少时通轻侠，借客报仇。"又如《后汉书·酷吏传》曰："郡吏有辱其（阳球）母者，球结少年数十人，杀吏，灭其家，由是知名。"由于秦汉时人承战国之余烈，尚武轻侠，不乏"为知己者死"之徒。如宋果"性轻悍，憙与人报仇，为郡县所疾"（《后汉书·郭泰传》）。单福少好任侠击剑，"尝为人报仇，白垩突面，被发而走，为吏所得，问其姓字，闭口不言"（《蜀志·诸葛亮传》注引《魏略》）。后由其党伍以武力相救，才免于一死，均可为证。《史记·货殖列传》说得明白："其在闾巷少年，攻剽椎埋，劫人作奸，掘冢铸币，任侠并兼，借交报仇，篡逐幽隐，不避法禁，走死地如骛者，其实皆为财用耳。"吕母"酿醇酒，买刀剑衣服。少年来酤者，皆赊与之，视其乏者，辄假衣裳，不问多少"（《后汉书·刘盆子传》）。正是想用施舍金钱、酒肉、衣服等小恩小惠为手段，以换取诸少年的以死相报。吕母终于"得百余人，遂攻海曲县，杀其宰以祭子墓"（《汉书·王莽传》）。

但是，直到此时，吕母的主观愿望仍未超越复仇的界限，并未决心充当本阶级的叛逆者。自号将军的吕母在攻占县城以后，再未作出任何要与王莽新朝彻底决裂，为劳苦群众伸张正义的重大举措，反而对擒获的掾吏说，"诸卿无罪，唯欲报长耳"（《后汉纪》卷一）。轻易释放了这群为虎作伥的县吏，并退入海中，自固于孤岛之上。

因统治阶级内部矛盾而酿成豪强仇杀官吏的事件，在整个秦汉时期并不罕见。如尹齐任淮阳都尉，诛杀豪强甚众，"及死，仇家欲烧其尸"（《汉书·酷吏传》）。再如太原、上党二郡，多晋公族子孙，报仇过直，历来号为难治。汉时常选严猛者为郡守，以杀伐为威而镇抚之。然"父兄被诛，子弟怨愤，至告讦刺史二千石，或报杀其亲属"（《汉书·地理志》），时有所闻。张敞即于宣帝时任太原太守，后病卒，其所"诛杀太原吏吏家怨敞，随至杜陵刺杀敞中子璜"（《汉书·张敞传》），以泄私愤。而且像吕母那样自号将军，亲率子弟宾客攻城夺邑而报杀官吏者，亦史不乏人。如《后汉纪》卷一载："董宪字侨卿，东海朐人。父为人所杀，宪聚客报冤，众稍多，遂攻属县。"后董宪投靠刘永，与刘秀相抗衡，兵败被杀，是两汉之交称雄一时的封建割据者。田尚也曾聚会数百人，自号将军，最后也以失败告终。

旧史所谓的"盗贼"，虽然主要指农民起义军，但是"盗贼"中实还包括乱世中争雄一方终至败北的封建割据者，或由于统治阶级内部矛盾与官府对抗的豪族武装，另外还应包括平日里啸聚山林打家劫舍的土匪。这些"盗贼"与农民起义军有着本质的不同，必须予以科学的比较和鉴别，严格地将他们区别开来。

既然吕母是以为子复仇作为其起义的唯一宗旨，又与同时代的豪强报怨方法并无重大不同，那么，为什么吕母竟能由一个豪强复仇者，一跃成为农民起义的女领袖呢？这不能不说是一场历史的误会，须知，一切事物都是依条件、地点和时间为转移的。"极其相似的事件，如果发生在不同的历史情况下，会导向完全不同的结果。"（马克思《致〈祖国记事〉编辑部的信》）

王莽改制不但没能挽救社会危机，相反由于改制带来了经济上的大混乱，赋税徭役的加重，与匈奴等少数民族战争的频繁，以及吏治的腐败不堪和刑法的苛酷，都进一步加剧了人民的痛苦。此时，地主阶级与农民阶级的矛盾十分尖锐，一触即发。吕母的起义恰恰发生在这种关键时刻，不管她主观愿望如何，海曲县城的被攻陷，县宰的被枭首，宛如在干柴中点燃的一把大火，其影响可想而知。吕母退入海岛之后，闻风追随者竟达万数，一时间吕母成为琅琊穷苦百姓心目中的救星。同时，吕母已被王莽政权视为"盗贼"，而王莽酷法所造成的不信任感，也迫使吕母除了据守海岛对抗到底外，别无出路。吕母就是这样在两个对立阶级的挤压下，颇不情愿地被戴上了农民起义领袖的桂冠。尽管她以后仍少有作为，而恰恰是在她的鼓舞下，天凤五年（18 年）樊崇起兵于莒，轰轰烈烈的赤眉大起义席卷青、徐二州。威振环宇，长期偏守于海滨一角的吕母所部，在吕母逝世后，终于"分入赤眉、青犊、铜马"诸军（《后汉书·刘盆子传》），汇入到起义大军的洪流中，摧垮了王莽的罪恶统治，为农民战争史谱写下光辉的一页。

总而言之，吕母这个由时代所造就的农民起义领袖，虽无众多建树，然而她毕竟揭开了西汉末农民大起义的序幕，开创之功完全值得我们纪念。

（原载《光明日报》1984年1月25日史学版）

论东汉门阀的形成[*]

关于门阀史的研究，1949 年以来取得了巨大的进展，许多问题在争鸣中有了新的突破。特别是门阀制度和国家土地所有制之间并没有必然的联系，而地主大土地所有制是门阀形成的经济基础的观点，已为广大史学工作者所接受①。但是，尽管越来越多的人主张门阀形成于东汉，但门阀始于魏晋说至今仍然居于统治地位。这个传统若不能被打破，门阀史的研究工作就有搁浅的危险。本文试图对东汉门阀的形成原因作一次具体而深入的探讨，其中不当之处，恳请史学界的同志们批评指正。

一、东汉门阀形成的标志

门阀形成于魏晋的说法，主要依据于南朝人的见解，其中沈约和裴子野的评论更为历来史学家所重视。沈约主张"汉代本无士庶之别"②。他还说："周汉之道，以智役愚，台隶参差，用成等级。魏晋以来，以贵役贱，士庶之科，较然有辨。"③不管他的对比是何等的荒唐可笑，否定汉代有士庶之别却是十分明确的。而裴子野的看法却不然，他指出："迄于两汉，尊儒重道，朝廷州里，学行是先。虽名公子孙，还齐布衣之士，士庶虽分，而无华素之隔。自晋以来，其流稍改，草泽之士，犹厕清涂。降及季年，专限阀阅。"④看来，他认为汉代已有士庶的区分，只不过没有达到"上品无寒门，下品无世族，高门华阀有世及之荣，庶姓寒人无寸进之路"⑤的程度罢了。我们知道，按照门第来区别士庶是门阀制度的重要特征，有无士庶之别是研究门阀形成与否的主要根据之一。同历史上出现的一切事物一样，门阀也有其产生、发展、衰亡的演变过

---

① 唐长孺先生一向主张土地国有制是门阀制度的经济基础，这一主张在 20 世纪 60 年代以前的门阀史研究工作中曾有着较大的影响（详见《门阀的形成及其衰落》，《武汉大学人文科学学报》1959 年第 8 期）。但是经过长期反复的研讨，唐先生在 1962 年到吉林讲学时，毅然放弃上述观点，指出门阀制度和国家土地所有制之间并没有必然的联系，门阀制度的经济基础是"部曲佃客生产制"（详见乌廷玉：《唐长孺对门阀制度的新看法》，《历史研究》1962 年第 6 期）。

② 杜佑：《通典·选举杂论》。

③ 沈约：《宋书·恩幸传序》。

④ 《通典·选举杂论》。

⑤ 赵翼：《廿二史札记》卷 18。

程，作为门阀标志的士庶之别，也会有一个从不太严格到比较严格的渐进过程。裴子野并非自觉地为我们扼要叙述了门阀的演变过程，这是他比沈约高明的地方。可惜的是，他把门阀的巅峰期当作开端来肯定，无形中将整部门阀史拦腰截断了。因此，我们不仅不能从沈、裴两人的见解中得出士庶分隔始于魏晋的结论，反而感到有搞清汉代是否存在士庶之别的必要了。

春秋战国之际，西周时确立的世卿世禄制度开始崩溃，伴随着新兴地主阶级的崛起，"君不君，臣不臣"，上下陵替，使许多布衣之人一跃而为卿相，利用历史给他们提供的舞台大显身手。西汉初年的布衣将相之局，正是这一时代的产儿。在刘邦的基本队伍中，除张良出身于韩国的贵族外，有像萧何、曹参之类的中小官吏，有像陆贾、郦食其之类的布衣诸生，甚至还有狗屠樊哙、吹鼓手周勃、布贩灌婴、车夫娄敬之类的下层人。毫无疑义，在旧的等级观念刚刚被打破，新的等级秩序刚刚在建立的西汉初期，士庶区别是没有的。

到了汉武帝时期，为了加强中央集权，提倡儒学，推行察举，号称得人最盛。如"儒雅则公孙弘、董仲舒、倪宽，笃行则石建、石庆，质直则汲黯、卜式，推贤则韩安国、郑当时，定令则赵禹、张汤，文章则司马迁、相如，滑稽则东方朔、枚皋，应对则严助、朱买臣，历数则唐都、洛下闳，协律则李延年，运筹则桑弘羊，奉使则张骞、苏武，将率则卫青、霍去病，受遗则霍光、金日磾，其余不可胜纪"[1]。这批人或拔于刍牧，或擢于贾竖，或奋于奴仆，或出于降虏，大多数出自寒素之家。汉武帝就是这样，以"不次之选"为自己建立了一个以皇权为中心的官僚集团。西汉后期，公卿中仍不乏家世微贱者，如匡衡、翟方进等。后汉章帝所说"每寻前世举人贡士，或起畎亩，不系阀阅"[2]，正是指西汉上述情况而言。

然而，在西汉中后期，世官世禄之家已屡见不鲜。如韦贤、韦玄成再世为相，韦赏哀帝时又列为三公，"宗族至吏二千石十余人"[3]。再如张汤，"起于文墨小吏""致位三公"[4]，而后"自昭帝封安世，至吉，传国八世"[5]，不仅在西汉权势赫赫，到了东汉，依然爵位尊显。虽然当时总的来说是"先王公卿之胄，才则用，不才弃之，不辨士与庶族"[6]，但是这种新兴世家大族的出现，使门第观念从此深入人心，门阀制度的幼芽开始萌发。

---

① 班固：《汉书·公孙弘传赞》。
② 范晔：《后汉书·章帝纪》。
③ 《汉书·韦贤传》。
④ 《汉书·杜周传》。
⑤ 《后汉书·张纯传》。
⑥ 欧阳修：《新唐书·柳冲传》。

进入东汉，情况发生了显著的变化。刘秀之所以能取王莽而代之，主要是仰赖于豪族的支持，尤其是以南阳、颍川两郡豪族为核心的关东豪族的支持。这个贵族、官僚、豪族三位一体的新政权与西汉初期的布衣将相之局形成鲜明的对比。面对豪族的强大压力，刘秀不得不在经济上、政治上作出让步，以换取豪族对中央政权的拥护。于是，西周等级森严的世卿世禄制度经过改造以后，在新的形势下得到了复活。

首先从功臣转化为外戚的豪族中涌现出一批世家大族，如：

> 邓氏自中兴后，累世宠贵，凡侯者二十九人，公二人，大将军以下十三人，中二千石十四人，列校二十二人，州牧、郡守四十八人，其余侍中、将、大夫、郎、谒者不可胜数，东京莫与为此[①]。

> 耿氏自中兴已后迄建安之末，大将军二人，将军九人，卿十三人，尚公主三人，列侯十九人，中郎将、护羌校尉及刺史、二千石数十百人，遂与汉兴衰云[②]。

由于刘秀推崇与谶纬相结合的今文经学，以巩固中央集权，所以一批以经学起家的官僚士族也从东汉初年起陆续出现。如沛郡龙亢的桓氏，"自荣至典，世宗其道，父子兄弟代作帝师"[③]，桓氏父子的门人杨震、朱宠、黄琼等均能列位三公，世传其学，成为一代显阀。

此外，诸如皇族子孙、名宦之后、律令世家，以及以武功致显的关陇豪族等，纷纷加入到世家大族的行列之中。

"公侯子孙，必复其始，贤者之后，宜宰城邑。"[④] 在皇权的承认下，东汉各级政权的大门向世家大族敞开了。不仅在东汉初年就出现了选士不以"才行为先"，而"纯以阀阅"的情况[⑤]，到了中期以后，"选士而论族姓阀阅"[⑥]，更习以为俗。

《后汉书·霍谞传》就记载了这样一件事。有人诬告霍谞的舅舅宋光妄刊章文，大将军梁商一怒之下，将宋光打入洛阳诏狱之中。霍谞当时年仅15岁，就上书梁商，为其舅申冤。他的理由很简单："光衣冠子孙，径路平易，位极州郡，日望征辟，亦无瑕秽纤介之累，无故刊定诏书，欲以何名？"梁商阅罢，竟奏免了宋光的罪过，而霍谞也因此扬名于世。这些"世臣、门子、执御之族"，无论在地方还是中央，都是"抱膺从容，爵位自从，摄须理髯，余官委贵。其进取也，顺倾转园，不足以喻其便，逡巡

---

① 《后汉书·邓禹传》。

② 《后汉书·耿弇传》。

③ 《后汉书·桓荣传》。

④ 《后汉书·杜林传》。

⑤ 《后汉书·韦彪传》。

⑥ 马总：《意林》卷5引《昌言》。

放屣,不足以况其易"①。甚至小小年纪就可以身居地方要职,或跻身于宫廷之中。如黄琬即以"公孙拜童子郎"②。朱穆年仅 20 岁,就担任了郡督邮。新太守到任时,一见朱穆就直截了当地问道:"君年少为督邮,因族势?为有令德?"③ 可见因族势而出仕已是十分普遍的现象了。"以族举德,以位命贤"④,其结果必然造成"不复为官择人,反为人择官"的情况⑤。高门世族把持仕途,已成为理所当然的事。

所谓高门世族,是与寒门庶族相比较而言的。地主阶级内部等级界限的日益明确,势必造成士庶的区分与对立。"法禁屈挠于势族,恩泽不逮于单门。"⑥ 东汉的士庶之别就是势族与单门的划分,门第的高下,决定了势族与单门在经济、政治、文化上地位的悬殊差别。

王充出身于"细族孤门"。他的祖先曾以"从军有功,封会稽阳亭"。但不料想"仓卒国绝",家道从此衰败。由于他的父兄逞勇任气,所在为怨,不为当地豪门所容,所以多次迁徙,最后定居于上虞。在王充年少的时候,其父不幸去世,因此更为乡里所不齿。虽然他师事班彪,博通众流百家之言,并多次出任地方显职,然而毕竟门第卑下,遭同僚排摈,只得弃职而去。王充满腹经纶,却始终不能得志,关键就在于"宗祖无淑懿之基,文墨无篇籍之遗"。难怪王充自鸣不平地疾呼:"鸟无世,凤凰;兽无种,麒麟;人无祖,圣贤;物无常,嘉珍。祖浊裔清,不妨奇人。"⑦

王符的处境与王充十分相似。他"少好学,有志操",并与窦章、马融、张衡、崔瑗等名士相友善。但是"安定俗鄙庶孽,而符无外家,为乡人所贱"⑧。王符不从俗流,因此仕宦无路,只得隐居乡间,著书立说,以明其志。他在《潜夫论·论荣》中写道:"仁重而势轻,位蔑而义荣。今之论者多此之反,而又以九族,或以所来,则亦远于获真贤矣。"在他看来,"人之善恶,不必世族;性之贤鄙,不必世俗"。王符的思想与王充可谓不谋而合,同样的遭遇使他们对当时的门阀观念勇敢地提出了挑战。

从以上可知,势族与单门的区别至迟自章帝时起就已经产生了,并一直延续到汉魏之交。

《三国志·魏书·裴潜传》注引《魏略·严干李义传》曰:"冯翊东县旧无冠族,故二人并单家,其器性皆重厚。当中平末,同年二十余,干好击剑,义好办护丧事。

① 《后汉书·蔡邕传》。
② 《后汉书·黄琬传》。
③ 《后汉书·朱穆传》注引谢承《后汉书》。
④ 《潜夫论·论荣》。
⑤ 萧统:《文选·干宝晋纪总论》李善注引谢承《后汉书·吕强传》。
⑥ 《后汉书·文苑传》。
⑦ 王充:《论衡·自纪》。
⑧ 《后汉书·王符传》。

冯翊甲族桓、田、吉、郭及故侍中郑文信等，颇以其各有器实，共纪识之。逮建安初，关中始开。诏分冯翊西数县为左内史郡，治高陵；以东数县为本郡，治临晋。义于县分当西属，义谓干曰：'西县儿曹，不可与争坐席，今当共作方床耳。'遂相附结，皆仕东郡为右职。"严干、李义虽受冯翊甲族的赏识，但终因门第卑微，其势不足与冠族抗衡，于是利用分郡之机，避入尚无冠族的东县，以求出人头地。

东汉的士庶之分在婚姻问题上也有反映，尤其在帝室婚姻上表现得更为突出。

西汉时士庶未分，所以婚姻不重门第，多有起于卑微而身为皇后者。如汉景帝立王皇后，汉武帝立卫皇后、李夫人，汉宣帝立许皇后，汉成帝立赵皇后等，不一而足。

到了东汉，门阀观念已经形成。邓、窦、梁、马诸功臣"婚姻帝室，世为名族"①，东汉的历代皇后大部分出于这个集团。汉桓帝在废弃邓皇后之后，曾想诏立田贵人，不想竟遭到群臣的强烈反对。应奉以为"田氏微贱，不宜超登后位"，并以汉帝立赵飞燕为后，以至"胤嗣泯绝"②为例，上书极谏。陈蕃也以"田氏卑微，窦族良家，争之甚固"③。汉桓帝迫不得已，只好立窦妙为后。

饶有兴味的是，按照传统的说法来看，门阀制度尚未形成的东汉，皇后几乎世世出于名门世族；而在所谓门阀制度刚刚形成的曹魏，却是三世立贱。曹操之妻卞氏出自倡家，曹丕所立的郭后原来是铜鞮侯家的女奴，明帝之妻毛氏的父亲本典虞车工。这种情况在世族中间引起"公愤"。其间栈潜曾上书劝导曹丕曰："任昔帝王之治天下，不惟外辅，亦有内助，治乱所由，盛衰从之……是以圣哲慎立元妃，必取先代世族之家，择其令淑以统六宫，虔奉宗庙，阴教聿修……今后宫嬖宠，常亚乘舆。若因爱登后，使贱人暴贵，臣恐后世下陵上替，开张非度，乱自上起也。"④明帝妃虞氏更当着太后卞氏的面，抱怨说："曹氏自好立贱，未有能以义举者也。"⑤这种反常现象，与曹氏出身于"刑余之丑"的宦官之门有关。在门阀制度实际上早已确立的时代，出身卑微的曹氏父子对门阀世族不能不有所顾忌。"三世立贱"同"唯才是举"一样，都是为了削弱门阀世族在政治上的特权，以巩固曹氏的统治地位。既妥协，又斗争，曹氏宗族与门阀世族的复杂关系贯穿于魏王朝的始终。当出身名门的司马氏建立晋朝以后，东汉时已趋于固定化的世家大族在帝室婚姻中的垄断地位，才重新得到了恢复。如果门阀在东汉时期并未形成的话，上述变化又将如何解释呢？

在东汉世族中，名门间互为姻戚也是约定俗成的事。但是，同样是名门之后，如

---

①　蔡邕：《蔡中郎集·司徒袁公夫人马氏碑》。

②　《后汉书·应奉传》。

③　《后汉书·陈蕃传》。

④　陈寿：《三国志·魏书·后妃传》。

⑤　陈寿：《三国志·魏书·后妃传》。

果其母微贱，地位也会迥然不同。如裴潜自感"所生微贱，无舅氏，又为父所不礼"，因此"折节仕进，虽多所更历，清省恪然。每之官，不将妻子，妻子贫乏，织藜芘以自供"①。

公孙瓒也是"家世二千石"，但因其母出身低贱，于是只能"为郡小吏"②。所以当他称雄幽冀的时候，对"州里善士名在其右者，必以法害之"③。他认为"衣冠皆自以职分富贵，不谢人惠"④，因此他所重用的人，大多是商贩庸儿。公孙瓒的这种作为，与其说是对名门的嫉妒，不如说是对门阀习俗的反抗和报复。

士庶区别不仅表示了势族与单门在政治地位上的高下之分，并且还成为划分德才优劣的标准。对门阀世族来说，凡是出身高门的，必定有经天纬地之才，否则则相反，遇有例外，就深表不解，惊诧不已。张芝在《与李幼才书》中就无限感慨地说道："弭仲叔高德美名，命世之才，非弭氏小族所当有，新丰瘠土所当出也。"⑤

延熹二年（159 年），汉桓帝曾叫陈蕃品评徐稚、袁闳、韦著的高下次第。陈蕃对答道："闳生出公族，闻道渐训。著长于三辅礼义之俗，所谓不扶自直，不镂自雕。至于稚者，爰自江南卑薄之域，而角立杰出，宜当为先。"⑥寒人居然超越名门而列居首位，乍一看来，令人深感意外。但细一回味，陈蕃之所以赏识徐稚，是因为在陈蕃看来，名门子孙天生聪慧，超众绝俗，所谓"不扶自直，不镂自雕"，毫不足奇，而徐稚竟能具备只有名门才能具有的才德，实属罕见，于是给予了特殊的待遇。这种提拔单家的事例，在东汉屡有发生，甚至有一些东汉单门因此而成为门阀。然而，这毕竟只是少数的偶发现象，它不可能改变士庶区分日益严格的总趋势。更重要的是，提拔寒士是门阀与皇权斗争的需要，不仅门阀这样做，皇权势力也这样做。然而当门阀的地位十分巩固的时候，他们提携寒士的情况也随之鲜见。说到底，寒人不过是门阀的陪衬。

事实证明，裴子野所说汉代已有士庶之分是可信的。士庶区别萌芽于西汉后期，发展于东汉早期，中期以后日趋成熟。因此门阀形成于东汉应是毋庸置疑的。

二、东汉门阀形成的经济因素

从战国到东汉，由于各地区的经济发展并不平衡，在政治上所起的作用也不尽相

---

① 《三国志·魏书·裴潜传》。
② 范晔：《后汉书·公孙瓒传》。
③ 范晔：《后汉书·公孙瓒传》。
④ 范晔：《后汉书·公孙瓒传》。
⑤ 赵岐：《三辅决录》，引自严可均《全后汉文》。
⑥ 《后汉书·徐稚传》。

同，所以很自然地形成了具备各自特点的地区性地主集团。在门阀形成的过程中，必然有一些地区性的地主集团起着决定性的作用。在该集团发展的每一个阶段中，都集中反映了社会上的各种矛盾斗争，它的发展变化改造了当时封建社会经济、政治、意识形态诸方面的结构。对这种地区性地主集团进行具体的剖析，无疑对我们搞清门阀制度的来龙去脉大有裨益。而秦汉的关东豪族就是这样一个关键性的地方集团，它是我们揭开门阀之谜的钥匙。

所谓关东，按秦汉时的习惯看法，是指函谷关以东，包括今河南、河北、山东、山西，以及湖北北部、安徽北部、江苏北部在内的广大地区。换句话说，就是战国时期东方六国的主要统治区。所谓关东豪族，就是指自战国以来活跃在关东大地上的以六国强宗为先导的豪族地主集团。

关东豪族在自身曲折的发展过程中，形成了四个特点。

第一，关东豪族是地主大土地所有制的产物，反过来又推动了地主大土地所有制的发展，不仅使关东成为地主大土地所有制最为发达的地区，并且不同程度地影响了关中、巴蜀、北部边境及江南等地区的地主大土地所有制的发展，所以关东豪族是秦汉地主阶级中最重要的一个分支。

第二，关东豪族保留了氏族血缘关系的传统，往往聚族而居，甚至数世同室共财，这对巩固和加强关东豪族在经济上和政治上的实力，发挥了重要的影响。

第三，关东豪族具有高度的封建文化修养，对封建社会初期地主阶级各派思想学说的创立和融合，尤其是对儒家学说的改造，起到了重要的促进作用。经学是关东豪族转化为门阀的进身阶梯。

第四，关东豪族的核心人物不少是六国的贵族强宗或西汉新兴权贵的后裔，都有较高的社会地位和广泛的社会联系，其势力根深蒂固，所以称雄。

关东豪族就是凭借上述优势，在当时的封建政权中逐步取得支配地位，其主要宗族集团亦转化为门阀。

恩格斯在《反杜林论》中指出："一切社会变迁和政治变革的终极原因，不应当到人们的头脑中，到人们对永恒的真理和正义的日益增进的认识中去寻找，而应当到生产方式和交换方式的变更中去寻找。"因此，要想搞清东汉门阀形成的原因，就要从分析产生门阀的那个时代的"生产方式和交换方式的变更"入手，必须对以关东豪族为代表的地主大土地所有制及其在封建土地诸占有形态中的地位和作用，作一番研究。

"大地产是中世纪封建社会的真正基础"①，封建地主大土地所有制是我国封建社会的真正基础。然而在东汉以前，地主大土地所有制并没有取得迅猛的发展。封建的国

---

① 马克思：《对民主主义者莱茵区域委员会的审判》，《马克思恩格斯全集》第6卷，第290页。

家土地所有制，亦即国王土地所有制，是这一时期封建土地所有制的主要形态。战国时期七国的变法，不管其彻底程度如何，基本上都以封建土地国有制为依据，通过奖励军功的办法来分配土地。军功愈大，赏赐的田宅就愈多，其身份地位也愈高；反之，则被剥夺爵位和田宅。像甘茂出奔，田宅俱失；甘罗立功，秦始皇"复以始甘茂田宅赐之"[1]之类的事不胜枚举。国家土地所有制是强化中央集权的必要条件，而强化中央集权又是进行兼并战争的需要。《荀子·议兵篇》说："秦人其生民也狭厄，其使民也酷烈，劫之以势，隐之以厄，忸之以庆赏，遒之以刑罚，使天下之民所以要利于上者，非斗无由也；厄而用之，得而后功之，功赏相长也；五甲首而隶五家，是最为众强长久，多地以正，故四世有胜，非幸也，数也。"秦国以土地国有制为后盾，以赏功为手段，在强大的集权政府统一指挥下，战胜了东方六国。秦始皇在统一中国后，声称"六合之内，皇帝之土"[2]，虽不免有些言过其实，但它确实反映了皇权的神圣不可侵犯和封建土地国有制是封建社会初期占有支配地位的土地所有制形态。

　　然而，封建土地国有制的支配地位受到了一个强大对手，即封建地主大土地所有制的挑战。地主大土地所有制是在封建政权的承认和保护下巩固发展起来的，它对封建政权有一股向心力；但随着地主大土地所有制对小农经济的吞噬，经济实力进一步膨胀，反映在政治上，则出现"上威非不存也而下不听从，官非无法也而治不当名"[3]的情况，其结果势必威胁到中央政权的巩固，所以它对封建政权又有一股离心力。封建大土地所有制愈是发展，这种离心力则愈强，因此封建君权与大土地所有者之间的矛盾也变得尖锐起来。

　　决定着这一矛盾发展变化的根本因素是秦汉时期大土地所有制本身所具有的三大特点。这三大特点在关东豪族的封建经营上表现得最为典型，下面分别予以阐述。

　　第一，土地买卖和随之而来的土地兼并是地主大土地所有制的主要特征。

　　当新兴地主阶级呱呱坠地的时候，土地买卖也应运而生。尽管变国有土地为私有土地是新兴地主阶级早期掠取土地的主要手段，从封建主那里取得赏田又成为扩大私田的重要补充形式，然而土地买卖一经出现，就迅速成为大土地所有制发展的基本途径。之所以如此，是因为我国的封建变革是以土地私有为开端的。自耕农对自己的土地虽拥有所有权，但是自耕农小土地所有制从来没有能够真正成为决定自己命运的独立土地占有形态。它不是作为封建国家土地所有制的附庸，就是作为地主大土地所有制的附庸而存在。

　　战国时期，各国大土地所有制的发展并不平衡，关于土地买卖和土地兼并的发展

---

① 司马迁：《史记·甘茂列传》。

② 司马迁：《史记·秦始皇本纪》。

③ 《韩非子·诡使》。

状况，关中与关东就存在着明显的差异。尽管董仲舒宣称秦"用商鞅之法，除井田，民得买卖"①，然而我们从文献中却找不到一条可以直接证明的材料。由于秦国宗族观念薄弱，尤其是商鞅变法后，"秦人家富子壮则出分，家贫子壮则出赘"②，以及秦政权中因大批任用客卿而带来的官僚阶层的流动性和非土著性，使秦国难以形成实质性的大土地所有制。关东则不然，土地买卖早在春秋末期已经出现，到了战国时期，土地买卖之风更为盛行。据《史记·廉颇蔺相如列传》记载，赵括为将后，就以赵王所赐金帛，"日视便利田宅可买者买之"。不仅如此，关东豪族往往聚族而居，甚至数世同室共财。如齐之孟尝君及其他田氏诸族，赵之平原君、魏之信陵君、楚之春申君及昭、屈、景诸族等，都在所在国经济上、政治上拥有相当的势力。血缘关系的强固、政治地位的相对稳定，是关东豪族大土地所有制得到巩固和发展的有力保证，从而成为与土地国有制分庭抗礼的强大经济力量。

但是，在战国后期，兼并战争和各国内部的政治斗争，使得大土地所有制的发展受到了严重的阻碍。尤其在秦始皇统一中国后，他没有也不可能把关东豪族当作自己阶级阵营的力量来看待。在秦朝统治者眼里，关东豪族比六国农民更危险，更需要予以严格的控制和打击。以关东豪族为代表的地主大土地所有制的发展从此转入低潮。

西汉初年，刘邦为了巩固已经取得的地位，重施了秦始皇"迁徙豪富"的故伎，一次就把关东豪族10万余口人迁到长安附近，置于中央政府的直接监督之下。但是，鉴于秦始皇失败的教训，刘邦对关东豪族不是一味打击，而是打中有拉，软硬兼施。在迁徙关东豪族的同时，又下令要"与利田宅"，还为楚、魏、齐、赵诸王及信陵君无忌等设守冢者，四时祭祀，以安抚六国遗烈。并寻访名族之后，予以封赏，将他们吸引到汉政权中来，为汉王朝效忠。汉初轻徭薄赋、与民休息的政策，不仅扶植了一批军功地主，也在一定程度上维护了旧有豪族的经济利益，并且造就了人数庞大的自耕农，出现了"未有兼并之害"的局面。然而从经济繁荣中真正得到好处的并不是农民，在所谓"文景之治"的太平盛世，就已经出现农民"卖田宅鬻子孙"③的现象。荀悦更尖锐地指出：当时"豪强富人占田逾侈，输其赋太半，官收百一之税，民输太半之赋，官家之惠优于三代，豪强之暴酷于亡秦，上惠不通，威福分于豪强也。"④于是，一直未能得到充分发展的地主大土地所有制，终于遇到了良机，迅速蔓延开来。如灌夫"家累数千万，食客日数十百人。陂池田园，宗族宾客为权利，横颍川"⑤。又如张禹"内殖

① 《汉书·食货志》。
② 《汉书·贾谊传》。
③ 《汉书·食货志》。
④ 《汉纪·文帝纪》。
⑤ 《汉书·灌夫传》。

货财，家以田为业。及富贵，多买田至四百顷，皆泾、渭灌溉，极膏腴上贾"①。在政府和大土地所有者的两面挤压下，破产的自耕农一部分被豪族吸收为佃客或依附农，而更多的却成为流民，被抛向社会。政府虽以假民公田的办法来进行补救，但这一权宜措施不过是杯水车薪，根本无济于事。作为中央集权国家支柱的自耕农阶层的动摇瓦解，尤其是流民暴动蜂起和豪强势力纵横地方，迫使汉政府把土地兼并的问题作为严重的社会问题提到议事日程上来。

董仲舒为了调和中央政府与豪族地主的矛盾，抛出了"限民名田"的折衷方案。董仲舒向汉武帝建议道："古井田法虽难卒行，宜少近古，限民名田，以澹不足，塞并兼之路。"②然而汉武帝并未接受这一建议，而是听从了主父偃的建议，三次大规模迁徙郡国吏民豪杰，并令"强宗大族不得族居"③，以达到"内实京师，外销奸猾"④的目的。不仅如此，他还派遣刺史周行郡国，以六条问事。其中第一条就是"强宗豪右，田宅逾制，以强凌弱，以众暴寡"⑤。其他诸条的矛头大多也指向豪族。汉武帝假手酷吏，从经济上横扫豪富势力，使中央政府没收"财产以亿计，奴婢以千万数，田大县数百顷，小县百余顷，宅亦如之"⑥，地主大土地所有制遭到了一次大浩劫。但豪强的反抗有增无已，鉴于关东反叛的形势，武帝最后竟不得不下诏自责，表示悔过，并诛灭酷吏。政治、经济的主动权从此转到代表地主大土地所有制的豪族手中。

西汉中央政权企图挽回颓势，董仲舒"限民名田"的方案又一次受到重视。在师丹的建议下，汉哀帝同意孔光等人拟定的限田、限奴婢的办法，规定"诸王、列侯得名田国中，列侯在长安及公主名田县道，关内侯、吏民名田，皆无得过三十顷。诸侯王奴婢二百人，列侯、公主百人，关内侯、吏民三十人。贾人皆不得名田为吏，犯者以律论。诸名田畜奴婢过品，皆没入县官"⑦。这一规定不仅遭到广泛的反对，而且哀帝本人就破坏了这一规定，他一次赏给宠臣董贤土地竟达2000顷之多。王莽改制后，"更名天下田曰'王田'，奴婢曰'私属'，皆不得买卖"⑧。此举称得上是王权的背水一战。然而结局也是众所周知的，"田为王田，买卖不得。规锢山泽，夺民本业"⑨的政策，成为豪族起兵推翻王莽政权的根本原因。

① 《汉书·张禹传》。
② 《汉书·食货志》。
③ 《后汉书·郑弘传》注引谢承《后汉书》。
④ 《汉书·主父偃传》。
⑤ 《汉书·百官公卿表》颜师古注引《汉官典职仪》。
⑥ 《汉书·食货志》。
⑦ 《汉书·哀帝纪》。
⑧ 《汉书·王莽传》。
⑨ 《后汉书·隗嚣传》。

恩格斯曾说过："一切政府，甚至最专制的政府，归根到底都只不过是本国状况所产生的经济必然性的执行者。它们可以通过各种方法——好的、坏的或不好不坏的——来执行；它们可以加速或延缓经济发展及其政治和法律的结果，可是最终它们还是要遵循这种发展。"① 从上述大土地所有制的发展历程中不难看出，土地买卖和土地兼并是屡经挫折的地主大土地所有制由弱变强的力量源泉。在汉武帝时已夺取了主动权的地主大土地所有制，到东汉就完全巩固了它的支配地位，并进入了以庄园经济为主导的新阶段。

第二，地主经济的自给自足性，以及由较为单一的经营向多种经营的庄园经济的过渡，是秦汉时期地主大土地所有制的又一重要特征。

秦汉时期，自给自足的自然经济占主要地位，地主从农民那里剥削来的地租，主要用于自己享受，而不是用于交换。这种自然经济较之奴隶制的生产方式，有着明显的优越性。尤其是长期处于封建政府排挤和打击之下的关东豪族，为了保住自己和家族的财产及社会地位，他们比宗室地主和军功地主更加注意对土地的控制和管理，更加精通农业以及与农业相关的畜牧业、手工业乃至商业的知识。随着地主大土地所有制的发展，他们的管理经验不断完善和系统化，出现了自给自足的庄园经济。

汉光武帝刘秀的基本队伍以南阳和颍川郡的豪族为骨干。南阳自秦灭韩后迁徙来大批豪富，故"其俗夸奢，上气力，好商贾渔猎，藏匿难制御"②。颍川也是"多豪强，难治，国家常为选良二千石"③。最早的庄园就产生于这样的环境之中。西汉末年，樊氏庄园诞生了。樊重的先祖"爰自宅阳，徙居南阳"④，可知是秦时所徙韩国的所谓"不轨之民"。樊重"世善农稼，好货殖""三世共财，子孙朝夕礼敬，常若公家""其营理产业，物无所弃，课役童隶，各得其宜，故能上下协力，财利岁倍"⑤。他所经营的庄园"俗谓之凡亭陂""陂东西十里，南北五里"⑥，有田"至三百顷，广起庐舍，高楼连阁，陂池灌注，竹木成林，六畜放牧，鱼蠃黎果，檀棘桑麻，闭门成市，兵弩器械，资至百万"⑦。他还经营高利贷，"素所假贷人间数百万"⑧。樊重的庄园具有以下特点：第一，庄园以大土地所有制为基础，占地 300 顷的樊氏陂是庄园形成的先决条件。第二，庄园中以农业为主，兼营畜牧、园艺、手工业，形成"有求必给""闭门成市"的自给自

① 　恩格斯：《致尼·弗·丹尼尔逊》，《马克思恩格斯选集》第 4 卷，第 495 页。

② 　《汉书·地理志》。

③ 　《汉书·韩延寿传》。

④ 　郦道元：《水经注·比水注》。

⑤ 　《后汉书·樊重传》。

⑥ 　郦道元：《水经注·清水注》。

⑦ 　郦道元：《水经注·比水注》。

⑧ 　《后汉书·樊重传》。

足经济体系。第三，劳动者主要是由奴隶逐渐转化为农奴的"童隶"，具有较强的人身依附关系。第四，兼营高利贷和少量的商业活动，并为巩固和进一步扩大庄园经济服务。第五，宗族聚居，"三世共财"，以确保财产不至分析散失。第六，打造"兵弩器械"，具有自卫能力。所以在王莽末年，樊宏能与"宗家亲属作营堑自守，老弱归之者千余家"[1]。东汉庄园经济的一切特征在樊重的庄园中已大体具备。

东汉后期，崔寔在《四民月令》中所描述的封建庄园，则更为典型。韩连琪先生在《东汉大土地所有制的发展和庄园制的兴起》[2]一文中，对《四民月令》所反映出的庄园经营有一个概括的叙述："在农业方面的经营，豆类有大豆、小豆、胡豆、豌豆，麦类有大麦、小麦、春麦，稻类有粳稻，以及禾、黍、稷、胡麻等；在牧畜方面，特别注重了养马、养鸡、养耕牛等；在园艺方面，有瓜、瓠、葵、韭、芥、葱、蒜、苜蓿、蓼芋、生姜、芜菁、葶苈，有竹、漆、桐、梓、松、柏、杂木和果树；在手工业方面，有织布、织缣帛，染彩色，擘丝治絮，析麻缉，绩布缕，作帛履，还有葺墙屋，涂囷仓，修窦窖，筑围墙，以及作曲，酿酒，作肉酱、清酱、鱼酱，作酢、醋、饴糖、脯腊、枣糒、菜菹，并能制成丸散法药；在商业方面，有粜粟、黍、大小豆、麻子、糠、麦、絮，有籴大麦、买布，粜种麦，粜黍，卖缣帛，敝絮，籴粟、豆、麻子等。"这一切经济活动都在庄园主的精心安排下，按农时节气有计划地进行着。其内容范围之广，项目之繁，筹划之精，是樊氏庄园所不及的。

从《四民月令》中还可以看出，庄园内是聚族而居的。庄园主本身就是大族长，每当逢年过节或祭祀祖先的时候，"室家尊卑，无大无小"，都要毕恭毕敬地向族长举杯祝寿，以示服从。平时族人在各自的土地上从事生产劳动，家长的统一指导起着相当重要的作用。每到青黄不接的时候，为了维系庄园内部的"团结"，族长往往主持族人"度入为出"，摊派粮钱，以"振赡穷乏，务施九族，自亲者始"，力图用温情脉脉的宗族关系来掩盖宗族内人剥削人的严酷现实。秦汉时期，宗族关系在关东表现得尤为突出。大凡被迁徙的关东豪族都在定居地继续维持着宗族联系，武帝所作"不得族居"的禁令成效甚微。所以当王莽末年豪族起兵时，往往是举族而动。如阴识"率子弟、宗族、宾客千余人往诣伯升"[3]，耿纯"与从昆弟䜣、宿、植共率宗族宾客二千余人"[4]，投奔刘秀。此类事例，多不胜举。

赵翼《陔余丛考》卷 39 说："《后汉书》樊重三世共财，缪彤兄弟四人皆同财业。蔡邕与叔父、从弟同居，三世不分财，乡党高其义。又陶渊明诫子书云：'颍川韩元

---

① 《后汉书·樊宏传》。

② 《山东大学：山东大学文科论文集刊》1979 年第 1 期。

③ 《后汉书·阴识传》。

④ 《后汉书·耿纯传》。

长，汉末名士，八十而终，兄弟同居，至于没齿。济北氾幼春，七世同财，家人无怨色。'是此风盖起于汉末。"数世同财现象的出现，应上推得更早些，而东汉时此风转盛，则是土地兼并盛行所造成的。但是，正如吕思勉先生所指出的那样，"仅三世同居，兄弟同居，而亦为人所称道，则分异之风之甚可知矣"①。这同样是土地兼并盛行的结果。像樊氏那样三世共财的庄园当然是少数，不过财产虽然分了，宗族聚居依然如故。统治者的族诛并没能削弱这种血缘的结合，反而促使他们为了经济和政治斗争的需要，更加强化宗族联系。强宗大族生则聚居，死则合葬，形成风气。河北无极甄氏墓葬群、华阴潼亭杨氏墓葬群及山东武梁祠武氏墓葬群等都是证明。东汉末年，许褚能"聚少年及宗族数千家，共坚壁以御寇"②，韩融能"将宗亲千余家，避乱密西山中"③，李典能"徙部曲宗族万三千余口居邺"④，正是基于宗族关系之上的。《四民月令》讲的就是财产分析而举族聚居的族长负责制的封建庄园，宗族血缘关系是维系庄园的有力工具。

庄园不仅管理生产，设立学堂，培养宗族子弟，还插手政治，垄断文化。其中一个突出表现，就是出现了家兵和部曲。

庄园中大都设有武装和锻冶、制造兵器的作坊。山东滕县（今滕州市）出土的一块东汉画像石上就有工匠制造兵器的形象，墙上还悬挂着已经打就的刀剑。《四民月令》中也载有庄园主每年二月就命人"顺阳习射，以备不虞"；三月"利沟渎，葺治墙屋，修门户暂设守备，以御春饥草窃之寇"；九月份"缮五兵，习战射，以备寒冻穷厄之寇"等武备事。这种地主武装称为"家兵"。《后汉书·朱隽传》载："光和元年，即拜隽交阯刺史，令过本郡简募家兵及所调合五千人，分从两道而入。"注："家兵，僮仆之属。调谓调发之。""家兵"与政府调拨的官军相对而言，明显表现出私兵的性质。而且根据《后汉纪》卷 28 所载，"家兵"人数竟达"二千人"之众，豪族力量之雄厚，的确惊人。此外，从河南、山东、陕西、四川、广东、内蒙古等地出土的大批陶制坞壁、望楼、私兵俑和壁画都证实了庄园私兵的存在。私兵到了东汉末年更发展为常设的部曲。

庄园经济是以关东豪族为代表的地主大土地所有制冲破一切阻力，在封建经济中取得支配地位后的产物。东汉庄园不仅是一个自给自足的经济实体，也是一个相对独立的政治实体，它成为东汉门阀的可靠物质基础。

秦汉时期地主大土地所有制的第三个特征，是确立了牢固的人身依附关系。

---

① 吕思勉：《秦汉史》下册，上海古籍出版社，1983 年，第 485 页。
② 《三国志·魏书·许褚传》。
③ 《后汉书·荀彧传》。
④ 《三国志·魏书·李典传》。

从东汉的文献和考古资料中，我们了解到受豪族地主役使的有"宾客""田户""徒附""童隶""奴婢""部曲"以及诸如此类称呼的人。总的来说，可以分成依附农和奴婢两大类。

依附农是东汉庄园中的主要生产者。随着土地兼并的盛行，破产的自耕农、自由佃农、无业游民、贫困的宗族成员等逐渐转化为依附农。

东汉的宾客已不是当年的"食客"和"佣客"，他们与主人的关系也不是互为利用的临时结合。这种变化在西汉末年已初露端倪。据《后汉书·马援传》载，西汉末，马援亡命北地，遇赦后，"因留牧畜，宾客多归附者，遂役属数百家"。宾客而受"役属"，依附性的加强是明显的。宁成所役使的农户，仍然是自由的佃户，只是因为租佃了宁成的陂田，才与宁成保持一定的依赖关系。而"马援请与田户中分，以自给也"①的田户，已经是隶属于马援的依附农。他们不管被称作"宾客"，还是被称作"田户"，都要携家带口随主人迁徙。马援归洛阳时，就以"所将宾客猥多"为由，上书求"屯田上林苑中"②。他们的组成成分再也不是游说之士、豪族子弟，来尽出谋划策、投死效命的义务，而主要是来自破产的自耕农，"避公税，依强豪作佃家"③，"输太半之赋"则是剥削的通常量。崔寔《政论》评论道："下户崎岖，无所峙足，乃父子低首，奴事富人，躬率妻子，为之服役。"他们"生有终身之勤，死有暴骨之忧"。但是，这些依附农既不向国家缴纳赋税，也不为政府承担徭役，完全受主人的驱使。在政府和豪族地主两者之间，破产的农民宁可选择后者，因为从后者那里可以得到最低限度的维护生存的生活资料，较之前者更有保证。越是在天灾频仍或兵荒马乱的年月，这种归从越普遍。东汉初年，一个庄园主不过拥有依附农数百家；到了东汉末年，大庄园主甚至能控制上千家。如荆州旧贵族豪家刘节就有"宾客千余家"④。

此外，庄园中还拥有不少奴婢，像窦融、马防家里奴婢都在千人以上，一般的豪族地主也是数百人不等，如折国就有"家童八百人"⑤。豪强在分家时，也要分奴婢。奴婢与田地、马牛同列，其社会地位之低可想而知。尽管奴婢作为奴隶制的残余在秦汉时期大量保留下来，但是由于生产的发展，奴婢已成为庄园中依附农的生产助手，被纳入封建经济轨道。奴婢的地位虽较依附农低下，但比起奴隶又有本质的不同。奴婢不能与奴隶划等号。东汉时的奴婢已不是奴隶制的残余，而是封建社会的有机组成部分。

---

① 郦道元：《水经注·河水注》。

② 《后汉书·马援传》。

③ 杜佑：《通典》卷7，《食货典七》。

④ 《三国志·魏书·司马芝传》。

⑤ 《后汉书·方术传》。

同逐渐失去经济意义而主要成为无上权力象征的国家土地所有制，以及和排斥社会劳动力的发展，排斥先进生产技术的广泛运用，排斥农业、畜牧业与手工业密切结合协调发展的自耕农小土地所有制相比较，庄园经济无论在先进农业技术的运用和推广上，在多种经营的统筹发展上，还是在生产经验的总结和提高上，都反映出它的优越性，它为克服天灾人祸，促进东汉生产力水平在西汉基础上进一步提高，发挥了重要的作用。东汉自耕农阶层的瓦解，似乎表明了历史正在倒退，实际上这一现象说明了东汉社会已进入到历史螺旋式进程的更高一环。

更应该引起我们注意的是，农民阶级并不反对封建土地私有制；尽管地主大土地所有制的发展，使他们遭受了数不清的磨难，但是在怨天尤人、哀叹时运不济之余，他们又总是希望有朝一日自己也拥有土地，生活日益丰裕。因此，土地买卖既是小农经济动摇瓦解的催化剂，又是小农编织未来美景的迷魂汤，于是由大土地所有制带来的一切丑恶的社会现象，似乎都变得合情合理起来。其结果对土地兼并发出抗议的主要来自统治阶级自身，如董仲舒、师丹、王莽、仲长统、荀悦等所谓的"有识之士"，而农民阶级不仅在秦汉时期未能在斗争中提出土地要求，而且在之后相当长的时间里也依然如此，直到"这种生产方式已经走向没落或已经腐朽的时候""人们才开始把这已过时的事实诉诸正义"[①]。

秦汉大土地所有制的三大特点在东汉的庄园经济中得到了集中的体现，它是秦汉地主大土地所有制发展的结晶。我们知道，一切政治权力总是以某种经济的、社会的职能为基础，而在具有一定的经济的、社会的职能之后，随之而来的又总是表现为对政治权力的攫取。东汉豪族就是在庄园经济的基础上，以土地私有对抗土地国有，以大量荫庇徒附来对抗政府强化对编户的控制，以相对独立来对抗中央集权，其势力逐步由"武断乡曲"发展到左右朝政，为门阀制度的形成创造了条件，开辟了通途。

三、东汉门阀形成的上层建筑诸因素

庄园经济是门阀产生的决定性因素，但不是唯一的因素。对历史发展的进程发生影响，并且在许多情况下是主要决定着这一发展进程的，还有上层建筑的各种因素。因此，在经济条件成熟之后，必然有某些上层建筑的因素对东汉门阀的产生发挥了直接的影响。现试作如下剖析。

对中央以及地方政治的有效控制是门阀产生的政治基础。

与地主大土地所有制发展到庄园经济新阶段的变化相适应，豪族地主在政治上的发展也达到了高潮。

---

① 恩格斯：《反杜林论》，《马克思恩格斯选集》第3卷，第189页。

　　两汉地方守相由朝廷任命，而曹掾属吏由守相自置，基本上从本郡士人中选拔，鲜有例外。《史记·萧相国世家》"索隐"中，如淳引《汉律》曰："郡卒史书佐各十人。"以《汉官》所载郡属员掾史、书佐、循行、干、小史等按比例推算，西汉初郡国属吏人数不过百余人。但是到了东汉，郡国属吏的人数成倍增长。据《后汉书·独行传》载，因会稽郡守尹兴与楚王谋反一事有牵连，郡功曹、主簿以下属吏"五百余人诣洛阳诏狱就考"。一个并不太重要的江南小郡，郡吏竟是汉初的 5 倍，大郡就可想而知了。

　　东汉太守一到任，往往聘请当地名族大姓担任地方显职，甚至完全委政于他们。汝南太守宗资和南阳太守成瑨分别委政于功曹范滂和功曹岑晊，于是社会上竟流传起"汝南太守范孟博，南阳宗资主画诺。南阳太守岑公孝，弘农成瑨但坐啸"的歌谣[①]。守相如果得罪了地方名族，其官职多半难以维持。《隶释·竹邑侯相张寿碑》载："功曹周怜，前将放滥，君徵澄清，怜顾怨悔过。督邮周绂，承会表问，君常怀色，斯舍无宿储，遂用高逝。"张寿不但未能惩办周怜之罪，反遭周绂的刁难，落了个自动去职的下场。桓帝建和元年（147 年）夏四月曾下诏州郡，严令地方"不得迫胁驱逐长吏"。然而一纸诏书是无法改变豪族专权地方的现状的。无怪乎当时会出现"州郡记，如霹雳，得诏书，但挂壁"[②]的歌谣了。

　　但是，东汉的地方官大多也出身于名门大族，除了上述情况外，更多的则是地方官与豪族互相利用，结为党援。郡府县衙宛如一个个小朝廷，属吏与长吏如同君臣。《后汉书·王龚传》载，功曹袁阆劝太守王龚不要除陈蕃时说："闻之传曰'人臣不见察于君，不敢立于朝'。蕃既以贤见引，不宜退以非礼。"公然把长吏与属吏的关系比作君臣。据《三国志·魏书·刘表传》注引《傅子》载，刘表派韩嵩到许昌刺探曹操虚实，韩嵩对刘表说："嵩使京师，天子假嵩一官，则天子之臣，而将军之故吏耳。在君为君，则嵩守天子之命，义不得复为将军死也。"可见地方属吏对长吏来说如同私臣，甚至不惜一死，以报知遇之恩，连父子之情也必须服从这种依附关系。东汉地方上出现了前所未有的相对独立的倾向。

　　除建武十年平定隗嚣之后，徙周宗、赵恢及诸隗于京师以东之外，东汉不仅没有迁徙豪族之举，而且也很少有以诛灭豪强为己任的地方大员，就算有，主要也是诛杀飞扬跋扈的外戚或阉宦的党羽。"恳恳用刑，不知行恩；孳孳求奸，未若礼贤"[③]，对待豪族采取宽容的态度，正说明豪族在地方上拥有不可动摇的权力。

　　《白虎通》卷上曰："大夫不世位何？股肱之臣，任事者也，为其专权擅势，倾复

①　《后汉书·党锢传序》。

②　马总：《意林》引《政论》。

③　《后汉书·王畅传》。

国家。"刘秀"惄数世之失权，忿强臣之窃命"①，为了达到"朝无威福之臣，邑无豪杰之侠"②的目的，他一方面吸取王莽篡权的教训，不准外戚干预政事；另一方面继承汉武帝的办法，进一步削弱三公的权力，扩大了尚书的权限。明帝忠实地"遵奉建武制度，无敢违者"③。马援虽然功勋卓著，因身为外戚而不得图画云台，列位二十八将。外戚不仅"不得封侯与政"，并且违法必究，不稍加宽待。明帝与刘秀一样，常以吏事苛察大臣，光是被他们诛杀的三公就达 5 人之多，占东汉全部被诛三公的三分之一。然而班固曾隐讳地指出，其时"未能称意比隆于古者，以其疾未尽除，而刑本不正"④。其实何尝是"疾未尽除"，而是病入膏肓，得了不治之症。因为东汉政府是在豪族的支持下建立的，离开了豪族的支持，连一天也是难以维持的。刘秀、明帝在申明法制的同时，已不得不大施其"柔道"，以安抚豪强，到了章帝以后，更是每况愈下，不仅是邑多豪杰之侠，而且是朝满威福之臣了。

东汉中期多为幼帝继位，太后临朝，这给外戚专权造成大好时机。他们往往任大将军之职，"亲自党类，用其私人，内充京师，外布列郡，颠倒贤愚，贸易选举"⑤，为所欲为，简直不把皇帝放在眼里。梁冀当政时，百官迁召，都要先到梁冀府第"笺檄谢恩"，然后才到尚书那里办理手续。质帝不满他的专横跋扈，竟被他下令毒死。为了巩固已有的权势，外戚极力罗致人才，重用名士，安插在幕府之中。

据《后汉书》所载，光是被梁商、梁冀辟用的豪门名士就有朱穆、周景、应奉、崔瑗、杨赐、王畅、张奂、孔昱等。梁氏败亡后，"所连及公卿列校刺史二千石死者数十人，故吏宾客免黜者三百余人"⑥，朝廷几乎为之一空。虽然从此外戚的势力大为削弱，但是迄于东汉之末，外戚仍然是政权中举足轻重的力量。

东汉三公虽说位尊权轻，遇到天象变异还要充当替罪羊，却仍是众望所归，所以往往能左右政局。尤其在章帝继位时，以赵熹为太傅，牟融为太尉，并隶尚书事。此例一开，以后三公秉政常常掌兼机密，统领尚书之权。而且东汉的尚书令、尚书仆射和诸尚书基本上由豪门世族或其亲信担任，在可知的 34 位尚书令中，除曹节以中常侍的资格兼领此职外，均由世族担任。其中只有廉忠一人是死心塌地为宦官尽力的。可见豪门世族已把中央的实权控制在手中，而皇帝可以依靠的力量就只有宦官了。在皇权与豪门的斗争中，尚书令一职显得格外重要。廉忠、曹节的出仕，正是斗争进入高

---

① 仲长统：《昌言·法诫》。

② 《汉书·刑法志》。

③ 《后汉书·明帝纪》。

④ 《汉书·刑法志》。

⑤ 仲长统：《昌言·法诫》。

⑥ 《后汉书·梁统传》。

潮时的反映。窦武、陈蕃谋诛宦官遭到失败，使宦官势力暂时控制了尚书台，但是到了东汉末年，豪门世族的最后一击，终于使宦官集团彻底覆亡。从此尚书台的权力便是篡祚移鼎者觊觎的首要目标，迄于南北朝，"录公"一职一直是门阀专权的象征。

总之，豪族地主对中央以及地方政权的有效控制，促使其中的佼佼者脱颖而出，扶摇直上，成为门阀。

以经学起家是门阀形成的重要途径。

由于刘秀的提倡，东汉一代的官私教育较之西汉更为发达。上有太学及四姓小侯之学，下有郡县官学、名师精庐、学童书馆和庄园宗族学堂。正如班固所说的那样，"四海之内，学校如林，庠序盈门"[①]。"郡举孝廉州博士，少不努力老乃悔。"[②]东汉之初，伏湛、桓荣、孔僖、鲁恭、贾逵等一批以齐、鲁、韩学为业的经学世家，在朝廷中显露头角，其中沛郡龙亢的桓氏尤其引人注目。《后汉书·桓荣传》曰："中兴而桓氏尤盛，自荣至典，世宗其道，父子兄弟代作帝师，受其业者皆至卿相，显乎当世。"现据《后汉书》中所确言的师承关系，列图于下。

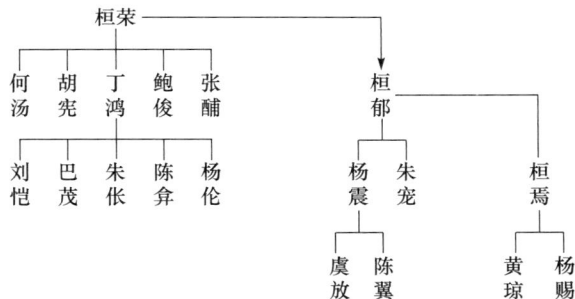

图一 《后汉书》中所确言的师承关系

结合诸列传分析上表，我们可以看出以下 4 点。

第一，桓氏传授的是属于今文经学系统的欧阳尚书，他的子孙和门人基本上都能世传其学，守而勿失。

第二，经学是入仕门径。尤其今文经是受到刘秀等东汉统治者肯定的经学，所以桓氏父子及其门人和再传弟子都能身居显位。其中丁鸿、张酺、刘恺、杨震、朱宠、朱伥、桓焉、黄琼、虞放、杨赐等都先后致位三公。特别值得注意的是，在桓氏门人中，刘恺与其子刘茂再世三公，张酺的曾孙张济、张喜也于汉末相继为三公，黄琼之孙黄琬也致位三公，杨震一族更是四世三公。世代经学向世代簪缨的转变，是门阀形成的标志。

① 《后汉书·班固传》。

② 严可均：《全后汉文·许氏铜镜铭文拓本》。

第三，桓荣任太子少傅后，曾大会诸生，陈其车马、印绶说："今日所蒙，稽古之力也，可不勉哉！"[1] 桓荣所说的"稽古之力"，则是指借今文经之力。倘若今文经没得到刘秀的赏识，他的学识再好，也是无济于事的。因此最早由经学世家转化为门阀的士族，基本上都是以传授今文经为业，他们和皇权保持有密切的联系，对维护东汉王朝的存在起了重要作用。

第四，这批门阀士族大多出身于关东豪族，或出于祖先曾是关东豪族的关中豪族。

今文经学在东汉的很长一段时间内，据于合法的统治地位。《连丛子》载："长彦随时为今学，季彦壹其家业。孔大夫昱谓季彦曰：'今朝廷以下，四海之内，皆为章句内学，而君独治古义，治古义则不能不非章句，非章句内学则危身之道也。'"可见古文经学重在于"通训诂""举大义"，不为章句，尤其反对谶纬，所以难以得到统治者的欢心，甚至会危及性命。因此古文学家不得不兼治今文经，方能在政府中争得立足之地。但是今文经过于烦琐，使人难以卒读，谶纬之说迎合时务，多主观臆说，因此破绽百出，更为通儒所不齿。所以今文经学的没落是势在难免的。随着统治阶级内部矛盾斗争的尖锐化，古文经与今文经走向融合。不仅古文学家兼治今文，今文学家也逐渐兼治古文。如出身于专攻欧阳尚书世家的杨秉，上疏言事时也屡称"左氏"。尤其当代表皇权的宦官集团严重威胁到门阀世族的利益的时候，今古文学派迅速联合起来，共同对敌。东汉后期，经学不再是维护皇权的工具，而成为门阀打击皇权的舆论武器。这也是汉灵帝撇开太学而另设以治诗赋书法为主的鸿都门学的原因。在今古文合流的过程中，以治古文经为主的郑、卢、荀、陈、崔、应诸族乘时崛起，代为名阀。

除经学外，还有以法学起家的豪门世族。《后汉书·郭躬传》曰："郭躬字仲孙，颍川阳翟人也。家世衣冠。父弘，习小杜律……躬少传父业，讲授徒众常数百人。郭氏自弘后，数世皆传法律，子孙至公者一人，廷尉七人，侯者三人，刺史、二千石、侍中、中郎将者二十余人，侍御史、正、监、平者甚众。"除郭氏外，还有沛国的陈宠、陈忠父子，也是律令世家。颍川的钟皓"为郡著姓，世善刑律"，曾"以诗律教授门徒千余人"[2]，此类世家并不多见，主要就此 3 例，而且都是关东豪族。

但是，不是所有的经学世家都能成为门阀，其中籍贯之所在起着决定性的影响。自西汉文翁为蜀守，兴办学校以后，巴蜀成为我国古代文化发达的地区之一。进入东汉，更是"文化弥纯，道德弥臻"，虽"鲁之咏洙泗，齐之礼稷下，未足尚也"[3]。这里"三迁台衡"者有之，"相继元辅"者也有之，州郡牧守，更是"冠盖相继"[4]。尽管如

---

① 《后汉书·桓荣传》。

② 《后汉书·钟皓传》。

③ 常璩：《华阳国志·蜀志》。

④ 常璩：《华阳国志·蜀志》，又《汉中志》。

此，巴蜀豪族的门阀地位在东汉亦未能引起重视。

　　之所以如此，是因为东汉王朝建立以后，政治中心移到了关东。关东从战国以来一直是全国的经济中心。关中在西汉时期虽有较大的发展，但由于自然条件的限制，不足与关东抗衡。关中的粮食供应在很大程度上要仰赖于关东漕运的接济。同时，关东又是全国的文化中心，是学人辈出的地方。所以《盐铁论·国疾篇》曰："夫山东天下之腹心，贤士之战场也。"因此，关东成为政治中心也是必然的。终西汉之世，关东关西视若敌国，这给关东豪族在心理上造成很大的压力。东汉建武十八年，刘秀巡行秦陇时，山东居然会"翕然狐疑，意圣朝之西都，惧关门之反拒"[①]，几乎酿成轩然大波。不过以关东豪族为骨干的东汉政权，绝无反顾之心。旧有的历史已不会重演。门阀的确立主要取决于政治地位的尊显和稳固。随着政治中心的东移所带来的优越的政治地位，是关东豪族成为东汉门阀之中坚的先决条件。

　　由此可见，世代经学必须做到世代簪缨，才能跃升为门阀；而世代簪缨中，又必须是出身于关东豪族或与关东豪族有渊源关系的关中豪族的世家大族，门阀的地位才能真正得到确立。远离政治中心的地方豪族是难以享受门阀的待遇的。

　　西汉的察举只造成少数世禄之家，东汉的察举却造成了一批门阀世族。之所以如此，是因为西汉时"举人贡士，或起畎亩，不系阀阅"，主要是培养效忠于皇权的官僚；而东汉选士则是"论族姓阀阅"，由于主要是皇权向豪族地主妥协了，因此察举实际上落入名姓大族手中。东汉的选举制度于是成为门阀产生的催化剂。

　　东汉入仕的主要途径有两条：一是公府辟召，一是郡国荐举。此外曹掾员吏凭功劳和资历逐渐提升，也有致位通显的，但毕竟是少数。曹掾员吏的高升主要还是靠前两个途径，他们是辟召荐举的基本对象，布衣之人是难得应选的。尽管东汉的官僚机构更加庞大，辟举的名目也较西汉大有增加，然而还是僧多粥少。所以无论是握有察举权的人也好，或是能被察举的人也好，大都出不了少数得势豪族的圈子，或者至少是依附于豪族的人，或是对豪族大为有用的人。

　　据孔玉芳《西汉诏举考》[②]和《东汉诏举制度考》[③]的统计，仅就"贵族"出身的应诏举者而论，西汉时仅占总人数的21.5%，而东汉时则扩大到49.5%。不难看出，东汉的诏举尽管再三强调要以"岩穴为先"，事实上却主要控制在世家大族之手，他们利用已经到手的权利，使自己的子孙可以轻而易举地谋取利禄。

　　诏举尚且如此，岁举的情况就更为严重。《风俗通义·过誉篇》载南阳五世公转任南阳太守，"与东莱太守蔡伯起同岁，欲举其子。伯起自乞子瓒尚弱，而弟琰幸以成

①　《后汉书·文苑传》。
②　分见《中国文化研究汇刊》第 2、3 卷。
③　分见《中国文化研究汇刊》第 2、3 卷。

人。是岁举琰，明年复举瓒。瓒十四未可见众，常称病，遣诣生交，到十八，乃始出治剧平春长。上书：'臣甫弱冠，未任宰御，乞留宿卫。'尚书劾奏'增年受选，减年避剧'，请免瓒官。诏书左迁武当左尉。"五世公选举舞弊，非但不受罚，被误举者蔡瓒也是降职而已。对这一选举丑闻，应劭虽认为有些过分，然而却以为"何有同岁相临而可拱默者哉"。这说明宦门间互相荐举，营私舞弊，已是寻常之事。

东汉后期，豪族地主互相吹捧，自我标榜，风谣题目盛行一时。什么"乡里之号""时人之语""学中之语""天下之称"，形成一种统治阶级的"公论"。公论的好坏决定了被品评者的前途，于是主持"公论"的豪门世族拥有极大的权威。如汝南书佐朱零宁可得罪太守宗资，也不愿得罪名士功曹范滂，他说"范滂清裁，犹以利刃齿腐朽。今日宁可受笞死，而滂不可违"①，就是这个缘故。同郡的豪族许劭、许靖"好共核论乡党人物，每月辄更其品题，故汝南俗有'月旦评'焉"②。"位成乎私门，名定乎横巷"③。所谓品评人物，实际上是世家大族按经济与政治实力，参据人品才干，将他们划分成不同的等级，依次分享做官的权利。因此，在曹魏九品中正制之前，以地方世族间的"公论"，按品出仕，已成惯例。鲁肃所说的"还付乡党，品其名位，犹不失下曹从事，乘犊车，从吏卒，交游士林，累官故不失州郡也"④，恰恰反映出东汉末察举中所表现出来的门第等级以品划分的状况。

所以在东汉中后期，一方面是"冠族子弟，结党权门，交援求售，竞相尚爵号"⑤；一方面是寒人虽然"其智如源，其德如山"，但"力不能自举，须人举之"，而"人莫之举"，只好"窜之闾巷，无由达矣"⑥。

西汉时，平当、平晏父子，韦贤、韦玄成父子，再世为相，实属罕见。如将御史大夫一职也计算在内，也不过增加王骏、王崇父子和于定国、于永父子。而东汉累世公卿则十分普遍，除汝南袁氏四世五公和弘农杨氏四世三公外，许敬、许训、许相祖孙三世三公；伏湛、伏恭父子，张纯、张奋父子，刘恺、刘茂父子，李郃、李固父子，王龚、王畅父子，种暠、种拂父子，周景、周忠父子皆再世为三公；冯鲂与其孙冯石、韩棱与其孙韩演、赵戒与其孙赵温和赵谦、黄琼与其孙黄琬都致位三公；尹睦与其侄尹颂、刘光与其侄刘矩、张酺与其曾孙张济和张喜、虞延与其曾孙虞放也全出任过三公，共计18家，44人。《后汉纪》卷23所云"此时公辅者，或树私恩为子孙计，其后

① 《后汉书·党锢传》。

② 《后汉书·许劭传》。

③ 《意林》引《典论》。

④ 《三国志·吴书·鲁肃传》。

⑤ 徐干：《中论·序》。

⑥ 《意林》引《论衡》。

累致公卿"，确非虚言。这种巨大的变化表明，由于东汉豪族地主控制了诏举、岁举等所有仕宦之路，所以权力相对集中到少数的世家大族手中，从而产生了统治阶级中的特殊阶层——门阀。

刘秀推崇章句内学，敦励名节，以封建的道德规范为武器，谋求豪族地主的安分守己和效忠皇室。这一措施对巩固统一的确起到了一定的作用。然而最大和最终的获利者不是皇权，而是豪门大族，这一点是刘秀所始料不及的。

东汉的官僚基本上出自士人，任职之后也多所在教授。东汉初年，欧阳歙任汝南太守，"在郡教授数百人"①；牟长"自为博士及在河南，诸生讲学者常有千余人"②。依附名师往往是入仕的捷径，桓荣卒，"都讲生八人补二百石，其余门徒多至公卿"③。贾逵所选的子弟及门生，也都被拜为千乘王国郎，于是"学者皆欣欣羡慕焉"④。结果是"有策名于朝，而称门生于富贵之家者，比屋有之"，甚至"为之师而无以教，子弟亦不受业"⑤，出现了大批只挂名而不就学的"著录弟子"，多的竟达数千以至万人。顾炎武曾指出："愚谓汉人以受学者为弟子，其依附名势者为门生。"⑥这一论断切中要害，十分精当。为了"规图仕进"，这些依附名势的门生，无不"怀丈夫之容而袭婢妾之态，或奉货而行赂，以自固结"⑦。其结果连骄横无知的外戚窦宪和狡诈阴险的宦官王甫都有人卖身投靠，自认门生。

除门生之外，凡经三府、州郡辟用者，即为故吏。后来三公所召，虽未就职，也称为故吏。主吏与故吏的隶属关系一旦形成，故吏就应具有"资父事君之志"，一生效忠。第五伦任会稽太守时，曾署郑弘为郡督邮，之后又举弘为孝廉。元和元年（84年），郑弘代邓彪为太尉，而第五伦任司空，位在郑弘之下。但每次朝见，郑弘在第五伦面前，"曲躬而自卑"。当章帝问明缘由后，"听置云母屏风，分隔其间"⑧，以维护其"君臣"名节。这种风气的形成，固然与统治者的提倡有关，但是主吏与故吏经常周旋于生死患难之间，关键还在于察举。在中央，"三府掾属，位卑职重，及其取官，又多超卓，或期月而长州郡，或数年而至公卿"⑨；在地方，"明府所以尊宠人者，极于功

① 《后汉书·儒林传》。

② 《后汉书·儒林传》。

③ 《后汉书·桓荣传》。

④ 《后汉书·贾逵传》。

⑤ 《中论·遣交》。

⑥ 顾炎武：《日知录·门生》。

⑦ 《中论·遣交》。

⑧ 《后汉书·郑弘传》。

⑨ 严可均：《全后汉文》引《政论》。

曹；所以荣禄人者，已于孝廉"①。故吏只有依附于三公、郡将，才有远大的前途，所以往往能竭诚相报，虽死不辞。这样既能邀名于世上，又能取利于举主，为门阀所倚重。

比如服丧一事，举主或座师去世，对于门生故吏来说如丧考妣。像王朗因其师太尉杨赐病逝，立即弃官行服；大将军掾宣度为其师太常张文明制杖等事例，于文献中比比皆是。据《隶释·北海相景君碑》碑阴所载，为景君服丧 3 年的故吏竟达 87 人之多。《风俗通义·愆礼》曰："凡今杖者，皆在权戚之门。至有家遭齐衰同生之痛，俯伏坟墓而不归来，真不爱其亲而爱他人者也？无他也，庶福报耳。"一个"皆在权戚之门"，一个"庶福报耳"，揭穿了门生故吏报丧过礼的真相。

豪门所拥有的门生故吏的数量是十分惊人的。《隶续》中载有刘宽的门生故吏所立碑各一块。门生碑的后半部多残缺，估计所列门生总人数在 400 人左右。其中已任守、相、台、郎、令、长的有 97 人，籍贯分属司隶部的河南尹、河内郡、左冯翊、右扶风、河东郡；幽州的渔阳郡、涿郡、辽西郡、广阳郡；冀州的魏郡、钜鹿郡、河间国、清河国、渤海郡、安平国；豫州的颍川郡、汝南郡、沛国、陈国、鲁国；兖州的陈留郡、东郡、济阴郡、山阳郡；徐州的琅邪郡、彭城国、下邳国；青州的济南国、东莱郡；荆州的南阳郡、南郡；扬州的豫章郡；益州的广汉属国、蜀郡、犍为属国；凉州的张掖郡、酒泉郡、北地郡；并州的太原郡、上郡、西河郡；交州的郁林郡，包括了大半个中国。故吏碑较之门生碑则更加残破不全，所列故吏人数估计在百人左右。其中著名人物有汝南应劭。当然两碑不可能包括刘宽所有的门生故吏，但仅就碑文所载的情况，已经颇为可观。然而比起汝南的袁氏来，那实在是小巫见大巫了。

伍琼曾对董卓说过："袁氏树恩四世，门生故吏遍于天下，若收豪杰以聚徒众，英雄因之而起，则山东非公之有也。"② 黄琼卒后，归葬江夏，"四方名豪会帐下者六七千人"③。但是袁绍仅是丧母，归葬汝南时，会葬者就达 3 万人之多，其势力之雄厚由此可知。难怪东汉末年，袁氏自以为"天下之人，非家吏则门生也，孰不从我？四方之敌，非吾匹则吾役也，谁能违我？"④ 乘汉室衰微之机，做起皇帝梦来。

东汉门阀势力的不断巩固和壮大，中央集权制的相对削弱和腐败，使东汉末年出现"名豪大侠，富室强族，飘扬云会，万里相赴""山东大者连郡国，中者婴城邑，小者聚阡陌，以还相吞灭"⑤ 的封建割据局面。

在门阀的形成过程中，意识形态领域也发生了相应的变化。家谱、碑刻、私谥以

---

① 李昉：《太平御览》引《高士传》。

② 《后汉书·袁绍传》。

③ 《后汉书·申屠蟠传》。

④ 《三国志·吴书·孙破虏讨逆传》注引《吴录》。

⑤ 《三国志·魏书·文帝纪》注引《典论自叙》。

及耆旧传、家传等的出现，主要是适应门阀的政治需要，为巩固门阀的特殊地位服务的。

东汉，由于"世重高门，人轻寒族，竞以姓望所出，邑里相矜"①。比如"仲远之寻郑玄，先云汝南应劭；文举之对曹操，自谓鲁国孔融"②。郡望与家谱相结合，成为门阀自诩门第高峻的重要手段。当时不仅出现王符的《志氏姓》、应劭的《氏族篇》等专论姓氏源流的篇章，更出现大批的家谱。虽然这些家谱都未能保存下来，但是《三国志》裴松之注、《世说新语》刘孝标注，以及《隋书·经籍志》所载的谱牒之书，不少都是在东汉门阀世族家谱的基础上补充和发展而来的。为了显示自家的阀阅，《邓氏官谱》就是东汉膏粱华腴表章的典范。《通志》所载的颍川太守聊氏的《万姓谱》，很可能是当时诸家谱牒的汇集之作。这些氏姓之书为门阀把持选举，辨别姓氏源流、士庶分野提供了依据。正因为谱牒对门阀是如此至关重要，所以当汉末丧乱之际，"世人多妄变氏族"的时候，管宁就急忙要"著氏姓论以原本世系"③，以维护世家大族的既得利益。

明人胡应麟曾指出："凡谱系之学，昉于汉，衍于晋，盛于齐，极于梁，唐稍左矣，其学故不乏也……此门阀之变，亦古今兴废一大端也。"④东汉家谱的兴起是东汉门阀产生的有力证明。

马衡在《中国金石学概要》一文中指出，碑刻"始于东汉之初，而盛于桓灵之际"。我们从现存的东汉碑文中不难看出，碑刻的盛行的确与门阀有着不解之缘。碑刻既是门阀自我炫耀的工具，也是门生故吏效忠尽节和维护该集团势力的工具。《隶释·山阳太守祝睦后碑》文曰："故吏王堂等窃闻下有述上之功，臣有述君之德。"可见门阀与门生故吏之间"私恩结而公义衰"，门生故吏只认其主，不认国君。他们在碑文中隐恶扬善，极力美化主人，即使墓主生前"无清惠之政，而有饕餮之害"，也要"刊石纪功，称述勋德，高邈伊周，下凌管晏，远追豹产，近蹦黄邵""欺曜当时，疑误后世"⑤。

"荣死以谏谥"，在正统儒家看来应是人主的权柄。《白虎通》论谥法时，引用孔子的话申明："幼不谏长，贱不谏贵，诸侯相谏非礼也，臣当受谥于君也。"但是门生故吏在立碑过程中，常私相议谥，出现"私称与王命争流，臣下与君上俱用"⑥的情况。固然春秋之时，宋有正考父，鲁有尼父等谥号，但私谥的真正风行则是在东汉。如

① 刘知几：《史通·邑里篇》。

② 刘知几：《史通·邑里篇》。

③ 《三国志·魏书·管宁传》注引《傅子》。

④ 《少室山房笔丛·华阳博议》。

⑤ 魏征：《群书治要》引《政要论》。

⑥ 魏征：《群书治要》引《政要论》。

《蔡中郎集》所载《陈寔碑》文曰："大将军吊祠，锡以嘉谥……曰文范先生。"又《范丹碑》载："中平二年四月卒。太尉张公、兖州刘君、陈留太守淳于君、外黄令刘君佥有休命，使诸儒参案典礼，作诔著谥，曰贞节先生。"他如夏恭谥宣明，张霸谥宪文，朱穆谥文忠，荀靖谥玄行，不一而足。东汉碑刻私谥的盛行，正是"党成乎下，君孤于上"[①]的门阀专权政治局面的反映。

由刘秀提倡而撰写的《南阳风俗传》，开着旧传、家传、别传、先贤传的先河。本来此举的目的是记述帝乡的风土人情，宣扬皇族的英名盛德，其结果却为门阀世族提供了一个自我标榜，矜夸地方士风的好形式。据《隋书·经籍志》《旧唐书·经籍志》《新唐书·艺文志》所载，东汉时可知的撰述之作有沛、三辅的耆旧节士之序，鲁、庐江的名德先贤之赞，赵岐的《三辅决录》、郎圈的《陈留耆旧传》、仲长统的《兖州山阳先贤赞》（或称《山阳先贤传》）等。它们既是一座座门阀的"记功碑"，也是一篇篇门阀的自供状，使我们能从这些断简残篇中，寻出门阀演变的蛛丝马迹，以揭示其历史的本来面目。

综上所述，东汉门阀的形成绝不是偶然的。新兴的地主阶级夺取政权，并不意味着封建变革的最终完成，而地主阶级统治地位的巩固和发展，还有待于经济关系的进一步改善。由于我国以一家一户为生产单位的自给自足的小农经济十分发达，这就为地主大土地所有制的发展提供了良田沃土。大土地所有制从它诞生以后不久，即与土地买卖和土地兼并结下了不解之缘。于是我国封建社会的发展，犹如文字创造走上与世界其他各民族迥然不同的发展道路一样，也踏上了以土地私有为基础，以土地买卖为主要特征的发展道路。无论是封建土地国有制也好，还是自耕农小土地所有制也好，在封建大土地所有制面前，全部黯然失色，相形见绌。封建大土地所有制不可避免地成为居于支配地位的土地占有形态，为东汉庄园经济的产生创造了条件；而相对稳定的庄园经济的出现，又为门阀制度的产生奠定了牢固的物质基础。

在经济领域里发生重大变革的同时，秦汉豪族的政治地位也发生了相应的变化。东汉时期，豪族不仅控制了地方政权，也控制了中央政权；凭借着封建文化方面的优势，经学致仕又成为豪族转化为门阀世族的主要途径；而在地主阶级内部等级界限日益明确的情况下，东汉的察举制度恰恰起到了门阀产生的催化剂的作用。门阀在政治上是豪族与皇权妥协的产物，但主要是皇权向豪族妥协了，以换取豪族对中央国家名义上的服从，所以尽管中央集权的形式更加强化，但实质上却进入到相对衰弱的新阶段。

在门阀产生的过程中，关东豪族无疑发挥了十分重要的作用。关东豪族的四大特点不仅确保其在东汉时期完成了向门阀的逆转，成为东汉门阀的中坚，并且也确保过

---

① 《意林》引《政论》。

江侨姓、山东郡姓在魏晋南北朝时期一直处于统治地位，而始终保持旧有传统的山东郡姓，其势力和影响竟能延续到唐末。所以可以这样说，不搞清关东豪族就不可能真正搞清门阀。关东豪族与东汉门阀之间有着不可分割的承继关系。

秦汉时期，在同封建土地国有制对抗的过程中，以关东豪族为代表的豪族地主与农民阶级在维护封建土地私有制这一点上利害一致，所以封建皇权与豪族地主的矛盾，同封建社会的主要矛盾即地主阶级与农民阶级的矛盾交织在一起，显示出其独特的时代特点。由于农民阶级的阶级局限性所致，他们往往"不能代表自己，一定要别人来代表他们"[①]，虽然他们以自己的英勇献身精神推翻了一个又一个封建王朝，却只能成为秦汉豪族实现其经济和政治目的的工具。农民阶级为秦汉豪族完成向东汉门阀的转化作出了巨大的牺牲，然而得到的报酬却是更加沉重的封建枷锁。因此东汉门阀的形成之日，也是农民阶级与地主阶级的全面对抗之时。

门阀的出现，标志着中国封建社会草创时期的结束，门阀专政新阶段的开始。东汉王朝应当作为门阀时代的开端而载入史册。

（载《中国人文社会科学博士硕士文库》，浙江教育出版社，1998 年。此前曾分为三篇陆续发表。即《论东汉门阀形成的标志》，《西北大学学报》1989 年第 3 期；《论东汉门阀形成的经济因素》，《史林》1989 年增刊；《东汉门阀形成的上层建筑因素》，《学术界》1989 年第 5 期）

---

① 马克思：《路易·波拿巴的雾月十八日》。

探微知著　"活"现历史

　　把历史上人们的群体生活和生活方式作为主要研究对象的中国社会史,在我国的复兴已有 10 年左右的历史,并且正在成为学术界和出版界共同关注的热点。然而,中国社会史研究毕竟刚刚起步,诸如西方社会史研究者所犯的理论体系滞后、研究问题松散而缺乏综合性分析、领域过于宽泛而显得范围不清等问题,在我国社会史学界中也同样存在着,并已成为社会史深入发展的绊脚石,究竟如何解决这一难题?笔者略呈愚见,以供同道参考和指正。

　　社会史是与政治史、经济史、文化史相区别的一种对社会生活从中观和微观意义上展开探索的新学科。因此,从微观入手,剖析和透视历史上的中国社会,是常见的研究途径。然而,从微观入手不是简单地再现历史,不同于惟妙惟肖地复制文物。因为任何一种历史社会现象,都不是一成不变的孤立现象,都有着深刻的社会背景,并随其发展而变化。比如我所探索研究的复仇现象就绝非是一种简单的社会历史现象。在写作《古代复仇面面观》[①]过程中,我深深地体会到,复仇风尚不仅是原始社会血亲复仇的孑遗,也是封建宗法制度深入人心的必然结果,还是礼教重于国法的人治社会的必然产物。此外,它又是不同阶级、不同阶层人士经济利益、政治利益、社会利益冲突的外在表现形式之一,是古代社会习俗和地域文化特征、价值取向的一种独特反映。从一个小小的社会现象中,可以透视一个时代乃至整个封建社会。采用这种以小见大、探微知著的研究方法,从不同的角度和侧面解剖中国社会,我们对中国社会就会有一个比较全面而深入的认识,同时也会对社会史有更明确和深刻的了解。换言之,社会史研究绝不应该仅仅局限于微观或中观的研讨上。社会史研究的终极目的应该是在微观和中观探索的基础上,从宏观上揭示历史上中国社会的基本构架和发展规律。只有这样,才能克服社会史研究的"离心"倾向,才能克服社会史研究领域过于宽泛的不足,才能克服为再现历史而再现历史的弊病。

　　又,社会史研究应该以研究"人"为核心。这里的"人"不是指某个具体的人,而是指作为某个阶级、阶层或集团的整体意义而言的人。也就是说,社会史应该研究在不同历史背景下处于不同地位、从事不同职业、保持不同传统和风俗、坚持不同道德标准和行为规范、追求不同理想的人的日常行为、相互联系及其发展演变的历史。

----

① 《中国社会史文库》第 1 辑之一种,陕西人民教育出版社,1992 年。

历史是人创造的，离开了这个本体，历史就会失去活力，就会成为一架无血无肉、没有灵魂的尸骨。在中华人民共和国成立以来较长的一个时期内，历史著作常给人以一种苍白、干瘪的印象。除了教条主义、概念化、公式化等因素在作怪之外，过多地把注意力集中在政治制度、经济制度、文化制度上，而忽略了作为制定或改变上述种种制度的本体的人的研究，不能不说是一大失误。马克思说："现代历史著述方面的一切真正进步，都是当历史学家从政治形式的外表深入到社会生活的深处才取得的。"社会史研究之所以能在近70年中越来越兴旺，关键就在于"世俗化"，在于将人作为基本剖析对象。社会史的优势在于此，社会史的价值在于此，社会史的生命力也在于此。坚持了这一点，我们就能"活"现历史，社会史便大有希望。

（原载《历史研究》1993年第2期）

荀悦与《汉纪》

荀悦（148—209 年），字仲豫，颍川颍阴人（今河南许昌），是东汉末年有名的史学家和思想家。当时，在黄巾起义的猛烈打击下，东汉政权名存实亡，地方豪强势力各霸一方，连年混战。汉献帝为了维护东汉刘氏的正统地位，防止曹操篡汉事件的发生，以"《汉书》文繁难省"[①]为理由，命令荀悦按照《左传》的体例删略《汉书》，写成《汉纪》三十卷。

《汉纪》是荀悦的主要著作。《汉纪》一书，专取《汉书》，删繁就简，略有订补，记述了汉高祖斩蛇起义至新莽覆亡的西汉一代历史。此书写于汉献帝建安三年，完成于建安五年，历时两年左右。时称此书，"词约事详，论辨多美"[②]，且又"省约易习，无妨本书，有便于用"[③]，因此"大行于世"。唐刘知几于《史通·六家》中将《汉纪》作为"左传家"的典范来颂扬。《二体篇》又称其"历代宝之，有逾本传"，可以说推崇备至。唐人取士，曾以《汉纪》与《史记》《汉书》为一科，可见《汉纪》影响之大。但到了宋代，司马光"因丘明编年之体，仿荀悦简要之文，网罗众说，成一家言"[④]，撰成《资治通鉴》。宋神宗说："（《资治通鉴》）贤于荀悦《汉纪》远矣！"而事实也确是如此，所以《汉纪》的地位被《通鉴》取代，影响日小，以至很少再有人提到它。

荀悦的《汉纪》是研究史学史和秦汉史的不可缺少的典籍。《汉纪》在《汉书》问世至《资治通鉴》刊布之间的近千年中，对史学的发展曾发挥了较大的影响。但是1949 年以来，史学界对《汉纪》的评价，基本上停留在宋元明清时期学者的认识水平上，《汉纪》的历史作用和贡献并没有引起足够的重视，这种状况应该改变。

《汉纪》对史学的贡献主要反映在编撰体例的三大特点上。

第一，《汉纪》开创了编年体断代史之例。

《汉纪》之前，已有编年体史籍。鲁国的史记《春秋》经过孔子的删削润色，形成编年史的雏形。随后左丘明为《春秋》作《传》，书称《春秋左氏传》。《春秋》只记有年月可考的史实，但过于简略，使人无法了解历史事件的具体内容。《左传》就不只记

---

① 《后汉书》卷第五十二《荀悦传》。
② 《后汉书》卷第五十二《荀悦传》。
③ 《汉纪》自序。
④ 《通鉴外纪》自序。

事，而且记言，事具首尾，条理细密，语言也生动形象，奠定了编年史的体例。因此，刘知几将《左传》专门列为一家。然而《左传》是以鲁国为主，杂记列国史实，并非是一代完整的史书。此外，稍后的魏国官修编年史书《竹书纪年》，所记上起夏，历商、周、晋，而迄于魏，是一部具有通史性质的一国史乘。一直到荀悦的《汉纪》，才在《左传》体例的基础上，第一次形成编年体的断代史。

刘知几《史通·二体篇》说："班荀二体，角力争先，欲废其一，固亦难矣，后来作者，不出二途。"这里不提马、左二体，正因为班固和荀悦所著都是断代史书，并为以后历代所承袭的缘故。如张璠和袁宏各自所修的《后汉纪》、孙盛的《魏氏春秋》、干宝的《晋纪》、徐广的《晋纪》、裴子野的《宋略》、吴均的《齐春秋》、何之元的《梁典》、王劭的《齐书》等，名称虽异，但都是仿照《汉纪》，断代成书。就是在《通鉴》流行之后，编年体断代史仍不乏作者，如谈迁著《国榷》、陈鹤著《明纪》。不难看出，荀悦的《汉纪》是编年体断代史的奠基之作。

第二，《汉纪》"抄撰《汉书》，略举其要"，开抄书别创新体之例。

《汉纪》是荀悦选取《汉书》各传及志、表之文，大体按年月先后，分别记在本纪各年之下而成的。《汉书》之外，采录极少。《汉纪》行文简略而呆板，不像司马光《资治通鉴》的西汉部分，无一语不出自《史记》《汉书》，而无一处全袭《史记》《汉书》，因此顾炎武在《日知录》中批评《汉纪》"叙事处索然无复意味"。然而荀悦将长达八十余万字的《汉书》删节为十八万余字的《汉纪》，"凡制度之沿革，人之忠邪、刑政赏罚之是非，与夫日蚀、星变、灾祥、沴戾之作，大略该载，而时有论者，以明己意"[1]，在《史记》《汉书》到《资治通鉴》之间，"卓然成一家之言"[2]，他的归纳与整理的功夫确有独到之处。

如果我们将《汉纪》与《汉书》作一详细的对照，不难发现除了不便采入的《汉书·艺文志》和《汉书·地理志》外，几乎《汉书》各篇的要点全被吸取在《汉纪》之中。"纪传详于人，编年详于代。"[3]《汉书》中同一年发生的同一件事，往往散入几个人的列传里，读者要了解该事件的来龙去脉，总不免来回翻检之苦。而《汉纪》既吸收了《汉书》的精华，又以年系事，条理清晰，"晓然知一代之典章因革所由起"[4]，大大方便了读者。并且《汉纪》比《汉书》更能突出各个皇帝治政的优劣，更能表现西汉由兴至盛、又由盛转衰的变化过程。荀悦在高祖、文帝、武帝、宣帝、元帝、成帝六纪中所采用的笔墨，占全书四分之三的篇幅。其中武帝一纪就占全书五分之一的篇

---

[1] 《汉纪》邵长蘅序。
[2] 《汉纪》邵长蘅序。
[3] 《汉纪》邵长蘅序。
[4] 《汉纪》蒋毓英序。

幅，重点突出，脉络清楚。《汉纪》能得到历代学者的重视，甚至一度与《汉书》相匹敌，这就是主要的原因。

此外，如谏大夫王仁劝汉成帝不立赵飞燕为皇后的奏疏、侍中王闳谏汉哀帝不要法尧禅舜的奏疏，《汉书》均无；有关太上皇事迹和五凤郊泰時的月份，《资治通鉴》都舍弃《汉书》的记载，而选用荀悦的记载；又如壶关三老茂《汉书》无姓，《汉纪》却说茂姓令狐等①，都对《汉书》有所补充和订正。当然《汉书》博闻的特点是《汉纪》所无法比拟的。因篇幅和体例的限制，加上选材重点的差异，《汉书》各志的内容节选入《汉纪》时，显得单薄而零碎。

需要特别指出的是，从目前的史书之中，以抄撰史书而别创新体的最早的书，要推荀悦的《汉纪》。《汉纪》之前，据《隋书·经籍志》所载，东汉光武帝时桂阳太守卫飒撰《史要》十卷，约《史记》要言，以类相从。但久已失传，体例不可考。且入"杂史"类，似与包括《汉纪》在内的"古史"不同。之后应奉"又删《史纪》《汉书》及《汉记》（指《东观汉记》——笔者注）三百六十余年，自汉兴至其时（东汉顺帝时——笔者注），凡十七卷，名曰《汉事》"②。此书体例也不可考，但可以肯定它不是断代史著作。以上两书估计都像《两汉博闻》一样，是一般的史抄之书。梁启超在《中国历史研究法》一书中说："善抄书者，可以成创作。荀悦《汉纪》而后，又见之于袁枢之《通鉴纪事本末》。""约撰旧书"，既要文字简洁，又要保留精华，已是难事，再加创出新体，更非容易。《汉纪》与《通鉴纪事本末》取材都不出原书，却都便利了读者，仿效者接续不断，此功不可泯灭。

第三，"通比其事，例系年月"③。荀悦运用类比的方法，把同类的人或事巧妙地联系起来记载，突破了编年体以年月记事的限制，给读者一个比较完整的印象。这是荀悦在断代史写作中，创造性地贯彻会通思想的一个范例。

《汉纪》在具体运用"通比"方法时，有如下几种方式。

一种是在记述某人某事迹时，引出他过去相类似的事迹。如记景帝二年丞相申屠嘉薨时，讲明申屠嘉是因为景帝包庇穿太上皇庙墙垣为舍门的晁错，于是气恼呕血而

---

① 《汉书·戾太子传》中"壶关三老茂上书曰"之后，有颜师古注："壶关，上党之县也。荀悦《汉纪》云令狐茂，班史不载其姓，不知于何得也。"查现所传《汉纪》本，均无茂姓"令狐"句。《资治通鉴》卷二十二、汉纪十四、武帝征和二年史文，与《汉书》原文同。胡三省注说："荀悦《汉纪》，茂，姓令狐。"胡三省是因袭颜注，还是亲见《汉纪》失真前之版，不得而知。但据王应麟《困学记闻》所述，宋代《汉纪》已无壶关三老姓名。估计胡三省和以后的《四库全书总目提要》《汉纪》条均沿用颜氏之说。颜氏师古注疏严谨，必见原本《汉纪》有"茂，姓令狐"句。今从颜氏说。

② 《后汉书》卷四十八《应奉传》注。

③ 《汉纪》自序。

死的。紧接着就追述文帝时，申屠嘉欲诛文帝宠臣邓通之事，以及文帝保护邓通，使他免于被申屠嘉治罪的经过。借此刺讥文、景二帝信用宠臣，并表彰申屠嘉的廉直。

另一种是在记述某人某事迹时，概述此人一生简历。如王陵因不同意封诸吕，被吕后明升暗降，迁为帝太傅，而审食其补为左丞相。这时，荀悦指明审食其在吕后"初获于楚"时，"常以舍人侍得幸"，所以现在受到吕后的重用。然后又追叙惠帝时，有一次审食其几乎被杀，幸亏审食其早先听从陆贾之计，出钱厚葬了朱建的母亲。朱建为了报恩，通过惠帝宠臣闳籍孺做工作，力免审食其之死。但是，审食其最终还是被淮南厉王杀掉，朱建也因此而自杀。通过审食其任丞相一事，将他一生经历提纲絜领地简述出来，首尾完整，褒贬自见。在《汉纪》中，这种方法常常在某人去世或者获罪时使用。

再一种是在记述某人事迹时，引出有关的其他人的事迹来。如《汉纪》讲到楚王戊随吴王濞反叛不成而自杀时，就引出申公、白公和穆公在楚元王和楚王戊不同时期的不同境遇和不同结局，赞扬穆公识人，早早脱离楚王戊，免去了灾祸。

尤其突出的是，荀悦有时为了说明问题，甚至突破了西汉的历史范围，引出有关的西汉以前的历史来。如在记述白渠的兴建及成就时，就讲述了战国时期郑围渠和西门豹渠的事迹，强调了水利对国计民生的重要性。

以上几种方式的运用，开阔了编年史家笔墨驰骋的领域。从荀悦的独创精神中，我们可以看到记事本末体的萌芽。而且荀悦继承了司马迁寓论断于序事的写作手法，读后发人深思。

《汉纪》在继承《左传》的编史体例上有所创新，同样在继承《春秋》的著史目的和方法上也有所弃取，别具一格。

《左传》在昭公三十一年记载中说："《春秋》之称，微而显，婉而辨。上之人能使昭明，善人劝焉，淫人惧焉，是以君子贵之。"孔子痛感"周道衰废，诸侯为害"，于是发愤删削《春秋》，寄托微言大义，想叫"乱臣贼子"惧。这种把著史与政治目的相结合的写作方法，不仅得到左丘明的肯定和宣扬，而且对历代封建史学家都产生了重要影响，荀悦自然不例外。荀悦认为著史必须做到"君举必记臧否""下及士庶等各有异"，使后来人深感"得之一朝，而荣辱千载"，不得不检点自己的言行，以便达到"以嗣赏罚，以辅法教"的目的[1]。所以《汉纪》一书正是企图通过总结历史变革的经验教训，"以行惩恶而劝善，奖成而惧败"，尽力发挥封建伦理道德的说教作用，为封建统治者提供"纲纪天下，统成大业"的历史依据。

荀悦在《汉纪》第一卷之首给自己规定了立典的"五志"，即"一曰达道义，二曰彰法式，三曰通古今，四曰著功勋，五曰表贤能"。这是对《春秋》史笔的进一步

---

① 《申鉴》卷二《时事篇》。

说明和补充。五志的核心是"达道义",建筑在汉代正统新儒学基础上的封建伦理道德观念是《汉纪》的灵魂,贯穿于《汉纪》的始终。其他四志都从此派生出来,又反转来为宣扬封建道义、维护封建等级制度和正常秩序服务。因此,荀悦所谓"彰法式",并不是金毓黻先生所说的"即修史之成法,《左传》所举之五十凡,《史通》之所论史法"①,实际是"言行足以为法式则书"②的意思。而"通古今",也同司马迁的"通古今之变"有别。只不过是综论西汉一代的政治得失,阐明汉何以兴,又何以衰,以定君臣之分,为挽救东汉王朝的复亡命运而探求出路。"通"在此应作"统观"或"对照"讲。

班固在《汉书》中大讲封建的伦理道德,荀悦把《汉纪》当作一部封建伦理道德的教科书来写,在这一点上,他们是一致的,当然也是不足取的。但是,荀悦的史学思想不仅仅有上述保守性的一面,也有人民性的进步的另一面。班固"论国体则饰主阙而折忠臣,叙世教则贵取容而贱直节,述时务则谨辞章而略事实"③。他以六经思想为他的思想,以圣人是非为他的是非,循规蹈矩,不敢越雷池一步,处处为王者讳。所以凡是《史记》中具有人民性的部分,一旦纳入《汉书》的规范,就完全失去了原有的光辉。荀悦并没有在"抄撰《汉书》"时,落入班固这种保守思想的陷阱。"君举必记臧否"观点,促使他在宣扬封建道义的同时,直率地揭露了西汉社会的黑暗和当权者的昏庸。

在文帝十三年诏除民田租一事的评论中,荀悦尖锐指出,当时"豪强富人占田逾侈,输其赋大半""官家之惠优于三代,豪强之暴酷于亡秦",展示出所谓"太平盛世"里人吃人的严酷事实。这段史论至今仍为广大史学工作者所重视。在评价汉武帝的问题上,班固以如果"不改文帝之恭俭,以济斯民,虽诗书所称何以加焉"一句,将武帝罪恶一笔轻轻带过,似贬实褒,袒护之情显而易见。荀悦却不同,尽管当时《史记》因批评武帝而被称作"谤书",他仍一针见血地指出汉武帝"犹好其文,不尽其实;发其始,不要其终。奢侈无限,穷兵极武,百姓空竭,万民疲弊"④。

《汉纪》虽是官修史书中完整成书最早的一部,却避免了官修史书的通病,坚持我国秉笔直书的史学优良传统,"君举必记臧否"的观点在里面起了很大的作用,应该被看作是史学遗产中的珍贵品。

荀悦在《申鉴》卷四《杂言上篇》中说:"君子有三鉴,世人镜鉴前为训,人惟贤,镜惟明。"《汉纪》就是荀悦想给人们的一面镜子。虽然我们与荀悦研究历史的立

---

① 金毓黻《中国史学史》,第四十五页。
② 《申鉴》卷二《时事篇》。
③ 《意林》卷五《物理论》。
④ 《汉纪》二十三《元帝纪》。

场、目的根本不同，就总结历史经验这一点来说，以史为镜的看法仍有现实意义。

我国的史书大多有论赞。论赞直接反映出作者对历史事件、历史人物的观点和立场，它是研究作者政治历史观点的重要资料。《汉纪》的论赞仿照《左传》，以"荀悦曰"的形式出现于各卷正文之中，共计三十七条。"荀悦曰"最短的是二十七个字，长的近千字，总数约占《汉纪》二十分之一的篇幅，是《汉纪》不可忽视的重要组成部分。其中有一些论赞，荀悦直接引用《汉书》的某些段落以表达自己的观点，但多数仍旧是荀悦本人的言论，不少是《申鉴》思想观点的再现。

荀悦政治主张的核心是："圣王之制，务在纲纪，明其道义而已。"① 怎样才算做到立纲纪，明道义呢？荀悦说："先王之政，以制为本""自上已下，降杀有序""上有常制则政不颇，下有常制则民不二""贵不专宠，富不独奢""故世俗易定而情不滥，奸宄不兴，祸乱不作"②。荀悦被错综复杂的社会矛盾搞得胆战心惊，他企图用调和矛盾的办法来巩固统治秩序。仿佛只要严格遵循封建的礼义道德、等级制度，皇帝像个皇帝的样子，大臣像个大臣的样子，老百姓也像个老百姓的样子，各安其位，各守其业，忍让相安，那样太平盛世也就指日可待。这种唯心主义的主观想象完全脱离阶级斗争的现实，只能是一种空想。尽管如此，从荀悦的论赞中，我们还是能发现一些积极的因素，"重民说"就是突出的一例。

我国历史上每当一次伟大的农民革命爆发之后，总有一些思想家和政治家从中受到启示，开始重视人民的力量和作用，并提出一些相应的政治主张，力图解决社会危机，这就是"重民"思想产生的背景。荀悦把民比作水，他指出统治者"以知能治民"，就好比泅水，"劳而危"；而"以道德治民"，就好比乘舟，"逸而安"③。在荀悦看来，任何一个统治者要想保住社稷江山，就必须"重民"。"民存则社稷存，民亡则社稷亡"④，民成了关乎国家存亡的关键。若不是荀悦亲身经历了东汉末年激烈的阶级斗争，是不可能得出这个结论来的。

荀悦认为"重民"是圣主的本分，圣主有天下，"非所以自为，所以为民也"⑤。圣主只有不"专其权利""无所私"⑥，才能得民，进而真有天下。这就是说，皇帝虽是承天命而治天下的无上之主，也不能为所欲为，肆逞淫威，非留意民心、民意不可。荀悦认为秦始皇废分封，设郡县，"以一威权以制天下"，一旦"人主失道""天下遍被

---

① 《汉纪》卷七《文帝纪》。
② 《汉纪》卷七《文帝纪》。
③ 《申鉴》卷一《政体篇》。
④ 《申鉴》卷四《杂言上篇》。
⑤ 《汉纪》卷五《惠帝纪》。
⑥ 《汉纪》卷五《惠帝纪》。

其害""百姓一乱，则鱼烂土崩，莫之匡救"①。因此荀悦主张实行分封制，使诸侯"有分土而无分民""各世其位"②，把天子之权分散于诸侯。他认为分封的好处是：如果王室微弱，诸侯可以辅弼，君主"虽无道，不得虐于天下"，有利于巩固统治。如果诸侯"失礼暴虐"，民可"叛于下"，君主可"诛加于上"。这就能做到"民主两利，上下俱便"③。分封制和郡县制究竟哪一种制度更适合当时的历史条件，另当别论。仅就荀悦"重民说"中诸侯失政民可叛于下的思想，君主不可专制，要君、臣、民互相制约而达到民主两利的思想，是具有进步意义的，在当时也是难能可贵的。

　　荀悦不仅从政治上探索巩固统治的方法，而且从经济上寻找农民起义的原因。他指出民之所以反，主要原因在于土地兼并。西汉时，"豪强富人占田逾侈""官收百一之税，民收太半之赋"④。而东汉末年仍然是"豪民占田或至数百、千顷""富过王侯""买卖由己"⑤。所以民怨沸腾，政局不稳。要想安社稷，就必须"重民"；要做到"重民"，就必须限制兼并。因此荀悦主张："悉备井田之法，宜以口数占田，为立科限，民得耕种，不得买卖，以瞻民弱，以防兼并。"⑥鉴于汉哀帝和王莽时失败的教训，荀悦认为实行这种方法的最好时机，是在高祖初定天下或光武中兴之后。因为那时民人稀少，土地荒芜，易于推行。荀悦所说的"井田之法"当然是不可能实行的，但是荀悦长期在乡间隐居，使他能与人民有较多的接触。同时他是动乱的旁观者，能比较清醒地估计形势，看到社会弊病的症结。所以荀悦从维护封建统治出发，企图提出一些解除时弊的方略以限制兼并，这种精神也是应当肯定的。

　　但是我们必须看到，荀悦是一个地主阶级的思想家，他的阶级局限性决定他不可能提出一个根本解决问题的方案。分封制还是郡县制，或者是二者同时并举，在封建社会的不同历史阶段，对暂时巩固封建统治起到过一定作用，然而都无法解决农民阶级与地主阶级的矛盾，地主阶级内部这一派与那一派的矛盾。封建社会中的"民"与"主"，从本质上看，只能对立，不能两利。同样，荀悦提出的限田禁买卖法，不触动封建统治的根基，只是怀有良好的愿望，以图调和矛盾，是难以实行的。即使实行了，也难以持久。曹魏的屯田制和唐初的均田制实施后，暂时都收到了一定的好效果，然而在封建土地私有制的蚕食下，一时的成果很快就被破坏无遗，人民仍处于水深火热之中，农民的革命便不可避免。

① 《汉纪》卷五《惠帝纪》。
② 《汉纪》卷五《惠帝纪》。
③ 《汉纪》卷五《惠帝纪》。
④ 《汉纪》卷八《文帝纪》。
⑤ 《汉纪》卷八《文帝纪》。
⑥ 《汉纪》卷八《文帝纪》。

此外，荀悦"重民说"的目的还是"左右民"。他为统治者开了一个"御民之方"，即"德刑并行"[①]。他以孺子驱鸡为例来说明，对付劳动人民不能急于求成，"急则惊""迫则飞"，要给予好处，使他们安下心来，然后才会"循路而入门"，乖乖接受统治。所以他说："不驱之驱，驱之至者也。"[②] 也就是说，对人民实行统治要手腕灵活，或先刑后教，或先教后刑，交替使用。只刑不教，人民无法忍受，只能铤而走险。只教不刑，无以立威，民无所惧。招抚与镇压的反革命两手策略，牧师兼刽子手的反动阶级本质，在"德刑并行"的治民方法中得到充分的展示。

梁启超在《中国历史研究法》中说："要之自有左丘、司马迁、班固、荀悦、杜佑、司马光、袁枢诸人，然后中国始有史。自有刘知几、郑樵、章学诚，然后中国始有史学矣。"荀悦的确是我国可数的有成就的史学家之一，《汉纪》也是我国史学发展史中的一块里程碑。尽管它远非尽善尽美，但从这一宝贵的文化遗产中，我们能吸取到不少有益的营养。荀悦的名字和《汉纪》的成就绝不应该湮没无闻。

（原载《西北大学学报》1979 年第 4 期）

---

① 《汉纪》卷二十三《元帝纪》。
② 《申鉴》卷一《政体篇》。

袁　宏

一

　　袁宏，字彦伯，东晋时陈郡阳夏（今河南太康）人，晋成帝咸和三年（328 年）出生于一个世族家庭。他的七世祖袁滂曾任东汉灵帝的司徒，六世祖袁涣曾任曹魏的郎中令，其后"袁氏子孙世有名位"①。然而在袁宏年少的时候，他的父亲临汝令袁勖去世，家道从此中衰，他不得不以运租自业。由于一个偶然的机会，袁宏以他的《咏史诗》受到谢尚的赏识，因此在谢尚任安西将军、豫州刺史时，聘请他参其军事，开始踏上仕途。后迁任大司马桓温府记室，因桓温重其文笔，于是专综书记。袁宏虽然受到桓温的礼遇，但他对桓温企图篡逆，并严重威胁其他世族利益的行为极其不满，在著文和谈论中，对桓温多有冒犯，所以"荣任不至"。直到桓温死后，袁宏才由吏部郎出任东阳郡（今浙江金华）太守。不久，即于晋孝武帝太元元年（376 年）病死在任所，时年四十九岁。

　　袁宏一生写下诗赋诔表等杂文三百余篇，其中最著名的则是在任桓温府记室时创作的《东征赋》《北征赋》②及《三国名臣赞》。当时，王珣曾发出"当今文章之美，故当共推此生"③的感慨。所以袁宏是以"一时文宗"而著称于世的，直至唐代撰修《晋书》时，仍然把他列入《文苑传》。但是，袁宏的主要成就并不表现在文学方面，而是反映在他的史著中。除了久已散佚的《竹林名士传》之外，《后汉纪》是他留传至今的唯一精心史作。

　　《后汉纪》是仿荀悦《汉纪》而写的一部编年体断代史，也是三十卷，约二十一万多字。此书起自王莽末年的农民大起义，迄于刘备称帝，记叙了东汉二百余年的兴衰史。尽管现存的东汉史籍，除了范晔《后汉书》外就只有此纪了，但正如袁宏往往被时人视作文学家而不是史学家一样，《后汉纪》却长期以来未能得到应有的重视。宋代《后汉纪》的刻本就已是"衍文助语，乱布错置，往往不可句读"④。至明初，袁氏

---

① 《三国志·魏志·袁涣传》注引荀绰《九州记》。
② 此两赋均已散佚。
③ 《晋书》卷六十二《袁宏传》。
④ 康熙年间蒋刻《两汉纪》宋荦序。

书"尤所希觏"①，以至成化、弘治年间吕柟校刻荀悦《汉纪》时，就未能刻及《后汉纪》。幸赖明南监本和明嘉靖黄姬水本，才使我们能看到《后汉纪》的基本原貌。之后，又先后经清康熙年间蒋国祚、蒋国祥兄弟和清末广东学海堂陈澧、陈璞的校正刊刻，《后汉纪》才得到了进一步的流传。但是，至今《后汉纪》的史学价值仍未被真正认识，作为现存最早的东汉史籍，在史学研究中也未被充分利用。因此，有必要对袁宏及《后汉纪》重加探讨，再作评价，给予其应有的史学地位。

二

　　魏晋时期，阶级矛盾和民族矛盾十分尖锐。在这种变幻莫测的政治形势下，有的人为了给统治者提供历史的镜鉴，探求削平乱世的灵丹妙药；有的人在仕途得意之际，为了显示才华以邀宠信；有的人在仕途失意之后，退而著述以寄托情怀，因而涌现出大量的史书。这些著史者大多出身于魏晋士族，为了昭明世系，炫耀门庭，在追溯士族源流之时，又多以东汉史作为其毕生努力的目标。在袁宏著作《后汉纪》的前后，有关东汉史的有影响的著作，就有谢承《后汉书》、薛莹《后汉记》、司马彪《续汉书》、华峤《汉后书》、谢沈《后汉书》、张莹《后汉南记》、袁山松《后汉书》（以上纪传体）和张璠的《后汉纪》（编年体）。这些著作主要都取材于东汉时陆续修撰而成的《东观汉记》，但在取材的精疏、史识的高下、文笔的优劣、体例的纯驳、篇幅的繁简等方面，都表现出明显的差异。袁宏不满意他所能见到的诸家后汉书，于是发愤披阅资料，重加厘定。他在《后汉纪》自序中写道：

　　　　予尝读后汉书，烦秽杂乱，睡而不能竟也，聊以暇日，撰集为《后汉纪》。其所缀会《汉纪》（当作《汉记》，即《东观汉记》）、谢承书、司马彪书、华峤书、谢忱书（当作谢沈书）、《汉山阳公记》、《汉灵献起居注》、《汉名臣奏》，旁及诸郡耆旧先贤传，凡数百卷。前史阙略，多不次叙，错谬同异，谁使正之？经营八年，疲而不能定，颇有传者。始见张璠所撰书，其言汉末之事差详，故复探而益之。

　　从这里可以看出，袁宏依据的史料不可谓不富，撰述的功夫不可谓不勤，与主要是删削《汉书》以作《汉纪》的荀悦相比较，他所遇到的困难要多得多，所付出的努力要大得多，因而他所取得的成就也更显得可贵。

　　在魏晋时期产生的所有后汉史著作中，袁宏《后汉纪》硕果仅存，绝非偶然。

　　首先，袁宏几乎搜集了当时有关东汉史的所有材料，在吸取诸书精华的基础上，

---

①　明黄姬水本《刻两汉纪序》。

删繁补缺，纠谬释疑，反复修改，不惮其烦，故能取得"比诸家号为精密"①的评价。即使在《后汉纪》初稿流传之后，袁宏发现张璠纪所言汉末之事，颇有可采，也及时补充进来，使《后汉纪》关于汉末的记载，不仅远远超过同时代的诸家后汉书，就连晚出的范晔《后汉书》也不如其翔实。

其次，袁宏在比较纪传、编年二体之后，选择了后者。他十分推崇左丘明，称"丘明之作，广大悉备"②。并说"丘明所以斟酌抑扬、寄其高怀，末吏区区注疏而已"③，决心步丘明之后尘，来编撰东汉史了。所以他对继承《左传》史笔，开创编年体断代史先例的荀悦也非常赞赏，以为"荀悦才智经纶，足为嘉史，所述当世，大得治功"④。于是以《汉纪》为蓝本，完成了又一部便于观览而又详略有体的编年体断代史。在纪传体史书如林的情况下，袁宏能承继古史之遗风，别树一帜，因而就得到了许多学者的重视。

撰述较早的张璠纪，虽也采用了编年史体，但却散佚了。尽管我们无从作全面的分析与比较，但是仅据《三国志》注、《后汉书》注和诸类书中所引张璠纪的佚文，仍然能够分出两书的高下。《四库全书总目提要》曾指出：璠纪所有，袁纪往往不载，其有载者亦多点窜，互有详略。如璠纪称"卢芳，安定人。属国夷数十畔在参蛮，芳从之，诈姓刘氏"。而袁纪则作"刘芳，安定三川人，本姓卢氏。王莽末，天下咸思汉，芳由是诈自称武帝后，变姓名为刘文伯。及莽败，芳与三川属国羌胡起兵北边"。又如朱穆论梁冀池中舟覆、吴祐谏父写书事，都较璠纪为详。此外如璠纪称"明德马皇后不喜出游，未尝临御窗牖"。而袁纪则作"性不喜出入游观"。璠纪称"杨秉尝曰：'我有三不惑，酒、色、财也。'天下以为名公"。袁纪却删去下一句。核其文义，都是袁纪为佳。

面对魏晋时期的竞争对手，袁宏无疑是胜利者。那么，与南北朝时写就的范晔《后汉书》相比，又将如何呢？王鸣盛在《十七史商榷》中说道："宏所采亦云博矣，乃竟少有出范书外者，然则诸书精实之语，范氏撷拾已尽。"也就是说，范书是诸家后汉书的总结之作，只要搞通范书，就算搞通东汉史了，而包括袁纪在内的诸家后汉书实际上都失去其存在的价值。这一观点确实代表了不少学者的看法。然而，这种观点大有商榷的必要。

范晔《后汉书》博大精深，许多成就确是袁宏《后汉纪》所无法企及的。但是袁纪一则早成于范书五十余年，不少方面更接近于原始材料，因而其使用价值不仅不低

---

① 宋晁公武《郡斋读书志》。
② 袁宏《后汉纪》自序。
③ 袁宏《后汉纪》自序。
④ 袁宏《后汉纪》自序。

于范书，甚至在某些程度上还高于范书。二则袁纪中的精实之语，并非全被范书所汲取，"其中多有范氏所删取而不尽录者"①，往往可以订正范书的谬误和补充范书的不足。

如袁纪所载的明帝永平五年听东平王苍归藩诏、章帝建初元年（76年）四月封贾复子邯及阴兴子员诏、建初四年八月赐贾贵人诏、岑宏的乐成王刘苌罪议②、张酺的荐太子侍从疏、张衡和马融的阳嘉二年（133年）京师地震对策，都不见于范书，而鲁丕举贤良方正对策更是由袁纪所独载。其他诏书对策与范书各有详略的例子则更多，如袁纪卷二十二所载陈蕃谏请刘瓆、成瑨疏，就较范书本传语多出十三句，当中"从陛下践阼以来，大臣谁敢举左右之罪。往者申屠嘉召邓通，文帝遣诣嘉府，乃从而请之。三公之职，何所不统？但今左右骄恣，欲令三公不得举笔"数句，对了解灵帝时官僚士族与宦官的斗争较有帮助。

又如范书《马援传》所附《马续传》，未言及马续补撰班固《汉书》表志之事，而《列女·班昭传》仅曰："兄固著《汉书》，其八表及天文志未及竟而卒，和帝诏昭就东观藏书阁踵而成之。后又诏（马）融兄续继昭成之。"从中我们无法了解班昭、马续续补《汉书》的具体情况。但是袁纪卷十九却有较为明确的记载："续博览古今，同郡班固著《汉书》，缺其七表及天文志，有录无书，续尽踵而成之。"为我们进一步证实班固《汉书》的续补情况提供了一条重要的线索。联系司马彪、刘昭等人的记载可知，除《天文志》由马续独立完成外，其八表中的绝大多数也是由马续最终续补完的。

再如灵帝光和元年（178年），拜朱俊为交阯刺史，"令过本郡简募家兵及所调，合五千人"③，以镇压梁龙的叛乱。李贤注曰："家兵，僮仆之属。调，谓调发之。"可见家兵是与调发的政府军性质不同的一种私兵。但是家兵人数有多少？为什么灵帝要令朱俊征募家兵？范书都无明确的记载。而袁纪卷二十八却写道："交阯贼梁龙等攻郡县，以俊治兰陵有名，即拜交阯刺史。俊上书求过本郡募兵，天子许之，得以便宜从事。将家兵两千人，并郡所调合五千人，分两道至州界。"从袁纪中我们可以看到，家兵人数竟达两千人之众，地方豪族控制宗族及徒附的能力的确大得惊人。这条史料证明：像汉末豪家刘节有"宾客千余家"④的豪强大族绝非仅有，地主私人武装由非法向合法化的转变，正说明汉末皇权的削弱和相对独立的地方豪强大族势力的强大。为了维护汉朝的统治，政府已不得不在兵权上向豪强的要求让步，以换取他们的支持。朱俊的私兵无疑开魏晋私家部曲的先河。而范书恰恰忽略了这两个关键问题的记述。

---

① 蒋刻《两汉纪》毛奇龄序。

② 《后汉书》卷五十《孝明八王传》李贤注引袁宏纪，"岑宏"作"泠宏"。

③ 《后汉书》卷七十一《朱俊传》。

④ 《三国志·魏志·司马芝传》。

袁纪中关于佛及佛学思想的颂扬性论述，也是晋以前史书中所仅见的，它反映出佛学思想对史学领域的渗透。

此外，袁纪还可以：①订正范书时间之误，如建武十一年（35年）春光武帝幸南阳的月份、建宁元年（168年）九月朱瑀盗发窦武奏疏的日子，《通鉴》都舍范书而从袁纪；②可以订正范书地名之误，如和帝葬于顺陵而非慎陵，刘攽曾作了可信的考证，以纠正范书及李贤注的错误；③可以订正范书谥号之误，如舂陵考侯当是孝侯之误[①]；④可以订正范书姓名之误，如寒朗当作寋朗；⑤可以订正范书职称之误，如乐松非中常侍，乃是侍中；⑥可以订正范书史实之误，如田况非败于赤眉，而是破赤眉，使其不得不转入青州。如此等等，不一而足。自然，由于袁宏以文人著史，较为缺乏史学家的审慎，所以在《后汉纪》中也不乏错误，更多地需要靠范书来纠正，这也是不容否认的事实。

正像宋代王铚在《两汉纪》序中指出的那样，"读荀、袁之纪，如未尝有班、范之书，读班、范之书，亦如未尝有荀、袁之纪也。各以所存，自达于后世"。范书、袁纪各有其宝贵的史料价值，二者不可偏废。

不仅如此，袁宏《后汉纪》还保存了一些后汉书的佚文，可以使我们更多地窥见这些后汉书的原貌。如纪文中有十五处提到"本志曰"，共计500余字。在袁宏所能见到的东汉史著作中，只有《东观汉记》的志文可以配称"本志"，它就是蔡邕在汉末所修撰的《十意》。袁纪引"本志曰"至中平二年（185年）止，也从侧面进一步证明了这一点。四库馆臣在重辑《东观记》时，曾断言《天文志》已全阙，而袁纪中却保留了《天文志》的两条内容，另外十三条当属《五行志》。这样除范书《蔡邕传》注引《邕别传》所言《律历》《礼》《乐》《郊祀》《天文》《车服》六意之外，还应有《五行意》。又，袁纪卷十五还载有《东观记·西域传》传文一条，计70字。另外，在袁纪中还保留了华峤书的论四条，计724字。清末黄奭辑补华峤书时就引用了这四条材料。

无怪刘知几《史通·古今正史篇》在一一阐述诸家后汉书之后，作出了"世言汉中兴史者，唯范、袁二家而已"的结论。总之，一书一纪，相得益彰，以袁纪配范书，是符合事实的，并非溢美之词。

---

① 拙著《后汉纪校注》（初稿）曾作如下考证：按范晔《后汉书·城阳恭王祉传》，"孝侯"作"考侯"。《文选》卷四《南都赋》李善注曰："《东观汉记》曰：'舂陵节侯，长沙定王中子买。节侯生戴侯，戴侯生考侯。考侯仁以为舂陵地势下湿，难以久处，上书愿徙南阳，守坟墓，元帝许之，于是北徙。''考'或作'孝'，非也。"清人编《四库全书》改《东观记》"孝侯"为"考侯"，即以范书《城阳恭王祉传》及李善注为据。殊不知《汉书·王子侯表》第二上明载："元康元年，孝侯仁嗣。"《东观汉记》之《光武帝纪》系班固主持撰写，不当自与《汉书》相抵牾。《艺文类聚》卷十二引《东观汉记》正作"孝侯"。且范书《安城孝侯赐传》亦称刘仁为孝侯。孝、考形近易讹，当以袁纪为是。

三

袁宏《后汉纪》一书，在史学上颇具特色，尤其在继承编年史体优良传统的同时，有所创新，尽管瑕瑜互见，而毕竟是瑕不掩瑜，值得我们予以总结①。

第一，袁宏在荀悦"通比其事，例系年月"②写作方法的基础上，进一步发展为"言行趣舍，各以类书"③的撰述方法，以达到"观其名迹，想见其人"④的目的。

荀悦的"通比"是把同类的人或事巧妙地联系起来记载，突破编年体以年月记事的限制，给读者一个比较完整的印象。袁宏深得荀悦此法的精髓，如在写桓谭以不读谶而几被诛死，并出为六安郡丞而道卒的时候，引出尹敏面对刘秀笃信图谶，先从正面直谏图谶之不经，遭到刘秀拒绝后，又以伪作谶文来进行讽喻的事迹。其文言简意赅，下笔有神，尹敏守正不阿而又富有幽默感的性格，给人留下了深刻的印象。又荀悦常常在某人去世或获罪时，补叙此人一生简历。袁宏也采用这一方法，如写到桓荣卒时，袁宏就补叙了桓荣的生平和成名缘由。但是袁宏并不刻意模仿，他接着又叙述了桓荣少子桓郁的简历，在有限的篇幅中，使桓郁一类的中等人物能有一个恰当的位置，做到文约而事详，构思真可谓精巧。

但是，袁宏的"类书"与荀悦的类举一两事有所不同，归纳起来主要有以下两种形式：

其一，他把某人某一种品德的种种表现，因类而举，末尾概括为品题式的某某皆此类也。如写王丹，则曰"其高抗不屈，皆此类也"⑤；写朱晖，则曰"其信义慎终，皆此类也"⑥；写乐恢，则曰"其不念旧恶，耻交进趋，皆此类也"⑦；写周举，则曰"公亮不挠，皆此类也"⑧。

其二，他把时代相去不远而品行类似的人，连续写出多人。如卷五类书严光、周党、王霸、逢萌等所谓隐士；卷十一类书江革、毛义、薛苞等所谓孝子；卷十九类书任峻、苏章、陈琦、吴祐、第五访等所谓良二千石；卷二十二类书徐稚、姜肱、袁闳、

① 参阅白寿彝先生《陈寿、袁宏和范晔》一文，载《北京师范大学学报（人文社会科学版）》1964年第1期。本节中部分吸取了论文的成果，恕不一一注明。
② 荀悦《汉纪》自序。
③ 袁宏《后汉纪》自序。
④ 袁宏《后汉纪》自序。
⑤ 《后汉纪》卷五。
⑥ 《后汉纪》卷十二。
⑦ 《后汉纪》卷十三。
⑧ 《后汉纪》卷十九。

韦著、李昙等所谓五处士。

　　而在卷二十三中，袁宏于叙述郭泰事迹的同时，涉及到仇香、袁阆、黄宪、茅容、魏昭、孟敏、左原、黄元艾、贾子序诸人，于文末分别概括为"其弘明善恶，皆此类也"和"其善诱皆此类也。"接着又进一步类书仇香、黄宪、陈寔三名士。合二法为一，其文竟长达四千余字，所述人物大多活灵活现，颇有传神之笔。

　　上述方法如果处理得当，可以开拓编年史体的容量，使作者认为足以为法式的言行，更为集中地表达出来，给读者以强烈的感染。然而过度的运用，其结果往往使编年史体中夹有联缀而出的名人小传，造成体例的不纯。并且袁宏在此等类书之后，时常加有大段的评论，把荀悦学习司马迁寓论断于序事的较为含蓄的说教，一变而为露骨的训教，其效果就不免逊色。袁宏喜欢品题人物，更多清谈异趣，这与他的名士身份和魏晋士人自矜浮夸的风尚是分不开的。因此，他的笼统的记述和概念化的品评，也常常导致失败。于是"类书"的成功往往与失败相伴随，既矛盾而又不可分割地反映在《后汉纪》中。

　　第二，详略有体，重点突出，荀悦剪裁《汉书》十分得体。《汉纪》中高祖、文帝、武帝、宣帝、元帝、成帝等六纪，占全书四分之三以上的篇幅，而武帝一纪就占全书五分之一的篇幅，重点突出，脉络清楚，袁宏完全继承了荀悦这一优点，在创作《后汉纪》时，予以高度的发挥。他抓住东汉始建国及汉末的史事纷纭错杂而又至关紧要的特点，不惜用去二分之一以上的笔墨，着重进行了撰述。

　　开始袁宏用了八卷的篇幅，写了从17年吕母起义至57年刘秀去世这40年的历史。他以刘秀的活动为中心，一方面记述了在吕母、绿林、赤眉等起义军的打击下，王莽新朝覆灭的过程，以及李宪、张步、卢芳、董宪、秦丰、隗嚣、公孙述、王郎、田戎、刘永等割据势力的勃兴和衰亡。另一方面又按时间先后，陆续把刘秀属下的名臣良将如李通、邓晨、冯异、铫期、王霸、傅俊、马成、坚镡、祭遵、臧宫、邓禹、耿纯、朱祐、贾复、陈俊、耿弇、任光、李忠、邳彤、刘植、寇恂、吴汉、盖延、王梁、岑彭、刘隆、马武、景丹、马援、窦融、来歙等的生平功绩叙述出来。袁宏此时宛如一个杰出的导演，把众多的人物，复杂的事件安排得井井有条，真正做到了事繁而不乱，文约而不漏，其驾驭史料的能力确实过人。

　　最后袁宏又以六卷多的份量，写了从灵帝中平元年（184年）黄巾起义至221年刘备称帝的37年的历史。把汉末丧乱，群雄割据，以至三国鼎立之势的形成过程，写得详细而富有光彩。其中有关赤壁之战的记述，主要通过周瑜、诸葛亮、孙权三人的慷慨陈词，展现出三位政治家的非凡胆略和远见卓识，然后仅以"曹操与周瑜战于赤壁，操师大败"①一句收尾，文字洗练，语言生动，寓大战胜负于谈笑之中，袁宏的文才于

───────────

① 《后汉纪》卷三十。

此也可领略一二。这段记载为《资治通鉴》写赤壁之战提供了良好的先例。

这两部分是袁纪的精华所在，在某些方面甚至超过了范晔《后汉书》所取得的成就。

第三，"笃名教"——《后汉纪》的灵魂。通过修史，宣扬封建的伦理道德，提供从政立身的借鉴，以达到劝善惩恶、维护封建统治的目的，是封建史学家共同遵循的一个基本原则。袁宏自然不会例外。他在《后汉纪》自序中写道：

> 夫史传之兴，所以通古今而笃名教也。丘明之作，广大悉备。史迁剖判六家，建立十书，非徒记事而已，信足扶明义教，网罗治体，然未尽之。班固源流周瞻，近乎通人之作，然因籍史迁，无所甄明。荀悦才智经纶，足为嘉史，所述当世，大得治功已矣。然名教之本，帝王高义，韫而未叙。今因前代遗事，略举义教所归，庶以弘敷王道。

且抛开他对司马迁和班固的评价是否允当不提，袁宏把史学的作用归纳为六个字，即"通古今""笃名教"。也就是说，史学的作用就是以撰述前代的政治得失为手段，阐明"名教之本，帝王高义"，为维护当时封建社会的等级秩序服务。所以无论是材料的取舍，还是史实的评论，袁宏无不以名教思想为依据，"笃名教"是整部《后汉纪》的灵魂。

袁宏认为，"君臣父子，名教之本"[1]。器服制度可以因时而变化，但"尊卑长幼，不得而移"[2]。在他看来，"高下莫尚于天地，故贵贱拟斯以辨物；尊卑莫大于父子，故君臣象兹以成器"[3]。只有把封建的君臣关系既看成像天地高下一样的自然法则而永恒不变，又看成如父子相继一样的血缘因缘而不容混淆，那样就能真正做到"尊卑永固而不逾，名教大定而不乱"[4]了。因此，袁宏对所有违犯这一原则的现象，不管其肇事者是何人，同样予以尖锐的抨击。如在对待刘秀称帝和曹操图谋代汉的问题上，尽管处理有所不同，但都要放到名教这个政治天平上去，作严格的审核。

光武中兴对袁宏来说是顺理成章的事，是对王莽篡汉的否定。但是，对刘秀称帝时机的选择，袁宏就大不以为然了。他说："世祖经略，受节而出，奉辞征伐，臣道足矣。然则三王作乱，勤王之师不至，长安犹存，建武之号已立，虽南面而有天下，以为道未尽也。"[5]也就是说，刘玄虽经败乱，仍是君主，君主犹存，为臣不得自立，自立就违背名教了。不过袁宏毕竟笔下留情，自始至终也没说到刘秀僭越。因为袁宏认为

---

[1] 《后汉纪》卷三十。

[2] 《后汉纪》卷十三。

[3] 《后汉纪》卷二十六。

[4] 《后汉纪》卷二十六。

[5] 《后汉纪》卷三。

"废兴取与，各有其会，因时观民，理尽而动，然后可以经纶丕业，弘贯千载。是以有德之兴，靡不由之"①。而当时刘玄败局已定，废兴之时已经到来，何况刘秀又是所谓首义的刘氏正宗，如果能"理尽而动"，那就十全十美了。

　　然而对待曹操，袁宏则另换了一副面孔。他认为曹操完全是打着汉献帝的旗号，削平北方群雄，从而控制中原的。并在此过程中，一步一步有计划地向代汉迈进。这就完全违背了名教的原则，实属大逆不道。所以他写到曹魏代汉之时，不无激愤地评道："时献帝幼冲，少遭凶乱，流离播越，罪不由己。故老后生未有过也。其上者悲而思之，人怀匡复之志。故助汉者协从，背刘者众乖。此盖民未忘义，异乎秦汉之势。魏之讨乱，实因斯资，旌旗所指则以伐罪为名，爵赏所加则以辅顺为首。然则刘氏之德未泯，忠义之徒未尽，何言其亡也？汉苟未亡，则魏不可取。今以不可取之实，而冒揖让之名，因辅弼之功而当代德之号，欲比德尧舜，岂不诬哉！"②因名教思想作祟，袁纪就不能像范晔《后汉书·献帝纪》那样，以"天下遂三分矣"来客观地反映历史事实，却以"明年，刘备自立为天子"，以明汉统之不衰和曹魏之不义。

　　袁宏之所以如此评说，别有一番深意。当时桓温执掌晋朝大权，他无时无刻不企图代晋而立。身为桓温府记室的袁宏，不敢当面进谏，只能借助著史撰文来表示异议。正如荀悦在《汉纪》中硬要加上班彪的《王命论》，以君权自有神授来反对曹操的篡权阴谋一样，袁宏以名教思想为武器，借对曹操的口诛笔伐，来讥刺桓温的篡晋行为。二者异曲同工，用心可谓良苦。

　　此外，袁宏认为名教固，尊卑定的关键，在于君臣和穆，上下相安，各处其位，各尽其责。但是，他对秦汉以来统治阶级内部的现状感到担忧，他说："三代已前，君臣穆然，唱和无间，故可以观矣。五霸秦汉，其道参差，君臣之际，使人瞿然。有志之士，所以苦心斟酌，量时君之所能，迎其悦情，不干其心者，将以集事成功，大庇生民也。虽可以济一时之务，去夫高尚之道，岂不远哉！"③在他看来，帝王都怕世上无贤才，犹如怕失去自己的左右臂。但是有了贤才，却往往不能识别；而识别了贤才，又往往不能充分发挥他们的才干。不仅如此，才高智广之士常常遭到帝王的猜忌，小人的谗害，以至不得其死。所以许多有识之士，或"静以镇世"，或"退以图安"，或"处以全身"，或"卷以避祸"，然而这一切全非这些隐士的"真性"，都是不得已而为。这种状况严重地影响了封建统治的稳固，所以袁宏认为"帝王之道，莫大于举贤"④。

----

① 《后汉纪》卷三十。
② 《后汉纪》卷三十。
③ 《后汉纪》卷四。
④ 《后汉纪》卷三。

　　同样，他又认为作为臣子，要提倡孝道。孝为治世之本，只有孝父母，才能忠君上。因此，他在《后汉纪》里多处述及孝义之士，大力加以表彰。他还提倡谦让不伐，极为推崇冯异和皇甫嵩的为人。以为"《虞书》数德，以克让为首；仲尼称颜回之仁，以不伐为先。郤至矜善，兵在其颈；处父上人，终丧其族。然则克让不伐者，圣贤之上美；矜善上人者，小人之恶行也。《司马法》曰：'苟不伐则无求，无求则不争，不争则不相掩。'由此言之，民之所以和，下之所以顺，功之所以成，名之所以立者，皆好乎能让而不自贤矣"①。真能做到这一点，是非之心就不能萌发，谋逆之事也就不会产生。

　　基于上述认识，袁宏开出了这样一个治世之方，即"野不议朝，处不谈务，少不论长，贱不辩贵"②，回避一切矛盾，消除一切邪念，抛弃郡县制，恢复三代的"五等之治"，实现"君臣世及"③，甚至不惜奉行老子"不以明民，将以愚之"④的愚民政策，以实现治世。他还危言耸听地说："苟失其道，庶人干政，权移于下，物竞所能，人轻其死，所以乱也。"⑤

　　不难看出，面对阶级矛盾和民族矛盾尖锐激烈，统治阶级内部派系的倾轧不断加剧的政治局面，袁宏忧心忡忡，找不到任何真正的出路，只能从理想化的三代盛世之中，去寻找安慰，妄图以名教思想来缓和社会矛盾，改变历史现状，幻想封建统治能长治久安，其结果只能把他引入消极复古的死胡同。袁宏的名教思想，不过是没落魏晋士族腐朽世界观的一个缩影。与荀悦尚能从经济上探讨治乱之由，还知道重民思想的重要性相比，袁宏的名教观可以说毫无积极的意义。

　　第四，务饰玄言而又笔势放纵的史论。史中有论，由来已久。袁氏仿照荀纪，"于朝廷纪纲，礼乐刑政，治乱成败，忠邪是非之际，指陈论著，每致意焉"⑥，所不同的是，袁纪较荀纪更爱借题发挥，反复辩达，所以全书竟有论 55 条（包括所引华峤论 4 条），最长的达 1034 字，最短的 41 字，一般都在 300 字上下，总计约 17000 字，占全书十二分之一的篇幅，为历代史书所仅见。

　　《史通·论赞篇》曾指责袁宏"务饰玄言""玉卮无当"，可谓一针见血，击中要害。袁宏的名教思想主要就是通过论赞来阐述的，从上面的分析中可以看出，不少的论赞华而不实，不切时宜。这里就不再赘述了。

---

① 《后汉纪》卷六。
② 《后汉纪》卷二十二。
③ 《后汉纪》卷七。
④ 《后汉纪》卷二十二。
⑤ 《后汉纪》卷二十二。
⑥ 《两汉纪》宋王铚后序。

不过，袁宏的论赞，其中也不乏可取之处。

如卷二十二论风俗变迁，袁宏以为春秋之时，"道德仁义之风，往往不绝"；战国之时，则"游说之风盛矣"；高祖之兴，"而任侠之风盛矣"；逮乎元、成、明、章之间，"守文之风"又盛；自此之后，"肆直之风"盛行于世。他接着又分析了各种不同风俗的利弊，他说：

> 夫排忧患，释疑虑，论形势，测虚实，则游说之风有益于时矣。然犹尚谲诈，明去就，间君臣，疏骨肉，使天下之人，专侯利害，弊亦大矣。轻货财，重信义，忧人之急，济人之险，则任侠之风有益于时矣。然竖私惠，要名誉，感意气，仇睚眦，使天下之人，轻犯叙之权，弊亦大矣。执诚说，修规矩，责名实，殊等分，则守文之风有益于时矣。然立同异，结朋党，信偏学，诬道理，使天下之人，奔走争竞，弊亦大矣。崇君亲，党忠贤，洁名行，厉风俗，则肆直之风有益于时矣。然定臧否，穷是非，触万乘，陵卿相，使天下之人，自置于必死之地，弊亦大矣。

此条论赞上下纵贯近千年，笔势放纵，较客观地反映了历史的发展状况。将此条与范晔《后汉书·党锢列传》之序文相对照，显而易见，范书这篇倍受后人推崇的序中有关两汉风俗的部分，实取资于袁纪此论。

类似的立论尚有数条，如肯定学术分歧，自古已然，天下之事，不必相袭，主张诸子百家，各存其说，不必强求整齐划一，并提出"道明其本，儒言其用"[①]的观点，这是一般俗儒所无法做到和难以接受的。

袁宏十分推崇三代的礼仪制度，常常有一代不如一代之叹。但这并不妨碍他承认礼仪制度应"损益随时"，而不必拘泥于旧制，并利用贾谊的话，大胆地提出："此非天之所设也，人之所为，不修则坏，宜定制度。"[②]这种强调人为作用的思想，也反映在他对光武帝以谶记任王梁为司空，孙臧为司马一事的态度上，他说："若夫谶记不经之言，奇怪妄异之事，非圣人之道。世祖中兴，王道草昧，格天之功，实赖台辅。不徇选贤，而信谶记之言，拔王梁于司空，委孙臧于上将，失其方矣。"[③]不过，他虽然反对谶记，却不反对神道设教。他主张神道和人道并用，他说："微显阐幽，远而必著，聪明正直，遂知来物，神之所为也。智以周变，仁以博施，理财正辞，禁民为非，人之所为也。故将有疑事，或言乎远，必神而明之，以一物心，此应变适会，用之神道者也。辩物设位，官方授能，三五以尽其性，黜陟以昭其功，此经纶治体，用之人道者

---

① 《后汉纪》卷十二。
② 《后汉纪》卷十三。
③ 《后汉纪》卷三。

也。"① 这里所谓的"神",实是人为的"神",即所谓"明命鬼神,以为黔首则,百众以畏,万民以服"②的"神",它是统治者意志的集中表现,是"以愚蚩蚩者耳,非为聪明睿智者设也"③。也就是说,有些问题在人力所不能解决的时候,可以借鬼神的力量来"一物心",来"应变适会",起到制度法令所无法起到的麻痹诱导作用。所以他说"神实聪明正直,依人而行者也"④。可见袁宏并不把神看作一种值得敬畏而又不可捉摸的东西,他更强调人的能动作用,把神道作为人道的必不可少的辅助手段。比起迷恋天人感应及图讳谶记的神学家来,袁宏更少一些迷信色彩,更多一点实用主义。

根据以上分析,也就不难理解为什么清邵长衡在为蒋氏本《两汉纪》所作的序中,批评袁宏"论犹放纵""不尽合于道"了。

综上所述,袁宏《后汉纪》是可与范晔《后汉书》相匹敌的重要史籍,是研究秦汉史不可缺少的一座史料宝库。同样,袁宏《后汉纪》又是可与荀悦《汉纪》相媲美的编年体断代史的代表作,是研究史学史不容忽视的一个重要课题。尽快把袁宏《后汉纪》整理出来,为繁荣我国史学事业发挥其应有的作用,是我们史学工作者义不容辞的责任。

（原载《中国史学家评传》,中州古籍出版社,1985年）

---

① 《后汉纪》卷三。
② 《礼记·祭文》。
③ 柳宗元《断刑论》。
④ 《后汉纪》卷三。

评司马彪的史学成就

    司马彪是西晋时期著名的历史学家，从西晋初泰始年间至唐中期开元年间约五百年当中，始终发挥着重要的影响。但是，由于种种客观的原因，尤其是他的史著在唐宋之际大部分散佚之后，其地位迅速下降，很少再被人提起，甚至连他的《续汉志》都被洪迈等宋代知名学者误认为是范晔所作。历史就是这样，一些活着时成功的学者，在死后往往不能一直保持其生前的荣耀。在很多情况下，是后来者居上，将其淘汰；然而也有不少人则是突遭噩运而横遭摈弃。司马彪的不走运，则是上述两种因素兼而有之。尽管如此，在司马彪那些留传至今的史著佚文中，我们仍能获得不少教益。这也算是不幸中之大幸了。所以回顾他的生平简历，评述其在史学研究中所取得的成就，勿以成败论英雄，并非毫无意义。

一

    司马彪，字绍统，河内温县（今河南温县西）人。约生于 3 世纪 40 年代末，死于 4 世纪初，即晋惠帝末年（约 306 年），享年 60 余岁。

    司马彪出生在西晋宗室之家。其父司马睦，字子友，是司马懿之弟魏中郎司马进的次子。曾封魏安平亭侯，官至侍御史。晋武帝代魏而立，封睦为中山王。咸宁三年（277 年），因"遣使募徙国内八县受逋逃、私占及变易姓名、诈冒复除者七百余户"[1]，而以招诱逋亡罪贬为丹水县侯。晋灭吴后，于太康元年（280 年）复爵为高阳王，死在宗正任上。司马彪是司马睦的长子，聪颖过人，但好色薄行，因而触怒其父。于是他被过继给司马敏，不得继承高阳王王爵。

    在这个沉重的打击面前，司马彪并未一蹶不振，从此消沉，而是幡然改悟，"由此不交人事，而专精学问，故得博览群籍，终其缀集之务"[2]。司马彪初拜骑都尉，泰始中转任秘书郎，复为丞，得以"典综经籍，考校古今"[3]，撰写了大量的著作。今可考者计

---

① 《晋书》卷七《宗室传》。
② 《晋书》卷五十二《司马彪传》。
③ 《大唐六典》卷十。

有《续汉书》八十篇^①、《九州春秋》十卷^②《兵记》八卷^③。又据《汲冢纪年》条举谯周《古史考》中一百二十二事为不当，亦行于世。此外还注《庄子》五十二篇，计二十一卷。因此名噪朝野，颇有俊声。晚年官拜散骑侍郎。"晋代此官选任愈重，时与黄门侍郎谓之黄散"^④，典章表诏命，掌评尚书奏事。司马彪以博学多闻之故，在政治上也取得了成功。

清姚之骃在《后汉书补逸》所辑《续汉书》序中说："向使彪嗣高阳王，怀桐披衮，不过贵耀一时，岂能使千百年下传其著作若此哉！"司马彪遇挫不绥，知过则改，使他摆脱了荣华富贵的羁绊，经过刻苦的努力，终于在学术上取得了众多的杰出成果，其性格品行确有过人之处，值得我们借鉴。

二

《续汉书》是西晋著名史学家司马彪的代表作，也是我们研究司马彪史学思想的主要依据。

《续汉书》，顾名思义，就是接续《汉书》以述东汉历史的意思。

在司马彪之前，撰述东汉历史的史作有《东观汉记》、谢承《后汉书》、薛莹《后汉记》三种。其中《东观汉记》是我国封建王朝中唯一一部官修当代正史。自明帝永平十五年（72年）命班固、陈宗、尹敏、孟异等修撰《世祖本纪》及功臣、平林、新市、公孙述事，为列传、载记二十八篇时起，历经安帝时刘珍、李尤、刘騊駼，桓帝时边韶、崔寔、朱穆、曹寿、延笃、伏无忌、黄景，灵帝时蔡邕、马日磾、杨彪、卢植、韩说、刘洪等人陆续修补，使之成为纪、表、志、传、载记诸体具备的内容大体可信的一部断代史，也是以后诸家后汉书史料的基本来源。但是，此书具有不少明显的缺陷，概括起来，主要问题是：一，史臣撰述时人事迹，不免有回护之嫌，尤其对光武诸帝颇有阿谀不实之辞；二，全书断续修撰，并未由德、才、识兼备的史学家作

---

① 《隋书·经籍志》作"八十三卷"。《旧唐志·经籍志》亦同。而《新唐书·艺文志》复注"录一卷"。据此则《晋书》本传所言"八十篇"，为约数。

② 此从《隋志》。新、旧《唐志》均作"九卷"。高似孙《史略》与《隋志》同。今有清黄奭辑本。

③ 亦从《隋志》。又注曰："一本二十卷。"按新、旧《唐志》作"十二卷"，或《隋志》注误倒。此书不见《晋书》本传。丁国钧《补晋书艺文志》曰："司马彪《战略》见裴氏《三国志》注。《御览》引书纲目又有司马彪《战经》。彪有《兵记》二十卷，《战略》《战经》疑皆其篇目也。"今按影宋本《御览》之引书目仍作《战略》，旁列《玄女战经》一书，则丁氏引书有误。但《战略》系《兵记》之篇名，或近其真。又黄逢元《补晋书艺文志》言，《兵记》与《战略》乃"一书异名"，亦未可知。

④ 《大唐六典》卷八。

最终的整理和润色，所以体例、笔法不尽一致，史文繁简失当，良莠不齐，也在所难免；三，书非完书，安、顺二帝以下亡缺尤多。因此该书不能令人满意，确有在其基础上重修的必要。而吴谢承所撰《后汉书》，"尤悉江左，京洛事缺于三吴"①。尽管是一部有特色的巨著，但不能全面准确地反映东汉一代之历史。吴薛莹《后汉记》，则连《吴志》和《晋书》本传都未提及，其书质量低下，流传不广，可想而知，自然更不能与上述二书相媲美。有鉴于此，谯周曾对《东观汉记》重加删削整理，然而同样不遂人意，而阙略部分，又鲜有所补。于是司马彪复在谯周删改稿的基础上，"讨论众书，缀其所闻，起于世祖，终于孝献，编年二百，录世十二，通综上下，旁贯庶事，为纪、志、传，凡八十篇，号曰《续汉书》"②。

　　《续汉书》的问世，得到时人的广泛赞赏。在谢承、薛莹、司马彪、华峤、谢沈、张莹、袁山松、张璠八家《后汉书》中，彪书与华峤《汉后书》齐名，遥居诸家之上。梁刘勰《文心雕龙》之《史传篇》曰："至于后汉纪传，发源东观。袁、张所制，偏驳不伦；薛、谢之作，疏谬少信；若司马彪之详实，华峤之准当，则其冠也。"又，唐刘知几于《史通·古今正史篇》中，对八家书也仅仅介绍了彪、华二书。可见自晋至唐初，推崇彪、华二书，是一时的公论。

　　可惜的是，由于梁刘昭、唐章怀太子李贤相继为范晔《后汉书》作注，使之盛行于世，而历经永嘉之乱等各次兵火之劫已有残缺的《续汉书》。却因此相形见绌，不复为世人所重。宋太宗淳化年间，在吴淑《进注事类赋状》中，《续汉书》已入遗逸书之列。宋仁宗景祐元年（1034 年）余靖奉诏校正《后汉书》，也仅能列举《续汉书》之卷帙，竟不能取证参稽，以定异同。

　　所幸的是，由于范晔《后汉书》志书未成，所以刘昭注范书纪、传之后，又取彪书八志兼注之，以补范史之阙，一度合并流行③。后李贤再注范书，时人争用其书，刘昭注亦遭废置。而李贤以《续汉志》非范晔所作，故阙而未注。于是李贤所注范史，与刘昭所注《续汉志》，又各自单行。至宋乾兴元年（1022 年），因孙奭所请，二书方才正式合为一编。彪志遂得以完整流传至今。此外，在《后汉书》注、《三国志》注、《续汉志》注、《世说新语》注、《文选》注、《水经注》等文史之注中，以及《北堂书钞》《艺文类聚》《初学记》《太平御览》种种类书中，保存较多的《续汉书》纪传部分的佚文，使我们能从中抉择去取，以为研史之助。

　　《续汉志》是《续汉书》唯一完整保留至今的重要部分，自然也成为我们研讨的主要对象。

---

① 《史通》卷九《烦省篇》。

② 《晋书》卷五十二《司马彪传》。

③ 余嘉锡《四库提要辨证》卷三。

司马彪撰史十分审慎，体例上恪守班氏旧规，极少创造精神。如《律历》《天文》《五行》三志，皆依班志而立；《祭祀》《郡国》二志，名称虽与《汉书》之《郊祀志》《地理志》有异，而体例则基本一致；《礼仪志》又本之《汉书·礼乐志》，但舍弃论乐部分而不叙；《百官志》则出自《汉书·百官公卿表》，其变表为志，更切事宜。不过这一体例上的创新，实际上是受谢承所撰《后汉书·百官志》的启发而作；惟《舆服志》乃《汉志》所无，然而又是本之于《东观汉记·车服意》。究其原委，主要是司马彪"自以名惭汉儒，才劣班史"，所以"凡所辩论，务守常途"①。而这种保守态度，正是《续汉书》赢得"详实"之誉的思想基础。

司马彪著文取材广博，抉择亦精，可以说事皆有所本，言必有所据。其《律历志》则以光和中蔡邕、刘洪所撰《律历志》为本；《礼仪志》又以蔡邕根据胡广所定汉制而撰写的《礼志》，以及谯周的改定稿为据，同时当参考了谢承的《礼仪志》；《祭祀志》乃以蔡邕《郊祀意》为蓝本；《天文志》必参考了蔡邕《天文志》；《郡国志》则本之于伏无忌、黄景所作《地理志》；《百官志》以《东观汉记·百官表》为基本依据，并吸取了谢承《百官志》的成果；《舆服志》则糅合了蔡邕、董巴、谢承三家之作。正因为司马彪有实事求是之意，无哗众取宠之心，文笔质朴，撰述认真，当书则书，不知者则阙，"虽未能尽善，而大较多实"②。使八志成为我们研究东汉典章制度不可缺少的可靠资料。

彪志中以"职官、舆服之制，尤为详备"③。《汉书·百官公卿表》虽是研究秦汉官制的最原始材料，但是所记"皆孝武奢广之事，又职分未悉"④，所述亦较简略，难以满足需要。而司马彪的《百官志》恰恰弥补了这个缺陷，他以刘秀所定之制为准，以上公、将军、诸卿、郡国官属为序，上起中央各官员及部属，下及州郡、县乡、亭里、抚边将校、王国、列候、四夷之属，并附百官受奉例。内容繁简得当，叙述极有条理，汉代官制于此一目了然。其价值不仅优于《汉书·百官公卿表》，也远胜其后的《晋书·职官志》，是不可多得的佳作。又，秦代舆服之制，《史记》《汉书》皆缺乏明确记载，后妃之服制多见于唐马缟《中华古今注》，但言无实据，不足凭信。汉初百废待举，改革舆服，一时难以纳入议事日程，故一仍秦制。终西汉之世，服制并无重大变化，而具体情况，《汉书》亦记载甚少。进入东汉，明帝据周代冠服之制，参酌秦制，制定了完备的冕服、珮、绶和朝服等一系列制度。我们今天能较系统全面地了解该制，主要就是靠《续汉书》之《舆服志》。并根据它，可以鸟瞰秦、西汉之制，填补了部分

---

① 《史通》卷三《书志篇》。
② 同上。
③ 《玉海》卷四十六。
④ 《续汉志》卷二十四《百官志》一。

空白。同时它也为以后正史志舆服作出了榜样。

《续汉志》以叙述东汉之事为主，并不以追叙前代之事，炫奇耀博。如《天文志》就不似《晋书·天文志》那样，在记述日之黄道，月之九行，三垣鼎立，四七棋布上大费笔墨，而是"起王莽居摄元年，迄孝献帝建安二十五年，二百一十五载。言其时星辰之变，表象之应，以置天戒，明王事焉"①。撇开其以天变附会人事的迷信部分不言，此志不失为研究古代天文学的宝贵资料。又如《五行志》，以"《五行传》说及其占应，《汉书·五行志》录之详矣"②，故不复赘述。而是合应劭、董巴、谯周所撰建武以来灾异而论之，以续前志。又为我们提供了解古代天文、气象、地震及生物变异诸方面情况的可贵资料。司马彪的这一做法，正合刘知几"国史所书，宜述当时之事"的正确主张③。但遇到班志偶有所遗，司马彪也能恰当补充。如在《律历志》中，由于郎中京房所言律详于刘歆所奏，"其术施行于史官，候部用之"④，而《汉志》文多不悉载，故司马彪总其本要，以补续之。

当然，《续汉书》的撰作主要是想"载善恶以为沮劝，撮教世之要"⑤，以维护封建统治。《续汉志》也是为此目的而作。

《礼仪志》之所以不叙乐而着重论礼，是因为司马彪认为"威仪，所以与君臣，序六亲也。若君亡君之威，臣亡臣之仪，上替下陵，此谓大乱。大乱作，则群生受其殃，可不慎哉"⑥。他之所以撰《舆服志》，又是因为"礼服之兴也，所以报功章德，尊仁尚贤。故礼尊尊贵贵，不得相踰，所以为礼也。非其人不得服其服，所以顺礼也。顺则上下有序，德薄者退，德盛者缛"⑦。总之，是要以封建道德规范为理论依据，通过相应的各项制度，来巩固封建统治内的上下尊卑关系和统治秩序。

唐太宗曾作《咏司马彪续汉志》诗，其曰："前史殚妙词，后昆沈雅思。书言扬盛迹，补阙兴洪志。川谷犹旧途，郡国开新意。梅山未觉朽，谷水谁云异？车服随名表，文物因时置。凤戟翼康衢，鸾舆总柔辔。清浊必能澄，洪纤幸无弃。观仪不失序，遵礼方由事。政宣竹律和，时平玉条备。"⑧可谓推崇备至。其所欣赏的，无非是彪志具有"沮劝""教世"的意义。

但是司马彪对于某些重大的封建祭典，并非一味盲目推崇。他认为还有比之更重

① 《续汉志》卷十《天文志》上。
② 《续汉志》卷十三《五行志》一。
③ 《史通》卷三《书志篇》。
④ 《续汉志》卷一《律历志》上。
⑤ 《晋书》卷五十二《司马彪传》。
⑥ 《续汉志》卷四《礼仪志》上。
⑦ 《续汉志》卷二十九《舆服志》上。
⑧ 《全唐诗》卷一。

要的东西，比如民心。所以对待封禅之仪，他说道："帝王所以能大显于后者，实在其德加于民，不闻其在封矣。"① 可以说司马彪是一个比较有政治头脑的封建史家。

彪志优点虽多，缺憾也是明显的。其未撰《食货志》，使东汉一代有关土地制度、经济政策和法令、货币流通及商业发展等方面的史料零乱不整，缺乏系统的阐述。其又未作《艺文志》，使东汉典籍不能俱陈于史册，以供后人索骥，都造成难以弥补的损失。自然，彪志翔实的特点仍是十分突出而又宝贵的，这就保证彪志成为范书不可分割的一部分。从某种意义上讲，与其说是彪志依范书而得以传世，不如说是范书凭彪志而近于完备。

《续汉书》纪传部分的逸文，也同样不容小视。姚之骃曾以为后汉诸佚史佚文，凡范书缺者，"可以传一朝文献，其同者且可以参其是非，校其优绌，于史学庶乎其小补也"②。今以《续汉书》佚文与范书相较，可知姚氏所言不虚。

正如前述，《续汉书》是八家书中较早对安、顺以下史事进行补缺的东汉史籍，所以长时期内一直受到重视。如《三国志》裴松之注引华峤书以释东汉后期之事 11 处，用谢承书也不过 13 处，而引用彪书却有 22 处之多。其中《蜀志·张翼传》注引《张纲传》，竟长达千字左右。范书《张纲传》的内容，整本上未能超出其所述。又如《太平御览》卷九十一中所引安、顺以前诸帝纪，以《东观汉记》为主，附以他书之零星记述；安、顺二帝纪则以《东观汉记》和《续汉书》并重；而少帝北乡侯事及卷九十二灵、献二帝纪，则皆以《续汉书》为主。可见彪书以后诸书有关安、顺以下的记述，皆本之于《续汉书》，其草创之功不可没。

又《东观汉记》之《外戚传》，初修于安帝永初年间，起光武帝郭皇后，终和熹邓皇后，与今范书《皇后纪》卷上大致相仿。再修于桓帝元嘉元年，所撰为《顺烈皇后传》，又增安思阎后入《外戚传》。其后未闻有复修之事。而首先毕其役者，也是司马彪。所以直至宋初编撰《太平御览》时，卷一百三十七东汉后妃部分，仍皆以《续汉书》所载为主。华峤书变《外戚传》为《皇后纪》，范晔因而未改，其基本史料未能出《续汉书》之范围。三书一脉相承，司马彪整理之功，亦不可没。

范书删削《东观汉记》及诸家《后汉书》，或因注重文采，或因压缩篇幅，或因选材不当，造成一些失实和疏漏，就需要靠《续汉书》等八家书来补正。李贤注范书，常作此处理。但八家书中，薛莹、谢沈、袁山松、张璠、张莹诸家书质量较差，所以李贤择取甚少。如张莹《后汉南纪》一条未引，薛莹《后汉记》引了 2 条，谢沈《后汉书》引了 11 条，张璠《后汉纪》引了 4 条，袁山松《后汉书》引用稍多，也只有 43

---

① 《续汉志》卷七《祭祀志》上。
② 姚之骃《后汉书补逸》序。

条。华峤《汉后书》"文质事核，有迁、固之规，实录之风"①，是范晔除《东观汉记》之外的主要蓝本，其精华部分基本上被范书所吸取，所以李贤引用华书仅 43 条，数量虽与袁书同，但实质上却远胜袁书。谢承、司马彪二书各有千秋，在诸家书中与华书一样，都属上乘之作。但谢承书多载江南名士，具有浓郁的地方特色，史料上不及司马彪书既全面又充实。因此李贤选用谢承书有 86 条，而引用司马彪书竟高达 149 条，仍雄踞首位。于此可知，彪书有不少精华部分未被范书所吸取，李贤注范书时，已看到了这一点，所以把彪书作为补正范书的主要参据书。而李贤未利用的部分，依然不少，《续汉书》现存佚文，仍具有较高的参考价值。

如范书载灵帝熹平二年（173 年）命唐珍为司空，熹平六年（177 年）命孟郁为太尉，光和元年（178 年）命张颢为太尉，皆如流水账，视与一般任命同。但《续汉书》却明言唐珍乃中常侍唐衡之弟，孟郁乃中常侍孟贲之弟，张颢乃中常侍张奉之弟。三名宦者亲属相继为三公，正是建宁二年二次党锢之后，宦者得势，专横朝政的产物。这一东汉历史中仅见的现象，对了解汉末官僚，士大夫与宦官的斗争是有益的，微彪书几被人忽略。

其余如灼然作为一个选举名目，唯见《续汉书·陈实传》。光武帝刘秀微时曾"系南鸣市狱，市吏以一笥饭与之"②，皆可补范书之不足。又如其载敬隐宋皇后之父名叫宋扬，证之以北宋本范书和宋本《御览》，可明今本范书作"宋杨"，袁宏《后汉纪》作"宋阳"之伪。又如《续汉书》言李固子李基、李兹闻其父死，即弃官还家乡汉中，于家中被收，死于狱中。证之以《华阳国志》和袁宏纪，可明范书作收于偃城而死狱中之伪。其他可补正范书之处，不一而足。于此可知，目前东汉史研究中，往往只注重范晔《后汉书》，而漠视《东观汉记》《后汉纪》及八家后汉书的现象，急待改变。

三

司马彪删补《东观汉记》以著《续汉书》之前，对安、顺二帝以下，尤其是灵、献二帝时事用力甚勤。除基本史料后来纳入《续汉书》外，当时还掌握了大批有关汉末军阀混战的史料。所以司马彪将其按司隶、冀州、徐州、兖州、青州、荆州、扬州、凉州、益州、幽州分类，各为一篇，共为十卷。又以司隶部不在诸州之数，而名其书

---

① 《晋书》卷四十三《华峤传》。
② 见《御览》卷七百一十一，转引自拙著《八家后汉书辑注》。

为《九州春秋》①。

其书中之献帝，虽名为天下共主，实际上却是曹操控制下的傀儡。诸州军阀各霸一方，转相吞并，文者斗智，武者斗勇，其激烈复杂之情状，与春秋战国之时，周天子形同玩偶，众诸侯角力争雄的局面，并无二致。司马彪仿《国语》而作《九州春秋》，使之成为《国语》家的收山之作，也是时势使然。

从《九州春秋》的佚文分析来看，此书上限为中平元年闫忠说皇甫嵩代汉而立②。此时黄巾起义虽惨遭镇压，但汉室的根基已经动摇。汉室将亡，"有德者"居之，在统治层中的许多人心目中，已是必然趋势。司马彪敏锐地抓住这件带有转折性的历史事件，揭开这段动荡历史的序幕。而其下限为建安二十四年（219年），述曹操为报夏侯渊被杀之仇，出斜谷，临汉中，陷入困境，竟杀死杨修无功而返的事③。之所以断于此，是因为转年，曹操病死，曹丕于是逼献帝禅让，自立为魏帝。不久，刘备、孙权相继称帝，魏、蜀、吴三国鼎立名实相符。可见司马彪《九州春秋》写的正是自汉王朝名存实亡起，至名实俱亡止的乱世史。其书上接《续汉书》，下连《三国志》，弥补了二史衔接上的不足。正因为《九州春秋》有此特点，在诸家《后汉书》纷纷散亡之际，此书却能流传到明代。明陈第《世善堂书目》即载有九卷本《九州春秋》。惜至清代，《九州春秋》竟下落不明。或有朝一日，该书哀然问世，那将是史学界莫大之福。

《九州春秋》佚文主要见于《三国志》注和《后汉书》注，此外又散见于《通鉴考异》以及《御览》《书钞》《类聚》《初学记》《白帖》《事类赋注》等类书。涉及的人物有崔烈、王芬、杨凤、张燕、闫忠、董卓、胡轸、吕布、田景、焦和、胡文才、杨整修、樊稠、刘虞、韩暹、韩馥、张纯、公孙瓒、侯成、朱灵、袁绍、袁谭、袁术、郭图、陈瑀、杜袭、臧洪、孔融、孙策、郭嘉、贾诩、刘备、傅干、鲁肃、庞统、杨修、曹操、耿弇、刘纲诸人。虽系零星记述，但仍有一定的参考价值。章宗源即曰："《魏志·董卓传》注：卓夜遣兵出西城门，明日陈旌鼓而入，宣言云西兵复入。《袁绍传》注：绍劝何进诛黄门常侍。《贾诩传》注：闫忠说皇甫嵩。证之以范蔚宗书，皆取《九州春秋》。惟彪言孔融'但能张磔网罗，其自理甚疏'诸语（《魏志·崔琰传》注），过为贬议，故蔚宗不取。若章怀所载'平汉、大计'作'大洪'，'司隶掾哉'

---

① 此从陈振孙《直斋书录解题》之说。《中兴书目》无益州，证之以《蜀志·庞统传》注所言刘备入川事，当系脱误。姚振宗《隋书经籍志考证》以为《献帝春秋》言建安十八年，诏复《禹贡》九州，即充、豫、青、徐、荆、扬、冀、益、雍也，为司马彪定书名的依据，可聊备一说。但姚氏终非亲见《九州春秋》，陈振孙藏有此书，言其有"司隶"一篇，《中兴书目》亦然，当非虚语，故仍以陈氏所言为正。

② 《三国志》卷十《魏志·贾诩传》注。

③ 《三国志》卷一《魏志·武帝纪》注。亦见《类聚》卷九十一，《御览》卷四百三十二，又卷九百一十八《事类赋·鸡部》。

作'缘城'，'苦晒'作'苦蜻'（《朱儁传》注），'孔伷'作'孔胄'，'田仪'作'田景'（《董卓传》注）；《通鉴考异》'耿武'作'耿彧'，'严纲'作'刘纲'，皆与蔚宗异。"①虽无大善，终有小补，不可轻弃。

魏晋之际，战乱频仍，兵学随之兴盛，一时形成风气。不仅军事家连篇累牍，大书特书，文人学者也不禁技痒，纷纷一试身手。司马彪亦为所动，在撰述《续汉书》《九州春秋》之余，复以汉末三国时期之战谋奇策，汇集为《兵记》一书。在司马彪之前，谢承曾撰有《兵志》。司马彪以其与正史传统撰述要旨不大相符，遂予以割弃。但他以史实为据，别撰《兵记》，以阐述兵法虚实胜败之道，确是眼光独到。

但司马彪毕竟是一个文士，于行军布阵之术，可以说一窍不通。因而其所收多系关于战略方面的且符合儒学思想的劝谏之说，其内容不外乎"众不附者，仁不足也，附而不治者，义不足也；苟仁义之道行，百姓归之如流水之趣下"②，"顺道者昌，逆德者亡"③，以及"当今之宜，当镇安社稷，抚宁上下，力农务本，怀柔百姓，未宜动众以求外利也"之类④。所以该书不为军事家所重，迅即亡佚，也不足为怪。不过从他重德不重兵，希望消弭战乱，以求长治久安来看，对社会也不无意义。

总之，司马彪是一个深受儒学熏陶的正统史学家，他的保守态度并不妨碍他的求实精神。其所著《续汉志》及《续汉书》纪传部分、《九州春秋》《兵记》的佚文，为我们研讨汉魏历史，探索魏晋史学的发展特点，提供了可靠的依据。其书可读，其人可颂。

（原载《陈直先生纪念文集》，西北大学出版社，1992 年）

---

① 章宗源《隋书经籍志考证》卷三。
② 《三国志》卷六《魏志·刘表传》注。
③ 《三国志》卷二十一《魏志·傅嘏传》注。
④ 《三国志》卷二十七《魏志·王基传》注。

汉代中原史籍考述

汉代是中国封建史学的奠基时期。

汉初，为了长治久安，总结秦亡、楚败、汉兴的历史经验与教训，成为朝野瞩目的课题。陆贾《新语》的成功，激起了文人学士的研史之风，史学旧有的优秀传统和史家相对独立的学术地位得以恢复。个人的天才，时代的需要，良好的环境，造就了一代史圣司马迁，也产生了封建史学的重要里程碑——《史记》，揭开了汉代历史文献撰作的序幕。

然而司马迁的直书，开罪了汉武帝，《史记》获"谤书"之名，被打入了冷宫。宣帝时虽经杨恽将家藏的正本公诸于世，但能问津或敢于问津者，仍属寥寥，这极大地挫伤了文士研史的积极性。所以，终西汉之世，除褚少孙、刘向、刘歆、冯商、扬雄等少数人得以续补《史记》外，其余可知的史作唯《汉十二帝著纪》《汉大年纪》等宫中起居注而已。

在续补《史记》者中，褚少孙为颍川人，乃元、成间博士。其所补依余嘉锡《太史公书亡篇考》，所述有《武帝本纪》（已亡），《三王世家》《日者列传》《龟策列传》（以上全篇），《三代世表》《建元以来侯者年表》《外戚世家》《梁孝王世家》《田叔列传》《滑稽列传》（以上增益其事）等。虽缺乏史识和文采，但行文平实无华，大较可信。后人讥其狗尾续貂，未为公允。现今可知，褚少孙作为西汉中原史家的代表人物，堪称功不可没。

进入东汉，史学的地位发生巨大变化。东汉政府逐渐领悟到史学对于巩固统治的重要性，开始加强对史学的利用和控制。汉明帝一方面保护私家修史的积极性，并引导其纳入封建正统的轨道，支持班固完成《汉书》的撰作，使之成为以后历代正史的楷模；另一方面又命班固与陈宗、尹敏、孟异诸人共成《世祖本纪》，又撰功臣、平林、新市、公孙述事，作列传、载记28篇，推动了我国第一部官修正史《东观汉记》的诞生，使之成为魏晋南北朝时期诸家《后汉书》的基本史料来源。

与此同时，由于政局的稳定，几经变易的汉代官制与礼制于此渐趋定型。为宣扬治国规范，如《汉官》《汉官解诂》《汉旧仪》《汉官仪》《汉官典职仪式选用》等相关著作应运而生。又随着地方豪族势力的膨胀和世家大族的崛起，谱牒之作勃兴。不仅有像《扬雄家牒》之类的私家家谱，也出现了《邓氏官谱》之类膏粱华腴的表章，其影响延至唐末，成为"品藻士庶"的重要工具。由刘秀提倡而撰写的《南阳风俗传》的问世，又开先贤传、耆旧传、家传、别传的先河。赵岐《三辅决录》、圈称《陈留耆旧传》、仲长统《山阳先贤传》等就是其中的佼佼者。它们的出现，为晋常璩《华阳国志》等地方志的产生，起到了催化作用。以上诸史体的涌现，使汉代史学呈现出前所未有的繁盛景象，为史学在魏晋时期成为独立的学科门类奠定了坚实的基础。

值得特别一提的是，汉末荀悦奉献帝之命，改纪传体《汉书》为编年体的《汉纪》，使一度沉寂的古史之风，再度辉煌，且更为规范。刘知几《史通》曰："班荀二体，角力争先，欲废其一，固亦难矣，后来作者，不出二途。"汉代历史文献的主体于此基本确立，并对整个封建社会时代的史学发挥出不可磨灭的深远影响。

在东汉史学的繁盛期中，中原史籍占有很大的比重，作出了卓越的贡献。以姚振宗《后汉艺文志》所载史部为例，列表于下（表一）。

表一　姚振宗《后汉艺文志》史部分类统计表

类别	总计数	中原史作	关中史作	山西史作	河北史作	巴蜀史作	江淮史作	山东史作	陇右史作	岭南史作	不详
正史	13	6	3	0	0	1	1	0	0	0	2
编年	6	3①	1	0	0	1	0	0	0	0	1
杂史	10	5	1	0	1	1	0	2	0	0	0
起居注	5	0	2	0	0	0	0	0	0	0	3
载记	4	0	0	0	0	0	4	0	0	0	0
史钞	6	3	0	0	0	0	1	0	1	0	1
史评	4	2	1	0	1	0	0	0	0	0	0
故事	10	2	3	0	0	0	0	1	0	0	4
职官	11	4	1	0	2	0	3	0	0	0	1
仪制	22	10	0	0	1	0	2	6	0	0	3
刑法	16	6	1	1	1	0	1	1	0	0	5
杂记	58	3	6	0	0	4	2	3	1	0	39②
地理	20	5	2	0	1	4	1	0	0	3	4
谱牒	5	2	0	0	0	0	0	0	0	0	3
薄录	7	0	0	1	0	0	0	0	0	0	6
合计	197	51	21	2	7	11	15	13	2	3	72

姚表所录虽不尽准确科学，但从中可以看出中原史作占25.8%，即在数量上占四分之一多。同时在15类中，中原史作在正史、编年、杂史、史钞、史评、职官、仪制、地理、谱牒9类中占有绝对优势。

现将散见于史籍中的中原史家并史籍资料钩沉稽隐，分别按时代先后考述于下。

---

① 《光武帝纪》由尹敏与班固合作完成。

② 其中如《张衡别传》《陈寔别传》《颍川张氏弟子谱》等10种书疑为中原人士所著。

《南阳风俗传》，光武帝刘秀诏撰，已佚。

《隋书·经籍志》曰："后汉光武，始诏南阳，撰作《风俗》，故沛、三辅有耆旧节士之序，鲁、庐江有名德先贤之赞。郡国之书，由是而作。"章宗源《隋书经籍志考证》引《文苑英华》曰："策问京兆耆旧之篇起于何代，陈留神仙之传创自何人？许南容对'京兆耆旧，光武创其篇；陈留神仙，阮仓述其事'。李令琛对'京兆耆旧之篇，创于光武；陈留神仙之传，起自阮仓'。"故此传有首创之功，亦可称御制。

此书必由南阳地方名士执笔，而时太守则为主持之人。然而《隋志》未明言光武下诏的年代，而今可知见的建武年间南阳太守仅有4位，即建武元年（25年）任职的光武族兄刘顺，接替刘顺不久便在建武二年（26年）被反将董䜣所杀的刘麟，以及建武七年至十四年（31—38年）在任的杜诗，建武二十七年（51年）至明帝永平三年（60年）在任的虞延。四人均为中原人士。前二位在职时短，又值光武争战天下初期，不可能涉及修文之事。而虞延任值光武末年，也错过光武借此传旌表帝乡、倡导名节的最佳时期。所以相对而言，河内汲（今河南汲县西）人杜诗参与的可能性最大。但史无明言，只能作此推测。

《史要》十卷，卫飒撰。已佚。

《后汉书·循吏传》曰："卫飒，字子产，河内修武（今河南获嘉）人也。家贫好学问，随师无粮，常佣以自给。"建武二年，辟大司徒邓禹府，曾任桂阳太守，颇有政声。《隋书·经籍志》曰："《史要》十卷，汉桂阳太守卫飒撰，约《史记》要言，以类相从。"《新唐书·艺文志》作"《史记要传》十卷"，则《史要》为其省称。

司马迁死后，《史记》正本藏于杨恽家，至宣帝时，才公诸于世。西汉末年，褚少孙等开始续补《史记》。《史通·古今正史》云："《史记》所书，年止汉武太初，以后阙而不录。其后刘向、向子歆，及诸好事者，若冯商、卫衡、扬雄、史岑、梁审、肆仁、晋冯、段肃、金丹、冯衍、韦融、萧奋、刘恂相继撰续，迄于哀、平间，犹名《史记》。"上述诸人的努力，使《史记》的影响日渐扩大。据黄文弼《罗布淖尔考古记》所载出土残简，其中"人利则进不利"简文即出自《史记·匈奴列传》，可见《史记》已传入西域。因此东汉之初，不少学者开始进一步研究《史记》。卫飒撰《史记要传》，创按类摘录《史记》精义予以编集之例，对《史记》的流传起到了积极的推动作用，同时也系史钞之始。

《世祖本纪》，尹敏协助班固而作。

尹敏，字幼季，南阳堵阳（今河南方城）人。建武初年，拜郎中，辟大司空府。因为他博通经记，光武帝命他校正图谶，而他则非议图谶，致使仕途滞塞，后官仅至谏议大夫。事详《后汉书》本传。

尹敏与班固交好，永平年间，明帝命班固与尹敏、陈宗、孟异共成《世祖本纪》。这是官修《东观汉记》之始，也是官修当代正史之始，在中国史学史上具有重要意义。

其篇已佚，佚文见吴树平《东观汉记校注》。

《春秋左氏传条例》9卷，郑众撰。

此书见《隋志》颖容《春秋释例》之注文。《旧唐书·经籍志》作《春秋左氏传条例章句》，《新唐志》则作《牒例章句》。三书同书异名，按唐陆德明《经典释文》序，亦作"大司农郑众作《左氏条例章句》"，则《新唐志》恐误。

《后汉书》本传曰："郑兴字少赣，河南开封人。"又，"兴好古学，尤明《左氏》《周官》，长于历数；自杜林、桓谭、卫宏之属，莫不斟酌焉。世言《左氏》者多祖于兴"。而郑众即郑兴之子，"年十二，从父受《左氏春秋》，精力于学，明《三统历》，作《春秋难记条例》，兼通《易》《诗》，知名于世"。晚年受诏又作《春秋删》19篇。可谓子承父业，创获尤多。

又郑众曾撰《国语章句》，卷帙不详。韦昭《国语解叙》曰："至于章帝，郑大司农（众）为之训注，解疑释滞，昭晰可观，至于细碎，有所阙略。"而宋庠《国语补音》序曰："后汉大司农郑众作《国语章句》，亡其篇数。"该书佚文见马国翰《玉函山房辑佚书》，辑本序曰："郑大司农章句久亡，《诗·周颂》'昊天有成命'，《正义》引之。今合以韦解中所引，辑录《周语》三节，《鲁语》《楚语》各一节。"此外，黄奭《汉学堂丛书》（又名《黄氏逸书考》）亦有辑本。只字残句，略窥斑豹罢了。

《汉书注》，许慎撰。

《后汉书·许慎传》曰："许慎，字叔重，汝南召陵（今河南漯河东）人。性淳笃，少博学经籍，马融常推敬之，时人为之语曰：'五经无双许叔重。'"其著述见于本传的有《五经异议》《说文解字》等，见于《隋志》的有《淮南子注》，今存世的唯有《说文解字》。但均未言及许慎注《汉书》，新、旧《唐志》亦同。

唐颜师古《汉书叙例》末列23家注家，同样未涉及许慎。奇怪的是，《汉书》颜师古注引及晋灼、如淳、臣瓒和《图经》所引均涉及许慎《汉书注》。或唐初许注已失传。王鸣盛《十七史商榷》卷七曰："许慎尝注《汉书》，今不传，引见颜注中者尚多，不知五种中是何种所采？《叙例》不列其名，不知何故？慎所著全部，惟《说文》存，余《五经异义》《淮南子注》皆不存，但引见他书。"不管怎样，从颜注中还是可以肯定许慎注过《汉书》。

不过陶方琦《许君年表》却曰："《史记》《汉书》注中引许君说，有出于《说文》《淮南》注外者，王西庄以为许君为《汉书》注，方琦以为乃《史记》注。"姚振宗《后汉艺文志》亦曰："许君从贾待中（逵）受古学，《太史公书》多古文学，由是推寻，则陶说为近。"所以他著录许慎有《史记注》。

窃以为《史记》三家注与《汉书》颜注中所引许慎说，均有出于《说文》及《淮南子注》者，但《仓公传》中《史记正义》释"奇咳"曰："（《汉书》）《艺文志》有《五音奇胲用兵》二十六卷，许慎云：'胲，军中约也。'"可见张守节所引乃许慎《汉书注》之文无疑。又《史记》于汉时被称为"谤书"，至唐初亦然，所以学者多有顾忌，汉时尤甚，故注者甚稀。许慎虽系古文经学大师，而服虔、应劭也是，他们所注皆系《汉书》，许慎为何舍《汉书》而取《史记》！况且《史记》文字通俗易懂，而《汉书》文字典雅深奥，连硕儒马融读时都需向班昭请益，故注者众，也属正常。陶君及姚氏所言恐非。

《地形图》1卷，张衡撰。已佚。

唐张彦远《历代名画记》卷三曰"古之秘画珍图，固多散佚，人间不得见。今粗举领袖"，于是其中著录有张衡《地形图》1卷。卷四又曰"张衡字平子，南阳西鄂（今河南南阳北）人。高才过人，性巧，明天象，善画。"《后汉书》本传言张衡"善属文"，曾著《二京赋》以讥讽贵戚的逾侈。又"善机巧，尤思于天文、阴阳、历算"，故曾任太史令，作浑天仪，著《灵宪》。一生所著凡32篇，其中有《悬图》，一作《玄图》，是否就是他绘画才能的体现，尚不得而知。

张衡有史才，虽高似孙《史略》将其列为"入东观人"，而王应麟《玉海》卷四十六云："安帝永初、永宁间，刘珍、刘騑駼，张衡，李尤等撰集为《汉记》。"似乎他曾参与《东观汉记》的撰作，然而《后汉书》本传曰："永初中，谒者仆射刘珍、校书郎刘騑駼等著作东观，撰集《汉记》，因定汉家礼仪，上言请衡参论其事，会并卒，而衡常叹息，欲终成之。及为侍中，上疏请得专事东观，收检遗文，毕力补缀。又条上司马迁、班固所叙与典籍不合者十余事。又以为王莽本传但应载篡事而已，至于编年月，纪灾祥，宜为元后本纪。又更始居位，人无异望，光武初为其将，然后即真，宜以更始之号建于光武之初。书数上，竟不听。及后之著述，多不详典，时人追恨之。"可知张衡未能如愿，主事东观。但他的一些见解还是被后人采纳，如袁宏作《后汉纪》，即以更始年号建于光武之初。

《东观汉记》之《孝穆皇传》《孝崇皇传》《顺烈皇后传》及部分《外戚传》《儒林传》扩充的列传，朱穆与修。

《史通·古今正史》曰："至（桓帝）元嘉元年，复令太中大夫边韶、大军营司马崔寔、议郎朱穆、曹寿杂作孝穆、孝崇二皇及《顺烈皇后传》，又增《外戚传》入安思等后，《儒林传》入崔篆诸人。"

朱穆，字公叔，朱晖之孙，南阳宛（今河南南阳）人。年轻时锐意向学，曾辟大将军梁冀府，典兵事，后任侍御史。永兴年间，官冀州刺史。后转拜尚书。事详《后汉书》本传。

所谓孝穆、崇二皇，是指桓帝祖父河间孝王刘开和其父蠡吾侯刘翼，系桓帝登基后对父祖的追尊之号。浦起龙《史通通释》将其注为"献穆、孝崇二皇后"，甚谬。

穆为人刚直，守死善道，为忠贞长者。但所述囿于人物身份，恐难以一展其才。

《陈留耆旧传》，袁汤撰。已佚。

袁汤，字仲河，汝南汝阳（今河南商水西南）人。桓帝初，任司空，累迁司徒、太尉，以灾异免。袁宏《后汉纪》卷二十一曰："初为陈留太守，褒善叙旧，以劝风俗。尝曰：'不值仲尼，夷、齐西山饿夫；柳下东国黜臣，致声名不泯者，篇籍使然也。'乃使户曹吏追录旧闻，以为《耆旧传》。"光武帝《南阳风俗传》开地方撰《耆旧传》之风，以劝导世俗。至东汉末，撰述之事不绝，多为太守一项德政，故吏一份职事，不失为史林一大奇观。然而唐末门阀遭到毁灭性打击，宋以后，此类史作亦散亡殆尽，惟于类书及文史之注中略存佚文，良可叹惜。

《史记音义》1卷，延笃撰。又有《史记音隐》5卷，均佚。

延笃，字叔坚，南阳犨（今河南叶县西）人。博通经传及百家之言，能著文章，有名京师。《后汉书》有传。

陈直先生《汉晋人对〈史记〉的传播及评价》一文以为，延笃为注解《史记》之始。其文曰："司马贞《史记索隐》后序云：'古今为注解者绝省，音义亦希，始后汉延笃乃有《音义》1卷，又别有《音隐》5卷，不记作者何人，近代鲜有二家之本。'案《史记》汉人以为谤书，多不敢注解，与《汉书》在东汉末期，已有服虔、应劭等家注解不同。延笃《音义》，《后汉书》卷六十四本传亦未云及，知成书不久，即已消失。"章宗源《隋书经籍志考证》针对《史记索隐》将《史记音隐》写作《史记章隐》，加以纠正，并言"小司马未见二书，自是亡于隋代，非《隋志》之阙者也"。

《汉书音义》，延笃撰。亦佚。

陈直先生《汉书新证》曰："《汉书》最早之注解，当始于东汉桓帝时之延笃，自司马贞《索隐后序》，谓延笃有《史记音义》1卷，近世鲜有其本。今《汉书·天文志》记昭帝始元中，'流星下燕万载宫极东去'，李奇注引'延笃谓之堂前楣也'。疑延笃所注，在《史记音义》之外另有《汉书音义》。李奇为西晋时人，尚见此本，似为不过江之书，唐人所引，只是片鳞半爪而已。"

曾朴引李奇注，以为系《史记音义》的佚文。陈直《汉书新证》曰："全部《汉书》注中，引有东汉延笃之说者，计有2条。除本条外，《酷吏·咸宣传》叙'齐有徐勃，燕赵之间，有坚卢范主之属，大群至数千人，擅自号，攻城邑，取库兵，释死罪'云云。邓展注曰：'延笃读坚曰甄。'又见于《史记》者有1条，《高祖纪》云：'高祖为亭长时，常告归之田。'《索隐》引韦昭注云：'告，请归乞假也，音告语之告，《战国策》曰：商君告归。延笃以为告归今之归宁也（韦昭之注，当为《汉书》之注，应见于晋灼之《汉书音义》、臣瓒之《汉书集解音义》、蔡谟之《汉书集解》三书之中，此三书在唐时俱存）'。"又曰："因高祖之'告归之田'，《咸宣传》之'坚卢'，虽亦见于《史记》，而《天文志》之'流星下燕万载宫'，则为《汉书》记载昭帝时事，足证延笃所注，别有《汉书音义》。"又顾櫰三、姚振宗均以为延笃有《汉书音义》之作。不过，陈先生所引"告归，今之归宁也"一注文，乃出自延笃《战国策论》，与《汉书音义》无关。详见下。

《战国策论》1卷，延笃撰。已佚。

章宗源《隋书经籍志考证》曰："《史记索隐》《高祖纪》：'商君告归''告归，今之归宁也。'《鲁邹列传》'富比陶、卫''陶，陶朱公；卫，卫公子荆'。《匈奴传》'胡革，带钩也'。《文选·求立太宰碑》注：'为王先用填黄泉，为王作荩以御蟋蚁。'《曹公与孙权书》注：'尸，鸡中主也，从牛子也。'（《史记索隐》《苏秦列传》亦引之）《檄吴将校部曲》注：'係缔，兽纠也。'《阮籍咏怀诗》注：'因是，已复有是也；茹溪，溪流所沃者，美好也。'并引延笃《战国策注》。《颜氏家训·书证》引'鸡尸牛从，谓鸡口牛后，俗字之误'。题称延笃《战国策音义》，《唐志》作'论'，卷同。"又侯康《后汉书补志》所论与章氏同。

姚振宗以为本书之名当以颜之推所引为得其实。延笃所作均与音义有关，他人所引均属音义之注，当以姚说为是。今暂依《旧唐志》，以俟后考。

《东观汉记》之《百官表》及若干传，延笃与撰。

《史通·古今正史》曰：桓帝元嘉元年（151年），"（崔）寔、（曹）寿，又与议郎延笃杂作《百官表》、顺帝功臣孙程、郭愿及郑众、蔡伦等传，凡百十有四篇，号曰《汉记》"。其"郭愿"系"郭镇"之误；而"百十有四篇"，实包括明帝命班固撰《世祖本纪》等28篇以来至此时所做的总篇目数。

邓嗣著作东观。

邓嗣，曾任河南尹的邓豹之子。安帝建光初废邓氏，豹自杀，邓阊之妻耿氏收养嗣以为邓阊之后。耿氏有节操，亲授书学，邓嗣遂以博通称。永寿中，与伏无忌、延笃著书东观，官至屯骑校尉。事详《后汉书·邓禹传》。据此邓嗣也加入过《东观汉记》的写作，所撰为何，已不得而知。

边韶与修《东观汉记》。

《后汉书·文苑传》曰："边韶，字孝先，陈留浚仪（今河南开封）人。以文章知名，教授数百人""桓帝时，为临颍侯相，征拜太中大夫，著作东观。"其人东观著述，在元嘉元年，详见前朱穆条。

《汉事》17卷，应奉撰。已佚。

《后汉书·应奉传》曰："应奉，字世叔，汝南南顿（今河南项城西）人。少聪明，自为童儿及长，凡所经履，莫不暗记。读书五行并下。著《汉书后序》，多所述载。"章怀注引袁山松《后汉记》曰："奉又删《史记》《汉书》及《汉记》三百六十余年，自汉兴至其时，凡十七卷，名曰《汉事》。"

《汉书后序》见《隋志》，入子部儒家类，为12卷。章宗源以为"寻其名义，似宜列诸史部"。

又《册府元龟》卷五百五十五"国史部"录《汉书后序》为《汉书后叙》，名异义同。引袁山松书所引《汉事》为《汉书述》，作"七十卷"。应奉删录三部大著，年代长达 360 余年，其卷帙或应作"七十卷"为是。

《陈留耆旧传》2 卷，《陈留风俗传》3 卷，圈称撰。已佚。

章宗源《隋书经籍志考证》曰："《元和姓纂》后汉末有圈称，字幼举，撰《陈留风俗传》。《广韵》注同。《匡谬正俗》引圈称自序，为圈公之后。圈公，秦博士，避地南山。惠太子即位，以圈公为司徒。师古按《班书》述四皓，但有园公，非圈公也。公避地入商洛深山，不为博士。又汉初不置司徒，且呼惠帝为惠太子，无意义。孟举之说，实为鄙野。"又曰："称字幼举，师古书为孟举，误。"

《陈留耆旧传》，见《史通·杂述》。虽入《隋志》，却不见于《唐志》，是唐时已佚。其佚文见于《太平御览》有 13 条，《史记索隐》1 条，《北堂书钞》7 条，《后汉书·吴祐传》注 1 条，《三国志》注 1 条，《初学记》1 条。《说郛》和王仁俊《经籍佚文》均有所辑。

《陈留耆旧传》有 3 种：前述有袁汤所撰，三国魏有苏林之作。袁汤任太守当在顺帝末年，质帝本初年任太仆，寻转司空。而《水经注》卷八引圈称《陈留风俗传》曰："孝安帝以建光元年封元舅宋俊为侯国。"则圈称必系安帝以后在世之人。据此圈称与袁汤应生活在同一时代，故二书有可能为一书，而圈称就是那个执笔的"户曹史"。

《陈留风俗传》又见于《唐志》，但宋以后亦佚。其佚文见《说郛》及王仁俊《玉函山房辑佚书补编》。

《汉官典职仪式选用》2 卷，蔡质撰。已佚。

蔡质，字子文，汉末大学问家蔡邕的叔父。蔡邕"与叔父从弟同居，三世不分财，乡党高其义"。质官至卫尉。

《隋志》著录为 2 卷，《新唐志》则作 1 卷，可知唐时已有散佚。高似孙《史略》曰："蔡质有《汉官典仪》，其言仪者，多涉故事，往往如卫宏《汉旧仪》者也。"故《宋志》入仪注类。是研究汉代官制的重要典籍，作用仅次于卫宏《汉旧仪》和应劭《汉官仪》。其佚文见周天游整理之《汉官六种》。

《汉语》，荀爽撰。已佚。

荀爽，字慈明，颍川颍阴（今河南许昌）人。年十二，能通《春秋》《论语》。颍川为之语曰："荀氏八龙，慈明无双。"汉末官至司空。本传曰："著《礼》《易传》《尚书正经》《春秋条例》，又集汉事成败可为鉴戒者，谓之《汉语》。又作《公羊问》及《辨谶》，并它所论叙，题为《新书》。凡百余篇，今多所亡缺。"

《汉语》属史钞一类，今可阅知的唯有 4 条，即《汉书·昭帝纪》："元凤元年，赂遗长公主丁外人。"晋灼曰："《汉语》字少君。"又《汉书·宣帝纪》："地节四年，长安男子冯殷。"晋灼曰："《汉语》字子都。"又《霍光传》："光长女为桀子安妻，有女年与帝相配。"晋灼曰："《汉语》光嫡妻东闾氏生安夫人，昭后之母也。"又言及显寡居，与子都乱。晋灼曰："《汉语》：东闾氏亡，显以婢代立，素与冯殷奸也。"可见其钞撮史书时，仍有所补益。

荀爽撰作此书，正值汉末丧乱之际，故有感而发，借旧事以针砭朝政。

《汉书音训》，服虔撰。

《隋志》载 1 卷，新、旧《唐志》同。

《后汉书·儒林传》曰："服虔，字子慎，河南荥阳（今河南荥阳东北）人。有雅才，善著文论，作《春秋左氏传解》，行之至今。又以《左传》驳何休之所驳汉事六十条。"颜师古《汉书叙例》曰："《汉书》旧无注解，惟服虔、应劭等各为音义，自别施行。"服虔之作，是对后世研究《汉书》影响最早也是较大的注解之一，其书虽佚。但其精粹基本保留在颜注之中。至今仍有重要参考价值。

又《春秋左氏传解》，《隋志》作《春秋左氏传解谊》，31 卷，汉九江太守服虔注。新、旧《唐志》均作"三十卷"。或《隋志》多 1 卷《叙》。《隋志》曰："永平中，能为《左氏》者，擢高第为讲郎。其后贾逵，服虔并为训解。至魏，遂行于世。晋时，杜预又为《经传集解》。《谷梁》范宁注、《公羊》何休注、《左氏》服虔，杜预注，俱立国学。然《公羊》《谷梁》，但试读文，而不能通其义。后学三传通讲，而《左氏》惟传服义。至隋，杜氏盛行，服义及《公羊》《谷梁》浸微，今殆无师说。"可见服氏注从东汉中后期至隋初，一直占有学术主导地位，功不可没。

《汉书集解音义》24 卷，应劭撰。

《隋志》、两《唐志》均如此著录。

应劭乃应奉之子。《后汉书》本传曰："（建安）二年，时始迁都于许，旧章湮没，书记罕存。劭慨然叹息，乃缀集所闻，著《汉官礼仪故事》，凡朝廷制度，百官典式，多劭所立。"又曰："初，父奉为司隶时，并下诸官府郡国，各上前人像赞，劭乃连缀其名，录入《状人纪》。又论当时行事，著《中汉辑序》。撰《风俗通》，以辨物类名号，释时俗嫌疑。文虽不典，后世服其洽闻。凡所著述百三十六篇。又集解《汉书》，皆传于时。"可见应劭继承父业，博学多闻，是一个多产高效的学者。

应劭《汉书》注，是颜师古主要取资的服虔、应劭、晋灼、臣瓒、蔡谟五大注本之一，可以说颜师古注因他们的成果而获成功。但五注的承继关系，《汉书叙例》讲得十分明白。即先有服虔、应劭注分别流行；至典午中朝，晋灼集为一部，凡 14 卷，又颇以意增益，时辩前人当否，号曰《汉书集注》。同时有臣瓒者，"考其时代，亦在晋初，又总集诸家音义，稍以己之所见，续厕其末，举驳前说，喜引《竹书》，自谓甄明，非无差爽，凡二十四卷，分为两帙。今之《集解音义》则是其书，而后人见者不知臣瓒所作，乃谓之应劭等集解"。据此，《汉书集解音义》实乃臣瓒所定书名，《隋志》、两《唐志》沿袭旧误，且"应劭"后又缺一"等"字，加重误解。所以此书名当依《后汉书》本传，作《汉书集解》近是。

应劭对汉代官制及相关礼仪十分熟悉，所著《汉官礼仪故事》，对保存汉制立下汗马功劳。《隋志》所载，一为《汉官》5 卷，应劭注。一为《汉官仪》10 卷，应劭撰。《旧唐志》仅录《汉官仪》10 卷，应劭志。《新唐志》则与《隋志》同。《唐日本国见在书目》亦载有应劭《汉官职》10 卷。司马彪《续汉书》曰："劭又著《中汉辑叙》《汉官仪》及《礼仪故事》，凡十一种，百三十卷。"《史略》曰："按应劭有《汉官仪》，又有《汉官卤簿图》，又有《汉官仪注》，又有《汉官名秩》。"其所著《汉官仪注》，当即《汉官》注。则司马彪所言 11 种，今可考见的当是《汉官仪》《汉官礼仪故事》《中汉辑序》《汉官卤簿图》《汉官名秩》《状人纪》《风俗通》仅 7 种了。

今之辑本有元陶宗仪辑《汉官仪》，见《说郛》；清孙星衍辑《汉官仪》，见《平津馆丛书》之《汉官六种》；清黄奭辑《汉官仪》，见《汉学堂丛书》（后改名《黄氏逸书考》）；清王仁俊辑《汉官仪》，见《经籍佚文》。周天游将其一并编入新本《汉官六种》中。

因应劭诸书，历代引用常不加区别，所以孙星衍等辑其佚文时，也只好一并编录，其中的误引误编也在所难免。不过因为佚文对研究汉代官制不可或缺，所以这种辑本辑法也有综合参考的好处，只是使用时需谨慎选用而已。

《荀悦汉纪注》，30 卷。应劭撰。

此书仅见于《新唐志》。此书颇可疑，姚振宗以为应劭生前虽有可能读见此书，但一则离他去世已不远，又值战乱频仍，很难静心撰述，况既以注《汉书》，何必再注依照《汉书》删节而成的《汉纪》。或此书系好事者冒名而作。

应劭精悉律法，据《后汉书》本传，其曾"删定律令为《汉仪》，建安元年乃奏之"。其中包括《律本章句》《尚书旧事》《廷尉板令》《决事比例》《司徒都目》《五曹诏书》及《春秋断狱》，凡 250 篇。又集驳议 30 篇，以类相从，凡 82 事。其中只有《汉朝驳议》30 卷，见《隋志》和新、旧《唐志》。另有《廷尉决事》《廷尉驳事》《廷尉杂诏书》等，均不著撰人姓氏，是否为应劭作品，不得而知。不过应劭的工作是"删定"，保存下汉律的基本内容及本人的理解，所以书虽不传，有关内容还是可以在沈家本《汉律摭遗》、程树德《九朝律考》等著作，以及正史《刑法志》和《唐律疏义》等典籍中去稽考。

《十三州记》，卷亡，《水经注》中有佚文，并称应劭撰。又《水经注》尚引有应劭《地理风俗记》。

《十意》，蔡邕撰。已佚。

蔡邕，字伯喈，陈留圉（今河南杞县南）人。《后汉书》本传曰："邕前在东观，与卢植、韩说等撰补《后汉记》，会遭事流离，不及得成，因上书自陈，奏其所著《十意》。"章怀注曰："犹《前书》十志也。"奏上者有"《律历意》第一，《礼意》第二，《乐意》第三，《郊祀意》第四，《天文意》第五，《车服意》第六"。但李贤未言及其他四意。严可均《全后汉文》推断其尚有《朝会意》（事见《史通》）、《五行意》（事见本传）和《地理意》《艺文意》。而吴树平《秦汉文献研究》一书中以为，本传所以言及《五行》，是指范晔自言尚未完成的《五行志》，与蔡邕之意无关。又《史通·古今正史》明言伏无忌、黄景已完成《地理志》，所以蔡邕奏章上所言"欲删定者一"即指此意。鉴于《续汉书》引有蔡邕《礼乐志》，则后来蔡邕实将二意合并。所以现在可以肯定的有六意（原为七意），即《律历》《礼乐》《郊祀》《天文》《车服》《地理》。蔡邕曾曰"前志所无，臣欲著其五"，则除《车服》外，另四意必从《汉书》志目外去稽考[①]。

蔡邕《十意》的佚文，应检索吴树平《东观汉记校注》一书。

《汉纪》30卷，荀悦撰。今存。

荀悦，字仲豫，颍川颍阴（今河南许昌）人。为人博闻强记，尤好著述。建安年间，献帝为防曹操篡位，维护汉室正统，命荀悦依《左传》体删改《汉书》为《汉纪》30篇，并得到"辞约事详，论辩多美"的评价，成为断代编年体史书的开山之作。

《万姓谱》，聊氏撰。已佚。

《通志·氏族略》曰："汉有《邓氏官谱》，应劭有《氏族篇》，又有颍川太守聊氏《万姓谱》。"又曰："聊氏望出颍川。"

《邓氏官谱》，著者不详。

《隋志》曰："后汉有《邓氏官谱》。"又曰："晋乱已亡。"按《后汉书》之《邓禹传》曰："邓氏自中兴以后，累世宠贵，凡侯者二十九人，公二人，大将军以下十三人，中二千石十四人，列校二十二人，州牧郡守四十八人，其余侍中、将大夫郎谒者不可胜数，东京莫与为比。"其所言当据之《邓氏官谱》。

《李固德行》，谢承《后汉书·李固传》曰："固所授弟子颍川杜访、汝南郑遂、河南赵承等七十二人，相与哀叹悲愤，以为眼不复瞻固形容，耳不复闻固嘉训，乃共论集《德行》一篇。"则此书当入杂传类。

综上所考述，汉代中原史籍的成就有六：第一，关中班固著《汉书》于洛阳，颍川荀悦撰《汉纪》于许都，中国封建社会史书中居于主流的断代纪传体和断代编年体，奠定于汉代中原；第二，开官修当代正史之例，《东观汉记》的撰作与东汉王朝几乎相始终，为中国古代史学史上空前绝后的特例；第三，开《史》《汉》音注、集解、校补之风，为《史记》三家注和《汉书》颜师古注地位的确立，奠定了良好的基础；第四，整齐汉代典制礼仪，垂范后世；第五，耆旧传、风俗传、别传、家传、家谱、族谱、官谱等史体的涌现，奠定门阀时代"品藻士庶"的重要形式；第六，以中原史学为代表的汉代史学的发展，为魏晋史学的繁盛起到积极推动作用，为自晋荀勖《中经新簿》起，史学正式摆脱经学的附庸地位，以"史部"为目作为独立的学科门类而存在作出巨大贡献。

（原载《史学新论：祝贺朱绍侯先生八十华诞》，河南大学出版社，2005年）

---

① 吴说既言《礼》《乐》并为一意，在统计考定意目数时便不应分计，否则与邕说不符。

汉魏六朝佚史刍议

自从司马迁之《史记》开私撰纪传体正史之例以来，特别是东汉明帝时，他一方面破例同意班固继续完成私修国史《汉书》以竟全功；另一方面又命其与陈宗、尹敏、孟异等人奉旨撰作《世祖本纪》及建武功臣、平林、新市、公孙述事迹，为列传、载记二十八篇，使官修当代正史的开山之作《东观汉记》初具规模。于是乎著史之风，风靡士林，佳作迭出，蔚为大观。至三国初，史学便已摆脱经学附庸的地位，卓然形成一门独立的学科，稳据于四部之中。迄于隋初，纪传、编年、杂史、霸史、起居注、谱牒、职官、仪注、旧事、杂传诸体齐备，上起东汉，下至南北朝，代代不乏撰述，今可知见的史作不下五百余种。惜除《史记》《汉书》，范晔《后汉书》，《三国志》，荀悦《汉纪》，袁宏《后汉纪》，沈约《宋书》，萧子显《齐书》等少数著作留传至今外，或因草率失当，或因横遭兵祸，或因突遇火焚，基本散亡殆尽，不可复睹本貌，仅于类书、经解、文史之注中，略窥斑豹。

然而正如姚之骃《后汉书补逸》所言："夫他书可逸，惟史当补，近史文烦或可逸，古史文约尤当补。今试以谢（承）、华（峤）诸史与范（晔）较，其阙者半，其同者半。其阙者可以传一朝之文献；其同者且可以参其是非，校其优绌，于史学庶乎其小补也。"我们对于汉魏六朝之佚史，亦当作如是观。汉魏六朝佚史之价值因书而异，因研究角度而异，因对应史料而异，甚或有天壤之别。但从总体而言，不可忽视，现试举几例予以说明。

一、正 史 之 例

范晔《后汉书》是研究东汉史之无可争议的基本史料，但其他诸家《后汉书》却不可偏废。如司马彪《续汉书》，其志书部分已成为范书不可分割的重要组成部分；其纪传佚文也对范书不无小补。

众所周知，《东观汉记》于安、顺以下缺略尤多。晋司马彪之《续汉书》是诸家《后汉书》中较早对安、顺以下史事进行补缺并取得成功的一部，自问世以后，一直引起史注家和类书编纂者的重视。如《三国志》裴松之注引华峤书以释东汉后期之事有11条，用谢承书也不过13条，而引用司马彪书却有22条之多。其中《蜀志·张翼传》注引彪书之《张纲传》竟长达千字左右，范书《张纲传》的内容，基本上未能超出其所述。又如《太平御览》卷九十一中所引安、顺以前诸帝纪，以《东观汉记》为主，附以他书之零星记述；安、顺二帝纪则以《东观汉记》和《续汉书》并重；而少帝北乡侯事及卷九十二灵、献二帝纪，则皆以《续汉书》为主。可见彪书以后诸书有关安、顺以下的记述，皆本之于彪书，范书也不能例外，司马彪草创之功不可没。

又《东观汉记》之《外戚传》，初修于安帝永初年间，起光武帝郭皇后，终和熹邓皇后，与今《后汉书》之《皇后纪》卷上大致相同。再修于桓帝元嘉元年，所撰为《顺烈皇后传》，又增安思阎后入《外戚传》。其后未闻续修之事。而首先毕其役的，仍是司马彪。所以宋初编纂《太平御览》时，卷一百三十七东汉后妃部分，皆以《续汉书》所载为主。华峤书变《外戚传》为《皇后纪》，范晔因而未改，其基本史料亦取自于《续汉书》。三书一脉相承，司马彪整理之功也不可没。

范晔删削《东观汉记》及诸家《后汉书》，成就斐然。但因注重文采，或因压缩过甚，或因选取失当，也造成一些失实与疏漏，需靠诸家《后汉书》来订补修正。如范书载灵帝熹平二年命唐珍为司空，熹平六年命孟郁为太尉，光和元年命张颢为太尉，皆如流水账，视与一般任命同。但《续汉书》明言唐珍乃中常侍唐衡之弟，孟郁乃中常侍孟贲之弟，张颢乃中常侍张奉之弟。三名宦官亲属相继成为三公，正是建宁二年二次党锢之后，宦官得势，专擅朝政的写照。这一东汉历史上罕见的现象，微彪书几为人所忽略。

正有鉴于此，李贤注范书时，十分看重《续汉书》，他于张莹《后汉南记》一条未引，用薛莹《后汉书》仅2条，张璠《后汉纪》4条，谢沈《后汉书》11条，华峤《后汉书》"文质事核，有迁、固之规，实录之风"[①]，质量较高，但该书是范书的主要蓝本，精华大体上被吸取，所以引用达43条；袁山松《后汉书》于地理上多有发明，因此也有43条被引用；谢承《后汉书》"尤悉江左"[②]，事多出范书之外，故引用多达86条。然而司马彪书却遥遥超出众书，竟高达149条之多。其佚文史料价值之高，不言而喻。

二、起居注之例

起居注之史体，于殷商甲骨中略见端倪，《穆天子传》显其雏形，汉之《著纪》成其制度，汉明帝命杜抚、班固等人杂定《建武注纪》成为重要转折，而明德马后亲撰《明帝起居注》则是现今可知最早的名实相符的起居注[③]。以至《隋志》的撰作者认为"汉时起居，似在宫中，为女史之职"。

---

① 《晋书·华峤传》。
② 《史通·繁省》。
③ 《隋志》言汉成帝时有《禁中起居注》，却不见于《汉书·艺文志》，疑系魏晋人杂钞旧说所伪作。

汉魏六朝时期无疑是起居注的黄金时期。《隋纪》所载自晋《泰始起居注》以下，至隋《开皇起居注》《南燕起居注》，共五十一部，时存四十四部，计一千一百八十九卷。然而从隋唐而后，起居注渐为实录、日历、时政记等所取代，于是匿身深宫，鲜为人知。

《隋志》曰："起居注者，录纪人君言行动止之事。《春秋传》曰：'君举必书，书而不法，后嗣何观？'《周官》，'内史掌王之命，遂书其副而藏之，是其职也'。"可见起居注以记录帝王言行为主旨，基本采用编年形式，直书而行，不加评论。所以史著有"记注"与"撰述"之分，《春秋》有褒贬，有评论，因而终与起居注分道而行。

《汉书·艺文志》载《汉著纪》一百九十卷，此外尚有《太古以来年纪》和《汉大年纪》。《汉书·五行志》曰："凡《汉著纪》，十二世，二百一十二年。"颜师古以为"若今之起居注"。《汉书·律历志》引有《孺子著纪》《新室著纪》《更始帝著纪》《汉光武帝著纪》，则此体贯穿西汉一代，直至建武年间。从佚文看来，《著纪》受邹衍五德终始说及天人感应说、图谶说影响颇深，所以记载多先书天变灾异，然后才著人事，以年月为序，时作评论，故仍属《春秋》例法。所以颜师古说其类似起居注，而不言即起居注，恰如其分。

今可辑见的起居注，据陈一梅所录，凡 265 条，25 种。其中汉代 2 种，晋代 16 种，宋 4 种，梁 3 种[①]。其体例特点是：第一，以年月系言行，佚文大多有明显时间记录；第二，本身极少评论性言辞，鲜加修饰；第三，内容主要是帝诏及臣奏。今可知见凡诏书 110 余条，占佚文总数的 41%。也就是说记录以王"言"为主，"行"为次。而王诏与臣奏中所涉及的主要是官制、升迁、礼制、贡献、祥瑞等内容。其中官制和升迁占的比例最大，分别是 38.6% 和 10%；其次有关礼制的典章占 9.5%，贡献占 6%，祥瑞占 9.8%。但是佚文不载灾变，与《汉著纪》形成鲜明对比。这批仅存的起居注佚文既可对古代起居注的产生、发展和衰亡有一个全面而明晰的认识，又可以借以了解该史体的历史特征和时代作用，还可以对正史有所订补。所以无论是研究魏晋南北朝史，抑或研究古代史学史，均不可不读。

三、谱牒及杂传之例

周代以宗法制为内核，以分封制和世袭制为外在表现形式，立基于井田制之基础之上，形成一个以宗法血缘地位为主要依据，按政治等级世袭分享政治权力和经济利益的贵族统治系统。正如秦嘉谟在《世本辑补自序》中所言："古者外史之职，奠系世，辨昭穆，明天子诸侯世及之义。生则著其统，没则定其谥。而诸侯之史，亦得有

---

① 　陈一梅：《汉魏六朝起居注考略》，《中国史研究》1996 年第 4 期。

简牒以进退卿大夫之族姓班位，贵贱能否，列史相承，守而勿失。盖有以彰善瘅恶，而使之交相警焉，防微杜渐而使之不得争焉。"于是以"奠系世""辨昭穆"，进而明尊卑，昭善恶为目的的宗族谱牒理所当然地为王、诸侯、卿大夫等西周各级贵族所专有，成为维护他们自身权益的不可或缺的工具。由瞽蒙、小史所主撰的《帝系篇》《世本》《历谱牒》诸谱牒相继问世①，并成为汉魏六朝谱牒效仿的模板。

春秋战国时期，随着贵族政治的崩溃，原宗法血缘关系与地缘政治地位和经济权益的脱节，造成谱牒式微。

秦并六国，一统天下，除皇族尚存谱系外，谱学无所发明。究其原因有四：其一，秦自建国起即缺乏严密的宗法制，建立统一帝国以后，又不实行分封，缺乏谱学生存的宗法基础和政治基础。其二，自秦国推行军功爵制及相应的奖惩制之后，将相大臣出身客卿者多，出身低微者多，官吏的不稳定性造成谱学需求的不足。其三，六国贵族强宗在秦统一过程中多次被大批地强行迁徙到关中、南阳或巴蜀地区，受到严密的控制，政府自然不会为他们立谱。其四，秦二世而斩，没有来得及逐步建立新型的封建谱学体系。

汉承秦制，但又有变化。武帝以前，由于郡国并行制的实施，皇帝、诸侯王、同姓列侯及异姓功臣侯均有谱牒，如《列封》，事在官府。而六国贵族及关东豪右仍常被迁徙到关中诸陵，所以普遍意义的封建谱学体系尚未建立。然而元帝以后，随着封建宗法关系的强化，谱学的发展出现转机。之所以如此，主要有以下五个原因：第一，儒学独尊地位真正得到确立，封建宗法制度和道德规范深入人心。第二，世官世禄之家逐渐增多，如韦贤、韦玄成再世为相，韦赏哀帝时又位列三公；又如自张安世封侯后，到张吉，"传国八世"。这种政治上的稳定性为谱学的发展提供了可能性。第三，六国之后，地方强宗豪右不仅在大土地所有制的发展中获得经济好处，又逐渐控制地方，并进而染指中央权力，迁徙豪强已成为历史。为了其自身及宗族的利益，谱牒是郡望大姓谋求长久地位的有力工具。第四，出身于周代贵族的后裔一直坚持其旧有的谱学传统，采用各种形式予以表现，如司马迁的《太史公自序》即为一例。第五，学者文士对谱学日益重视，如扬雄就著有《扬雄家牒》。司马迁的《自序》、扬雄的《家牒》、王莽的《自本》②都是西汉谱牒的标本。

东汉时，谱学进入高潮。其根本原因在于萌芽于西汉后期的士庶之别日趋成熟。东汉的世家大族在大田庄经济的基础上，不仅"武断乡曲"，而且凭借经学的优势，垄断察举，进而垄断朝政，揭开门阀时代的序幕。这种状况使西周的世卿世禄制度以崭

---

① 《周礼》卷二十七曰："瞽蒙掌讽诵诗，世奠系。"又，卷二十六曰："小史掌邦国之志，奠系世，辨昭穆。若有事，则诏王之忌讳。"

② 事见《汉书·元后传》，《自本》以"述其本系"为主旨。

新的形式得到再生，全面的谱学体系的形成便水到渠成。这时不仅出现膏粱华腴的表章《邓氏官谱》，也出现了荟萃众谱的聊氏《万姓谱》。然而东汉谱牒的内容仍不出世系、迁徙分支情况、族人官宦经历三项。但同时家法的内容却在逐步扩充，既有如邓禹命诸子"各守一艺，修整闺门，教养子孙"型，又有樊重、张湛、冯良、司马防等的"常若公家""父子间肃如也"型，还有如陈寔一门"兄弟孝养，闺门雍和"型。而刘秀提倡修撰的《南阳风俗传》一经问世，便激起千层浪，耆旧传、先贤传、名士传、列女传、家传、别传的撰作之风，日甚一日。至魏晋南北朝时期，达于鼎盛。于是为谱系、家规族训、家传的合流为一奠定了基础。

从今可以辑出的五十三种汉魏六朝谱牒，二百七十七种耆旧传、先贤传、家传、别传佚文来看，其背景即是宗法、政治权力、经济利益的稳定性结合与再分配。于国、于家、于族，其社会背景、条件、环境、权限、影响可有种种差异，但基本条件不变。三者的结合越紧密，谱学越兴盛，反之则衰败。

以上诸例当可证明汉魏六朝佚史之独特的史料价值，但诸佚史的辑佚工作的历史和现状却不容乐观。

清人重朴学，兴辑佚，以姚之骃《后汉书补佚》开其端，四库馆臣踵其后，此外尚有孙星衍、王谟、孙志祖、汪文台、汤球、马国翰、茆泮林、黄奭、王人俊、张澍、陈运溶等厕身其间，各有建树，标榜学林。但是，由于辑佚处于草创阶段，漏辑、误辑、考辨不精、取辑未广、出处不详、编序无当等弊端时有所闻，至今尚被使用的不过《汉官六种》《七家后汉书》《九家旧晋书》等寥寥数部而已。而必欲求其最特出者，当推乾嘉之际的宛平举子章宗源。

章宗源字逢之，浙江山阴（今绍兴市）人，乾隆十一年中举，嘉庆四年因受妖僧明心一案牵连而被革去功名，次年卒，享年四十九岁。宗源曾以邵晋涵为师，有极坚实的考据功底，毕生从事汉魏六朝诸佚史的辑佚工作，撰成《隋书经籍志考证》（仅余史部）一书。其以《隋志》为本，从辑佚入手，逐一考证，不惮其烦，用力至勤，黄奭《黄氏佚书考》之《张璠纪自序》曰："凡《隋书经籍志》所列目，积平生全力，以返其魂，竟十得八九，袤然大观。"

曹书杰新作《中国古籍辑佚学论稿》[1]总结《隋书经籍志考证》体例之特点有四：①于时存之书，不加考证，只注明"今存"；②于已佚而自有辑本之书，只详为考证源流；③于已佚而自为辑佚之书，则将所得佚文"零章碎句"条附该书之下；④于《隋志》未载之隋前史部书，则辑补之，并注明"不著录"，以别《隋志》。不难看出，章宗源为完成此作，可谓用心良苦。

惜章宗源大业未毕，突遭巨变，心有未甘而含恨西去。其遗稿半毁于火，所余或

---

① 曹书杰：《中国古籍辑佚学论稿》，东北师范大学出版社，1998 年。

曾寄交章学诚，拟编入《史籍考》，却又因《史籍考》之散亡而逸失 ①；或因售于毕沅未果而转归叶云素，至今也下落不明 ②；或被孙星衍所收藏，并聘王引之、钱东垣、严可均等名家先后校勘，分别刊入《平津馆丛书》《训古堂丛书》《问经堂丛书》中 ③，不过仅存《古史考》《汉官仪》《琴操》《尸子》《物理论》《燕丹子》等数部而已。

余自 1978 年投入陈直（进宦）先生门下，治秦汉史，又于次年奉师命标点校注《后汉纪》，遂以东汉为主攻方向，以做《后汉书集注》为中心目标，陆续扫荡外围。从 1986 年开始陆续出版《八家后汉书辑注》（上海古籍出版社，1986 年）、《〈史略〉校笺》（书目文献出版社，1987 年）、《七家后汉书》（点校本，河北人民出版社，1987 年）、《后汉纪校注》（天津古籍出版社，1987 年）、《秦汉史研究概要》（天津教育出版社，1990 年）和《汉官六种》（六种辑本合点校本，中华书局，1990 年）等。又《东观汉记辑注》一书大略成稿，因吴树平兄之校注本已由中州古籍出版社印行，故拟编成"吴本订补"另发。

为了搜集尽可能多的与《后汉书》有关的资料，辑佚是必由之路，而《八家后汉书辑注》是首次尝试，在前人主要是清人辑佚经验的基础上，做了一些大胆的改良，综合起来，拙著辑例有如下特点。

（1）取辑书目以所辑书亡佚之时间为断限。

（2）版本力求精善之本，或以多本参校。如《北堂书钞》以清孔广森本为主，参用明陈禹谟本、俞安期《大唐类要》本、清顾氏艺海楼钞本。

（3）辑文雷同的，先依时间早而辑文较为完整的类书引文为主条，他引确可补入的补之，可以订正主条的订正之。

（4）主引与次引均注明出处，用"○"号相区别，以供研究者稽核。

（5）不埋没前人辑佚成果，凡已见他辑的均予以注明。

（6）按原书体例编排佚文并定序。如谢承《后汉书》按纪传体编文，依范晔《后汉书》目录定序；张璠纪按编年体编文，依袁宏纪和《资治通鉴》定序。

（7）略有必要注释及考证，尽量维护原貌而不妄加评论和改动。

（8）力求完备，其包括原书作者传记、著录情况、历代评论、旧辑本叙跋及目录、

---

① 《章学诚遗书》卷十三《与邵二云书》曰："逢之寄来佚史有百余纸不止者，难以附入《史籍考》，但需载其参证。今为酌定凡例，自唐以前诸品逸史，除搜采尚可成帙者，仿丛书例，另作序跋，校刻以附《史籍考》后。其零碎句不能成卷帙者，仍入《史籍考》内，以作考证。"

② 孙星衍《古史考序》曰："章孝廉宗源，好辑佚书，欲作《隋书经籍志考证》，所辑满十余笈，始欲售之毕督部，今楚中有兵事而止。予时官山东兖沂曹齐道，欲购之未果。卒后，遗书遂为中书叶君继雯所得。其波及予者，十之一二，亦无经、史要帙。"

③ 严可均《铁桥漫稿》卷八。

引用书及版本、事类索引等。

拙著虽非尽善，但大较实用可信，并不致繁复杂乱，因而信心倍增，雄心顿发。因感叹章宗源氏之坚韧与不幸，虽内感力有未逮，仍组织数位同道及弟子，步章氏之后尘，欲终其未竟之业，草编《汉魏六朝佚史钞》，其凡例录于下。

（1）本辑所收佚文范围包括《隋书·经籍志》所列正史、古史、杂史、霸史、起居注、谱牒、旧事、职官、仪注、杂传诸类，而《刑法》仅取奏议，凡纯地理书、簿录、道释人物传，以及荒诞怪异的或属古小说类的《神仙传》《怪异记》等皆不辑。

（2）辑书次第基本依据章宗源《隋书经籍志考证》所列为序，仅稍作调整和补充。

（3）所辑诸佚史皆以其亡佚前之史注，类书为取辑对象，如诸家旧晋书取辑诸书断于北宋末，而《九州春秋》则止于明初。其后史注、类书之引用者，仅取有价值的独有条目，以供读者参考。

（4）本辑提供诸史佚文，尽可能保持其引用时的原貌，一般不作史实的考辨。凡确需改补增删之处，改补之文皆加方括号，衍文、误文则加小圆括号并于改动之处以行间注形式出校记。有参考价值的异文，则出异文校。

（5）佚文按各史原体例编排。传目除确有案可查者外，皆依传世的相应正史或编年史之传目及次第为序，无所归属的传文或散句附之于后。

（6）每条佚文均注明出处，其中内容大体相同的，则选取最为完备可靠的为主条，他条可订补主条讹脱者，则订补之。他条出处置主条出处之后，中置"〇"号以相区别。

（7）本辑每种佚史前均有《叙录》，其基本内容包括作者的生平事迹、著述情况、公私著录情况、历代主要评价、后世辑佚情况等项内容。以综述前人观点为主，力求客观公允，除必要说明外，不作主观发挥。

（8）鉴于《东观汉记》《八家后汉书》均有较成熟的辑本，已分别由中州古籍出版社和上海古籍出版社出版，故不再重辑，各作《订补》而已。

（9）书后编有《事类索引》，包括人名、地名、职官、年号、书名诸内容，以备读者检索。

以上不揣浅陋，呈示与会诸前辈及同道，望不吝赐正。

（原载《纪念林剑鸣教授史学论文集》，中国社会科学出版社，2002 年）

宋王叔边本《后汉书》识语

《后汉书》存世宋本数量有限，据《中国古籍善本书目》所示凡 8 种 16 套而已。其中完本仅 4 套（包括清初影宋抄一套），而堪与《汉书》景祐本相匹敌者则无。因此张元济编辑出版百衲本"二十四史"时，感叹《班书》既成，欲觅一同式之《范书》不可得"①，只能退而求其次，选用南宋绍兴江南东路转运司刻本为底本，影印校勘。原阙五卷，则用北平图书馆和日本东京静嘉堂文库所藏宋本残册，借影补配，以成完璧。该本影响至今未衰。

中华书局点校本"二十四史"中，《后汉书》即选用宋绍兴本为底本，成果引人注目。惜仅取用明汲古阁本（实用清王先谦《后汉书集解》本）和清武英殿本与之对校，对绍兴本本身的错失，特别是所配五卷的谬误，颇有漏失，甚或新增舛伪。所以除利用北宋递修本、宋黄善夫本、元大德宁国路儒学本、明正统本加以校勘外，重视南宋王叔边刻本，以校绍兴本，势在必行。

宋王叔边本《后汉书》为清海源阁"四经四史"之一，因知者不广，能利用者更属寂寥，而颇具神秘色彩。今藏北京图书馆。为造福学林，其被选入"中华再造善本"之中，对《后汉书》再加董理，实为一大福音。

王叔边本《后汉书》版框高 18.5、宽 13.7 厘米，"半叶 13 行，行 23 字至 24 字不等，线黑口，左右双栏，版心记《后汉纪》字"②。共计 40 册。该本《续汉志》及刘昭注于目录中置于纪传之间，正文亦然，与绍兴本于目录中志及注置纪之后，而正文却放在传之后不同。

王本目录后有一木记云："本家今将《前、后汉书》精加校正，并写成大字，锓板刊行，多无差错，收书英杰，伏望炳察，钱唐王叔边谨启。"钱唐属杭州，所以张秀民《中国印刷史》以为王本为浙本，并推断为北宋大中祥符九年刊行③。又因木记后隔行有"武夷吴骥仲逸校正"题记，而吴骥校本多为闽刻，所以傅增湘则以为"盖闽本之最佳者"④，孰是孰非，俟考。找此本避宋讳均采用缺末笔之方法，如"敬""竟""儆""宏""殷""匡""桓""徵"等，其最晚所避之讳为"慎"字，可见

<hr>

① 见百衲本《后汉书》末附张元济之跋语。
② 傅增湘：《藏园群书经眼录》卷 3，中华书局，1983 年，第 194 页。
③ 张秀民：《中国印刷史》，上海人民出版社，1989 年，第 66、71、74 页。
④ 见《藏园群书经眼录》，第 195 页。

此本当刻于南宋孝宗之时。其字体为柳体，"字体秀劲，与乾道蔡梦弼本《史记》相类"①。王本仅缺一卷，即卷四十一《第五钟离宋寒列传》，据另一宋本配②。王本书首刊有景祐元年余靖表，说明其以景祐本为祖本校正而成，不失为一佳本。

王本很少见于著录。《士礼居丛书》之《季沧苇藏书目》中有"宋版《后汉书》九十卷，四十本"，当即此本。后又见于杨绍和《楹书隅录》，叶德辉《书林清话》卷三《宋私宅家塾刻书》中言及王叔边刻《前、后汉书》，即源出《楹书隅录》。此外，则见于傅增湘《藏园群书经眼录》和上海古籍出版社出版的《中国古籍善本书目》。

该本的流传可谓历经名家，线索大体可以弄清，但整个过程曲折，颇具戏剧性。

从藏书印和有关记载分析，现今可知此孤本最早的收藏家出自明嘉靖年间。

王本《后汉书》卷一下末页有"华亭朱氏珍藏"一印。吴晗《江浙藏书家史略》曰："朱大韶，字象元，号文石，华亭人。嘉靖二十六年进士。性好藏书，尤爱宋时镂版。有《横经阁收藏书籍记》。"惜藏书目已佚，不过收藏印所示，很可能即此人。

而《江浙藏书家史略》又曰："周良金，明武进人。嘉靖三十年岁贡，藏书甚富，其书有'毗陵周氏九松迂叟藏书记''周良金印'诸朱记。"王本卷一下"华亭朱氏珍藏"印之上，正有此二印。又帝纪卷二首页还有"周氏藏书之印"。

朱、周二人是同时代人，又同属江苏人，从落印位置看，似朱氏先于周氏收藏此书。

此后明确收藏王本的则是明末毛晋、毛扆父子。与之相关的收藏印甚夥。主要有"汲古阁印""赵宋本"（圆印）"毛凤苞印""汲古阁世宝""毛姓秘玩""毛晋秘箧""旅谿""在在处处有神物持护"诸印。又有"毛扆""斧季""毛斧季印""扆手校之""毛斧季收藏印"等。然而令人不解的是，《汲古阁珍藏秘本书目》不载此本。毛氏父子所藏宋本远超同时代藏书家，却不知珍惜，故"不免贻佞宋者之口实"③。孙从添《藏书纪要》曰："毛氏汲古阁《十三经》《十七史》，校对草率，错误甚多。元大德本《后汉书》载陈鳣跋云：'尧圃尝曰汲古阁刻书富矣，每见所藏底本极精，曾不校，反多肊改，殊为恨事'"。

古人言："君子之泽，三世而斩。"藏书家亦大体如是。

陈登原《古今典籍聚散考》卷三曰："毛晋汲古阁、钱遵王述古之书，康熙中半归徐乾学、季沧苇家。"

王本首刊余靖表，其首页即有"乾学""徐健庵"二印。徐乾学字原一，号健庵，昆山人。康熙庚戌进士第三人及第。家有传是楼，藏书甲天下。有《传是楼宋元本

---

① 《藏园群书经眼录》第 195 页。
② 《中国古籍善本书目》注卷 40 下配另一宋刻本，误。
③ 见叶德辉《书林清话》卷 7《明毛晋汲古阁刻书之一》。

书目》①。

又同页徐氏印后，钤有"扬州季氏""沧苇""振宜之印"。帝纪卷一上末页还有"御史之章""季振宜印"等。而卷一下半页则有"季沧苇读书记"印，卷三首页有"季振宜读书"印。季振宜，字诜公，号沧苇，泰兴人。顺治丁亥进士，曾任御史。《士礼居丛书》所收《季沧苇藏书目》中所谓"宋版《后汉书》九十卷，四十本"，当即指王叔边本。

徐、季之后得到此本的则是汪士钟。汪士钟，苏州人氏。因家中所收多为寻常之书，所以必欲得宋元旧刻及《四库》未采为己任，蓄志收书。于是黄荛圃、周香岩、袁寿楷、顾抱冲四家书尽归之②，艺芸书舍藏书遂为海内冠。王本目录首页第四、五行下半空白处有"汪士钟印"和"艺芸主人"印。至于此本取自季振宜抑或黄、周二家，已无从考见。

清咸丰庚申（1860 年）之前，汪氏所藏开始散逸。时海源阁主人杨以增正官江南河道总督一职，正所谓近水楼台，自道光辛亥（1851 年）至壬子（1852 年），借机收得大批汪氏珍本，其中就包括王叔边刻《后汉书》，并成为海源阁"四经四史"之一。此书历经杨以增、杨绍和、杨保彝、杨敬夫四代之手，自咸丰晚年起，至民国二十年左右止，长达 70 余年，不失为书林一大佳话。

杨以增，字益之，又字至堂，山东聊城人。清道光进士，官至江南河道总督。生平无他嗜，一专于搜书，所收书多达数十万卷，建海源阁以藏之，或以为其意在"涉海而能得所归者"③。在清末四大藏书家中，与瞿镛"铁琴铜剑楼"齐名，号南瞿北杨，打破了南方藏书家独霸书林霸主的局面。之所以海源阁称"四经四史斋"，桐乡陆敬西《冷庐杂志》曰："聊城杨侍郎，得宋版《诗经》《尚书》《春秋》《仪礼》《史记》《两汉书》《三国志》，颜其室曰'四经四史之斋'，可谓艺林佳话。"然而杨以增之子杨绍和《楹书隅录》卷二则反驳云："先公所藏'四经'，乃《毛诗》《三礼》，盖为其皆郑氏笺注也。《尚书》《春秋》，虽有宋刊，固别储之。先公与陆君，生平未尝谋面，当由传闻偶误耳。"④

王本中有"杨氏海源阁藏""四经四史之斋""宋存书屋""至堂""以增之印""东郡杨""杨东樵读过"等印，似与杨以增相关。

其子杨绍和，字彦合，曾选阁藏珍本 260 余种，编入《楹书隅录》，对推动海源阁的发展，贡献颇多。尤其是乐善堂自端华被诛，毛钱徐季之珍再落人间，时绍和在

---

① 事详吴晗《江浙藏书家史略》。
② 事详叶昌炽《藏书纪事诗》卷 6。
③ 见《柏枧山房集》卷 11。
④ 详见陈登原《古今典籍聚散考》。

京为官，于是尽力搜罗，斩获颇多。王本中有"东郡杨绍和字彦合鉴藏金石书画之印""杨绍和""杨绍和藏书""臣绍和印""杨氏彦合""彦合珍玩""绍和彦合"等印。可见王本也深得杨绍和喜爱。

以增孙杨保彝，字凤阿，同治九年（1870年）举人。曾辑《海源阁宋元秘本书目》，收书460余种。王本中有"杨保彝藏本"印。

杨保彝无子，将族人杨敬夫过继为子。杨敬夫为人谨慎，对藏书亦尽力维护。1930年王金发攻陷聊城，司令部即设在杨宅，海源阁遭空前劫难。此前张宗昌督鲁，曾有意将海源阁收归公有，所以杨敬夫急将部分珍本先期用汽车运抵天津，这批图籍幸免于兵乱。一说书存天津劳之常宅[①]。然而1931年2月12日，傅增湘却是在天津盐业银行库房看的王叔边本《后汉书》[②]，看来该库房才是这批海源阁藏书的真正去处。

王本上还钤有"国立北平图书馆所藏"印，可见该书在到天津后不久，即转归北平图书馆，并安全保存至今。

王叔边本与绍兴本哪本更适宜作底本，现试以目录为例，比较于下（表一）。

表一　王本与绍兴本之比较

王本	绍兴本
孝章皇帝	孝章皇帝炟
孝和皇帝肇	孝和皇帝肇
孝冲皇帝纳	孝冲皇帝炳
子隗	子隗
赵熹	赵憙
襄楷	襄楷
苏章族孙不伟	苏章族孙不韦
梁统曾孙商	梁统曾孙商
张霸子揩揩子陵	张霸子楷楷子陵
仲张统	仲张统
千乘贞王伉	千乘贞王仉
种暠子岱拂子劭	种暠子岱拂拂子劭
邵太	邵太
戴冯	戴凭
董钧	董钧
李光	李尤

① 见1931年2月22日《新闻报》。

② 见《藏园群书经眼录》卷2。

续表

王本	绍兴本
高穠	高獿
苏子训	蓟子训
逢萌	逢萌
明其为止生义也	明其为北生义也

此外，志第一卷至第三卷，王本"卷"下分脱"律历上""律历中""律历下"。第四卷，王本脱"礼仪上"，又脱分目"高禖"，而绍兴本则误"仪"为"义"。第五卷、第六卷，王本脱"礼仪中""礼仪下"，而绍兴本仍误作"义"。第七卷至第九卷，王本脱"祭祀上""祭祀中""祭祀下"。第十卷至第十二卷，王本脱"天文上""天文中""天文下"。第十三卷至第十七卷，王本脱"五行""一"至"五"。第二十卷，王本脱"百官三"。而分目中，王本把"将作大匠"误作"将昨大匠"。

从以上情况分析，王本除"千乘贞王伉"不误，绍兴本作"仉"误；和帝"肇"有《说文》作证，可作一说而存；"赵熹""赵憙"可通用；"子隗"应比前行"任光"低一格，二本均误；"仲张统"应作"仲长统"，二本均误；"邵太"应作"郭太"，二本均误外，皆不及绍兴本准确。尽管不能就此得出以全本论是绍兴本优于王本的结论，但以绍兴本为底本，并以王本与之全面对校，才是正确的选择。

（原载《高敏先生八十华诞纪念文集》，线装书局，2006年）

黄宾虹、王献唐、郭沫若诸家
致陈直论学书札九通

先师陈直先生（1901—1980年），字进宧，又作进宜，号摹庐，别号弄瓦翁。江苏镇江人。自幼精研《史》《汉》，醉心博物训诂，著述等身，以秦汉史界巨擘，为中外学者所敬仰。自二十岁起，先生即与邹适庐、黄宾虹、徐积余、周梦坡、张扶万、王献唐、张伯驹、沈次量诸先生笔谈金石、瓦当、玺印、货泉之学。1949年以后，更与郭沫若、翦伯赞、郑天挺、徐中舒、商承祚、容庚、于省吾、谢国桢、刘盼遂、陈邦怀、陈邦福诸先生书信往还，切磋学术。先后所积信札，不下四五百封。惜经多次战乱袭掠，又历"十年浩劫"，诸家墨宝，十不存一，令人嗟叹不已。所余三十余纸，吉光片羽，弥足珍贵。

今年正值陈直先生诞辰九十周年（1991年），特选出其中论学书函九封，以年代为序，略加注说，以志鸿爪，以荐同好。

在整理信札的过程中，其中所涉及的一些掌故，曾得到李学勤先生的热忱指点，于此深表谢意。

一、黄宾虹致陈直

进宧先生著席：

昨诵手教，并惠佳拓，祇领之下，感激莫宣。藉谂履綦集祐，著述日宏，诚钦诚佩。陕省瓦当文字，异品时有出土，超越川蜀古砖徒有图画，洵可宝贵。闻多秦汉古官印，中作十字白栏者尤奇，拓本易索否？

前者由阎履初来见大肖形印 [①] 中兼文字，颇少见。敝箧得三代古文兼图画，有数枚两面印已习见。近拟集周秦大逾寸计者，拓百余纽，以文字未经前人著录，及考释未安，增以臆说，质诸大雅 [②]。

晋豫道途梗塞，齐鲁出土无多。近惟绥远属古魏地，西北通秦陇，常有六国文字古印发见。因地土干燥，泥少沙多，恒与齐鲁坑口色泽不同，字体略异。前人无专集此者，兹检旧拓数纸，祈赐审正。俟觅工楮装订成册，即奉全帙。

---

① 阎履初，陕西古玩商。大肖形印，即画印，或称象形印。
② 集名《竹北簃古印录》，八卷，又作《宾虹草堂藏古钵印》。

承属题签，拙书滞涩，不堪入目，供噱而已。小画附上 ①。

　　　　此候

撰绥。

　　　　　　　　　　　　　　　　　　　　　　　　宾虹 ② 拜上

二、王献唐致陈直

（1943 年 12 月 21 日）

进宦先生撰席：

由聚贤处转到大函 ③，敬悉驾莅秦中，并读大著《瓦谈》④，博赡精审，珮纫曷已。弟于廿七年（1938 年）春，载一部分图籍金石入川 ⑤，展转各地，艰难万状。办事处设乐山，弟服务则在重庆，办公又在南溪，至可笑也。

现为史馆撰《国史金石志》，又为庚款会撰《中国古代货币通考》⑥。《史志》杀青尚早，《通考》大体完成，约五十万言，五年心力，尽于是矣。

入川以后，各地出土古泉一无所知。先生《泉谈》甚欲先睹为快 ⑦。如有异品拓本，尤盼代为购致，价即奉缴。

武帝铸钱，先归少府，后属三官。其铸钱所在，疑即《三辅黄图》之钟官城，在户县东北，若然必有五铢钱范出土。而二十四年（1935 年）《中央日报》曾载未央宫南三里许之三桥镇西二里许，出铁质五铢钱范，并有镜范，未知其地与钟官城故址有无关涉？而西安之五铢范皆出何地？近年出者有之年号在宣帝以前者否？幸赐示知。

此间有友人丁希农君，在黄河水利委员会服务，藏砖瓦颇夥，便中可一访谈。弟对泉范出土地点，亟欲知之，曾函询希农，迄未见覆，故又以烦先生也。

---

① 《摹庐诗约·黄宾虹先生蛰居京师倩友人见问赋此报谢》诗注："三十年前曾写池州青玉峡及池阳待闸诗扇页见寄，遭兵燹，久遗失矣。"

② 黄宾虹（1865—1955 年），名质，字朴存，祖籍安徽歙县人。著名国画家，藏古印极富。

③ 卫聚贤，曾撰《古史研究》《古钱年号索引》《十三经概论》《中国史学史》等书。

④ 即《秦居瓦谈》，一卷，时载《西北论衡》。1949 年以后，数易其稿，改名《秦汉瓦当概述》，载《摹庐丛著七种》一书中。

⑤ 王献唐（1896—1960 年），原名琯，山东日照人。此前任山东图书馆馆长，为避日寇劫掠，率屈万里、李义贵携馆藏珍贵文物图籍入川。中华人民共和国成立后任山东省文管会副主任、山东博物馆馆长，著名考古学家和版本目录学家。著述颇丰，齐鲁书社出版《王献唐遗书》，陆续刊行于世。

⑥ 庚子赔款善后委员会资助项目。此书 1979 年由齐鲁书社出版，为《王献唐遗书》之一种。

⑦ 即《古泉杂考》，载《说文月刊》第 3 卷第 1 期。

墨迢、保之两先生未识近在何处^①？甚相念。

叕勘印谱签附上。弟旧收古玺印千三百余，拟拓为谱。方著手而事变已起，仅成《骨匋印》一卷^②，均未带出。途中尚收数枚，亦未在手底。顷检册中，仅余劣拓二纸，兹以奉鉴。另数纸，则他人所藏也。

赐示请寄四川南溪李庄中央研究院历史语言研究所，弟现住在所中。匆匆。敬请著祺。

弟王献唐叩首　十二月二十一日

三、王献唐致陈直

（1944 年 1 月 25 日）

进宧先生左右：

得大函，承赐墨本多种，深感隆贶。"少年唯印"蒙公考证，尤为佩纫。五铢一泉范，方若雨有之^③。近人据以推断五铢泉之小者，谱家谓为沈郎钱，亦为莽铸，甚望向沈先生代乞一墨本印证之^④。"长沙司马"诸石印，乃金陵大学所藏，非弟自有。弟入川以后，亦收得数印，皆置存乐山。俟三、四月间回乐山时，再为沈先生拓之。方雨楼所收之十一铢钱是否新币？抑为秦币？如其"铢"字只作"朱"，或从玉作"珠"，当为秦币。若从金作"铢"，则为武帝以后物。莽币铜质，与武帝元鼎以后铸者不同。不知是何色泽？传世重十二朱、重十四朱二钱，《古泉汇》以下著录皆伪刻。雨楼所收如是秦币，未知如何？如是莽币，必非正品。惜雨楼在北平，不便与之通信。但此泉弟甚欲知其文制，如公处有墨本，愿惠假一阅，当即奉赵。否则摹影一本见赐，亦所深盼。

弟箧尚有汉赉邑长印拓本，乃友人所藏，向未著录。又银玺一，乃弟旧藏，得于重庆，为长沙出土。道光钱一幕文译出，为"献与勇敢之国主"，兹并以墨本奉鉴，聊伴荒函而已。专覆，并请著绥。

弟献唐叩首　一月廿五日呵冻上

弟处距重庆甚远，赐书写四川南溪李庄五号信箱，即收到。

---

① 墨迢，陈直嫡兄陈邦福之字，通古文字，精于书法，著有《殷墟埋契考》《古铢发微》等书。保之，陈直从兄陈邦怀之字，古文字学家，著有《殷墟书契考释小笺》《殷契拾遗》诸书。

② 即《双行精舍陶骨印存》。

③ 方若，字药雨，著名碑刻、钱币鉴赏与收藏家。浙江定海人，寄居天津。著有《校碑随笔》《古钱别录》二书，此作"若雨"，显系笔误。

④ 吴兴沈钥，字次量，号叕勘，时居西安。

四、郭沫若致陈直

（1951 年 3 月 25 日）

进宜先生：

《禹鼎考》草草读了一遍[1]，甚好，谨奉还。其余各器文字能同时物色到，于锈掩之字，或可有相互映证处也。

不日又当出国，恕不详进。敬礼！

郭沫若 3 月 25 日

五、于省吾致陈直

（1964 年 3 月 7 日）

进宧先生：

惠书及尊著两篇[2]，均已拜读。又《文史》三期所发表的《古籍述闻》，前曾读过。先生熟于《史》《汉》，以地下出土的汉代器物，与汉代典籍交融互验，阐微挟幽，既有超迈的卓识，又有确切不拔的佐证。这一做法，可以称为并世无两，非致阿其所好。

吾年来所从事的工作，如果以几句话来概括，那就是以地下所出土的商周文字资料和物质资料，与商周典献互相征证，用来解决地下地上的疑难问题。很想以清代考据成果为基础，进一步与考古学相结合。但与清儒奉《说文》为金科玉律以释先秦典籍者，则迥然不同。

您的发明，主要在秦汉；我的著述，主要在商周。今后只有彼此相为砥砺，以不负党和人民所给予我们的任务，于愿已足。

山川迢递，无由晤馨。匆匆。顺致敬礼。

于省吾上 3.7

六、容庚致陈直

（1964 年 8 月 25 日）

进宧先生：

---

[1] 《禹鼎考释》，署名陈进宜，载《光明日报》1951 年 7 月 7 日，同版还发表郭沫若《禹鼎跋》一文。

[2] "尊著"指 1959 年 9 月天津人民出版社出版的《汉书新证》。

承示大作《鸟书考书后》^①，谓弟"详于罗列现象，疏于综合分析"，诚属的评。

嘱送《中大学报》及《学术研究》发表，唯《中大》不收外稿，《学研》稿件太多，故以奉还，请寄《文物》如何？

"婕伃妾娋"印，谓为成帝时物^②，似沿旧说。汉印同名者多，必为确指，似嫌武断。尊意如何？复颂著安。

弟庚上　八月廿五日

锡永于七月往北京^③，复往青岛休养，尚未回校。

七、谢国桢致陈直

（1972 年 12 月 18 日）

进宜先生：

桢写此书，未免唐突，然不能不修函请益者，即桢对于两汉之学，茫无所知。读公大作，如启蒙振惰而有不已于言也。桢初读公所著《两汉经济史料论丛》，继阅公《文物》所载《秦汉瓦当概述》《四种铜镜图录释文》，极见博大精深，时有创见。于是不学如桢者，而略得涯涘，进而以读史研著自励，不以老而自废也。但公所著《两汉经济史料论丛》《关中秦汉陶录》《续陶录》^④，未知何处有卖？有副本否？又关于汉代文学著述^⑤，是否业已杀青？近有何大作务新，不吝赐覆。倘有价目，亦希示及，当备价汇奉。

桢曾涉及明清史迹，亦无所得。近则不以老拙，更拟研治两汉史事^⑥，亦愿追随吾公之后，希望进而教之。

新获汉后元异墓石拓本，庄缙度藏汉魏石刻拓本，题识颇多，亦可玩阅，此堪为公告者。

顷与常书鸿先生晤谈，时相过从。假如桢脚力尚健，明岁夏秋之际，当揽胜敦煌，还当重游长安，与公过从，得饱览尊藏也。冒昧陈辞，诸希谅之。此致敬礼！

谢国桢上　十二月十八日

住址：北京建外永安南里十楼六〇一历史所宿舍。

---

① 时未发表，后收入《文史考古论丛》，天津古籍出版社，1988 年。

② 为陈直先生文中之语。

③ 锡永，商承祚先生字。

④ 《陶录》及《续陶录》，附《云纹瓦图录》，共三函七册，稿藏中国社会科学院考古研究所。将由天津古籍出版社出版。

⑤ 见《文史考古论丛》。

⑥ 《两汉社会生活概述》一书，陕西人民出版社，1985 年。

八、徐中舒致陈直

（1978 年 6 月 26 日）

进宜吾兄道鉴：

日前获读六月十四日手书，已将尊嘱托省图书馆田宜超同志探询馆方意见。昨得答复，谓该馆党部、采购部、古书部各方负责方面都已同意，签请该馆上报文化局请款，俟文化局批准后即可办理，先此奉复，至希释念[1]！

寄上拙作《西周墙盘铭文笺释》[2]，即希多予指正为盼！今年三月份《文物》出版，始得见微氏家族铜器多种，拟为文补此文所未及者。此文"命周公舍寓，于周卑处"，应在"寓""处"二字断句，寓、处鱼韵，此则应当追改者。专复。顺颂撰祺！

徐中舒 1978.6.26

九、陈邦怀致陈直

（1977—1978 年间）

进弟如握：

来信及包裹先后收到，信中畅谈一切，读之非常快慰。

《摹庐丛著》已经写定，计正副本三种，共一百三十七册。如此巨著，不但为我陈家所无，即在各大学教授中，亦未闻有著书一百八十万言者也。可羡可羡，可贺可贺！

读居延汉简续稿，弟肯为我审阅，嘱删"小亭辅妻"二条，自当照办。此外如"元帝诏书""梁国言府"等条，既有谬误，亦当删削。至于其他诸条，幸少误说，而弟评为新意正确，吾知此为善善从长之意耳。

写示《解要》中之考证三条，论据翔实，益我多闻。而第一条从错宄简文缀合钩稽，考为肩水候官令史上言变事书之残文，定为宣帝甘露前后之物[3]，断无疑问，心折之至。

见以容庚《金文编》中有不少错误，且漏收之字亦多，尝拟连同容氏成书以后出土之金文，写为《金文编补正》一书，惟因年老，自己摹写，颇为困难。曾嘱文儿辈

---

① 出让《摹庐丛著》甲种本手稿事。
② 载《考古学报》1978 年第 2 期。
③ 见《居延汉简研究》，天津古籍出版社，1986 年，第 190—192 页。

写数百字^①，才及十之一、二耳。何时观成，不能自信。其他各种如《金文札丛》《两周金文韵例》《金文拾补考辨》(《金文拾补》系补罗、于二书所未及^②)、《说文解字古文校释》《段氏说文解字注札记》《读诗小记》《尔雅名物考略》《汉饶歌新说》。以上八种，均已手抄清稿。另有杂文约百篇左右（多属考证文字），尚未抄成清稿。弟嘱我各稿总以自订为佳，如此娓意，心奉万分，特炼炼言之。

远寄高级烟，多谢多谢。兄自去年腊月信医生劝戒，已戒除三月。准拟将此好烟分与作民^③、李家骅、刘坚以及文儿，并告以来历，籍以广嘉惠也。最近即往看作民，当代达慰问病状。

弟患腰痛，此是老年人常见病。我现正常感老信始腰脚，非虚语也。自去冬以来，老态日增，常时坐而假寐，记力日衰，当其次也。今上午出外学习，饭后午睡，睡起精神恢复，把笔与弟长谈，陶陶之乐，何异四十多年前在庞里馆消夏夜话时耶？

卫鼎簋等拓本恐不易得，承代索之，意则不忘也。手颂著礼。

兄怀叩首　八日

（原载《文献》1991 年第 3 期）

---

① 　文儿即陈治文，现在中国社会科学院语言研究所工作。
② 　指罗振玉《三代吉金文存》、于省吾《商周金文录遗》二书。
③ 　作民，名邦辉，陈直先生从弟。《摹庐丛著》诸稿本抄成于 1977 年 5 月，作民约去世于 1978 年，陈邦怀先生此信当写于此间某月。

"秦缶"考

　　一提起秦国的乐器，很自然地就会想到缶和筝。这是因为李斯曾在《谏逐客书》中写道："夫击瓮叩缶，弹筝搏髀，而歌呼呜呜快耳者，真秦之声也。"（《史记·李斯列传》）筝作为秦国独创的乐器，自古以来，众口一辞，已成定论。然而把缶也当作秦国首先使用的乐器，那就大错特错了。

　　须知，缶本来不是乐器，而是新石器时代原始人制造的一种陶容器，是用来盛水、酒或其他食物的。古缶根据形制的不同，也被称作盎、瓶、瓮、盆等，而它们有一个共同的特点，即"中虚而善容，外圆而善应，中声之所自出"（《文献通考·乐考》）。所以原始人在辛勤劳动之余，偶尔用棍棒或石器碰击缶的时候，就往往为其能发出悦耳的音响所倾倒。于是用击缶来伴歌舞，欢庆丰收或战争的胜利，就成为原始人普遍流行的一种娱乐形式。

　　毫无疑义，缶在被有意打击的一瞬间，就已经具有了乐器的性质。但是，缶在当时并不是专门的乐器。对原始人来说，缶仍然是食器，仅仅在载歌载舞之际，暂时借用来伴奏罢了。尽管如此，由于缶的存在，促成了我国最早的打击乐器之一——"土鼓"的产生①。《吕氏春秋·古乐》曰："帝尧立，乃命质为乐。质乃效山林溪谷之音以歌，乃以麋鞈置缶而鼓之。"剔除尧命质作乐的传说成分，用鹿皮蒙缶而饰以束带的乐器，可能就是一种土鼓。也就是说，土鼓可能就是缶的变种。但缶作为专门乐器出现，则要稍晚一些。

　　《诗经·陈风·宛丘》曰："坎其击缶，宛丘之道，无冬无夏，值其鹭翿。"一个以舞蹈为业的巫女，在缶的伴奏下，一年四季手持鹭毛华盖，清歌曼舞于宛丘道上。这一事实足以证明，至迟在周代，一部分缶已从食器转化为巫人的专门乐器。不仅如此，缶还由民间的普通乐器，一跃成为贵族的宴饮必备乐器。直到春秋后期，缶仍然活跃在一些诸侯的宫廷之中。如齐景公曾"释衣冠，自鼓缶"（《晏子春秋·外篇》），并召集臣下共享此乐。

　　古板的雅乐随着西周等级制的瓦解而衰落，抒情性较强的俗乐的抬头，的确给缶跻身于贵族乐坛创造了机会。但是与钟、鼓、筝、瑟等高级乐器相比，缶自然相形见绌。所以，到了战国时期，随着钟、鼓、筝、瑟演奏技巧的提高和日益普及，缶不但很快又从东方诸国的宫廷和士大夫的家宴中消失，而且农夫"息于瓴缶之乐"（《墨子·三辩》）的状况，也渐次被"其民无不吹竽、鼓瑟、击筑、弹筝"（《战国策·齐策》）所替代。

---

① 《礼记·明堂位》曰："土鼓、蒉桴、苇籥，伊耆氏之乐也。"

　　既然如此，为何"缶"上会被冠之以"秦"字呢？追本穷源，实出自《史记·廉颇蔺相如列传》。其文曰：

　　　　（渑池之会上）秦（昭）王饮酒酣，曰："寡人窃闻赵王好音，请奏瑟。"赵（惠文）王鼓瑟。秦御史前书曰："某年月日，秦王与赵王会饮，令赵王鼓瑟。"蔺相如前曰："赵王窃闻秦王善为秦声，请奏盆缻秦王，以相娱乐。"秦王怒，不许。于是相如前进缻，因跪请秦王。秦王不肯击缻。相如曰："五步之内，相如请得以颈血溅大王矣！"左右欲刃相如，相如张目叱之，左右皆靡。于是秦王不怿为一击缻。相如顾召赵御史书曰："某年月日，秦王为赵王击缻。"

　　这段充满浩然正气的记载，不知感动了古代多少文人志士，成为他们吟诗作赋的重要素材。如潘岳的《西征赋》，就有"耻东瑟之偏鼓，提西缶而接刃"的对句。甚至在古代的碑刻中，也得到了反映。"屏赵瑟，绝秦缶"就出于《郭恕碑》。但是，起决定性作用的还是东汉的许慎，他在《说文解字》中释缶时说："缶，瓦器，所以盛酒浆，秦人鼓之以节歌。"这个权威性的定义又被应劭所接受，写入《风俗通义》一书，并进一步引用《史记》的上述传文来注明许慎定义的出处。"秦缶"之名，由此而著，并为历代所袭用。

　　对于许慎的定义，我们不能根据缶非秦人所发明，而予以简单的否定。因为这一定义，还是道出了在春秋战国这个特定历史时期的历史事实。

　　第一，秦人质朴无华，民风粗犷豪爽，兼有戎翟之习气，因而较多地保留了远古传统习惯。鼓缶以节歌，即使到了战国后期，仍是秦国十分盛行的娱乐形式。荀子对此颇为赞赏，他说："入境，观其风俗，其百姓朴，其声乐不流污，其服不挑，甚畏有司而顺，古之民也。"（《荀子·强国》）秦人以击缶为代表的古朴的乐风，与东方六国转趋郑、卫繁声，美恶错杂的情况相比，显得格外突出。许慎的定义，一定程度上正确反映了这一历史现象。

　　第二，李斯在《谏逐客书》中还说道："今弃击瓮叩缶而就《郑》《卫》，退弹筝而取《昭》《虞》，若是者何也？快意当前，适观而已矣。"[①]他以秦与东方六国在音乐上的优劣高低，来劝导秦王嬴政，既然能吸取东方优秀的乐器以丰富秦廷的音乐，也就应该重视东方的人才而加以罗致重用。的确，东方六国钟、鼓、筝、瑟等乐器日益精良，逐步替代了缶等较为原始的乐器，使之降为次要的地位，从音乐史上讲，是一个飞跃。而秦国依然以缶为流行乐器，这种相对落后性，与东方六国之飞跃形成鲜明的对照。所以，缶被视作"秦声"的主要组成部分，也就成了极为自然的事。

　　第三，秦人有高超的制陶技术，堪与齐、燕、楚的陶器相媲美，且在彩绘花纹上还

[①] 《郑》《卫》《昭》《虞》，都是属于东方六国的乐名。

要略胜一筹。无论在质量上还是在数量上，都为秦人击缶作乐，提供了良好的物质条件。

秦人是很珍惜这一古老传统的，即使到了汉代，关中人仍以善击缶而自诩。杨恽在《报孙会宗书》中写道："田家作苦，岁时伏腊，烹羊炰羔，斗酒自劳。家本秦也，能为秦声。妇，赵女也，雅善鼓瑟。奴婢歌者数人，酒后耳热，仰天拊缶，而呼呜呜。其诗曰：'田彼南山，芜秽不治，种一顷豆，落而为萁。人生行乐耳，须富贵何时！'是日也，拂衣而喜，奋袖低卬，顿足起舞，诚淫荒无度，不知其不可也。"杨恽于收获之后，合家饮酒作乐，击缶叮当，歌呼呜呜，顿足起舞，无拘无束，不正是给我们描绘出一幅多姿多态的秦人风俗图吗？

诚然，乐器有优劣之分。《淮南子》曰："夫穷乡之社，扣瓮拊瓶，相和而歌，自以为乐。常试为之击建鼓，撞巨钟，乃始知夫瓮瓶之足羞也。"徐干《中论》又曰："听黄钟之音，知击缶之细。"但是，不同的乐器，自有其妙处，也不可偏废。尽管缶的音响因材料本身的原因受到很大的限制，然而从秦汉到明清的漫长时间里，缶仍在太乐和民间音乐中占据一席之地，并不断有音乐家将其改造革新，使之日趋动听。据文献所载，唐代宗永泰（765—766年）初，司马缙进献广平乐，乐器中就有八缶，可"具黄钟一均声"（《旧唐书·音乐志》）[1]。唐武宗时期，凤翔府天兴县丞郭道源，又在八缶的基础上加以创新，发明了击瓯[2]。他用"邢瓯、越瓯共十一只，旋加减水于其中，以筯击之，其音妙于方响也"（《乐府杂录》）[3]。继之而起的击瓯名手，还有唐懿宗咸通年间（860—874年）的音律官吴缤。到了元代，民间乐手李琬又用"九瓯盛水击之，谓之水盏，合五声四清"（《文献通考·乐考》）。在秦缶基础上陆续改进的不同音质的缶乐器，不仅流行于国内，并且在明代传入了朝鲜，李朝将它用于孔庙之乐。可惜进入近代，缶便悄然消失在我国的乐坛之中。

综上所述，秦缶虽不是秦人所创造，但在春秋战国时期，秦人继承了原始人击缶的传统习俗，不仅使缶成为秦国具有代表性的乐器，陶冶了秦代乃至两汉关中人民的性情风尚，而且对后世音乐的发展产生了一定的影响。唐人在改革秦缶的事业上，又作出了突出的贡献。不容置疑，秦缶是我国古代乐坛上的一朵奇葩。

（原载《西北大学学报》1984 年第 1 期）

---

[1] 《太平御览》卷五百八十四引《大周正乐》作"今缶八永，太初司马缙进献广平乐，兼此八缶，具黄钟一均声"，与此异。按《文献通考》从《旧唐书》，太初恐是永泰初之误。今亦从《旧唐书》。

[2] 瓯，是盆盂一类瓦器的别称。《说文解字》曰，"瓯，小盆也"。《方言》曰："罃瓯谓之盎，自关而西，或谓之盆，或谓之盎，其小者谓之升瓯。"

[3] 《通典》曰："梁有铜磬，盖今方响之类也。方响以铁为之，修九寸，广二寸，圆上方下，架如磬而不设业，倚于架上，以代钟磬。民间所用才三四寸。"参考《乐书》方响图可知，方响是由厚薄不均的钢片做成，每架十六片，各具有固定的音高，用小槌敲击演奏。

秦乐府新议

最近公布的大批秦封泥，是可与云梦秦简相媲美的有关秦史研究的重大发现。其中有涉及秦乐府的封泥三枚，即"乐府丞印""左乐丞印"和"雍乐左钟"。鉴读之中，不禁联想起 1976 年 2 月出土于秦始皇陵封土西北约 110 米处建筑遗址内的秦"乐府"钟①。该钟的出土破除了汉武帝始立乐府的旧说②，在学术界产生了一定的影响。然而诸家的考证似有未妥之处，尚需辨正。而只有将秦"乐府"钟铭文的真实含义讲清楚，才不致对秦封泥产生误释。所以本文先从考订秦"乐府"钟开始，对秦乐府做一番探讨。

寇效信于《秦汉乐府考略——由秦始皇陵出土的秦乐府编钟谈起》一文③这样指出：早在秦代，就有乐府了。《汉书·百官公卿表》少府属官有"乐府令丞"，而少府是"秦官"。汉承秦制，所以在汉初，乐府一职继续设立，并引《史记·乐书》和《汉书·礼乐志》中有关"乐府"和"乐府令"的两段记载为证，得出《汉书·礼乐志》所谓汉武帝"乃立乐府"的"乃立"，绝非始立，"而是设立、扩充的意思"④。其驳正"乐府"不始于汉武帝是正确的，然而认为秦乐府属少府属官乐府令执掌，则大有可疑之处了。

首先，秦"乐府"钟出土于秦始皇陵寝之地，同时出土的尚有"丽山食官"陶器残片多件。秦宗庙陵寝的祭祀之事，属奉常职责范围，祭祀之时，上食有寝园食官，奏乐自然是太乐令管理的属吏，与少府及其属官无涉。所以秦乐府钟的"乐府"二字，当指太乐令管理的乐器库和乐人教习之所。

其次，具体分析一下寇文所引的证据。

第一，《史记·乐书》曰："高祖过沛，诗《三侯之章》，令小儿歌之。高祖崩，令沛得以四时歌舞宗庙。孝惠、孝文、孝景无所增更，于乐府习常肄旧而已。"按：与此

---

① 该钟通高 13.3 厘米，两铣间 7.2 厘米，鼓间 5.8 厘米，舞广 4.8 厘米，舞修 6 厘米。钟纽一侧有错金铭文"乐府"二字。事详袁仲一：《秦代金文、陶文杂考三则》，《考古与文物》1982 年第 4 期。

② 杨荫浏：《中国古代音乐史稿》上册坚持此说。此书 1964 年由人民音乐出版社初版，1980 年出修订版时，仍无改变。

③ 载《陕西师范大学学报》1978 年第 1 期。

④ 袁仲一认为"乃立乐府，采诗夜诵"，强调的只是"建立了乐府采诗制度"。又王辉《秦铜器铭文编年集释》亦同此说。

引大同小异的记述，还见于《汉书・礼乐志》，其文曰："初高祖既定天下，过沛，与故人父老相乐，醉酒欢哀，作'风起'之诗，令沛中小儿百二十人习而歌之。至孝惠时，以沛宫为原庙，皆令歌儿习吹以相和，常以百二十人为员。文、景之间，礼官肄业而已。"虽文辞详略不同，但有一点可以明确，即《史记》所言"乐府"是由主持宗庙礼仪的"礼官"所执掌，而沛中小儿所相和的歌舞也是用于宗庙祭礼上的雅乐，因此这个汉初的乐府也只能由太乐令管理。

第二，《汉书・礼乐志》曰：周有《房中乐》，至秦名曰《寿人》。凡乐，乐其所生，礼不忘本。高祖乐楚声，故《房中乐》楚声也。孝惠二年，使乐府令夏侯宽备其箫管，更名曰《安世乐》。按：此文之前，谈到汉初有制氏世世以雅乐声律在太乐官。又谈到高祖时，叔孙通曾依靠秦乐人制作宗庙乐。接着便谈及《安世乐》，可见夏侯宽所配器的《安世乐》，同样是源出于周秦的雅乐。这里所说的"乐府令"也就不可能是以主持出于所谓郑声的俗乐和采风为己任的少府属官乐府令。陈直先生于《汉封泥考略》一文中考证汉"齐乐府印"时，曾指出"少府属官有乐府令丞，太常属官有太乐令丞。'乐府'疑即'太乐'之初名"[1]。看来由于太乐令管理作为乐器库和乐人教习场所的"乐府"，因此秦时也被称作"乐府令"。汉惠帝时，夏侯宽被称作"乐府令"，不过是沿用秦时别称而已。据此推测，秦时少府规模较小，未设乐府，其所用乐器均取自太常乐府，或保管一些经常使用的太常乐府乐器。其功能也限于内廷和苑囿服务，不涉及大型祭祀和采风。直至武帝时，信用方士，扩大郊祀，既通过采风了解民情，又满足声色之娱，于是在少府设立乐府，增加职能，否则精于诸制的班固在同篇前后几乎相接的文字中，怎会记录下如此自相矛盾的结论呢？

从以上认识出发，再分析三枚秦封泥，我认为"乐府丞""左乐丞"和"雍乐左钟"均为秦太乐令属官无疑。

所谓"雍乐左钟"，是秦始皇为在雍五時祭祀天地及五帝时专设的乐官。钟是太乐必备的乐器。《汉书・律历志》曰："自黄钟始而左旋，八八为伍。其法皆用铜。职在太乐，太常掌之。"同时，与之相关为奉常属官的还有雍太宰、太祝令丞和五時各一尉[2]。汉时沿用秦制，虽少府所属乐府令丞也掌祭祀之事，但从未主持过雍五時的祭礼礼仪。

又，封泥中既言有"左乐丞"，则必有"右乐丞"，加上"乐府丞"就是三丞。而《汉书・百官公卿表》所载，秦少府只有乐府丞一员，至汉武帝时才扩充为三丞。所以封泥中的"乐府丞"也当是"太乐丞"的别称，左、右乐丞为其同级臣僚。

秦国本以击瓮叩缶、歌呼呜呜为代表音乐，但逐渐吸收东方六国的乐器与歌舞，

---

① 《文史考古论丛》，天津古籍出版社，1988 年。

② 《汉书・百官公卿表》。

既包括雅乐，也包括郑卫之声。正像李斯在《谏逐客书》中所说的那样，"今弃击瓮叩缶而就郑、卫，退弹筝而取昭、虞，若是者何也？快意当前，适足观而已矣"①。所以太乐官虽以演奏雅乐为主，但也抵不住郑、卫等"淫声"的侵袭。秦二世时，尤以郑音为娱，虽有李斯进谏，仍"极意声色""以接喜欢，合殷勤"②。所以二世前后，设少府属官乐府令丞，从事俗乐，顺理成章，只是规模较小罢了。

汉初，诸事草创，所以因循秦官制而未做大的改动，以"明简易，随时宜也"③。至汉武帝时，国势强盛，官制改作之风大盛。于太乐虽有河间献王刘德"献所集雅乐"，武帝也下令付"太乐官，常存肄之，岁时以备数，然不常御，常御及郊庙皆非雅声"④，至此，不满现状的汉武帝，"乃立（少府）乐府，采诗夜诵，有赵、代、秦、楚之讴"⑤，以迎合其嗜好。其结果是"汉郊庙诗歌，未有祖宗之事，八音调均，又不协于钟律，而内有掖庭材人，外有上林乐府，皆以郑声施于朝廷"⑥。到了绥和二年（公元前7年），碰上一个痛恨郑声的汉哀帝，便下令撤销乐府，唯其中属于合于经法，以及属郊祭乐及古兵法武乐的三百八十八人，"领属太乐"⑦，终于了断这一变革。进入东汉，太乐令改为太予乐令，一家独掌了宫廷音乐，少府乐府从此销声匿迹。

（原载《西北大学学报》1997 年第 1 期）

---

① 《史记·李斯列传》。

② 《史记·乐书》。

③ 《汉书·百官公卿表》。

④ 《汉书·礼乐志》。

⑤ 《汉书·礼乐志》。

⑥ 《汉书·礼乐志》。

⑦ 《汉书·礼乐志》。

西安相家巷出土秦封泥简读

从 1996 年底西安相家巷遗址出土秦封泥首次向学界披露开始，5 年来分散收藏于北京古陶文明博物馆、西安中国书法艺术博物馆、澳门珍秦斋及该遗址出土后流散于日本的各地的秦封泥已逐步公布于世，中国社会科学院考古研究所发掘所得秦封泥亦已完整发表。这样，经各地多位学者努力，除西安市文物考古研究所发掘所得秦封泥尚在整理未曾披露外，该遗址出土封泥已基本公布完毕。在这么短的时间里，数量众多且收藏于不同单位的同批遗物能如此迅速的基本完整公布，实是学界之幸。本文将散见于各杂志著作的 419 种秦封泥做一归结，并参考诸家考释加以简读，不足处，祈方家正之。

1：丞相之印（《秦封泥集》，简称《秦集》①），《汉书·百官公卿表》（简称《汉表》）："相国、丞相皆秦官，金印紫绶、掌丞天子助理万机。秦有左右，高帝即位，置一丞相，十一年更名相国，绿绶，孝惠、高后置左右丞相，文帝二年复置一丞相。"应劭曰："丞者，承也。相者，助也。"荀悦曰："秦本次国，命卿二人，是以置左右丞相，无三公官。"《史记·秦本纪》（《史记》简称《史》）："（武王）二年，初置丞相，樗里疾、甘茂为左右丞相。"（图一，1）

2：左丞相印（《历代印匋封泥印风》②，简称《印风》），释读见"丞相之印"条（图一，2）。

3：右丞相印（《印风》），释读见"丞相之印"条（图一，3）。

4：廷尉（《秦封泥官印续考》③，简称《续考》），《汉表》："廷尉，秦官，掌刑辟。有正、左右监，秩皆千石。"应劭曰："听狱必质诸朝廷，与众共之，兵狱同制，故称廷尉。"师古曰："廷，平也。治狱贵平，故以为号。"《张家山汉墓竹简·二年律令·秩律》（《张家山汉墓竹简·二年律令》简称《张家·二年》）："廷尉……秩各二千石。"④

---

① 周晓陆、路东之：《秦封泥集》，三秦出版社，2000 年。由于秦封泥集已涵盖同作者在该书出版前的两次公布（周晓陆、路东之、庞睿：《秦代封泥的重大发现——梦斋藏秦封泥的初步研究》《西安出土秦封泥补读》，《考古与文物》1997 年第 1 期，1998 年第 2 期），在列出处时不再把它们列入。又：封泥后括号内为封泥图像出处。

② 傅嘉仪：《历代印匋封泥印风》，重庆出版社，1999 年。

③ 任隆：《秦封泥官印续考》，《秦陵秦俑研究动态》1998 年第 3 期。

④ 张家山二四七号汉墓竹简整理小组：《张家山汉墓竹简》，文物出版社，2001 年。

5：廷尉之印（《印风》），释读见"廷尉"条（图一，5）。

6：卫尉之印（《秦集》），《汉表》："卫尉，秦官，掌宫门卫屯兵，有丞。"师古曰："《汉旧仪》云卫尉寺在宫内。胡广云主宫阙之门内卫士，于周垣下为区庐。区庐者，若今之仗宿屋矣。"《张家·二年·秩律》："卫尉……秩各二千石。"（图一，7）

7：卫士丞印（《印风》），《汉表》："卫尉……属官有公车司马、卫士、旅贲三令丞。卫士三丞。"由封泥知秦卫士仅一丞（图一，6）。

8：中尉（《印风》），《汉表》："中尉，秦官，掌徼循京师，有两丞、侯、千人。"如淳曰："所谓游徼，徼循禁备盗贼也。"师古曰："徼谓遮绕也。"《张家·二年·秩律》："中尉……秩各二千石。"（图一，8）

9：中尉之印（《印风》），释读见"中尉"条（图一，9）。

10：御史之印（《秦封泥官印考》①，简称《印考》），《汉表》："御史大夫，秦官，位上卿，银印青绶，掌副丞相。"《史·张丞相列传》："高祖持御史大夫印弄之。"《张家·二年·秩律》："御史大夫……秩各二千石。"（图一，10）

11：奉□丞印（《秦集》），《汉表》："奉常，秦官，掌宗庙礼仪，有丞。应劭曰：'常，典也，掌典三礼也。'师古曰：'太常，王者旌旗也，画日月焉，王有大事则建以行，礼官主奉持之，故曰奉常也。'《张家·二年·秩律》："奉常，秩各二千石。"（图一，11）

12：泰宰（《印风》），《汉表》："奉常……属官有……太宰。"《史·封禅书》："复置太祝、太宰。"《张家·二年·秩律》："大宰……秩各六百石。"（图一，12）

13：□宰□□（《西安相家巷遗址秦封泥的发掘》②，简称《发掘》），文残，不释。

14：宰胥（《秦集》），《仪礼·大射礼》："宰卒荐脯醢。"《燕礼》："胥荐主人于洗北西面。"注："胥，膳宰之吏也。"此官职职属不明（图一，19）。

15：郎中丞印（《印风》），《汉表》："郎中令，秦官，掌宫殿掖门户，有丞……郎掌守门户，出充车骑，有议郎、中郎、侍郎、郎中。"臣瓒曰："主郎内诸官，故曰郎中令。"《史·秦始皇本纪》："赵高为郎中令。"《张家·二年·秩律》："汉郎中……秩各二千石。"（图一，13）

16：郎中左田（《印风》），郎中释读见"郎中丞印"。《谷梁传·桓公四年》"春曰田"，《淮南子·本经训》"焚林而田，竭泽而渔"。"左出"或当为田猎官（图一，14）。

17：宗正（《印风》），《汉表》云："宗正，秦官，掌亲属，有丞。"《后汉书·百官志》："本注曰：掌序录玉国嫡庶之次，及诸宗室亲疏远近，郡国岁因计上宗室名籍。"

---

① 任隆：《秦封泥官印考》，《秦陵秦俑研究动态》1997年第3期。

② 中国社会科学院考古研究所汉长安城工作队：《西安相家巷遗址秦封泥的发掘》，《考古学报》2001年第4期。

（图一，4）

18：少府（《印风》），《汉表》："少府，秦官，掌山海池泽之税，以给共养。应劭曰：'名曰禁钱，以给私养，自别为藏。少者，小也，故称少府。'师古曰：'大司农供军国之用，少府以养天子也。'"《张家·二年·秩律》："少府令……秩各二千石。"（图一，15）

19：少府工室（《印风》），《睡虎地秦墓竹简·工律》（《睡虎地秦墓竹简》简称《秦简》）："县及工室听官为正衡石累、斗桶、升，毋过岁壹。"整理组注："工室，管理官营手工业的机构。"[1]（图一，16）

20：少府工丞（《印风》），"工丞"为"工室丞"省（图一，17）。

21：少府干丞（《印风》），《汉表》："治粟内史，秦官……属官有……斡官……初，斡官属少府，中属主爵，后属大司农。"如淳曰："斡音莞，或作干。干，主也，主均输之事，所谓斡盐铁而榷酒酤也。"晋灼曰："此竹箭干之官长也，均输自有令。"师古曰："如说近是也。纵作干读，当以干持财货之事耳，非谓箭干也。"封泥证少府确曾设干官（图一，18）。

22：大内丞印（《发掘》），《秦简·金布律》："都官输大内，内受买（卖）之，尽七月而臂（毕）。都官远大内者输县，县受买（卖）之""已禀衣，有余褐十以上，输大内，与计偕。"《史·孝景本纪》："以大内为二千石，置左右内官，属大内。"《集解》："韦昭曰：大内，京师府藏。"（图一，20）

23：泰内丞印（《印风》），"泰内"即"大内"，释读见"大内丞印"（图一，21）。

24：泰医丞印（《秦集》），《汉表》："奉常，秦官……属官有太乐、太祝、太宰、太史、太卜、太医六令丞""少府，秦官……属官有尚书、符节、太医……"《张家·二年·秩律》："太医……秩各三百石，有丞、尉二百石。"（图一，22）

25：泰医左府（《印风》），释读见"泰医丞印"条，由封泥知泰医设左右府（图一，23）。

26：泰医左府（《印风》），释读见"泰医丞印"条，由封泥知泰医设左右府（图一，24）。

27：大医丞印（《秦集》），"泰医"通"大医"，释读见"泰医丞印"条（图一，25）。

28：祝印（《印风》），《汉表》："奉常，秦官，掌宗庙礼仪，有丞。属官有太乐、太祝、太宰、太史、太卜、太医六令丞。"《史·封禅书》："复置太祝、太宰。"《史·孝文本纪》："今秘祝之官移遇于下。"《张家·二年·秩律》："祝长……秩各三百石，有丞、尉二百石。"（图一，26）

---

① 睡虎地秦墓竹简整理小组：《睡虎地秦墓竹简》，文物出版社，1978年。

29：祠祀（《印风》），《汉表》"詹事，秦官……属官有……祠祀、食官令长丞"。《张家·二年·秩律》："长信祠祀……祠祀……秩各六百石，有丞、尉者半之。"（图一，27）

30：都水丞印（《印风》），《汉表》奉常、治粟内史、少府、内史、主爵中尉、水衡都尉属官均有"都水"。如淳曰："律，都水治渠堤水门。《三辅黄图》云三输皆有都水也。"《张家·二年·秩律》："都水……秩各六百石，有丞、尉者半之。"（图一，28）

31：水□（《发掘》），文残，不释。

32：永巷（《印考》），《汉表》少府、詹事属官均有"永巷"。《史·范雎蔡泽列传》："于是范雎内得见于离宫，详为不知永巷而入其中。"《正义》："永巷，宫中狱也。"《张家·二年·秩律》："长信永巷……秩各六百石，有丞、尉者半之。"（图一，29）

33：永巷丞印（《印考》），释读见"永巷"条（图一，30）。

34：公车司马丞（《印风》），《汉表》："卫尉，秦官，掌宫门卫屯兵……属官有公车司马、卫士、旅贲三令丞。"师古曰："《汉官仪》云公车司马掌殿司马门，夜徼宫中，天下上事及阙下凡征召皆总领之。"《秦简·秦律杂抄》有《公车司马猎律》。《张家·二年·秩律》："公车司马……秩各八百石，有丞、尉者半之。"（图一，31）

35：官臣丞印（《印风》），《左传·襄公十八年》："其官臣偃宝先后之。"杨伯峻注："官臣，据《周礼·大宗伯》'六命赐官'郑玄注，受天子命能自置官吏以治家邑者为官臣。说详张聪咸《杜注辨证》、徐孝宝《左传郑笺》。"瑞按：阮本《周礼注疏》无其所引句（图一，32）。

36：宫厩（《印考》），《左传·襄公十五年》："养由基为宫厩尹。"《秦简·厩苑律》："其大厩、中厩、宫厩马牛也，以其筋、革、角及其买（卖）钱效，其人诣其官。"（图一，33）

37：宫厩丞印（《秦集》），释读见"宫厩"条（图一，34）。

38：都厩（《印风》），《汉书·惠帝记》："秋七月，都厩灾。"《三辅黄图》卷六："都厩，天子车马所在。"《秦简·效律》："及都仓、库、田、亭啬夫坐其离官属于乡者，如令、丞。"均指县级机构。《张家·二年·金布律》："传马、使马、都厩马日匹一斗半升"，同律有"乘与马匄二稿一"，可知汉初"都厩马"舆指天子所用之"乘舆马"并不同，"都厩"应尚为县级机构（图一，35）。

39：御厩丞印（《秦集》），《独断》："御者，进也。凡衣服加于身，欲食入于口，妃妾接于寝，皆曰御。"御本指驾御，《左传·襄公二十三年》"孟氏之御骖丰点"，《正义》："骖是掌马之官，盖兼掌御事，谓之御骖。"御厩或即为供天子御之马厩（图一，37）。

40：泰厩丞印（《秦集》），《汉表》："太仆，秦官，掌舆马……属官有大厩、未央、家马三令，各五丞一尉。""泰厩"即"大厩"，由封泥看，秦泰厩仅一丞。《秦简·厩苑

律》："其大厩、中厩、宫厩马牛也，以其筋、革、角及其买（卖）钱效。"（图一，36）

41：小厩丞印（《印风》），小厩史籍无载，秦陶文有"小厩"，印有"小厩将马""小厩南田"。《考略》认为"秦之'小厩'很可能为'大厩'（即'泰厩'）所属之官署"①（图一，38）。

42：小厩将马（《印风》），释读见"上厩"。王辉先生认为"'将马'之将意为监督、管理……汉代以后，这种意义用监不用将。《百官表》太仆属官有龙马、闲驹、橐泉等'五监长丞'，陈介祺《陈簠斋手拓印集》收有汉印'未央厩监'，'厩监'与'厩将'同义。张良作'厩将'，正是秦称将而不称监的史证"②（图一，39）。

43：章厩（《发掘》），章厩史籍无载，学者多认为乃章台之厩省称，确否待验证（图一，40）。

44：章厩丞印（《印风》），释读见"章厩"条（图一，41）。

45：厩丞之印（《发掘》），《汉表》："詹事，秦官……属官有……厨厩长丞，又……仓、厩、祠、祀、食官令长丞。"《秦简·秦律杂抄》："马劳课殿，货厩啬夫一甲。"（图一，42）

46：官厩丞印（《秦集》），《秦简·金布律》："不盈十人者，各舆其官长共养、车牛……"整理组注："官长，机构中的主管官员。"《秦简·法律答问》："辞者不先辞官长、啬夫。可（何）谓'官长'？……命都官曰'长'。""官厩"或即为都官服务之厩（图一，43）。

47：中厩（《秦集》），《史·李斯列传》："公子高欲奔，恐收族，乃上书曰：'先帝无恙时……中厩之宝马，臣得赐之。'"《三辅黄图》卷六："中厩，皇后车马所在。"《秦简·厩苑律》："其大厩、中厩、宫厩马牛也。"《张家·二年·秩律》："中发弩、枸（勾）指发弩，中司空、轻车；郡发弩、司空、轻车，秩各八百石。"整理组注"中发弩""中司空"等为"中央政府所设主角发弩官""中央政府统辖轻车之官"。故"中厩"或可能为中央政府所设之厩，与地方厩相对。《张家·二年·秩律》："大仓中厩……秩各八百石，有丞、尉者半之。"可见秦中厩非为皇后而设（图一，44）。

48：中厩丞印（《印风》），释读见"中厩"条（图一，45）。

49：中厩马府（《印风》），释读见"中厩"条。《秦简·传食律》："及卜、史、司御、寺、府……"整理组注："府，掌管府藏的人，见《周礼·天官》。"马府或即为管理马厩用具等府藏之官职（图一，46）。

50：中厩将马（《印风》），释读见"中厩""小厩将马"条（图一，47）。

51：左厩（《秦集》），"左厩"史籍失载，秦陶文有"左厩，容八斗"（图一，48）。

① 刘庆柱、李毓芳：《西安相家巷遗址秦封泥考略》，《考古学报》2001年第4期。
② 王辉、程学华：《秦文字集证》，台湾艺文印书馆，2000年。

52：左厩丞印（《秦集》），释读见"左厩"条（图二，1）。

53：右厩（《秦集》），"右厩"史籍失载。由封泥知秦设左右厩，其设置或即如设左右丞相一样。《张家·二年·秩律》："右厩……秩各六百石，有丞、尉者半之。"（图二，2）

54：右厩丞印（《发掘》），释读见"右厩"条（图二，3）。

55：下厩（《秦集》），"下厩"史籍失载，先秦官制有上卿、中卿、下卿；上大夫、下大夫。下厩或可与大厩、中厩组合。因相家巷遗址出土封泥延续时代较长，所反映出的官制非固定一时之官制，所以封泥所反映的各种厩名之配合难一一辨析（图二，4）。

56：下厩丞印（《秦集》），释读见"下厩"条（图二，5）。

57：家马（《秦集》），《汉表》："太仆，秦官，掌舆马，有两丞。属官有大厩、未央、家马三令，各五丞一尉。"师古曰："家马者，主供天子私用，非大祀戎事军国所须，故谓之家马也。"《张家·二年·秩律》："家马……秩各六百石，有丞、尉者半之。"（图二，6）

58：上家马丞（《印风》），释读见"家马"条。《汉书·地理志》（简称《汉志》）太原郡"有家马官"。臣瓒曰："汉有家马厩，一厩万匹，时以边表有事，故分来在此。家马后改曰挏马也。""上"指不明（图二，7）。

59：下家马丞（《印风》），释读见"家马"条。"下家马丞"可与"上家马丞"相对，"下"指亦不明（图二，8）。

60：车府（《印风》），《汉表》云："太仆，秦官，掌舆马。属官有……又有车府、路轺、骑马、骏马四令丞。"车府或即为管理各种车之府藏的官职（图二，9）。

61：中车府丞（《印风》），《史·蒙恬列传》："赵高昆弟数人，皆生隐宫，其母被刑戮，世世卑贱。秦王闻高强力，通于狱法，举以为中车府令。"《汉表》："太仆，秦官，掌舆马……中太仆掌皇太后舆马，不常置也。"中车府职属不明（图二，10）。

62：寺车丞印（《印风》），《秦简·传食律》："及卜、史、司御、寺、府……"整理组注："寺，读为侍。府，掌管府藏的人，见《周礼·天官》。"《周礼·天官》有寺人："掌王之内人及女宫之戒令，相道其出入止事而纠之。"注："内人，女御也。女宫，刑女之在宫中者。"寺车或即负责为宫中女御或女宫提供车辆服务之职官（图二，11）。

63：寺车府印（《发掘》），释读见"寺车丞印"条。"寺车府"当是为负责寺车用具府藏之机构。《张家·二年·秩律》："寺车府……秩各六百石，有丞、尉者半之。"（图二，12）

64：行车（《印风》），西周后掌管外事之官员称"行人""行李""行理"，见《周礼·秋官》《左传·僖公十三年》《国语·周语中》。行车或即为负责出使用车之职官（图二，13）。

65：骑马丞印（《秦集》），《汉表》："太仆，秦官，掌舆马，有两丞。属官有……又车府、路轮、骑马、骏马四令丞。"（图二，14）

66：骑尉（《发掘》），《汉表》："郎中有车、户、骑三将。""骑尉"或为"骑将"属官。《汉表》有"骑都尉""屯骑校尉""越骑校尉""胡骑校尉"之名（图二，44）。

67：骑邦尉印（《发掘》），释读见"骑尉"条。以"骑尉"为例，此封泥或可读为"邦骑尉印"，体例同秦简之"邦司空"。然有"邦尉之印"秦印，此读法亦有不通处。后世知秦官甚少，释读易误（图二，15）。

68：泰行（《印考》），《汉表》："典客，秦官，掌诸归义蛮夷，有丞。景帝中六年更命大行令……属官有行人……武帝太初元年更名行人为大行令。"《史·刘敬叔孙通列传》："大行设九宾。"《索隐》："韦昭曰：大行人掌宾客之礼，今谓之鸿胪也。"《管子·小匡》："升降辑让，进退闲习，辩辞之刚柔，臣不如隰朋，请立为大行。"《史·孝景本纪》更命"大行为行人""典客为大行"。瓒曰："大行是官名，掌九仪之制，以宾诸侯。""韦昭云：大行，官名，秦时云典客，景帝初改云大行，后更名大鸿胪，武帝因而不改……复有大行令，故诸侯薨，大鸿胪奏谥，列侯薨，即大行奏诔。"（图二，16）。

69：典达（《印考》），《说文解字》："达，行不相遇也。"《礼记·内则》"左达五，右达五"，达指夹室。典达可能为管理夹室的官职。《七国考》："《子华子》云：'子华子违赵，赵简子不悦。烛过典广门之左，简子召而语之以其故。'"《史·樊哙列传》："哙乃排闼直入，大臣随之。"《正义》："闼，宫中小门。"典达亦或即是负责宫内小门之官职。然封泥字为达而非闼（图二，17）。

70：郡左邸印（《印风》），《汉表》："典客，秦官……属官有……郡邸长丞……初，置郡国邸属少府，中属中尉，后属大鸿胪。"师古曰："主诸郡之邸在京师也。"（图二，18）

71：郡右邸印（《印风》），释读见"郡左邸印"条（图二，19）。

72：宫司空印（《秦集》），《汉表》："宗正，秦官……属官有都司空令丞，内官长丞。"如淳曰："律，司空主水及罪人。"贾谊曰："'输之司空，编之徒官。'"《秦简》有"司空"律（图二，21）。

73：宫司空丞（《印风》），释读见"宫司空印"条（图二，20）。

74：左司空印（《印风》），《汉表》："少府，秦官……属官有……左右司空。"（图二，22）

75：左司空丞（《秦集》），释读见"左司空印"条（图二，23）。

76：右司空丞（《秦集》），释读见"左司空印"条。汉瓦当有"右空"（图二，24）。

77：采司空印（《秦集》），《秦简·秦律杂抄》："大（太）官、右府、左府、右采铁、左采铁课殿，货啬夫一甲。"赵平安先生认为采是采邑，采司空"职责是管理采邑的工匠劳役"①（图二，25）。

78：铁市丞印（《秦集》），《汉表》："治粟内史，秦官……属官有……干官、铁市两长丞。"《史·太史公自序》："昌为秦主铁官。"《尉缭子·武议》："夫市也者，百货之官也。"铁市或即为负责管理铁贸易之职官（图二，26）。

79：铁兵工丞（《印考》），释读见"铁市丞印"条。铁兵工丞或为负责以铁制兵器之工官（图二，27）。

80：内官丞印（《印风》），《汉表》："宗正，秦官……属官有……内官长丞……初，内官属少府，中属主爵，后属宗正。"《左传·宣公十二年》："内官序当其夜，以待不虞。"杜预注："内官，近官。"《张家·二年·秩律》："有罪当府（腐）者，移内官，内官府（腐）之。"知内官汉初掌腐刑。《张家·二年·秩律》："内官……秩各六百石，有丞、尉者半之。"（图二，28）

81：大仓丞印（《发掘》），《汉表》："治粟内史，秦官，掌谷货，有两丞……属官有太仓、均输、平准、都内、籍田五令丞。"《秦简·厩苑律》："大（太）仓课都官及受服者。"《秦简·仓律》："县上食者籍及它费大（太）仓。"《张家·二年·秩律》："大仓中厩……秩各八百石，有丞、尉者半之。"（图二，29）

82：泰仓（《秦集》），释读见"大仓丞印"条。"泰仓"即"大仓"（图二，30）。

83：泰仓丞印（《印风》），释读见"大仓丞印"条（图二，31）。

84：大匠丞印（《发掘》），《汉表》："将作少府，秦官，掌治宫室……景帝中六年更名将作大匠。"《张家·二年·秩律》："大匠官司空……秩各六百石，有丞、尉者半之。"（图二，32）

85：泰匠丞印（《印风》），释读见"大匠丞印"条。"泰匠"即"大匠"（图二，33）。

86：大官丞印（《秦集》），《汉表》："少府，秦官……属官有……太官。"师古曰："太官主膳食。"《秦简·秦律杂抄》："大（太）官、右府、左府、右采铁、左采铁课殿，赀啬夫一盾。"《张家·二年·秩律》："大官……秩各六百石，有丞、尉者半之。"（图二，34）

87：泰官（《印风》），释读见"大官丞印"条。"泰官"即"大官"（图二，35）。

88：泰官丞印（《印风》），释读见"大官丞印"条（图二，36）。

89：泰官库印（《印风》），释读见"大官丞印"条。《说文·广部》："库，兵车藏也。"《秦简·秦律杂抄》："不完善（缮），丞、库啬夫、吏货二甲。"整理组注："库，指收藏兵器的武库。"泰官库或即指泰官所属负责收藏泰官用具之库（图二，37）。

90：乐府（《印风》），《汉表》："少府，秦官……属官有……乐府……乐府三丞。"《张家·二年·秩律》："乐府……秩各六百石，有丞、尉者半之。"（图二，38）

---

① 赵平安：《秦西汉误释未释官印考》，《历史研究》1999 年第 1 期。

91：乐府丞印（《秦集》），释读见"乐府"条（图二，39）。

92：左乐丞印（《印风》），释读见"乐府"条。左乐或即是乐府所属之机构（图二，40）。

93：雍左乐钟（《秦集》），释读见"左府丞印"条。雍左乐钟或是雍地设置的左乐所属司钟（图二，41）。

94：左乐寺瑟（《印风》），释读见"左府丞印"条。此为左乐所属司瑟之官职（图二，42）。

95：外乐（《印风》），史籍无载。《张家·秦狱书》："故乐人……践十一月更，外乐，月不尽一日下总咸阳。"《张家·二年·秩律》："外乐……秩各八百石，有丞、尉者半之。"外乐官秩高于乐府（图二，43）。

96：佐弋丞印（《印风》），《汉表》："少府，秦官……属官有……左弋……武帝太初元年更名……左弋为佽飞……佽飞掌弋射。"师古曰："左弋，地名。"不确。《韩非子·外储说左上》："卫人有佐弋者，鸟至，因先以其裧麾之，鸟惊而不射也。"（图三，1）

97：居室丞印（《印风》），《汉表》："少府，秦官……属官有……居室、甘泉居室令……武帝太初元年更名……居室为保宫，甘泉居室为昆台。"《汉书·苏武传》"加之老母系葆宫"，保宫即居室，时为拘禁将士家属之所。《张家·二年·秩律》："居室……秩各六百石，有丞、尉者半之。"（图三，2）

98：居室寺从（《印风》），释读见"居室丞印"条。故宫藏"寺从市府"秦印，罗福颐先生以为"寺从当是宦者"[①]（图三，3）。

99：寺工之印（《印风》），《汉表》："中尉，秦官……属官有中垒、寺互、武库、都船四令丞……初寺互属少府，中属主爵，后属中尉。"黄盛璋先生《寺工新考》指出"寺互"为"寺工"之讹[②]。《张家·二年·秩律》："寺工……秩各六百石，有丞、尉者半之。"（图三，4）

100：寺工丞玺（《发掘》），释读见"寺工之印"条。《独断》："玺者，印也……古者尊卑共之……秦以来天子独以印称玺，又独以玉，群臣莫敢用也。""寺工丞玺"早于"寺工丞印"（图三，5）。

101：寺工丞印（《印风》），释读见"寺工之印"条（图三，6）。

102：府印（《印风》），《秦简·传食律》："及卜、史、司御、寺、府……"整理组注："府，掌管府藏的人，见《周礼·天官》。"此府之所属不明（图三，7）。

103：谒者之印（《印风》），《汉表》："郎中令，秦官……属官有大夫、郎、谒

①　罗福颐主编：《秦汉南北朝官印徵存》，文物出版社，1987年。

②　黄盛璋：《寺工新考》，《考古》1983年第9期。

者……谒者，掌宾赞受事，员七十人，秩比六百石，有仆射，秩比千石。"应劭曰："谒，请也，白也。"（图三，8）

104：中谒者（《印风》），《汉书·高后纪》："八年春，封中谒者张释卿为列侯。"注："孟康曰：'宦者也。'如淳曰：'《百官志》谒者掌宾赞受事。灌婴为中谒者，后常以阉人为之。诸官加中者，多阉人也。'"《汉表》少府属官有"中书谒者"，"建始四年更名中书谒者为中谒者令"，与此不同。《张家·二年·秩律》："中谒者……秩各六百石，有丞、尉者半之。"（图三，9）

105：中谒者府（《印风》），释读见"中谒者"条。中谒者府或即为负责中谒者官署府藏之官职（图三，10）。

106：西方谒者（《印风》），释读见"谒者之印"条。"西方"所指不明（图三，11）。

107：西中谒府（《印风》），"西中谒府"或为"西方中谒者府"省称。亦可能为设置于西之中谒者府。西为秦旧都，有可能保留原有职官或随后代机构设置而于其地设置相应职官（图三，12）。

108：御府（《发掘》），《汉表》"少府，秦官……属官有……御府"，师古注："御府主天子衣服也。"《史·李斯列传》："公子高欲奔，恐收族，乃上书曰：'先帝无恙时……御府之衣，臣得赐之。'"《史·平准书》："天子……出御府禁藏以瞻之。"《张家·二年·秩律》："御府……秩各六百石，有丞、尉者半之。"（图三，49）

109：御府之印（《印风》），释读见"御府"条（图三，13）。

110：御府丞印（《印风》），释读见"御府"条（图三，14）。

111：御府工室（《印风》），释读见"御府""少府工室"条（图三，15）。

112：内者（《印考》），《汉表》："少府，秦宦……属官有……内者。"《张家·二年·秩律》："内者……秩各六百石，有丞、尉者半之。"（图三，16）

113：内者府印（《印风》），释读见"内者"条。内者府或即为负责内者官署府藏之官职（图三，17）。

114：内史之印（《印风》），《汉表》："内史，周官，秦因之，掌治京师。景帝二年分置左、右内史。"《史·蒙恬列传》："拜为内史。"《秦简·厩苑律》："内史课殿，大仓课都官及受服者。"《秦简·仓律》："入禾稼、刍藁，辄为廥籍，上内史。"《张家·二年·田律》："上内史，恒会八月望。"《张家·二年·秩律》："内史……秩各二千石。"（图三，18）

115：□史（《发掘》），文残，不释。

116：宦者丞印（《印风》），《汉表》："少府，秦官……属官有……宦者。"《史·秦始皇本纪》："百官奏事如故，宦者辄从辒凉车中可其奏。"《秦简·传食律》："宦阉如不更。"《张家·二年·秩律》："宦者……秩各六百石，有丞、尉者半之。"（图三，19）

117：诏事之印（《秦集》），《史·秦始皇本纪》："命为'制'，令为'诏'。"秦铜

器有三十三年诏事戈等兵器。《张家·二年·秩律》："诏事……秩各六百石，有丞、尉者半之。"（图三，20）

118：诏事丞印（《印风》），释读见"诏事之印"条（图三，21）。

119：都船丞印（《印风》），《汉表》："中尉，秦官……属官有……都船四令丞，都船、武库有三丞。"注："如淳曰：都船狱令，治水官也。"《汉书·王嘉传》："廷尉收嘉丞相新甫侯印绶，缚嘉载至都船诏狱。"由封泥知秦都船仅一丞（图三，22）。

120：属邦之印（《发掘》），《汉表》："典属国，秦官，掌蛮夷降者。武帝元狩三年昆邪王降，复增属国……"属邦即属国。《秦简·属邦律》整理组注："属邦为管理少数民族之机构。"（图三，23）

121：属邦工室（《印风》），释读见"属邦之印""少府工室"条（图三，24）。

122：属邦工丞（《秦集》），工丞为工室之丞佐（图三，25）。

123：寺从（《秦集》），释读见"寺车丞印""居室寺从"条（图三，26）。

124：寺从丞印（《印风》），释读见"寺从"条（图三，27）。

125：私府丞印（《印风》），《汉表》："詹事，秦官……属官有……私府。"《汉书·路温舒传》："上善其言，迁广阳私府长。"师古曰："藏钱之府，天子曰少府，诸侯曰私府。"秦之"私府"所职，今不详。《张家·二年·秩律》："私府长……秩各五百石，丞三百石。"（图三，28）

126：私官丞印（《印风》），《汉书·张汤传》："大官私官并供其第。"服虔曰："私官，皇后之官也。"《汉旧仪》："中官、私官尚食，用白银钘器。"《张家·二年·秩律》："长信私官……秩各六百石，有丞、尉者半之。"（图三，29）

127：私官右般（《印风》），释读见"私官丞印"条。李学勤先生《齐王墓器物坑铭文试析》认为"右般"是食官属官[①]（图三，30）。

128：泰上寝印（《印风》），《史·秦始皇本纪》："追尊庄襄王为太上皇。"《汉书·韦玄成传》："又园中各有寝、便殿。日祭于寝，月祭于庙，时祭于便殿。"师古注："寝者，陵上正殿，若平生露寝矣。"（图三，31）

129：康□泰寝（《印风》），文残，不释（图三，32）。

130：上寝（《印考》），《独断》："上者，尊位所在也。太史令司马迁记事，当言帝则依违之，但言上，不敢渫渎言尊号，尊王之意也。"上寝或即为皇帝生前服侍寝居的官职（图三，33）。

131：上郡候丞（《秦集》），《汉志》："上郡，秦置。"《汉表》："中尉，秦官……有两丞、候、司马、千人。"师古曰："候及司马及千人皆官名也。"《张家·二年·秩律》："郡候……秩各六百石。"（图三，34）

---

① 李学勤：《齐王墓器物坑铭文试析》，《海岱考古（第一辑）》，山东大学出版社，1989 年。

132：尚书（《秦集》），《汉表》："少府，秦官……属官有……尚书。"《战国策·秦策五》："司空马说赵王曰：文信侯相秦，臣事之为尚书，习秦事。"（图三，35）

133：尚衣府印（《秦集》），《汉书·惠帝记》："宦官尚食比郎中。"应劭注："尚，主也。旧有五尚：尚冠、尚帐、尚衣、尚席亦是。"如淳曰："主天子物曰尚，主文书曰尚书，又有尚符玺郎也。《汉仪注》省中有五尚，而内官妇人有诸尚也。"尚衣府或即是负责天子衣物府藏之官职。《张家·二年·秩律》："长信掌衣……秩各六百石，有丞、尉者半之。"掌衣即尚衣（图三，36）。

134：尚佩（《秦集》），释读见"尚衣府印"条。尚佩或即是负责天子佩物之官职（图三，37）。

135：尚佩府印（《印风》），释读见"尚佩"条。尚佩府或即是负责天子佩物府藏之官职（图三，38）。

136：尚浴（《印风》），释读见"尚衣府印"条。《韩非子·外储说下》："僖侯浴，汤中有砾，僖侯曰：尚浴免则有当代者乎？"《张家·二年·秩律》："长信尚浴……秩各六百石，有丞、尉者半之。"（图三，39）

137：尚浴府印（《印风》），释读见"尚浴"条。尚浴府或即是负责天子浴洗之物府藏的官职（图三，40）。

138：尚帷中御（《印风》），释读见"尚衣府印"条。帷、帐同类。《周礼·天官·幕人》："掌帷幕幄帟绶之事。"注："在旁曰帷，在上曰幕。"《玉篇》："帐，帷也。"尚帷即"尚帐"。尚帷为负责天子起居时帷幕布置之官职。中御所指不明（图三，41）。

139：尚卧（《秦集》），释读见"尚衣府印"条。以字面意言，尚卧为负责天子睡卧之官职（图三，42）。

140：尚卧仓印（《印风》），释读见"尚卧"条。尚卧仓或即是负责天子睡卧用具仓储之官职（图三，43）。

141：中宫（《印考》），《汉官仪》："皇后称中宫。"《周礼·天官·内宰》郑玄注："妇人称寝曰宫……谓之六宫，若今称皇后为中宫矣。"《汉书·哀帝纪》："食邑如长信宫、中宫。"师古曰："中宫，皇后之宫。"（图三，44）

142：中官丞印（《印风》），《汉书·高后纪》："诸中官、宦者令丞皆赐爵关内侯，食邑。"如淳曰："诸官加中者，多阉人也。"朱德熙、裘锡圭《战国铜器铭文中的食官》指出中官为王后食官[①]（图三，45）。

143：中官干丞（《印风》），释读见"中官丞印""少府干丞"条（图三，46）。

144：中府丞印（《印风》），《谷梁传·僖公二年》："取之中府，藏之外府。"《汉

---

① 朱德熙、裘锡圭：《战国铜器铭文中的食官》，《文物》1973年第12期。

书·田叔传》："发中府钱，使相偿之。"师古注："中府，王之财物藏也。"秦之"中府"所指、所职，今已不详（图三，47）。

145：御羞（《发掘》），《汉表》："水衡都尉……属官有……御羞……御羞两丞……初，御羞、上林、衡官及铸钱皆属少府。"如淳曰："御羞，地名也，在蓝田，其土肥沃，多出御物可进者，《杨雄传》谓之御宿。《三辅黄图》御羞、宜春皆苑名也。"师古曰："御宿，则今长安城南御宿川也，不在蓝田。羞、宿声相近，故或云御羞，或云御宿耳。宿者，珍羞所出，宿者，止宿之义。"羞即馐，御羞为膳食之官职，旧释均误（图三，48）。

146：御羞丞印（《印风》），释读见"御羞"条。由封泥知，秦御羞一丞（图四，1）。

147：中羞（《发掘》），"中"即指中宫，参见"中宫"条。"羞"指"御羞"，参见"御羞"条。"中羞"或即是负责太子、皇后、皇太后的膳食之官（图四，2）。

148：中羞府印（《印考》），释读见"中羞"条。中羞府或即是负责中羞府藏之官职（图四，3）。

149：中羞丞印（《印风》），释读见"中羞"条（图四，4）。

150：行中羞府（《秦集》），释读见"中羞"条。行中羞或即是太子、皇后、皇太后出行在外时负责膳食的职官（图四，5）。

151：南宫郎丞（《印风》），《史·吕不韦传》："及齐人茅焦说秦王，秦王乃迎太后于雍，归复咸阳"。《集解》："徐广曰：入南宫。"《汉表》："郎中令，秦官，掌宫殿掖门户……属官有大夫、郎、谒者，皆秦官……郎掌守门户，出充车骑，有议郎、中郎、侍郎、郎中，皆无员，多至千人。"《史·李斯列传》："不韦贤之，任以为郎。"（图四，6）

152：南宫郎中（《印风》），释读见"南宫郎丞"条（图四，7）。

153：北宫（《秦集》），《史·高祖本纪》："置酒洛阳南宫。"《正义》："《舆地志》云：秦时已有南北宫。"（图四，8）

154：北宫干丞（《秦集》），释读见"北宫""少府干丞"条（图四，9）。

155：北宫工丞（《秦集》），释读见"北宫""少府工丞"条（图四，10）。

156：北宫弋丞（《印风》），释读见"北宫""佐弋丞印"条（图四，11）。

157：北宫私丞（《印风》），释读见"北宫""私府丞印""私官丞印"条（图四，12）。

158：北宫宦丞（《秦集》），释读见"北宫""宦者丞印"条（图四，13）。

159：北□司□（《秦集》），文残，不释（图四，14）。

160：章台（《秦集》），《史·秦始皇本纪》："诸庙及章台、上林，皆在渭南。"《史·蔺相如列传》："秦王坐章台见相如。"《史·樗里子列传》："昭王七年，樗里子卒，葬于渭南章台之东。"（图四，15）

161：高章宦者（《印风》），高章当为宫名，史籍未载。"宦丞"释读见"宦者丞印"条（图四，16）。

162：高章宦丞（《秦集》），释读见"高章宦者"条（图四，17）。

163：安台丞印（《印风》），陈晓捷先生《学金小札》指出："又《长安志》引《关中记》上林苑中有'长门宫、钩弋宫、渭桥宫、仙人观、霸昌观、安台观、渝沮观，以上三宫四观在长安城外'。其中之安台观的得名，应与秦安台有关（汉宫之名多有沿用秦代者）。由此可知，秦安台亦应在上林苑中，而具体位置从上揭之三宫四观之名来看，似在秦章台宫、兴乐宫之西即汉长安城之西。"[1]（图四，18）

164：募人（《秦印考释三则》[2]），"募人"史籍未载。《说文》："募，广求也。"《秦简·秦律杂抄·敦（屯）表律》"冗募归"，整理组注："冗募，意即众募，指募集的军士，《汉书·赵充国传》称为'应募'。"募人或即是募集军士的机构。

165：募人丞印（《印风》），释读见"募人"条（图四，19）。

166：禁苑右监（《发掘》），《史·平准书》："是时禁苑有白鹿而少府多银锡"。由封泥知禁苑置左右监（图四，20）。

167：具园（《印风》），《左传·僖公三十三年》："郑之有原圃，犹秦之有具囿也。"《吕氏春秋·有始览》"秦之华阳"注："华阳在凤翔，或曰在华阴西。《尔雅》作阳陓，《淮南》作华纡。注云，华纡在冯翊池阳，一名具圃。"（图四，21）

168：东苑（《印风》），《说文》："苑，所以养禽兽也。"东苑史籍未载（图四，22）。

169：东苑丞印（《印风》），释读见"东苑"条（图四，23）。

170：底柱丞印（《西安中国书法艺术博物馆藏秦封泥选释》[3]，简称《选释》）《汉志》："南至于华阴，东至于底柱。"师古曰："自龙门南流以至华阴，又折而东经底柱。"《史·河渠书》："南到华阴，东下底柱。"《正义》："底柱山俗名三门山，在峡石县东北五十里，在河之中也。"底柱位于黄河中流，此或即是祭祀底柱石之丞（图四，24）。

171：宜春禁丞（《印风》），《史·秦始皇本纪》："以黔首葬二世杜南宜春苑中。"《史·司马相如列传》："息宜春宫。"《正义》："《括地志》云：宜春宫在雍州万年县西南三十里。"《三辅黄图》卷三："宜春宫，本秦之离宫，在长安城东南杜县东，近下杜。"《博物志》："二世为赵高所杀于宜春宫，在杜城南三里，葬于旁。"（图四，25）

172：杜南苑丞（《印风》），《史·秦始皇本纪》："以黔首葬二世杜南宜春苑中。"杜南苑或当与宜春苑位置相邻，或为包含宜春苑之大苑名（图四，26）。

173：白水之苑（《印风》），秦苑囿，史籍失载（图四，27）。

---

① 陈晓捷：《学金小札》，《考古与文物之古文字论集（二）》，《考古与文物》编辑出版，2001 年。

② 王辉：《秦印考释三则》，《中国古玺印国际研讨研文集》，香港中文大学文物馆，王人聰、游学编，2000 年。

③ 王辉：《西安中国书法艺术博物馆藏秦封泥选释》，《文物》2001 年第 12 期。

174：白水苑丞（《印风》），释说见"白水之苑"条（图四，28）。

175：鼎胡苑丞（《印风》），《史・封禅书》："天子病鼎湖。"《索隐》："案，《三辅黄图》：'鼎湖，宫名，在蓝田。'韦昭曰：'地名，近宜春。'"《汉书・杨雄传》："武帝广开上林，南至宜春、鼎胡、御宿、昆吾。"晋灼曰："鼎胡，宫名。《黄图》以为在蓝田。"（图四，29）

176：麋圈（《印风》），秦动物圈囿之一，史籍失载（图四，30）。

177：鹿□禁□（《发掘》），文残，不释。

178：平阿禁印（《印风》），《史・魏世家》："与齐宣王会平阿南。"《汉志》属沛郡。《水经注・淮水》："淮之西，有平阿故城，王莽之平宁也。"《吕氏春秋・离俗》："平阿之餘子。"高诱注："平阿，齐邑也。"此为设立于平阿之禁丞（图四，31）。

179：圻禁丞印（《印风》），王辉先生认为："'圻'应即《尔雅》之'斥山'，与成山或荣成山近……始皇即两次至成山，或亦至圻山，宜于其地设禁苑行宫。"[1]（图四，32）

180：卢山禁丞（《印风》），《汉书・匈奴传》："运府库之财卢山之壑而不悔也。"师古曰："卢山，匈奴中山也。"此当为设于卢山之禁的禁丞用印（图四，33）。

181：桑林（《印风》），《后汉书・钟离意传》："成汤大旱七年……祷于桑林之社，以六事自责。"《史・张仪列传》："大王不事秦，秦下甲据宜阳，断韩之上地，东取成皋、荥阳，则鸿台之宫，桑林之苑，非王之有也。"《索隐》："按：此皆韩之宫苑，亦见《战国策》。"（图四，34）

182：桑林丞印（《发掘》），释读见"桑林"条（图四，35）。

183：尚御弄虎（《选释》），《秦简・秦律杂抄・公车司马猎律》："射虎车二乘为曹……虎欲犯，徒出射之，弗得，貨一甲。"王辉先生认为此"乃掌管侍养秦王珍爱之虎的官员"[2]（图四，36）。

184：左云梦丞（《印风》），《汉志》南郡编县、江夏郡西陵县本注："有云梦官。"华容县本注："云梦泽在南，荆州薮。"《龙岗》："诸假雨云梦节以及有到云梦禁中者得取灌……"[3]云梦为天子游畋之处。《张家・二年・秩律》："云梦……秩各六百石，有丞、尉者半之。"（图四，37）

185：阳陵禁丞（《印风》），《汉志》："阳陵，故弋阳，景帝更名。"《史・秦本纪》："子庄襄王立。"《索隐》："葬阳陵。"秦阳陵虎符："甲兵之符，右在皇帝，左在阳陵。"此为设立于阳陵之禁丞（图四，38）。

---

① 王辉：《西安中国书法艺术博物馆藏秦封泥选释》，《文物》2001年第12期。
② 王辉：《西安中国书法艺术博物馆藏秦封泥选释》，《文物》2001年第12期。
③ 刘信芳、梁柱：《云梦龙岗秦简》，科学出版社，1997年。

186：左礜桃丞（《印风》），《说文·石部》："礜，毒石也。出汉中。"《秦简·日书甲》："鬼恒召人出宫……以白石投之，则止矣""是□鬼居之，取桃秮。"此或即是驱鬼之官职（图四，39）。

187：右礜桃丞（《印风》），释读见"左礜桃丞"条（图四，40）。

188：左礜桃支（《印风》），释读见"左礜桃丞"条（图四，41）。

189：右礜桃支（《印风》），释读见'左礜桃丞"条（图四，42）。

190：橘官（《印风》），《汉志》蜀郡严道有"木官"。《史·叔孙通列传》："孝惠帝曾春出游离宫……诸果献由此兴。"橘官当是负责生产或贡献橘之官职（图四：43）。

191：恒山候丞（《新见秦封泥中的地理内容》，简称《新见》），《史·封禅书》："自是自崤以东，名山五，大川祠二。曰太室……恒山，泰山，会稽，湘山""常山王有罪，迁，天子封其弟于真定，以续先王祀，而以常山为郡，然后五岳皆在天子之郡。"《汉志》常山郡"高帝置"，张晏曰："恒山在西，避文帝讳，故改曰常山。"由封泥知秦已有恒山郡。"候"释读见"上郡候丞"条（图四，44）。

192：华山（《新见》），此封泥介绍见《新见》，因非封泥全文，故暂不释读[1]。

193：哭原（《新见》），此封泥介绍见《新见》，因非封泥全文，故暂不释读。

194：容趋（《发掘》），王辉先生认为："容，仪容，相貌。《说文》：'走也。'借为促，恭谨貌。《仪礼·聘礼》：'宾入门皇，升堂让，将授志趋。'清俞樾平议：'趋当读为促，古字通用……将授志趋者，谓宾将授玉之时，其志弥促也。'《士相见礼》：'至下，容弥蹙。'注曰："蹙犹促也。促，恭壳貌。"依此，容趋即容貌恭谨，封泥'容趋'殆礼仪官。"[2]（图四，45）

195：容趋丞印（《新见》），释读见"容趋"条（图四，46）。

196：走士（《秦集》），甲骨文、西周铜器有"走马"。《张家·奏谳书》："孔曰：为走士。"陈晓捷先生提出"作为走士，则当亦为掌养马之职"[3]。《张家·二年·秩律》："大行走士、未央走士……秩各六百石，有丞、尉者半之。"表明走士可在很多机构下设置（图四，47）。

197：走士丞印（《秦集》），释读见"走士"条（图四，48）。

198：宦走丞印（《秦集》），走指"走士"，释读见"走士"条。《汉书·苏武传》"宦骑舆黄门驸马争"，师古曰："宦骑，宦者而为骑也。"宦走当为宦者而为走士者（图五，1）。

---

① 周晓陆、刘瑞：《新见秦封泥中的地理内容》，《秦陵秦俑研究动态》2001年第4期。

② 王辉：《秦印封泥考释（五十则）》，《四川大学考古专业创建四十周年暨冯汉骥教授百年诞辰纪念文集》，四川大学出版社，2001年。

③ 陈晓捷：《"走士"考》，《周秦汉唐研究（第一册）》，三秦出版社，1998年。

199：左田之印（《秦集》），释读见"郎中左田"（图五，2）。

200：走翟丞印（《印风》），"走翟"史籍失载，刘庆柱、李毓芳先生认为"'走翟'可能为掌管乐舞之吏的官署或掌北狄事务的属官"①。《张家·二年·秩律》有"翟道""狄道"，表明二者应有区别，不可一概相通（图五，3）。

201：特库之印（《秦集》），"特库"史籍失载，确指不明（图五，4）。

202：特库丞印（《印考》），释读见"特库之印"条（图五，5）。

203：采青丞印（《印风》），王辉先生认为青指青色矿物颜料，"'采青丞'乃主管采青矿石之副官"②（图五，6）。

204：吴炊之印（《印风》），《史·封禅书》："自华以西，名山七，名川五。曰华山，薄山……岳山，岐山，吴岳，鸿冢，渎山……而四大冢鸿、岐、吴、岳，皆有尝禾。""吴岳"：《集解》："徐广曰：在汧也。"《索隐》："案：谓四山为大冢也。又《尔雅》云'山顶曰冢'，盖亦因鸿冢而为号也。"《秦简·法律答问》："保谓爨人？古主爨灶者也。"炊，《说文·火部》："爨也。"吴炊或即是主吴岳祭祀炊造祭品之职署（图五，7）。

205：隧大夫（《西安中国书法艺术博物馆藏秦封泥选释续》③，简称《释续》），《周礼·地官·遂人》："五家为邻，五邻为里，四里为酂，五酂为鄙，五鄙为县，五县为遂，皆有地域沟树之。"《周礼·地官》有"遂大夫"："各掌其遂之政令……掌其政令、戒禁，听其治讼。"为一遂之长官。"遂大夫"或即是"隧大夫"（图五，8）。

206：江左监丞（《印风》），释读见"江右监丞"条。此或可读为"江监左丞"（图五，9）。

207：江右监丞（《印风》），《周礼·天官·监人》："掌监之政令，以共百事之监。"江右或为地名，确指不明。此封泥或可读为"江监右丞"，江指江水，此或为负责江水流域监政之官职（图五，10）。

208：干庮都丞（《印风》），释读见"少府干丞"。《说文·广部》庮："久屋之臭也。"（图五，11）

209：武库丞印（《秦集》），《汉表》："中尉，秦官……属官有……武库……都船、武库有三丞。"由封泥知秦武库仅一丞。《张家·二年·秩律》："武库……秩各六百石，有丞、尉者半之。"（图五，12）

210：上林丞印（《印风》），《汉表》："水衡都尉……属官有上林……初，御羞、上林、衡官及铸钱皆属少府。"（图五，13）

① 刘庆柱、李毓芳：《西安相家巷遗址秦封泥考略》，《考古学报》2001年第4期。
② 王辉：《西安中国书法艺术博物馆藏秦封泥选释》，《文物》2001年第12期。
③ 王辉：《西安中国书法艺术博物馆藏秦封泥选释续》，《陕西历史博物馆馆刊（第八辑）》，2001年。

211：汪府工室（《绩考》），任隆先生认为："汪，古地名。在陕西白水县境内。《左传·文公二年》：'伐秦，取汪及彭衙而还'……此印当为秦中央设在汪地专门管理手工业的机构。"①

212：□剑府印（《选释》），"剑府"史籍失载，王辉先生认为："秦上至王、下至吏、民皆带剑，故设专职以司其事。"②（图五，14）

213：阴御弄印（《印风》），《三辅黄图》："弄田，在未央宫。弄田者，燕戏之田，天子所戏弄耳。"《汉书·昭帝纪》："上耕于钩盾弄田。"《汉书·金日磾传》："为帝弄儿。"《汉书·元后传》："太后弄儿病。""御"释读见"御厩丞印"条。是官史籍失载，或即是为皇帝提供弄者的官职，阴阳之称与职官分左右同（图五，15）。

214：阳御弄印（《印风》），释读见"阴御弄印"条（图五，16）。

215：奴卢之印（《秦集》），"奴卢"史籍失载，确指不明（图五，17）。

216：奴卢府印（《印风》），奴卢设府，知奴卢为机构名，奴卢府为司奴卢机构用具府藏之官职（图五，18）。

217：弩工堂印（《印风》），释读见"少府工室"条。以印文言，当为制造弩之机构（图五，19）。

218：淮阳弩丞（《印风》），《汉书·文帝纪》："淮阳守申屠嘉等十人五百户。"淮阳为郡名。又《汉志》有"淮阳国，高帝十一年置"。由封泥知，淮阳郡置于秦。《汉志》南郡有"发弩官"，淮阳弩丞或为发弩官，或为在淮阳制造弓弩之官（图五，20）。

219：右织（《印风》），《汉表》："少府，秦官……属官有……东织、西织"《汉旧仪》："凡蚕丝絮，织室以作祭服。"由封泥知，秦织室分设左右。《张家·二年·秩律》："东织、西织……秩各六百石，有丞、尉者半之。"（图五，21）

220：左织缦丞（《印风》），释读见"右织"条。"缦丞"史籍未载。《管子·霸形》："令诸侯以缦帛鹿皮报。"缦为无文采的帛。此或即是左织下治缦之官署（图五，22）。

221：右□缦丞（《绩考》），释读见"左织缦丞"条。以上例，当为"右织缦丞"，为右织下治缦之官职。

222：胡□之□（《发掘》），文残，不释。

223：东园□□（《释续》），《汉表》"将作少府，秦官……属官有……东园主章"。师古曰："东园主章掌大材，以供东园大匠也""少府，秦官……属官有……东园匠。"师古曰："东园匠，主作陵内器物者也。"《张家·二年·秩律》："东园主章……秩各六百石，有丞、尉者半之。"（图五，28）

---

① 任隆：《秦封泥官印绩考》，《秦陵秦俑研究动态》1998 年第 3 期。
② 王辉：《西安中国书法艺术博物馆藏秦封泥选释》，《文物》2001 年第 12 期。

224：池室之印（《印风》），《汉表》："少府，秦官，掌山海池泽之税，以给共养……属官有……上林中十池监。""池室"之"室"或"工室"省，见"少府工室"条（图五，23）。

225：狡士之印（《印风》），《史・司马相如列传》："蜀人杨得意为狗监。"《集解》："郭璞曰：主猎犬也。"《说文》："狡，少狗也……匈奴地有狡犬，巨口而黑身。"《秦简・法律答问》："可（何）谓'宫狡士''外狡士'？皆主王犬者也。"狡士当是主管王用猎犬之官职（图五，24）。

226：行平官印（《印风》），"行平官"史籍失载，其意不明（图五，25）。

227：□中材膾（《印风》），文残，不释（图五，26）。

228：中夫□□（《发掘》），文残，不释。

229：□阳□守（《秦集》），文残，为秦郡守印。秦郡有阳字者，有南阳、广阳、渔阳、博阳、城阳、东阳等，确指不明（图五，27）。

230：□□郡印（《发掘》），文残，为秦郡印（图五，29）。

231：文□丞□（《发掘》），文残，不释。

232：□上□印（《发掘》），文残，不释。

233：咸阳（《秦集》），秦首都，《汉志》："渭城，故咸阳，高帝元年更名新城，七年罢，属长安"。《史・秦本纪》："孝公十二年，作为咸阳，筑冀阙，秦徙都之。"《史・高祖本纪》："高祖常徭咸阳。"《索隐》："名咸阳者，山南曰阳，水北亦曰阳，其地在渭水之北，又在九嵕山之南，故曰咸阳。"《张家・二年・秩律》："咸阳……秩各八百石，有丞、尉者半之。"（图五，30）

234：咸阳丞印（《秦集》），释读见"咸阳"条。《汉表》："县令、长皆秦官，掌治其县。"（图五，31）

235：咸阳工室（《发掘》），释读见"咸阳""少府工室"条（图五，32）。

236：咸阳工室丞（《印考》），释读见"咸阳工室"条（图五，33）。

237：咸阳亭印（《印风》），释读见"咸阳"条。《汉表》云："大率十里一亭，亭有长……县大率方百里，其民稠则减，稀则旷，乡、亭亦如之，皆秦制也。"（图五，34）

238：咸阳亭丞（《印风》），释读见"咸阳亭印"条（图五，35）。

239：栎阳丞印（《印风》），秦县，《史・秦本纪》："（献公）二年，城栎阳。"《张家・二年・秩律》："栎阳……秩各千石，丞四百石。"（图五，36）

240：栎阳右工室丞（《印风》），释读见"栎阳丞印""少府工室"条。由封泥知，栎阳所设工室分置左右。《张家・二年・秩律》："右工室……秩各六百石，有丞、尉者半之。"（图五，37）

241：栎阳左工室丞（《新见》），释读见"栎阳右工室丞"条（图五，38）。

242：雍丞之印（《印风》），为秦之旧都，《汉志》："雍，秦惠公都之，有五畤。"

应劭曰："四面积高曰雍。"《史·秦本纪》："德公元年，初居雍，城大郑宫……卜居雍。"（图五，39）

243：雝工室印（《印风》），释读见"雝丞之印""少府工室"条（图五，40）。

244：雝工室丞（《秦集》），释读见"雝工室印"条（图五，41）。

245：雝祠丞印（《印风》），《汉志》雍县下注："有五畤。太昊、黄帝以下祠三百三所。"《史·封禅书》："而雍有日、月、参、辰、南北斗、荧惑、太白、岁星、填星（辰星）、二十八宿、风伯、雨师、四海、九臣、十四臣、诸布、诸严、诸逑之属，百有余庙……各以岁时奉祠。""雝祠"或即是管理雍地诸祠之官职（图五，42）。

246：西丞之印（《发掘》），《史·秦本纪》："周宣王乃召庄公昆弟五人，兴兵七千人，使伐西戎，破之。于是复予秦仲后，及其先大骆地犬丘并有之，为西垂大夫。"《正义》："《括地志》云：秦州上邽县西南九十里，汉陇西西县是也。"西《汉志》属陇西郡（图五，43）。

247：西共（《发掘》），"共"即"共厨"。《史·封禅书》："西亦有数十祠。"《索隐》："西即陇西之西县，秦之旧都，故有祠焉。""西共"为西县共厨省称（图五，44）。

248：西共丞印（《印风》），释读见"西共"条（图五，45）。

249：西监（《秦集》），释读见"西丞之印"条。《汉志》："陇西郡，秦置……有铁官、盐官。"《水经注·漾水注》："右则盐官水南入焉。水有盐官，在嶓冢西五十许里，相承营煮不辍，味与海盐同。故《地理志》云：西县有盐官是也。"（图五，46）

250：西采金印（《印风》），释读见"西丞之印"条。周晓陆、路东之先生认为："是金当如本字作黄金解，则此又为黄金之官。"[1]（图五，47）

251：西田□□（《新见》），释读见"西丞之印"条。"田"或指田官，或指田猎官，疑不可定（图五，48）。

252：丽邑丞印（《新见》），秦县《史·秦始皇本纪》："始皇享国三十七年，葬郦邑。"《汉志》："新丰，骊山在南，故骊戎国。秦曰骊邑。"《史·秦始皇本纪》："秦置丽邑。"《张家·二年·秩律》："郦……秩各六百石，有丞、尉者半之。"《张家·奏谳书》："恢居丽邑建成里。"（图六，1）

253：丽山食官（《印风》），丽山为始皇陵园，《史·秦始皇本纪》："葬始皇郦山。始皇初即位，穿治郦山……"《汉表》："奉常，秦官，掌宗庙礼仪……属官有……又诸庙寝园食官令长丞。"（图六，2）

254：漆丞之印（《印风》），秦县，《汉志》属右扶风（图六，3）。

255：芷阳丞印（《印风》），秦县，《汉志》属京兆尹，"霸陵，故芷阳，文帝更名"。《史·秦本纪》："昭襄王享国五十六年，葬芷阳。"（图六，4）

---

[1]　王辉：《西安中国书法艺术博物馆藏秦封泥选释》，《文物》2001年第12期。

256：好畤（《新见》），秦县，《汉志》属右扶风。《张家·二年·秩律》："好畤……秩各千石，丞四百石。"（图六，5）

257：好畤丞印（《印风》），释读见"好畤"条（图六，6）。

258：西成丞印（《秦集》），《汉志》汉中郡有西城县。西成或即"西城"。《张家·二年·秩律》："西成……秩各八百石，有丞、尉者半之。"整理组注："西成，即西城。"（图六，7）

259：卢氏丞印（《印风》），秦县，《汉志》属弘农郡。《张家·二年·秩律》："卢氏……秩各六百石，有丞、尉者半之。"（图六，8）

260：丰丞（《秦集》），秦县《史·周本纪》："明年，伐崇侯虎。而作农邑，自岐下而徙都农。"《集解》："徐广曰：农在京兆户县东，有灵台。"《张家·二年·秩律》："酆……秩各千石，丞四百石。"（图六，9）

261：丰玺（《发掘》），释读见"丰丞""寺工丞玺"条（图六，10）。

262：成都丞印（《秦集》），秦县，《汉志》属蜀郡。《史·司马相如列传》："司马相如者，蜀郡成都人也，字长卿。"《水经注·江水注》："仪筑成都，以象咸阳。"《张家·二年·秩律》："成都……秩各千石，丞四百石。"（图六，11）

263：驺丞之印（《印风》），驺有为官名和地名二解：《说文》："驺，厩御也。"《汉书·惠帝纪》："驺比外郎。"师古曰："驺本厩之驭者，后又令为骑，因谓驺骑耳。"《秦简·秦律杂抄》："驾驺除四岁，不能驾御，货教者一盾……"整理组注：驾驺，即厩御，为官长驾车的人。驺为县名，《汉志》属鲁国，"故邾国，曹姓。二十九世为楚所灭"（图六，12）。

264：云阳（《印风》），秦县，《汉志》属左冯翊。《史·秦始皇本纪》："三十五年，除道，道九原，抵云阳。"《张家·二年·秩律》："云阳……秩各八百石，有丞、尉者半之。"（图六，13）

265：云阳丞印（《印风》），释读见"云阳"条（图六，14）。

266：襄德丞印（《秦集》），秦县，《汉志》属左冯翊。《史·周勃世家》："赐食邑怀德。"《张家·二年·秩律》："怀德……秩各六百石，有丞、尉者半之。"（图六，15）

267：壤德□□（《新见》），释读见"襄德丞印"条，壤德即襄德（图六，16）。

268：翟导丞印（《印风》），秦县，《汉志》属左冯翊。导同道，《汉表》："列侯所食县曰国，皇太后、皇后、公主所食曰邑，有蛮夷曰道。"《汉官旧仪》："内郡为县，三边为道。"《张家·二年·秩律》："翟道……秩各六百石，有丞、尉者半之。"（图六，17）

269：高陵丞印（《印风》），秦县，《汉志》属左冯翊（图六，18）。

270：杜丞之印（《印风》），秦县，《汉志》京兆尹有"杜陵"县。《史·秦本纪》："十一年，初县杜、郑。"（图六，19）

271：郿（？）丞之印（《秦集》），秦县，《汉志》属右扶风。《史·白起列传》：

"白起者，郿人也。"（图六，20）

272：下邽丞印（《印风》），秦县，《汉志》属京兆尹，应劭曰："秦武公伐邽戎，置有上邽，故加下。"师古曰："邽音圭。取邽戎之人而来为此县。"《张家·二年·秩律》："下邽……秩各八百石，有丞、尉者半之。"（图六，21）

273：华阳丞印（《印风》），《汉志》："华阳、黑水惟梁州。"《史·白起列传》："白起攻魏，拔华阳，走芒卯。"《史·秦本纪》："客卿胡阳攻魏卷、蔡阳、长社，取之，攻芒卯、华阳，破之。"《集解》："司马彪曰：华阳，亭名，在密县。"《正义》："《括地志》：'故华阳在郑州管城县南三十里。《国语》云史伯封郑桓公，虢、郐十邑，华其一也。华阳即此城也。'按：是时韩、赵聚兵于华阳攻秦，即此矣。"（图六，22）

274：华阳禁印（《印风》），此或即是设于华阳之禁用印，释读见"华阳丞印"条（图六，23）。

275：宁秦丞印（《印风》），秦县，《汉志》属京兆尹，"华阳，故阴晋，秦惠文王五年更名宁秦，高帝八年更名华阳"。《史·六国年表》："魏以阴晋为和，命曰宁秦。"（图六，24）

276：商丞之印（《印风》），秦县，《汉志》属弘农郡，"秦相卫鞅邑也"。《张家·二年·秩律》："商……秩各六百石，有丞、尉者半之。"（图六，25）

277：蓝田丞印（《印风》），秦县，《汉志》属京兆尹。《史·六国年表》献公六年，"初置蒲、蓝田"。《张家·二年·秩律》："蓝田……秩各八百石，有丞、尉者半之。"（图六，26）

278：重泉□印（《秦集》），秦县，《汉志》属左冯翊。《史·秦本纪》："简公六年……堑洛，城重泉。"《张家·二年·秩律》："重泉……秩各八百石，有丞、尉者半之。"（图六，27）

279：南郑丞印（《印风》），秦县，《汉志》属汉中郡。《史·秦本纪》：惠公"十三年，伐蜀，取南郑"。《张家·二年·秩律》："南郑……秩各八百石，有丞、尉者半之。"（图六，28）

280：频阳丞印（《印风》），秦县，《汉志》属左冯翊，"秦属公置"。应劭曰："在频水之阳。"《史·秦本纪》："二十一年，初县频阳。"《张家·二年·秩律》："频阳……秩各千石，丞四百石。"（图六，29）

281：洛都（《秦集》），秦县，《汉志》属上郡。《张家·二年·秩律》："洛都……秩各六百石，有丞、尉者半之。"（图六，30）

282：洛都丞印（《秦集》），释读见"洛都"条（图六，31）。

283：美阳（《新见》），秦县，《汉志》属右扶风，"有高泉宫，秦宣太后起也"。《张家·二年·秩律》："美阳……秩各六百石，有丞、尉者半之。"（图六，32）

284：美阳丞印（《印风》），释读见"美阳"条（图六，33）。

285：泾下家马（《印风》），泾指泾阳，《汉志》属安定郡。《史·秦本纪》："肃灵公，昭子子也。居泾阳。"此当属设于泾阳之"下家马"（图六，34）。

286：犛丞之印（《印风》），秦县，《汉志》属右扶风，"周后稷所封"。《张家·二年·秩律》："犛……秩各八百石，有丞、尉者半之。"（图六，35）

287：取（？）卢丞印（《印风》），秦县，《汉志》属临淮郡。《史·陈涉世家》："取卢人郑布。"（图六，36）

288：符离（《新见》），秦县，《汉志》属沛郡。《史·陈涉世家》："符离人朱鸡石。"（图六，37）

289：长社丞印（《印风》），秦县，《汉志》属颍川郡。《史·秦本纪》："客卿胡阳攻魏卷、蔡阳、长社，取之。"《张家·二年·秩律》："长社……秩各六百石，有丞、尉者半之。"（图六，38）

290：蔡阳丞印（《秦集》），秦县，《汉志》属南阳郡。《史·秦本纪》："客卿胡阳攻魏卷、蔡阳、长社，取之。"（图六，39）

291：邯郸之丞（《印风》），秦县，《汉志》属赵国，"故秦邯郸郡，高帝四年为赵国，景帝三年复为邯郸郡，五年后故"。此当为邯郸郡县邯郸之丞印（图六，40）。

292：邯郸造工（《印风》），释读见"邯郸之丞"条。"造工"文献失载，以字面意，为制造器物之官（可能与汉漆器铭文所见"造工"职署有异）。《后汉·百官志》："凡郡县……有工多者置工官，主工税物。"此当为邯郸郡之造工（图六，41）。

293：邯造工丞（《印风》），释读见"邯郸造工"条（图六，42）。

294：南阳郎丞（《发掘》），《汉志》有南阳郡，"秦置"。"郎丞"所指不明（图六，43）。

295：方兴丞印（《秦集》），秦县，《汉志》属山阳郡。《史·高祖本纪》："攻胡陵、方与。"（图六，44）

296：徐无丞印（《印风》），秦县，《汉志》属右北平郡（图六，45）。

297：四川太守（《印风》），四川即泗水，《汉志》："沛郡，故秦泗水郡。高帝更名。"《水经注·睢水注》："相县，故宋地也。秦始皇二十三年以为泗水郡。"《史·高祖本纪》："秦泗川监平……沛公左司马得泗川守壮。"《秦简·封诊式》："成都上恒书太守处，以传食。"《张家·二年·秩律》："郡守……秩各二千石。"（图六，46）

298：四川水丞（《发掘》），释读见"四川太守"条。《后汉·百官志》："凡郡县……有水池及鱼利多者置水官，主平水收渔税。"四川多河流，此为司水之官职（图六，47）。

299：四□尉□（《释绩》），释读见"四川太守"条。或即为"四川尉印"。《汉表》："郡尉，秦官，掌佐守典武职甲卒，秩比二千石。"《张家·二年·秩律》："郡守、尉……秩各二千石。"（图六，48）

300：代马丞印（《印风》），代为秦郡，《汉志》："代郡，秦置。""马丞"为负责养马之官职（图七，1）。

301：河间尉印（《印风》），河间为郡名，《汉志》有河间国。"尉"释读见"四□尉□"条（图七，2）。

302：建陵丞印（《秦集》），秦县，《汉志》属东海郡（图七，3）。

303：兰干丞印（《秦集》），秦县，《汉志》属天水郡（图七，4）。

304：下邑丞印（《印风》），秦县，《汉志》属梁国，"故秦砀郡"。《史·高祖本纪》："攻下邑。"（图七，5）

305：夷舆丞印（《印风》），秦县，《汉志》属上谷郡（图七，6）。

306：夷□（《发掘》），文残，不释。

307：浮阳丞印（《印风》），秦县，《汉志》属渤海郡（图七，7）。

308：慎丞之印（《印风》），秦县，《汉志》属汝南郡。《张家·二年·秩律》："慎……秩各八百石，有丞、尉者半之。"（图七，8）

309：新蔡丞印（《印风》），秦县，《汉志》属汝南郡。《史·陈涉世家》："宋留……东至新蔡"（图七，9）。

310：彭城丞印（《印风》），秦县，《汉志》属楚国。《汉书·高帝纪》："徙怀王自盱台都彭城"。（图七，10）

311：宜阳丞印（《新见》），秦县，《汉志》属弘农郡。《史·秦本纪》："庶长封伐宜阳"（图七，11）。

312：长平丞印（《印风》），秦县，《汉志》属汝南郡。《史·秦始皇本纪》："五年，将军骜攻魏，定酸枣、燕、虚、长平。"赵亦有长平：《史·秦本纪》："秦使武安君白起击，大破赵于长平。"（图七，12）

313：朐衍道丞（《印风》），秦县，《汉志》属北地郡。《史·匈奴列传》："岐、梁山、泾、漆之北有义渠、大荔、乌氏、朐衍之戎。"《汉表》云："有蛮夷曰道。"《张家·二年·秩律》："朐衍道……秩各六百石，有丞、尉者半之。"此批汉简中另有"朐衍"，整理组注疑为抄重（图七，13）。

314：安邑丞印（《印风》），秦县，《汉志》属河东郡。《史·秦本纪》："（孝公）十年，卫鞅为大良造，将兵围魏安邑，降之。"（图七，14）

315：叶丞之印（《秦集》），秦县，《汉志》属南阳郡。《史·项羽本纪》："南走宛、叶。"《张家·二年·秩律》："叶……秩各六百石，有丞、尉者半之。"（图七，15）

316：庸丞□印（《新见》），秦县，《汉书·英布传》："上乃壁庸城。"《汉志》："庸，管叔尹之。"（图七，16）

317：东武阳丞（《印风》），秦县，《汉志》属东郡，应劭曰："武水之阳也。"《张家·二年·秩律》："东武阳……秩各六百石，有丞、尉者半之。"（图七，17）

318：柘丞之印（《新见》），秦县，《汉志》属淮阳国。《史·陈涉世家》："攻铚、酂、苦、柘、谯，皆下之。"徐广曰："苦、柘属陈。"（图七，18）

319：砀丞之印（《新见》），秦县，《汉志》属梁国。《汉书·高帝纪》："耐道砀至城阳与杠里。"（图七，19）

320：上雒丞印（《印风》），秦县，《汉志》属弘农郡。《张家·二年·秩律》："上雒……秩各六百石，有丞、尉者半之。"（图七，20）

321：雒阳丞印（《印风》），秦县，《汉志》属河南郡，"周公迁殷遗民，是为成周"。《史·项羽本纪》："故立申阳为河南王，都雒阳。"《正义》："《舆地志》云：成周之地，秦庄襄王以为洛阳县，三川守理之。后汉都洛阳，改为雒。汉以火德，忌水，故去洛旁'水'而加'隹'。"由封泥知，秦已用"雒"。《张家·二年·秩律》："雒阳……秩各千石，丞四百石。"（图七，21）

322：猴氏丞印（《释续》），秦县，《汉志》属河南郡，"刘聚，周大夫刘子邑"（图七，22）。

323：新成阳丞（《印风》），新成阳史籍失载，所指不明。《汉志》济阴郡有"城阳"，汝南郡有成阳侯国。"新成阳"亦可读"新阳成"。《张家·二年·秩律》："阳成……秩各六百石，有丞、尉者半之。"（图七，23）

324：新城父丞（《印风》），新城父史籍失载，所指不明。城父有二，《汉志》一属沛郡，一属颍川郡。《张家·二年·秩律》："城父……秩各八百石，有丞、尉者半之。"（图七，24）

325：新东阳丞（《印风》），新东阳史籍失载，所指不明（图七，25）。

326：鲁阳丞□（《印风》），秦县，《汉志》属南阳郡（图七，26）。

327：虏娄丞印（《释续》），史籍失载，王辉先生认为即是《汉志》庐江郡之雩娄县[①]（图七，27）。

328：历阳丞印（《印风》），秦县，《汉志》属九江郡（图七，28）。

329：虹丞之印（《印风》），秦县，《汉志》属沛县（图七，29）。

330：郑丞之印（《印风》），秦县，《汉志》属琅邪郡（图七，30）。

331：僮丞之印（《印风》），秦县，《汉志》属临淮郡（图七，31）。

332：徐丞之印：（《印风》），秦县，《汉志》属临淮郡（图七，32）。

333：晦陵丞印（《印风》），史籍失载，王辉先生认为："晦疑读为海"，乃《汉志》临淮郡之海陵县[②]（图七，33）。

334：□阳丞印（《印风》），文残，不释（图七，34）。

---

① 王辉：《西安中国书法艺术博物馆藏秦封泥选释续》，《陕西历史博物馆馆刊（第八辑）》，2001年。

② 王辉：《西安中国书法艺术博物馆藏秦封泥选释续》，《陕西历史博物馆馆刊（第八辑）》，2001年。

335：东晦□马（《印风》），史籍失载，王辉先生认为"'东晦'应为东海"，《汉志》有东海郡。缺字为"司"，"东海司马"为郡司马 [1]（图七，35）。

336：吴丞之印（《印风》），秦县，《汉志》属会稽郡。《史·秦始皇本纪》："还过吴。"（图七，36）

337：阆中丞印（《印风》），秦县，《汉志》属巴郡（图七，37）。

338：阴密丞印（《印风》），秦县，《汉志》属安定郡（图七，38）。

339：安武丞印（《印风》），秦县，《汉志》属安定郡（图七，39）。

340：彭阳丞印（《印风》），秦县，《汉志》属安定郡（图七，40）。

341：方渠除丞（《释续》），秦县，《汉志》北地郡旧点读有方渠、除道两县，由封泥知"方渠除道"应为一名。《张家·二年·秩律》："方渠除道……秩各六百石，有丞、尉者半之。"（图七，41）

342：万渠除丞（《印风》），公布之此封泥与上枚封泥首字一为"方"，一为"万"，其余保存状况全同，是否为两种封泥？其原因不详。"万渠除"，史籍失载（图七，42）。

343：平城丞印（《印风》），秦县，《汉志》属雁门郡（图七，43）。

344：阳夏丞印（《印风》），秦县，《汉志》属淮阳国（图七，44）。

345：吕丞之印（《印风》），秦县，《汉志》属楚国（图七，45）。

346：略阳丞印（《印风》），秦县，《汉志》属天水郡（图七，46）。

347：溥道（《释续》），秦县，《汉志》属山阳郡。

348：溥道丞印（《印风》），释读见"溥道"（图七，47）。

349：安丰丞印（《印风》），秦县，《汉志》属六安国（图七，48）。

350：女阳丞印（《印风》），秦县，《汉志》属汝南郡。应劭曰："汝水出弘农，入淮。"师古曰："女读曰汝……汝阴亦同。"（图八，1）

351：承丞之印（《秦集》），秦县，《汉志》属东海郡（图八，2）。

352：游阳丞印（《印风》），秦县，《汉志》失载。游阳当在游水流域附近（图八，3）。

353：任城（《新见》），秦县，《汉志》属东平国（图八，4）。

354：任城丞印（《印风》），释读见"任城"条（图八，5）。

355：邓印（《新见》），秦县，《汉志》属南阳郡。《史·秦本纪》："左更错取轵及邓。"《张家·二年·秩律》："邓……秩各六百石，有丞、尉者半之。"（图八，6）

356：邓丞之印（《秦集》），释读见"邓印"条（图八，7）。

357：济阴丞印（《印风》），秦县，《汉志》属济阴郡（图八，8）。

358：临晋丞印（《印风》），秦县，《汉志》属左冯翊，"故大荔，秦获之，更名"。

---

[1] 王辉：《西安中国书法艺术博物馆藏秦封泥选释续》，《陕西历史博物馆馆刊（第八辑）》，2001 年。

应劭曰："临晋水，故曰临晋。"臣瓒曰："晋水在河之间，此县在河之西，不得云临晋水也。旧说曰：秦筑高垒以临晋国，故曰临晋也。"师古曰："瓒说是也。"《张家·二年·秩律》："临晋……秩各千石，丞四百石。"（图八，9）

359：南顿（《秦集》），秦县，《汉志》属汝南郡。应劭曰："顿迫于陈，其后南徙，故号南顿。"（图八，10）

360：南顿丞印（《秦集》），释读见"南顿"条（图八，11）。

361：相丞之印（《印风》），秦县，《汉志》属沛郡。《史·曹相国世家》："南至蕲，还定竹邑、相、箫、留。"《史·项羽本纪》："项籍者，下相人也。"应劭云："相，水名，出沛国。沛国有相县。"《正义》：《括地志》云：相故城在泗州宿豫县西北七十里，秦县。"（图八，12）

362：般阳丞印（《印风》），秦县，《汉志》属济南郡，应劭曰："在般水之阳。"（图八，13）

363：卢丞之印（《印风》），秦县，《汉志》属泰山郡。《史·曹相国世家》："还定济北郡，攻著、漯阴、平原、鬲、卢。"（图八，14）

364：旱丞之印（《发掘》），《汉志》汉中郡南郑："旱山，池水所出，东北入汉。""旱丞"或即是"旱山丞"省称，有可能为祭祀旱山之官职（图八，15）。

365：阳都丞印（《发掘》），秦县，《汉志》属城阳国（图八，16）。

366：阳都船印（《发掘》），《汉表》："中尉，秦官，掌徼循京师……属官有……都船。"如淳曰："都船狱令，治水官也。"刘庆柱、李毓芳先生认为都船属官分设阴、阳，"此犹秦汉之官设左、右，阳都船当为都船所属官署"（图八，17）。

367：阴都船丞（《发掘》），释读见"阳都船印"条（图八，18）。

368：阳都船丞（《发掘》），释读见"阳都船印"条（图八，19）。

369：谷寇丞印（《印风》），文残，释读存疑（图八，20）。

370：傿陵□□（《发掘》），秦县，《汉志》属颍川郡。《张家·二年·秩律》："鄢陵……秩各六百石，有丞、尉者半之。"（图八，21）

371：陉山（《发掘》），《史·楚世家》："魏闻楚丧，伐楚，取我陉山。"《正义》："《括地志》云：陉山在郑州新郑县西南三十里。"

372：□山□丞（《发掘》），文残，不释。

373：乌呈之印（《秦集》），《汉志》会稽郡有"乌程"县（图八，22）。

374：寿陵丞印（《发掘》），秦县，"寿陵"有二：一为孝文王陵，《史·秦始皇本纪》："孝文王享国十一年，葬寿陵。"二见《史·秦始皇本纪》："六年，韩、魏、赵、卫、楚共击秦，取寿陵。"《正义》："徐广曰：'在常山。'按：本赵邑也。"（图八，23）

375：灄丘丞印（《发掘》），秦县，《汉志》右扶风："槐里，周曰犬丘，懿王都之。秦更名废丘。"《史·高祖本纪》："引水灌废丘，废丘降。章邯自杀，更名废丘为槐

里。"《秦简·封诊式》："告灋丘主。"《张家·二年·秩律》："槐里……秩各千石，丞四百石。"（图八，24）

376：废丘（《印风》），释读见"灋丘丞印"条（图八，25）。

377：废丘丞印（《印风》），释读见"灋丘丞印"条（图八，26）。

378：鲁丞之印（《发掘》），秦县，《汉志》属鲁国（图八，27）。

379：成固□印（《发掘》），秦县，《汉志》属汉中郡。《张家·二年·秩律》："成固……秩各八百石，有丞、尉者半之。"

380：芒丞之印（《印风》），秦县，《汉志》属砀郡。《史·高祖本纪》："隐于芒、砀山泽岩石之间。"（图八，28）

381：蕃丞之印（《印风》），秦县，《汉志》属鲁国（图八，29）。

382：平与丞印（《发掘》），秦县，《汉志》属汝南郡（图八，30）。

383：女阴（《发掘》），秦县，《汉志》属汝南郡。《张家·二年·秩律》："女阴……秩各六百石，有丞、尉者半之。"（图八，31）

384：女阴丞印（《秦集》），释读见"女阴"条（图八，32）。

385：高栎□□（《发掘》），秦县，《史·曹相国世家》："击三秦军壤东及高栎，破之。"《索隐》："按：文颖云：'壤乡、高栎皆地名也。'然尽在右扶风，今其地阙也。"《正义》："皆村邑名。壤乡，在今雍州武功县东南一十余里高壤乡，是高栎近壤乡也。"（图八，33）

386：巴左工印（《发掘》），《汉志》："巴郡，秦置。"左工或为左工室省称（图八，34）。

387：下相丞印（《印风》），秦县，《汉志》属临淮郡。《史·项羽本纪》："项籍者，下相人也。"（图八，35）

388：厹猷丞印（《发掘》），秦县，《汉志》属临淮郡（图八，36）。

389：寿春丞印（《新见》），秦县，《汉志》属九江郡。《史·高祖本纪》"围寿春"（图八，37）。

390：薛丞之印（《印风》），秦县，《汉志》属鲁国（图八，38）。

391：郯丞之印（《印风》），秦县，《汉志》属东海郡。《史·靳歙列传》："略地东至缯、郯、下邳。"（图八，39）

392：轵丞之印（《印风》），秦县，《汉志》属河内郡。《张家·二年·秩律》："轵……秩各八百石，有丞、尉者半之。"（图八，40）

393：酂丞之印（《印风》），秦县，有二：一属沛郡，《史·陈涉世家》："葛婴攻铚、酂、苦、柘、谯，皆下之。"徐广曰："苦、柘属陈，余皆在沛也。"二属南阳郡，《史·萧相国世家》："高祖以萧何功最盛，封为酂侯。"《集解》："瓒曰：'今南乡酂县也。'孙检曰：有二县，音字多乱，其属沛郡者音嵯，属南阳者音酂。"《张家·二

年·秩律》："酂……秩各八百石，有丞、尉者半之。"（图八，41）

394：长武丞印（《印风》），史籍未载，所属不明（图八，42）。

395：新阴□□（《印风》），文残，不释（图八，43）。

396：堂邑丞印（《印考》），秦县，《汉志》属临淮郡（图八，44）。

397：颍阳丞印（《印风》），秦县，《汉志》属颍川郡。应劭曰："颍水出阳城。"《汉书·周勃列传》："攻颍阳。"《张家·二年·秩律》："颍阳……秩各六百石，有丞、尉者半之。"（图八，45）

398：蜀左织官（《印考》），《汉志》："蜀郡，秦置。"《史·秦本纪》："司马错伐蜀，灭之。"左织官见"右织"条。由封泥知蜀郡亦设左织（图八，46）。

399：温丞之印（《印风》），秦县，《汉志》属河内郡（图八，47）。

400：东阿丞印（《印风》），秦县，《汉志》属东郡。《史·项羽本纪》："与田荣、司马龙且军救东阿。"《正义》："《括地志》云：东阿故城在济州东阿县西南二十五里，汉东阿县城，秦时齐之阿也。"《张家·二年·秩律》："东阿……秩各六百石，有丞、尉者半之。"（图八，48）

401：阳安丞印（《秦集》），秦县，《汉志》属汝南郡。《张家·二年·秩律》："阳安……秩各六百石，有丞、尉者半之。"（图八，49）

402：蒲反丞印（《秦集》），秦县，《汉志》属河东郡，"故曰蒲，秦更名"。应劭曰："秦始皇东巡路见长坂，故曰'反'云。"孟康曰："本蒲也，晋文公以赂秦，后秦人还蒲，魏人喜曰'蒲反矣'。谓秦名之，非也。"臣瓒曰："《秦世家》云'以垣务蒲反'，然则本非蒲也。"师古曰："应说是。"《张家·二年·秩律》："蒲反……秩各八百石，有丞、尉者半之。"（图八，50）

403：襄城丞印（《秦集》），秦县，《汉志》属颍川郡。《史·秦本纪》："拔新城。"《正义》："年表云：'秦败我襄城，杀景缺。'《括地志》云："许州襄城县即古新城县也。"《张家·二年·秩律》："襄城……秩各六百石，有丞、尉者半之。"（图八，51）

404：西陵丞印（《印风》），秦县，有二：一，《汉志》属江夏郡。《史·楚世家》："秦将白起拔我西陵。"二，《史·秦始皇本纪》："出子享国六年，居西陵。"《索隐》："一云居西陂。"《张家·二年·秩律》："西陵……秩各六百石，有丞、尉者半之。"整理组注："汉初疑属南郡。"（图八，52）

405：郢采金丞（《发掘》），《汉志》南郡属县有郢，为楚都。采金释读见"西采金印"条（图八，53）。

406：上官□（《秦集》），文残。《史·三王世家》有"上官桀"（图九，1）。

407：聂华（《秦集》），《史·韩世家》有"聂政"，《史·秦本纪》有"女华"（图九，2）。

408：王童（《印风》），《史·秦始皇本纪》有"王翦"，《史·项羽本纪》有"吕马童"（图九，3）。

409：步婴（《印风》），《史·仲尼弟子列传》有"步叔乘"，《史·秦本纪》有"子婴"（图九，4）。

410：任寅（《印风》），《史·秦本纪》有"任鄙"，《史·晋世家》有"中行寅"（图九，5）。

411：意工（《发掘》），《史·五帝本纪》有"昌意"。

412：郭延（《秦集》），《史·高祖本纪》有"郭蒙"，《史·吕太后本纪》有"少府延"（图九，6）。

413：福（《印风》），《史·晋世家》有"成侯子福"（图九，7）。

414：昔齿（《印风》），《史·高祖本纪》有"雍齿"（图九，8）。

415：司马歇（《秦集》），《史·秦本纪》有"司马错"，《史·项羽本纪》有"赵歇"（图九，9）。

416：赵□（《发掘》），文残。《史·晋世家》有"赵盾"。

417：苏段（《秦集》），《史·秦始皇本纪》有"苏秦"，《史·郑世家》有"叔段"（图九，10）。

418：桓段（《印风》），《史·秦始皇本纪》有"桓齮"，《史·郑世家》有"叔段"（图九，11）。

419：无字封泥（1种）。出土品和流散品中均有无字封泥，无字原因不详。

此外，随文附上无图封泥，如下。

廷尉　□宰□□　水□　□史　募人　鹿□禁□　华山　哭原　汪府工室　右□缦丞
胡□之□　中夫□□　文□丞□　□土□印　夷□　溥导　陉山　□山□丞
成固□印　意工　赵□

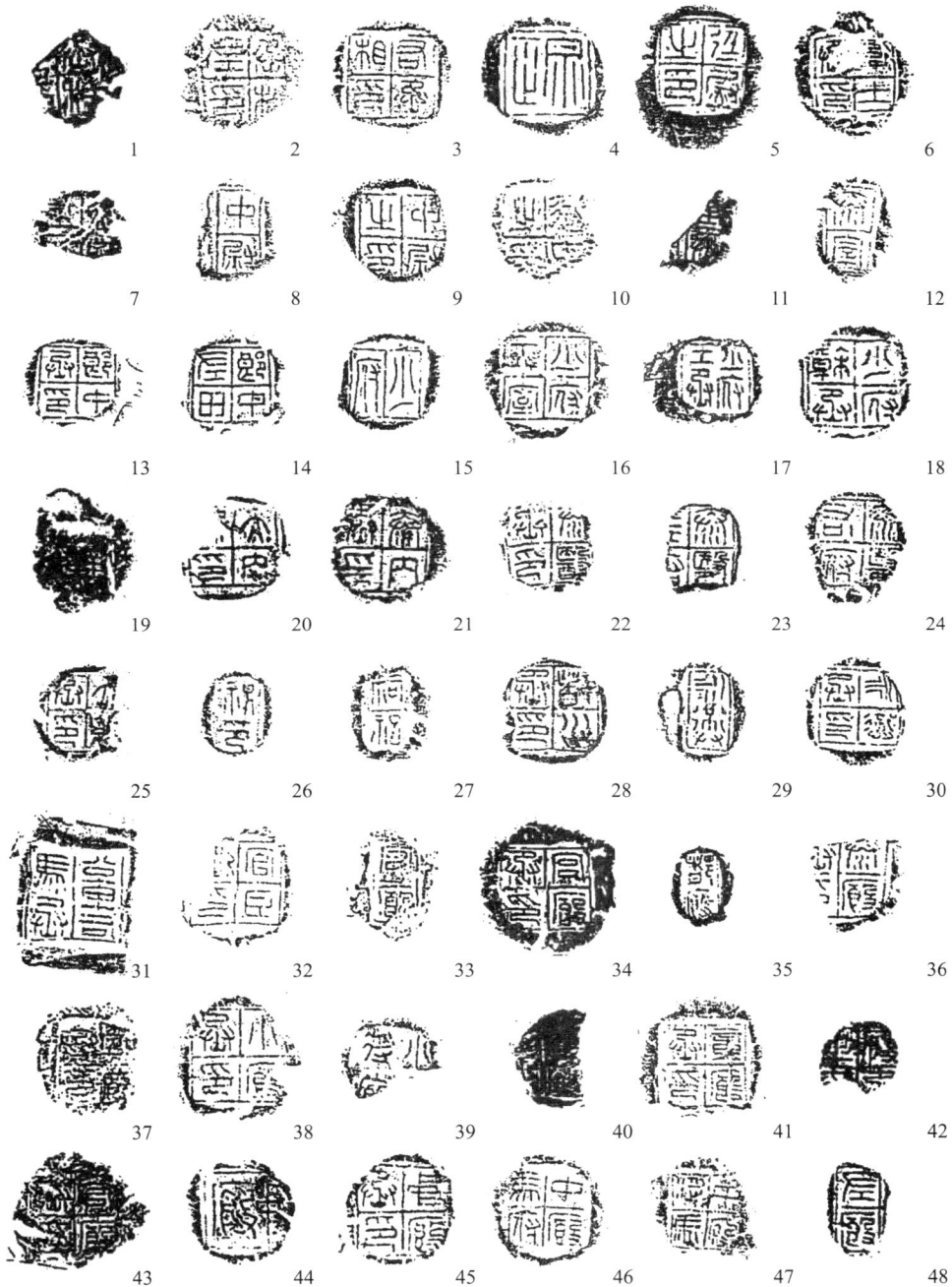

图一

1：丞相之印　2：左丞相印　3：右丞相印　4：宗正　5：廷尉之印　6：卫士丞印　7：卫尉之印　8：中尉
9：中尉之印　10：御史之印　11：奉□丞印　12：泰宰　13：郎中丞印　14：郎中左田　15：少府
16：少府工室　17：少府工丞　18：少府干丞　19：宰胥　20：大内丞印　21：泰内丞印　22：泰医丞印
23：泰医左府　24：泰医右府　25：大医丞印　26：祝印　27：祠祀　28：都水丞印　29：永巷
30：永巷丞印　31：公车司马丞　32：官臣丞印　33：宫厩　34：宫厩丞印　35：都厩　36：泰厩丞印
37：御厩丞印　38：小厩丞印　39：小厩将马　40：章厩　41：章厩丞印　42：厩丞之印　43：官厩丞印
44：中厩　45：中厩丞印　46：中厩马府　47：中厩将马　48：左厩

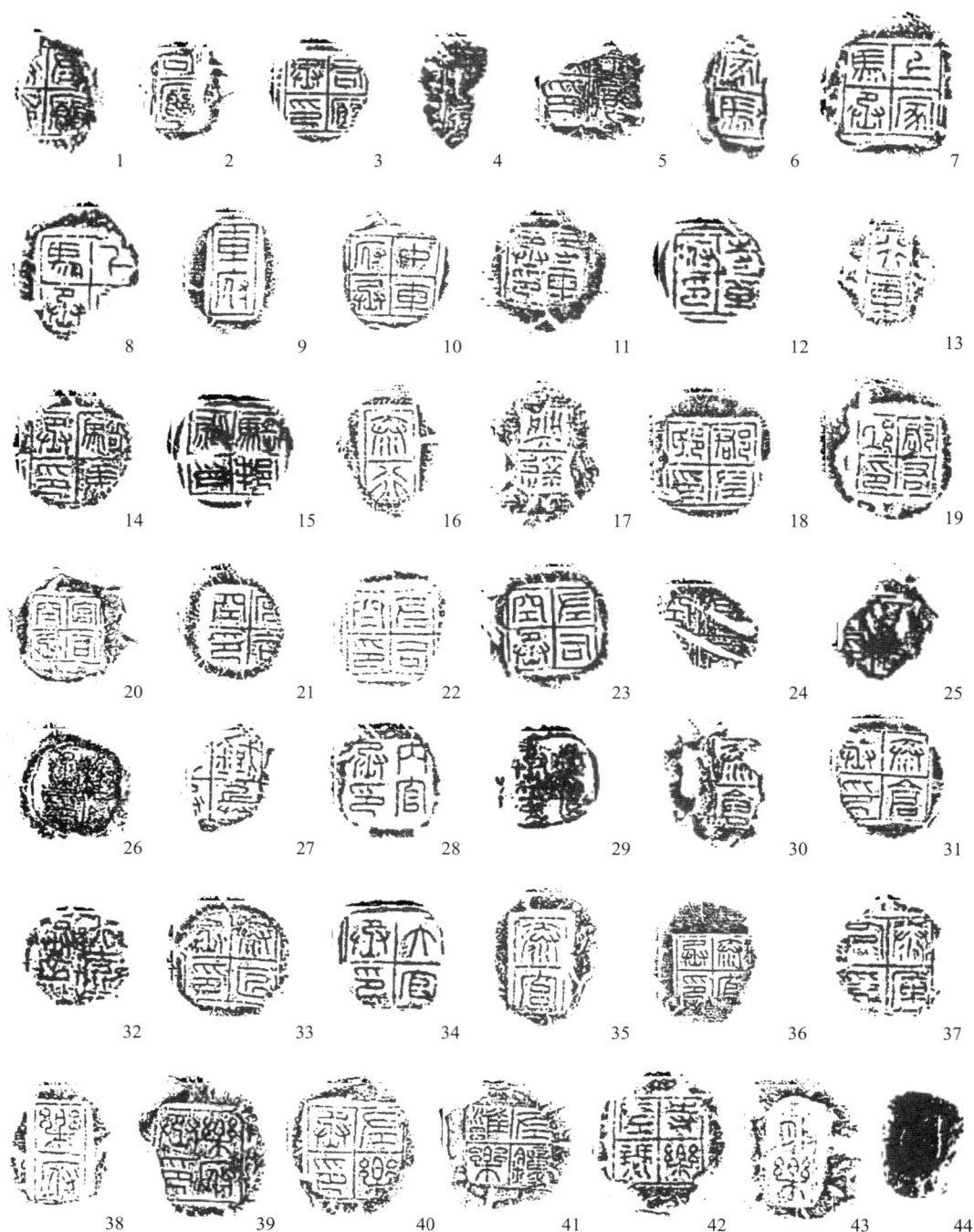

图二

1：左厩丞印　2：右厩　3：右厩丞印　4：下厩　5：下厩丞印　6：家马　7：上家马丞
10：中车府丞　11：寺车丞印　12：寺车府印　13：行车　14：骑马丞印　15：骑邦尉印　16：泰行　17：典达
18：郡左邸印　19：郡右邸印　20：宫司空丞　21：宫司空印　22：左司空印　23：左司空丞　24：右司空丞
25：采司空印　26：铁市丞印　27：铁兵工丞　28：内官丞印　29：大仓丞印　30：泰仓　31：泰仓丞印
32：大匠丞印　33：泰匠丞印　34：大官丞印　35：泰官　36：泰官丞印　37：泰官库印　38：乐府
39：乐府丞印　40：左乐丞印　41：雍左乐钟　42：左乐寺瑟　43：外乐　44：骑尉

8：下家马丞　9：车府

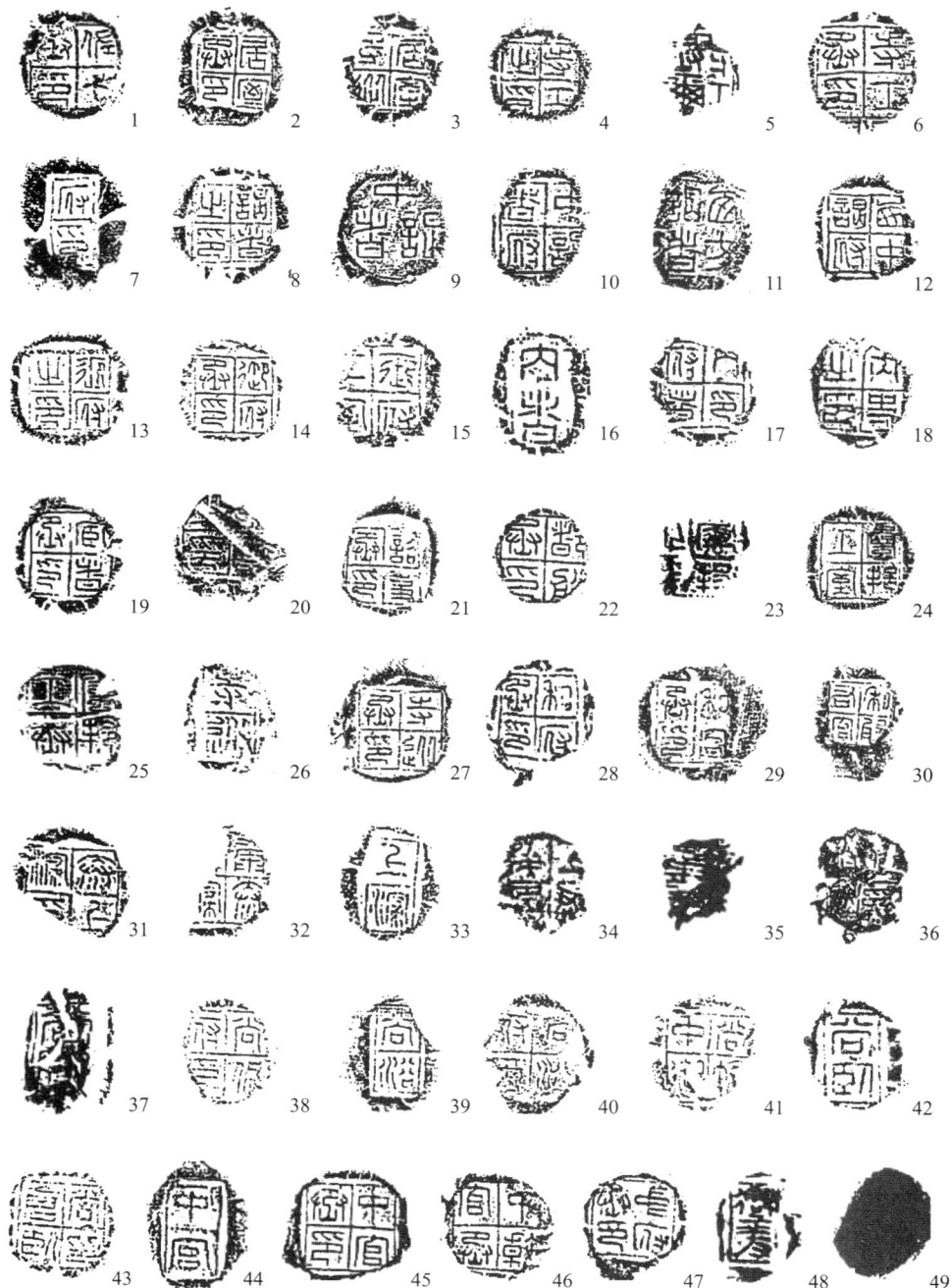

图三

1：佐弋丞印　2：居室丞印　3：居室寺从　4：寺工之印　5：寺工丞玺　6：寺工丞印　7：府印　8：谒者之印
9：中谒者　10：中谒者府　11：西方谒者　12：西中谒府　13：御府之印　14：御府丞印　15：御府工室
16：内者　17：内者府印　18：内史之印　19：宦者丞印　20：诏事之印　21：诏事丞印　22：都船丞印
23：属邦之印　24：属邦工室　25：属邦工丞　26：寺从　27：寺从丞印　28：私府丞印　29：私官丞印
30：私官右般　31：泰上寝印　32：康□泰寝　33：上寝　34：上郡候丞　35：尚书　36：尚衣府印　37：尚佩
38：尚佩府印　39：尚浴　40：尚浴府印　41：尚帷中御　42：尚卧　43：尚卧仓印　44：中宫　45：中官丞印
46：中官干丞　47：中府丞印　48：御羞　49：御府

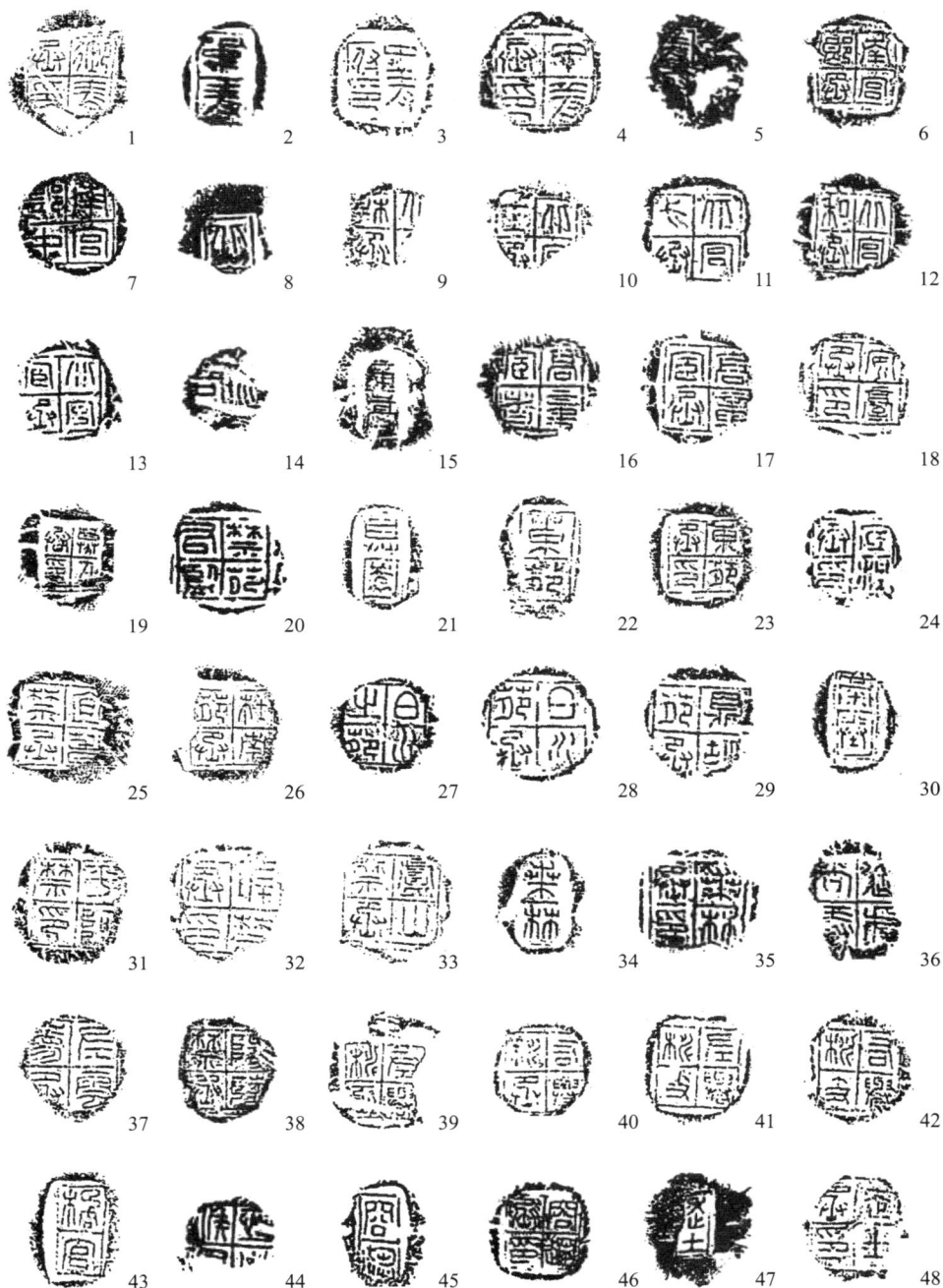

图四

1：御羞丞印　2：中羞　3：中羞府印　4：中羞丞印　5：行中羞府　6：南宫郎丞　7：南宫郎中　8：北宫
9：北宫干丞　10：北宫工丞　11：北宫弋丞　12：北宫私丞　13：北宫宦丞　14：北□司□　15：章台
16：高章宦者　17：高章宦丞　18：安台丞印　19：募人丞印　20：禁苑右监　21：具园　22：东苑
23：东苑丞印　24：底柱丞印　25：宜春禁丞　26：杜南苑丞　27：白水之苑　28：白水苑丞　29：鼎胡苑丞
30：麠圏　31：平阿禁印　32：坏禁丞印　33：卢山禁丞　34：桑林　35：桑林丞印　36：尚御弄虎
37：左云梦丞　38：阳陵禁丞　39：左礜桃丞　40：右礜桃丞　41：左礜桃支　42：右礜桃支　43：橘官
44：恒山候丞　45：容趋　46：容趋丞印　47：走士　48：走士丞印

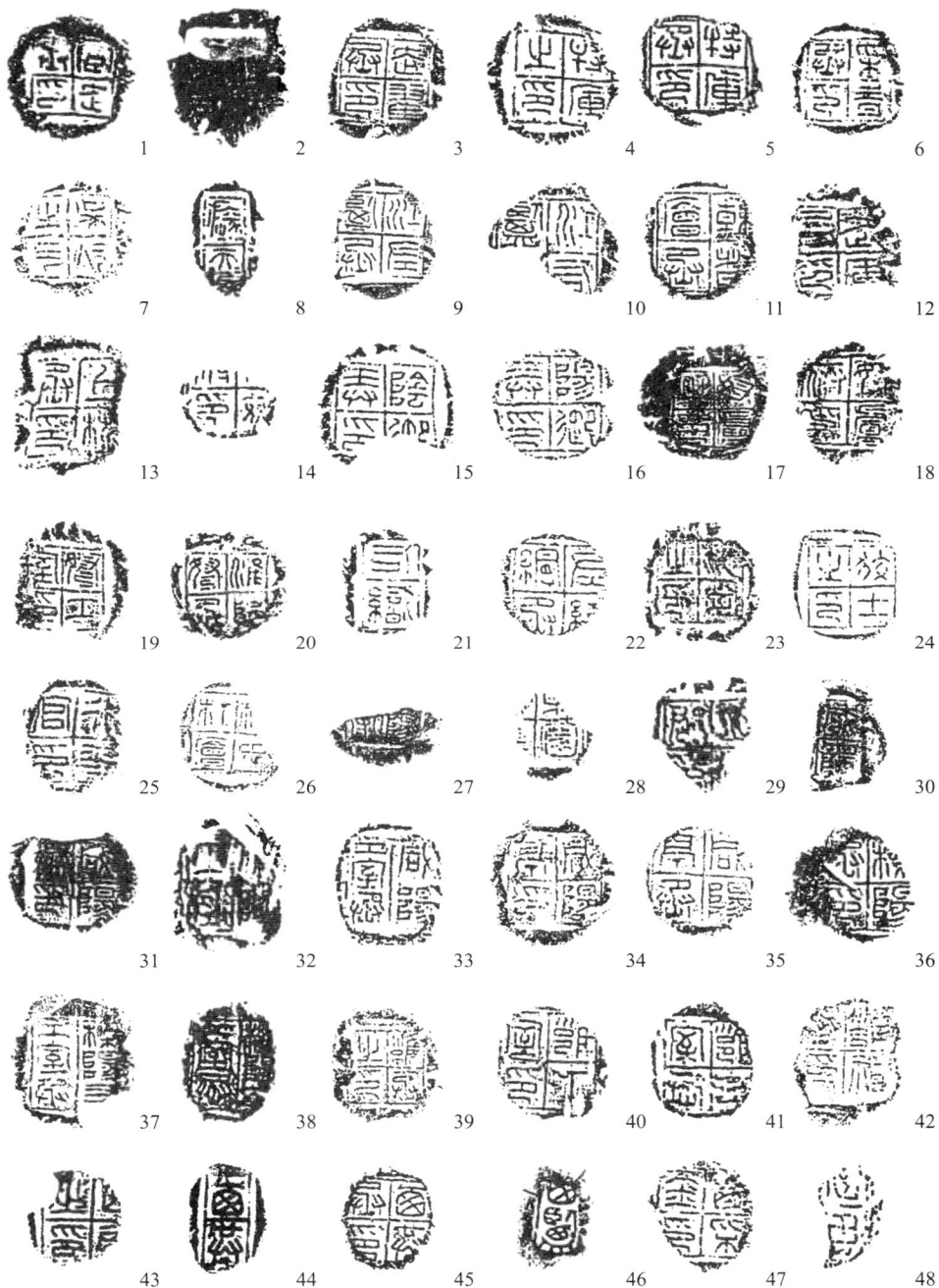

图五

1：宦走丞印　2：左田之印　3：走翟丞印　4：特库之印　5：特库丞印　6：采青丞印　7：吴炊之印
8：隧大夫　9：江左监丞　10：江右监丞　11：干膚都丞　12：武库丞印　13：上林丞印　14：□剑府印
15：阴御弄印　16：阳御弄印　17：奴卢之印　18：奴卢府印　19：弩工室印　20：淮阳弩丞　21：右织
22：左织缦丞　23：池室之印　24：狄士之印　25：行平官印　26：□中材膚　27：□阳□守　28：东园□□
29：□□郡印　30：咸阳　31：咸阳丞印　32：咸阳工室　33：咸阳工室丞　34：咸阳亭印　35：咸阳亭丞
36：栎阳丞印　37：栎阳右工室丞　38：栎阳左工室丞　39：雝丞之印　40：雝工室印　41：雝工室丞
42：雝祠丞印　43：西丞之印　44：西共　45：西共丞印　46：西监　47：西采金印　48：西田□□

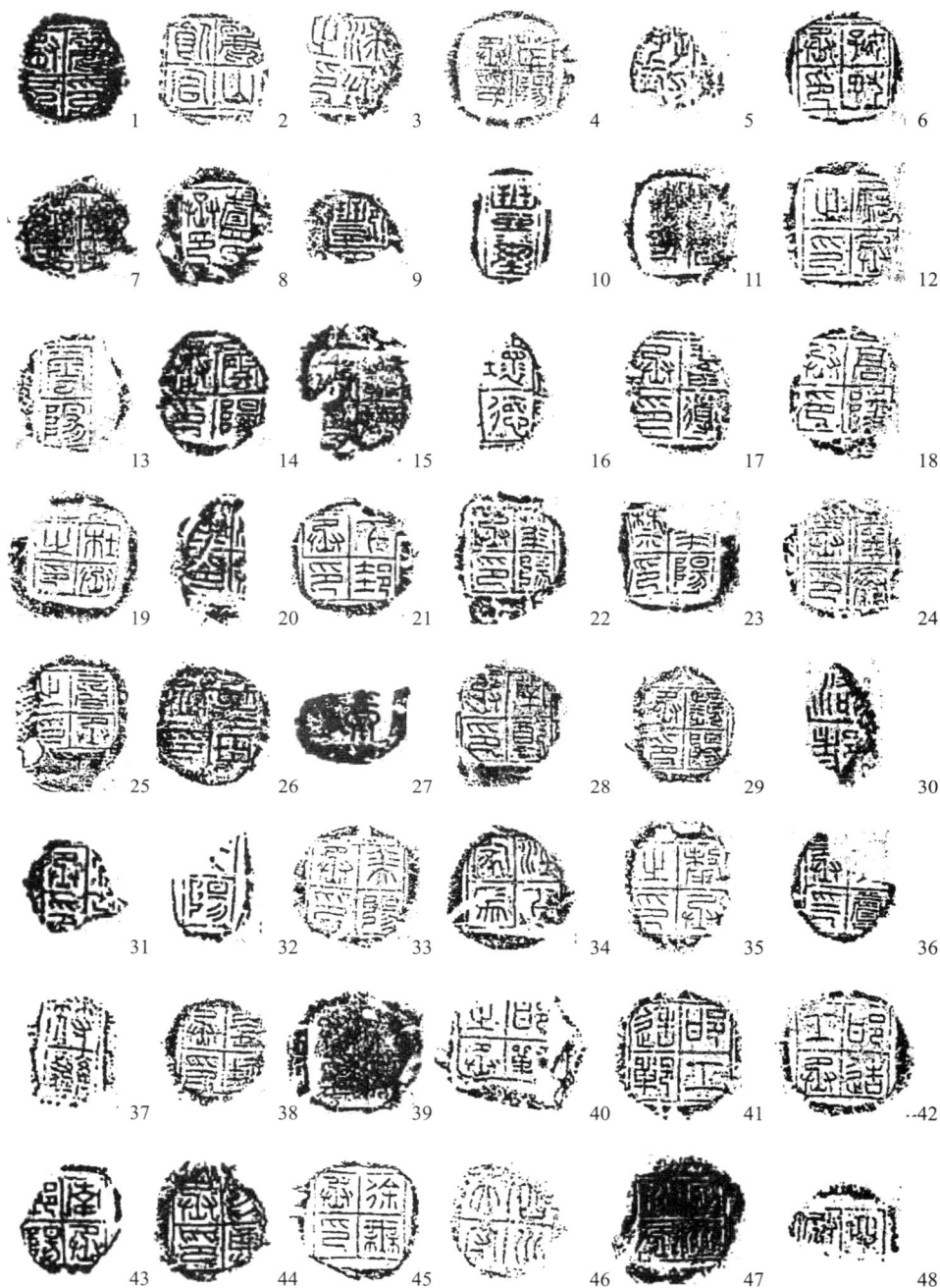

图六

1：丽邑丞印　2：丽山食官　3：漆丞之印　4：芷阳丞印　5：好畤　6：好畤丞印　7：西成丞印　8：卢氏丞印
9：丰丞　10：丰玺　11：成都丞印　12：骀丞之印　13：云阳　14：云阳丞印　15：襄德丞印　16：壤德□□
17：翟导丞印　18：高陵丞印　19：杜丞之印　20：郿丞之印　21：下邽丞印　22：华阳丞印　23：华阳禁印
24：宁秦丞印　25：商丞之印　26：蓝田丞印　27：重泉□印　28：南郑丞印　29：频阳丞印　30：洛都
31：洛都丞印　32：美阳　33：美阳丞印　34：泾下家马　35：犛丞之印　36：取卢丞印　37：符离
38：长社丞印　39：蔡阳丞印　40：邯郸之丞　41：邯郸造工　42：邯造工丞　43：南阳郎中　44：方兴丞印
45：徐无丞印　46：四川太守　47：四川水丞　48：四□尉□

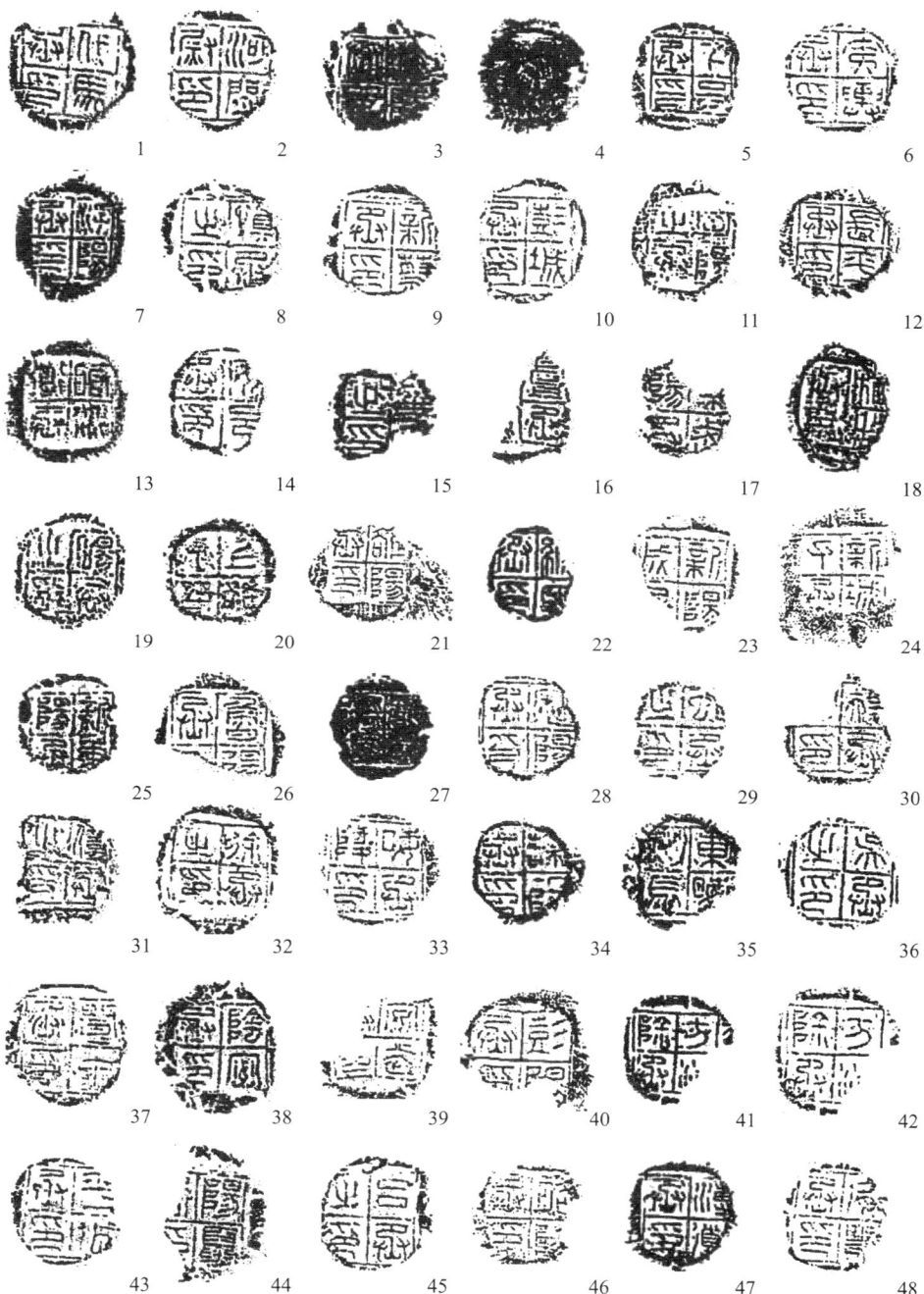

图七

1：代马丞印　2：河间尉印　3：建陵丞印　4：兰干丞印　5：下邑丞印　6：夷舆丞印　7：浮阳丞印
8：慎丞之印　9：新蔡丞印　10：彭城丞印　11：宜阳丞印　12：长平丞印　13：朐衍道丞　14：安邑丞印
15：叶丞之印　16：庸丞□印　17：东武阳丞　18：柘丞之印　19：砀丞之印　20：上雒丞印　21：雒阳丞印
22：缑氏丞印　23：新成阳丞　24：新城父丞　25：新东阳丞　26：鲁阳丞□　27：虖类丞印　28：历阳丞印
29：虹丞之印　30：邽丞之印　31：僮丞之印　32：徐丞之印　33：晦陵丞印　34：□阳丞印　35：东晦□马
36：吴丞之印　37：阆中丞印　38：阴密丞印　39：安武丞印　40：彭阳丞印　41：方渠除丞　42：万渠除丞
43：平城丞印　44：阳夏丞印　45：吕丞之印　46：略阳丞印　47：溥道丞印　48：安丰丞印

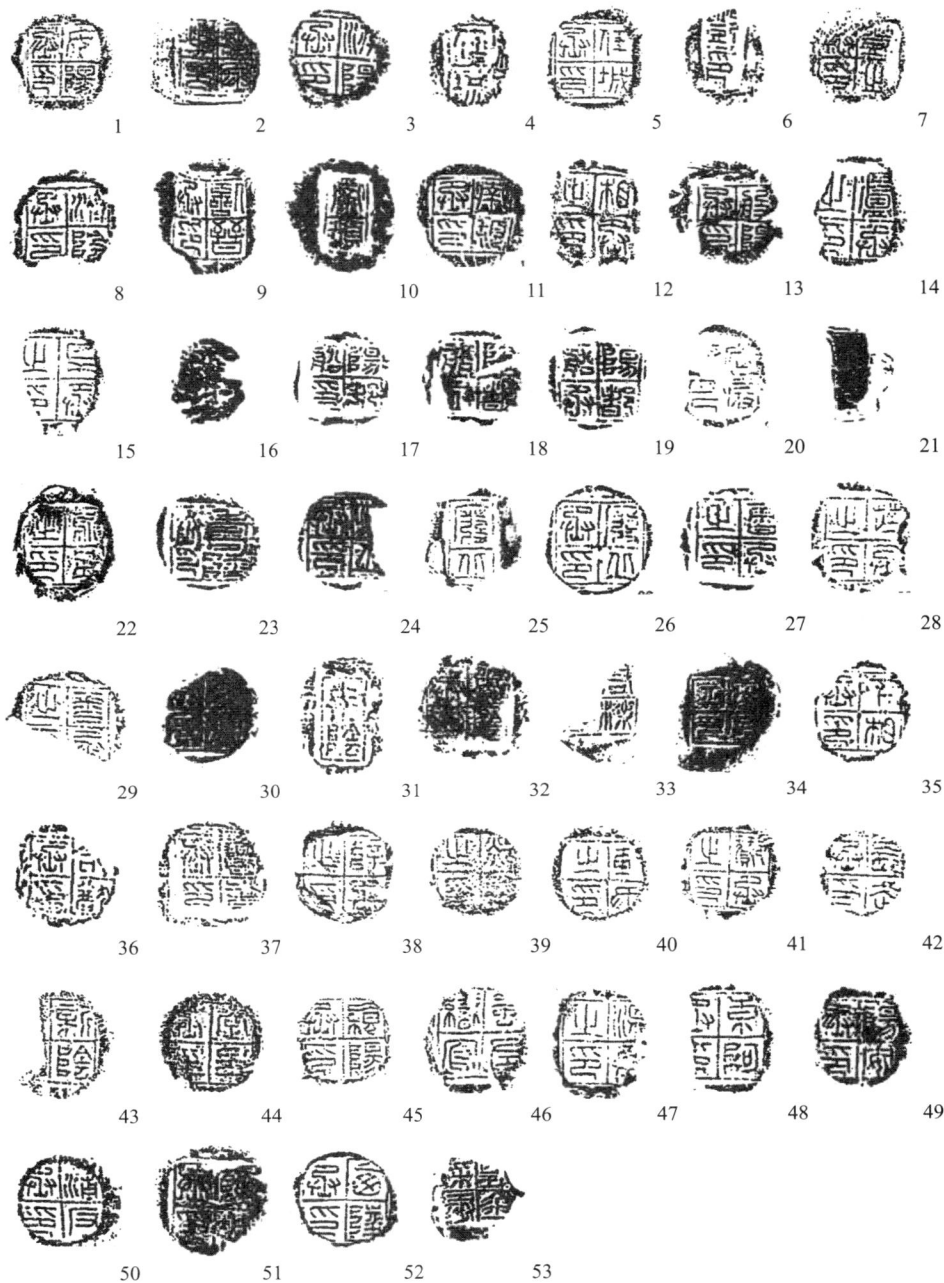

图八

1：女阳丞印　2：承丞之印　3：游阳丞印　4：任城　5：任城丞印　6：邓印　7：邓丞之印　8：济阴丞印
9：临晋丞印　10：南顿　11：南顿丞印　12：相丞之印　13：般阳丞印　14：卢丞之印　15：旱丞之印
16：阳都丞印　17：阳都船丞　18：阴都船丞　19：阳都船丞　20：谷寇丞印　21：僑陵□□　22：乌呈之印
23：寿陵丞印　24：瀔丘丞印　25：废丘　26：废丘丞印　27：鲁丞之印　28：芒丞之印　29：蕃丞之印
30：平与丞印　31：女阴　32：女阴丞印　33：高桥□□　34：巴左工印　35：下相丞印　36：厹猷丞印
37：寿春丞印　38：薛丞之印　39：郯丞之印　40：轵丞之印　41：鄟丞之印　42：长武丞印　43：新阴□□
44：堂邑丞印　45：颍阳丞印　46：蜀左织官　47：温丞之印　48：东阿丞印　49：阳安丞印　50：蒲反丞印
51：襄城丞印　52：西陵丞印　53：郢采金丞

图九

1：上官□ 2：聂华 3：王童 4：步婴 5：任寅 6：郭延 7：福 8：昔齿 9：司马歇 10：苏段 11：桓段

（原载《文史》2002 年第 3 期，与刘瑞合作）

《摹庐藏瓦》题识辑存

《摹庐藏瓦》，先师陈直先生撰，为未刊遗稿。

陈直，字进宧，又作进宜，号摹庐，别号弄瓦翁，江苏镇江人。我国著名秦汉史专家和考古学专家，也是系统整理和总结关中秦汉瓦当的第一人。

1940年9月，为了躲避日寇，不任伪职，陈直先生从江苏东台辗转来到西安。他从收藏家和估人手中看到大量的秦汉瓦当，如获至宝。于是节衣缩食，广为搜集，有些精品即使无力购置，也多方求取拓本。日积月累，所得实物达二百余件，拓本约五六百纸。鉴于"秦中人士尚目验，不讲著录；江浙人士重考证，不作远游，以至西京文字湮没不彰"（《藏瓦小引》），遂于1947年冬，选取精拓数十纸，各作题识，编成此稿。后反复磨勘，于1948年、1949年、1950年、1953年、1969年、1973年六次加以补订，凡当年之误说，必加是正。于是集瓦之经过、年代之考订、价值之辨析、观点之更新，一一明晰，对治学大有助益。

今年（1991年）是先生九十诞辰，特辑《摹庐藏瓦》题识，略加注释，并附拓片，以志纪念，以飨同道。不当之处，恳请斧正。

汉粱宫瓦（图一），丙戌（1946年）四月，秦中出土，至精之品。"粱""梁"二字古通，当为梁孝王长安邸第之物[1]。丁亥（1947年）四月进宧拓记。

此瓦满面涂朱。汉瓦惟"卫"字涂朱[2]，或涂白垩，此外甚少见。己丑（1949年）冬月进宧记。

此瓦在戊子（1948年）春寄存重庆亲戚家，途经沙坪坝，覆车全毁，现仅存拓本二纸[3]。一九六九年，岁在己酉，大暑，进翁自记。

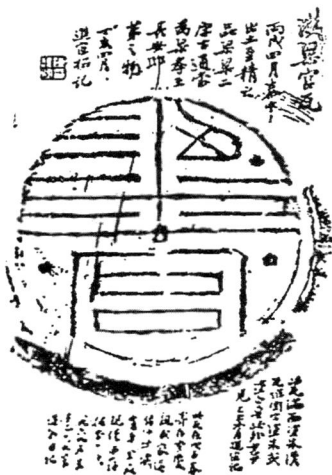

图一　汉粱宫瓦

---

[1] 梁孝王，即刘武，汉文帝第二子。事见《汉书·文三王传》。

[2] "卫"字瓦，初见《金石萃编》卷四，出土于汉城未央宫大殿遗址。

[3] 《关中秦汉陶录提要》（简称《提要》）、《秦汉瓦当概述》（简称《概述》）均作"三纸"。

汉孝大半瓦（图二），家保之兄函告予云[1]：王文敏公曾得"孝大""后寝"两半瓦[2]，当日系从整范中打印一半，应屋檐形势之需要，全文当读为"孝太后寝"。其说甚确。文敏殉国后，"孝大"瓦失去，"后寝"半瓦则归于定海方氏[3]。1990年6月，杨家城又出两方，亟以重值得之。丁亥（1947年）十月进宦题记。

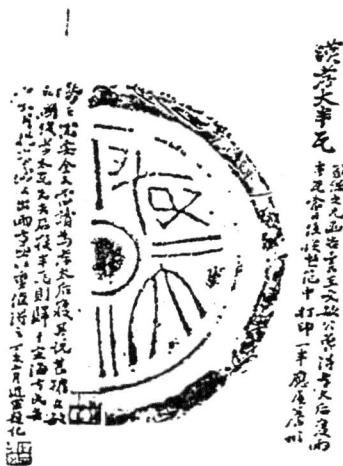

图二 汉孝大半瓦   图三 汉后寝半瓦

汉后寝半瓦（图三），忆三十三年（1944年）夏初，沈兼士翁出示汉瓦拓本一束[4]，中有此瓦一纸，知文敏得及雪堂所摹[5]，皆前后一物也。拓纸中另有"延年"半瓦，题款为河华散人，姓氏未详，考证有引吾友陈寿卿云云[6]，当为咸，同时人。

"窬"字与齐哀寝园泥封正同[7]，罗叔言、方药雨解为"后深"，均误。

汉羽阳千秋瓦（图四），丙戌（1946年）八月，沈叕勘翁见赠此品[8]，坚硬如铁，稀世珍也。陆氏《八琼室金石补正》模有"羽阳千秋"瓦文，与现出之瓦，篆法迥异。"羽阳"瓦宋时已有出土者[9]。十年前宝鸡东关外修治铁道，即秦羽阳宫之旧址，曾出瓦

---

① 即陈邦怀，字保之，陈直先生从兄，古文字学家，曾任天津文史馆馆长。著有《殷墟书契小笺》《殷契拾遗》。

② 王文敏公，即王懿荣，字廉生，一作莲生，谥文敏。

③ 定海方氏，指方若，字药雨，旅居天津，著有《校碑随笔》《言钱别录》。

④ 沈兼士，浙江吴兴人。曾主持北京大学研究所国学门，后任辅仁大学文学院院长。

⑤ 雪堂，即罗振玉之号，字叔言。

⑥ 陈寿卿，即介祺之字。

⑦ 见《续封泥考略》。

⑧ 沈叕勘，即沈钧，字次量，号叕勘，浙江吴兴人。

⑨ 北宋元祐年间（1086—1094年）出土，见王辟之《渑水燕谭录》及黄伯思《东观余论》。

数百片，以"羽阳千岁"为多，"千秋"与"万岁"则较少，"临渭"仅见一品。愙斋在秦时[1]，曾悬白金五购一品而不可得。"千岁"篆文分粗细两种，"千秋"又分大小两种。军山兄藏大者一品[2]，王揆一翁所得一品则与予相同[3]。瓦文仍当属于汉，殆秦宫汉茸耳。丁亥（1947年）十月抄，进宦题记。

汉长生未央瓦（图五），芝英体仅见五品，王揆一翁藏有蝌斗体者尤佳。

丙戌（1946年）元旦得于刘汉杰所[4]。进宦题记。

图四　汉羽阳千秋瓦　　　　　　　图五　汉长生未央瓦

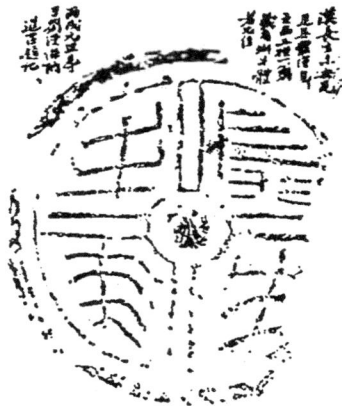

汉成山瓦（图六），成山者，成帝山陵之物也。丙戌（1946年）夏月得于西安土地什字地市。进宦题记。丁亥（1947年）冬月。

此瓦《唐风楼秦汉瓦当文字》亦模一品[5]，较此稍大。戊子（1948年）九月，进宦记。

汉关字瓦（图七），出于灵宝古函关遗址。以瓦背制作观之，完全与秦画瓦相同，或为秦瓦亦未可知。

---

① 愙斋，即吴大澂，字清卿，号愙斋，又号恒轩。光绪初，任陕甘学政，在西北广泛收集鼎卣瓦当诸器物。

② 军山，刘军山，河南范县人。

③ 王揆一，江苏吴县人。

④ 《提要》作"刘汉基"。古董商。

⑤ 罗振玉辑，民国甲寅年（1914年）石印本。

图六　汉成山瓦

图七　汉关字瓦

"关"字瓦与"安世"瓦出于新安，洛阳估人尤达纶告予如此。戊子（1948年）九月。

秦瓦背面下端微隆起，与汉代所造迥然不同。秦汉之分，可以此断之，大抵秦多画瓦，文字则甚罕见耳。进宧记。

"关"字瓦篆体有四五种，以铁线者为最难得。

此仍为汉瓦，非秦代之物。癸丑（1973年）七月弄瓦翁记。

汉鄜字瓦（图八），丁亥（1947年）八月，进宧手拓。

友人贾芸荪在天水得"眉"字瓦，较此尤稀。

汉空字瓦（图九），阳文，字在中央圆柱之上，真属创见。当为都司空瓦之简文。丁亥（1947年）十月，进宧题记。

图八　汉鄜字瓦

图九　汉空字瓦

汉永承大灵瓦（图一〇），当为汉代寝庙之物，武帝时制作。出土后乡人用以覆油罂，故笔划稍损。

汉安世残瓦（图一一），全文"千秋万岁，宜富安世"八字，民国初元曾出一片，今则稀如星凤矣。

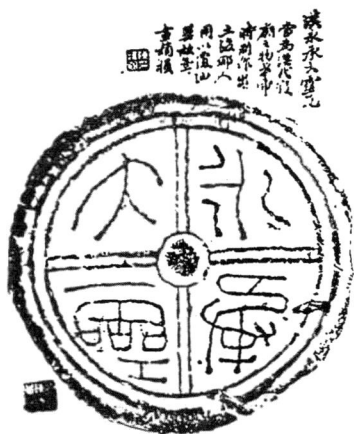

图一〇　汉永承大灵瓦　　　　　　图一一　汉安世残瓦

汉华仓瓦（图一二），丙戌（1946年）秋月，得于赵估荣禄所，价三千金。瓦出华州，共见有三、五品，不及此品之精。进宦记。

华州出瓦有两种，一"临廷"，一"华仓"。"临廷"文字粗劣不精。丁亥（1947年）冬月廿日题。

"临廷"瓦，三年前刘汉杰曾获一品，后售于刘瑞亭。

汉则寺初宫瓦（图一三），十余年前，曾出完品，不知藏家。癸未（1943年）夏间，又出此残文。武帝时制作，真神品也。

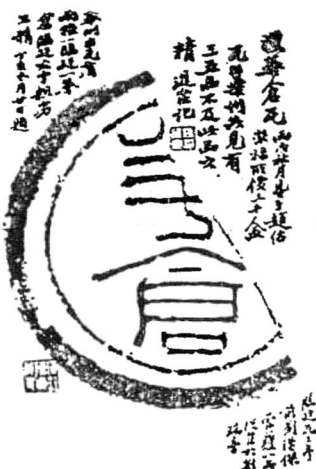

图一二　汉华仓瓦　　　　　　　图一三　汉则寺初宫瓦

《三辅黄图》：上林苑有则阳观[①]，又有初池。疑观与池经过甬道中所用之瓦。姑存一说，未为定论。戊子（1948年）四月，进宧题记。

"则初"瓦现存予斋，与"萧将军府"瓦装匣，付第三孙亲国宝藏。癸丑（1973年）七月，弄瓦翁记。

汉惠治灵保残瓦（图一四），丁亥（1947年）八月，进宧得于西安市上。

此瓦类飞白书。俗传飞白起于蔡邕，恐未必然。庚寅（1950年）五月进宧手记。

汉永簮不瀞残瓦（图一五），汉瓦中有"永幹簮不瀞"，以此推之，此瓦当如上文。丁亥（1947年）八月抄，进宧拓于秦中。

"永簮不瀞"即永簮不鬻之谊，"幹蓄"则仍难解[②]。

图一四　汉惠治灵保残瓦　　　　　　图一五　汉永簮不瀞残瓦

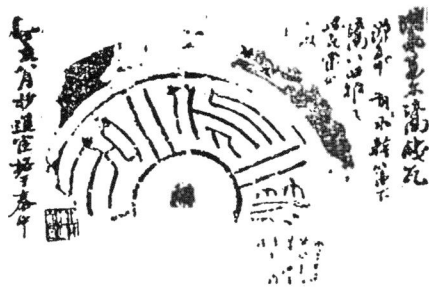

汉□□王当残瓦（图一六），此右旁从水，笔道揣之，当为"淮南王当"四字。与丁希农君所藏"淮南"半瓦[③]，予所藏"淮南邸印"泥封同为王安遗物。丁亥（1947年）冬月七日，进宧拓于灯右。

汉千秋万岁瓦范（图一七），瓦范传世极稀。丁亥（1947年）七月得于白祚所[④]。十月既望，进宧手拓。

---

① 则阳观不见于《三辅黄图》，而出于《长安志》所引《关中记》。

② 《提要》解作"竹干"，谓"竹干之材，不能出售，应为竹宫之瓦"。

③ 丁希农，山东日照人。为秦汉瓦当收藏家。经王献唐介绍，与陈先生相识，过从甚密。

④ 白祚，西安古董商。

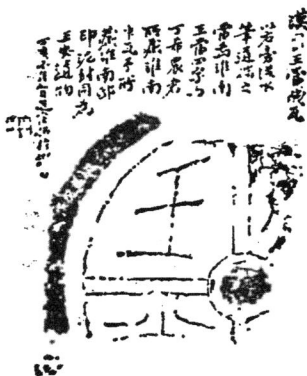

图一六　汉□□王当残瓦

图一七　汉千秋万岁瓦范

　　西安所出"千秋万岁"瓦至夥，独无与此同文者。

　　陈簠斋[1]云："汉人造瓦，以裂痕观之，当先成瓦心，后成瓦轮，最后成瓦筒。"其说甚确。此范四面光泽无轮，当属汉初制度。至武帝以后，瓦心与瓦轮则同时造成，以予所获"与天无极"瓦范可以证之。

　　汉与天无极瓦范（图一八），右有边轮残损未拓，现汉城出土之"与天无极"瓦，有与此丝毫不爽者，当即此范所造成。丁亥（1947年）六月得于北大街李姓估铺[2]。十月三日进宦拓记。

　　瓦范出土最稀，予寓秦累年，所得文字范仅两种，画瓦范所见仅白虎及龟形两种耳。

　　汉十二年四月工维瓦（图一九），为先契后锻之品。汉代纪年至十二年者，仅高祖与文帝，此当为文帝时物。丙戌（1946年）夏间，进宦得于白祚所。

　　保之兄释此为"十二年罢工"瓦，至确。并䁖以诗云："汉代空前有罢工，抟张史料出残丛。摩挲拓本看题字，遥忆长安弄瓦翁。"癸丑（1973年）七月七十三叟摹庐翁自记。

　　汉永三年瓦（图二〇），丙戌（1946年）正月，得于白估所[3]。丁亥（1947年）十月进宦题记。

────────────

[1]　即陈介祺，字寿卿，号簠斋，山东潍县人。嗜金石之学，收藏甚富，著有《簠斋吉金录》《吉金文释》《十钟山房印举》。

[2]　李姓，指李宝山。

[3]　白估，即白祚，下同。

图一八 汉与天无极瓦范

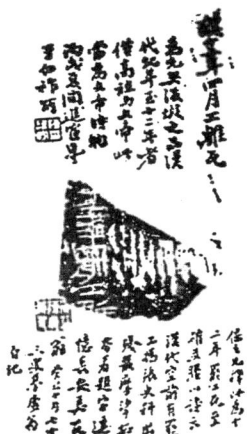

图一九 汉十二年四月工维瓦

"永三年"瓦文字隽雅，当为元帝永光三年所造。窬斋中丞在秦时，亦得一品，见中丞与陈簠斋尺牍。

窬斋"永三年"瓦，系杨实斋守信所代购。大约窬斋在秦所得之物，多得之杨实斋；簠斋多得之苏亿年，廉生多得之孙桂山[1]。现杨、苏、孙三家后裔在西安[2]，仍多以鬻古为业。

汉建平元年残瓦（图二一），建平瓦造于三年者多[3]，造于元年者至罕。

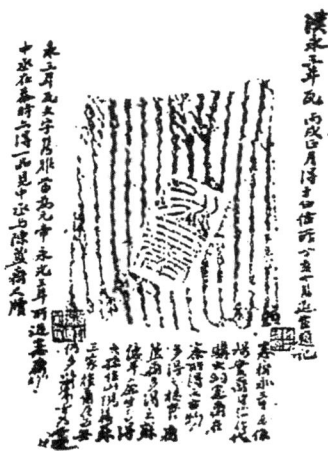

图二〇 汉永三年瓦

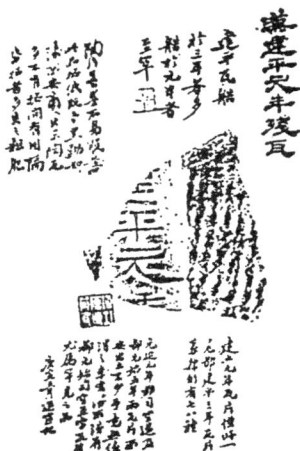

图二一 汉建平元年残瓦

---

① 杨实斋、苏亿年、孙桂山均为西安古董商。

② 原文脱"孙"字，据文意补。

③ 建平（公元前6—前3年），汉哀帝年号。

陶片着墨不易脱落，此品拓纸既多，黑黝如漆。西安商人出示陶片，多不肯拓，间有用隔纸拓者，多失之粗肥。

"建平元年"瓦片，仅此一见。"都建平三年"瓦片篆隶则有七八种。

"元延元年都司空造"及"都元始五年"两瓦片①，西安出土不少，予竟无缘得之。李宏溶所得有"都元始司空"五字瓦片②，尤属罕见之品。庚寅（1950年）五月，进宧记。

汉都建平三年瓦（图二二），汉代宫殿之修葺，以近日出土各砖瓦文字最多者验之，一在元始五年，二在建平三年，三在居摄二年③，四在始建国四年④，五在天凤四年⑤，其余如永光、元延、元寿等间或一见⑥。此地下之新史料，可以补《汉书》之未详也。丁亥（1947年）十月，进宧新得于秦中，并为拓记。

汉都建平三年瓦（图二三），丁亥（1947年）正月得于西安南院门樊氏悦雅山房，进宧记。

图二二　汉都建平三年瓦

图二三　汉都建平三年瓦

秦中所出汉代纪年瓦片，知者绝鲜。《陶斋藏石记》仅著录"居摄二年都司空"

---

① 元延（公元前12—前9年），汉成帝年号。元始（1—5年），汉平帝年号。

② 《提要》作"李浤荣"。

③ 居摄（6—8年），汉孺子婴在位，王莽摄政所用年号。

④ 始建国（9—13年），新朝王莽年号。

⑤ 天凤（14—19年），王莽年号。又《提要》曰：一元延元年，二建平三年，三元始五年，四居摄二年，五始建国四年，六天凤四年。与此略异，而更符合史实。

⑥ 永光（公元前43—公元39年），汉元帝年号。元寿（公元前2—前1年），汉哀帝年号。

瓦[①]，山阴范循园观督藏有"居摄二年"[②]，海宁邹适庐又藏有"都元始五年"各一片耳。

汉代纪年瓦，每冠以"都"字，疑为都司空督造之瓦。因新世各瓦[③]，皆为保城都司空所造也。亡友怀宁柯莘农翁解"都"为京都之谊，说亦可通。是岁十月既望，摹庐记。

郫县"建平五年"石刻亡佚久矣[④]，得此可补其厥。

汉都元寿二年瓦（图二四），元寿为汉哀帝纪年，瓦文传世极稀。元寿仅二年，故残缺处定为"二"字矣。

戊子（1948年）五月，关中有警，装匣运渝，时下截已碎为二。己丑（1949年）二月，进宦记于兰州。

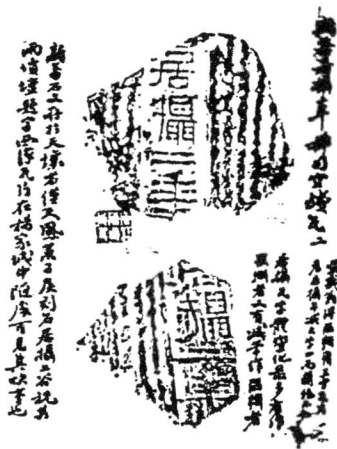

新莽居摄二年都司空残瓦二（图二五）。新莽石文存于天壤者，仅天凤莱子侯刻石，居摄上谷祝其两坟坛题字[⑤]。西汉瓦片在杨家城中随处可见，真快事也。

图二四　汉都元寿二年瓦　　　　　图二五　新莽居摄二年都司空残瓦二

居摄瓦字体变化最多，有作"虽揤"者，又有减笔作"居瓶"者。

叕勘翁得"居瓶米"三字瓦片，为"居摄年"减文，字小而精，绝品也。

新莽居摄二年都司空瓦残文（图二六）。

---

① 《陶斋藏石记》，清端方撰。

② 《提要》作"绍兴范鼎卿"。

③ 新世，即新朝。

④ 见洪适《隶续》。

⑤ 始见赵明诚《金石录》。

丁亥（1947年）八月进宧题记。

丙戌（1946年）正月，以钞券万元购汉瓦片十三种于长安白估家中，多精品，此其一也。

昔人评右军书，谓龙跳天门，虎卧凤厥，瓦文仿佛似之。

十三种之中，以"萧将军府"瓦为最精，当为萧望之府第之物。白估名祚，长安人，居化觉巷。

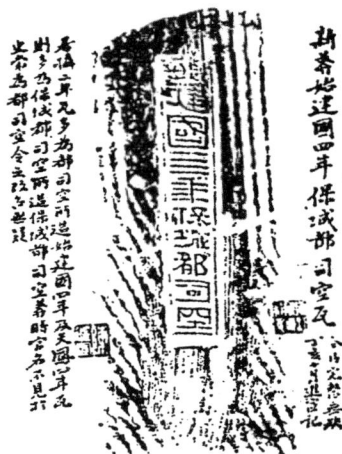

新莽始建国四年保城都司空瓦（图二七），全片完整无缺。丁亥（1947年）十月进宧记。

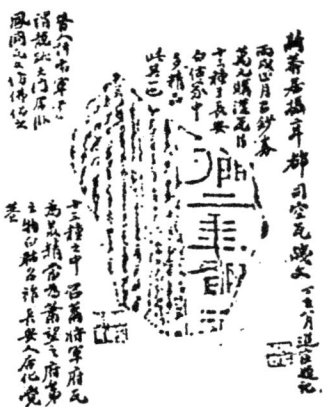

图二六　新莽居摄二年都司空瓦残文　　　图二七　新莽始建国四年保城都司空瓦

"居摄二年"瓦多为都司空所造。"始建国四年"及"天凤四年"瓦则多为保城都司空所造。保城都司空，莽时官名，不见于史，当为都司空令之改名无疑。

□□都司空瓦（图二八），全文当为"始建国四年保城都司空"。

□□都司空瓦（图二九），全文当为"居摄二年都司空"。

图二八　□□都司空瓦　　　图二九　□□都司空瓦

新莽始建国五年保城都司空瓦（图三〇），近李估持示汉城新出"建平三年""元

始五年""天凤四年""始建国五年"四瓦[①]，皆不精，为马宁云庵购去[②]。丁亥（1947年）冬月，进窀记。

莽瓦造于始建国五年者最稀，予获有三枚。

新莽天凤四年小字官瓦（图三一），文字之精，形式之异，在莽瓦中，仅见之品。

戊子（1948年），初夏，关中有警，所藏运至重庆，此瓦独遗留竹匣中，携至陇上，己丑（1949年）二月，进窀记。

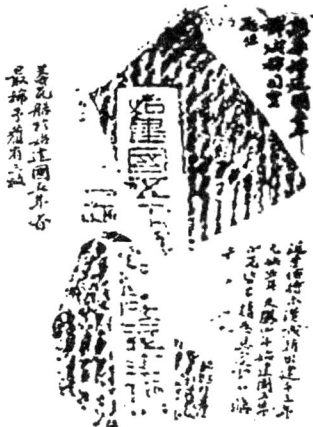

图三〇　新莽始建国五年保城都司空瓦　　　　图三一　新莽天凤四年小字官瓦

新莽始建国天凤三年保城都司空瓦（图三二），此范仅见之品。

此始建国天凤四年保城都司空之残瓦（图三三）。

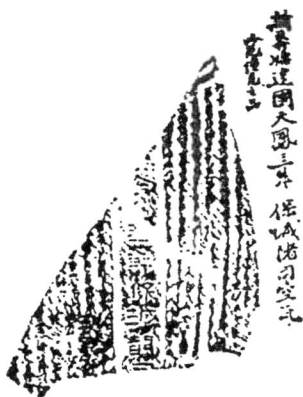

图三二　新莽始建国天凤三年保城都司空瓦　　　图三三　此始建国天凤四年保城都司空之残瓦

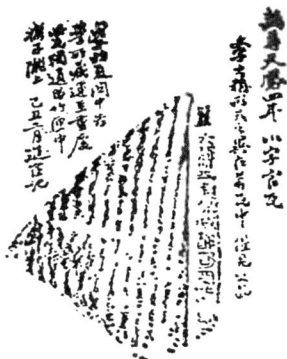

---

① 李估，指李道生，长安人。

② 马宁，字云庵，积古斋店主，常往返于津沪道上，贩卖古董。

此始建国四年保城都司空之残瓦（图三四）。

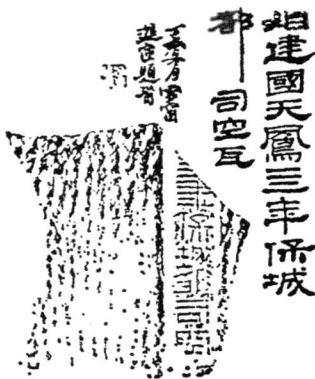

始建国天凤四年保城都司空瓦（图三五），丁亥（1949年）冬月雪窗，进窟题。

图三四　此始建国四年保城都司空之残瓦　　　　图三五　始建国天凤四年保城都司空瓦

汉居室瓦（图三六），予曾见郃阳董估有"居室令"瓦拓本[1]，知咸，同时已有出土者。近年汉城又出五方，皆为予获。又予藏有"居丙"瓦、"居即"瓦、"居室令"泥封，皆属一家眷属。

《汉书·百官公卿表》云：少府属官有居室令，武帝太初元年改名保宫。此为居室令官署之物。

郃阳董估"居室令"瓦拓见于金颂匋所，与此并不同范。

汉居室瓦（图三七），此瓦长安白集武君所赠。予藏有"居室"瓦五六枚，又得"居丙"瓦一枚。李估有"居即"瓦。白估有"居甲"瓦。同为居室令官署之物。

瓦片上宫殿名减称一字者，如"居丙""凉二十八"及"空"字瓦是也。年号有减称一字者，"永三年"是也。

汉右空瓦（图三八），当为少府属官都司空署之物，丁亥（1947年）冬月，进窟题记。

此瓦片与"右空"瓦一家眷属。军山藏有"右空"瓦片，文分左右，与此不侔。

此为少府属官右司空令所造，上题误作都司空令。己酉（1969年）五月，重为订正。进翁时年六十九岁。

汉更字瓦（图三九），《西都赋》云："周以严更之署。"此当为更署之物无疑，武帝时制作。

---

[1]　董估，即董引之。

图三六　汉居室瓦

图三七　汉居室瓦

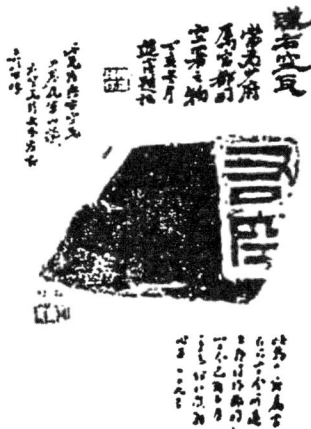

图三八　汉右空瓦

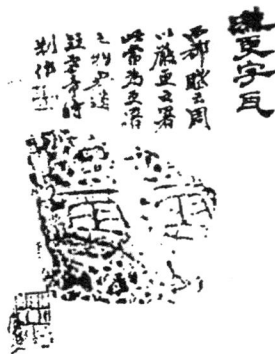

图三九　汉更字瓦

　　汉萧将军府残瓦（图四〇），丙戌（1946年）正月得于西安白估所。

　　《汉书·萧望之传》云："望之，成帝时官前将军、太傅。此当为其邸等之物，为太傅之自书亦未可知。西汉名臣之遗物，宝之不啻天球、《河图》。"[①]丁亥（1947年）十月，进窀拓记。

　　此瓦估人多解为"万将军付"四字，不知珍贵，故为予得。

　　汉杨字瓦（图四一），丙戌（1946年）正月得于长安白估所，丰腴圆健，武帝时物，摹庐藏瓦中之精骑也。丁亥（1947年）冬月，进窀拓记。

---

①　语出《尚书·顾命》。天球谓冀州所出之美玉；《河图》言八卦之说，后人附会为帝王瑞应。

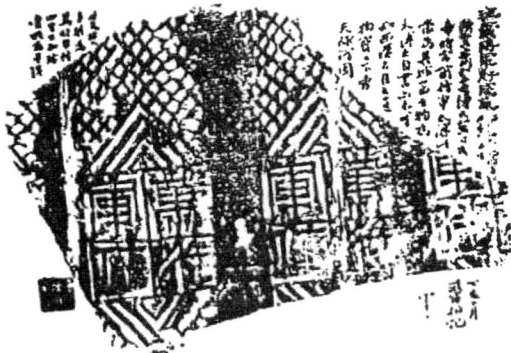

图四〇　汉萧将军府残瓦

图四一　汉杨字瓦

与此瓦同时出土者尚有铜钟，文云"杨氏步广容五斗钟，重廿五斤"。足证此瓦亦为杨步广家之物。步广，于《汉书》无考。

汉原字瓦（图四二），"原"下疑"是"字。"是""氏"古通，疑为原涉先墓之物[①]。瓦形如倒笏，背面滑泽，无绳纹。丙戌（1946年）正月二日得于白祚所。进窟。

汉长乐万岁工瓦（图四三），此瓦于壬午（1942年）春间见于北大街李姓估铺[②]，以议价未协，再往已售去。丙戌（1946年）春间，忽现于白祚所，亟以钞币二千金得之，瓦已裂为七，漆粘尚称牢固。予另见有"长乐万岁"瓦当，实从此仿制也。丁亥（1947年）冬月，进窟记于雪窗。

顷尤达纶出示洛中汉瓦三片，一"长乐未央"，一"万年未央"，一"长乐万岁"。予在陕所见"长乐万岁"瓦，皆伪品也。己丑（1949年）冬月，进窟手记。

汉画瓦（图四四），刻款颠倒视之，皆成人面形，类于近日之漫画，汉人游戏笔也。进窟得来。

秦油膏（图四五），大如胡饼，龙凤花纹，极精。土人俗呼为油膏，当为殉葬之压袖。乙酉（1945年）冬月，让自马仲良君。

此秦压袖，形似油膏，因误题如此。己酉（1969年）端阳，进翁自记。

秦瓦与秦瓦片陶器，大率皆画多于字。凤翔所出秦陶无文字者占十九。

---

① 原涉，西汉末茂陵豪侠，事见《汉书·游侠列传》。
② 李姓，指李宝山。

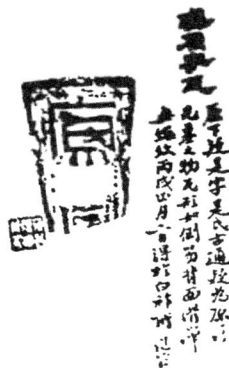

图四二　汉原字瓦

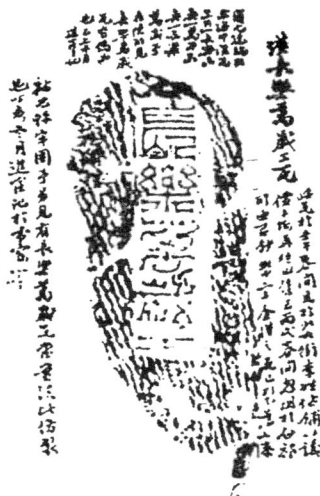

图四三　汉长乐万岁工瓦

图四四　汉画瓦

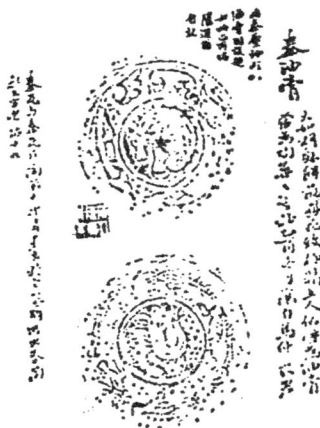

图四五　秦油膏

汉车府俑范（图四六），予在陕曾见有秦府俑范，故知残缺处为"府"字，背有俑像，深臼不可拓，疑为车千秋之像[1]，真瑰宝也。

汉鸤法小范（图四七），"鸤法"当为"雖范"二字异文，汉初文字也。

去岁有出小鸠范，背刻"凤凰"二字，估人告予如此。

凤凰鸠范，予已为科学院购致[2]。

---

① 车千秋，齐田氏之后，汉武、昭时期为丞相。事见《汉书》本传。

② 指中国科学院考古研究所。

图四六　汉车府俑范

图四七　汉鸠法小范

汉犬前后足范（图四八），丙戌（1946 年）正月得于白祚所，越年丁亥（1947 年）十月，进宧署。

予近岁在秦中所见汉代鸟兽物范刻题字，有"白雁雉"范，吴兴沈次量先生所藏。"伯荤造"范，吴县王揆一翁所藏。"右足"范，范县刘军山所藏。

"白雁雉""伯荤造"两范，皆长安李道生旧藏。道生名树本，大掮客也。

王揆翁曾告予，湘人李君藏有"牛后足大吉"范，未见拓本。进宧记。

汉野鸡瓦范刻字（图四九），丁亥（1947 年）二月，进宧手拓精本。

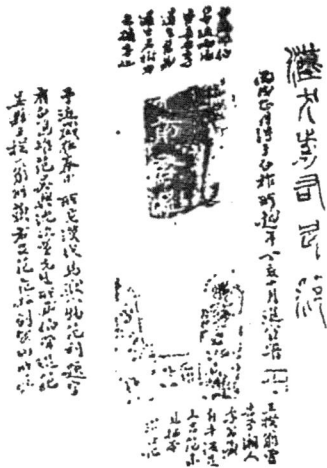

图四八　汉犬前后足范

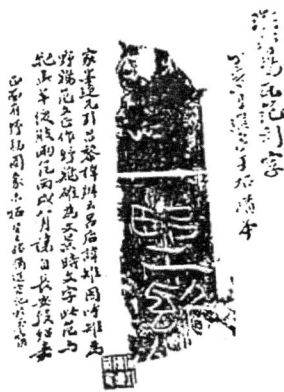

图四九　汉野鸡瓦范刻字

家墨迻兄引昌黎《讳辨》云 [1]："吕后讳雉，因呼雉为野鸡。"范文正作"野鸡"，

---

[1]　墨迻，陈先生长兄陈邦福之字，为古文字学家和书法家，著有《殷墟埋契考》《古钵发微》等书。晚年寓居苏州。昌黎，即韩愈。

确为文、景时文字。此范与"牝麔""羊后肢"两范，丙戌（1946 年）八月让自长安段绍嘉。正面有野鸡图像，未拓。癸巳（1953 年）残腊[1]，进宦记于雪窗。

汉牝麔范（图五〇），摹庐所藏六范之一。

此等范文，皆先锲后锻。六范之名：一"车府"，二"鸮法"，三"犬前后足"，四"野鸡"，五"牝麔"，六"羊后肢"，均属精品。

近岁代科学院撰辑《关中秦汉陶录》五卷[2]，六范皆收入册中。

汉肢后羊瓦范（图五一），正面范一羊足形，当倒读为"羊后肢"。

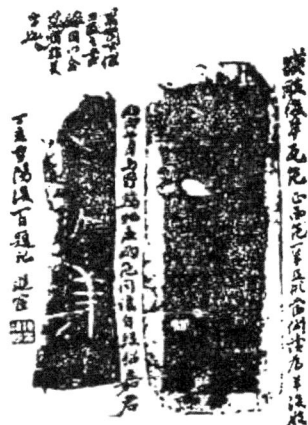

图五〇　汉牝麔范　　　　　　　　图五一　汉肢后羊瓦范

丙戌（1946）七月，与"野鸡""牝麔"两范同让自段绍嘉君。丁亥（1947 年）重阳后一日题记。进宦。

"羊"字下，系工匠之画线，用以合范者，非"美"字也。

汉苏解为陶器盖（图五二），器仅一盖，"为"字作"造"字解。草篆体，先契后锻，与延熹土圭文字相同[3]，殆为东汉时制作。但陶器文字之大，无过于此。

此西汉物，当时误疑为东汉，己酉（1969 年）端阳题记，距前题已二十三年矣。时年六十九岁。

新莽居摄二年陶尊（图五三），此当与"居摄二年都司空"瓦同时所造，当亦为司空署中之物。汉代陶器完整有文字者难；有纪年者尤难。今年三月杨家城出土，向马仲良让得。丁亥（1947 年）十月廿六日，进宦手记，时年四十六岁。

---

[1] 残腊，农历十二月月末之谓。

[2] 包括《陶录》四卷，《续陶录》一卷，末附《云纹瓦图录》。稿存中国社会科学院考古研究所，待刊。

[3] 见端方《陶斋藏石记》和刘承幹《希古楼金石萃编》。

图五二　陶器盖

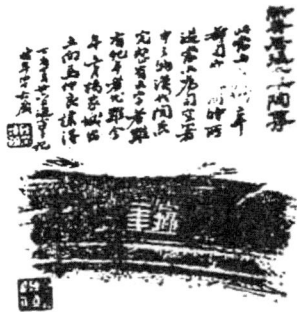

图五三　新莽居摄二年陶尊

汉咸里彡辰陶鼎（图五四，上），顷见"咸里蒲奇"四字陶鼎，文字横肆，与周季木所藏之"咸里屈骄"鼎同为汉初之物[①]。戊子（1948年）五月记。

汉咸里高昌陶鼎（图五四，下），予另藏有"咸亭完里丹器"陶鼎，未拓入。周季木先生所藏"咸里屈骄"陶鼎，刘军山君所藏"咸里当柳恚器"陶壶盖，均较此为精。

去年夏初，代沈叕翁购"元平元年咸里周子才"九字陶盖[②]，文字尤佳。戊子（1948年）四月，进窀记。

秦时咸阳，汉初改名渭城县。但以今日出土陶器观之，咸阳多称为咸里，或称为咸亭，足以补《汉书》之未详。又，刘汉杰所存有"咸阳市久"陶瓶[③]，尤可证咸里、咸亭、咸阳亭皆为咸阳之别称。

汉槐里市久陶瓶（图五五），陶器完整无缺。"市久"者，即市酒也。汉代"九""久""酒"三字往往通用[④]。予又见有"咸阳亭久"及"行司空久"两瓶，皆同此例。

汉长信少府陶片（图五六）[⑤]，《汉书·百官公卿表》云：长信詹事，景帝中六年，更名长信少府。无属官。又按：詹事属官有私府、永巷等长、丞。陶文云私官，疑即私府之初名，原属长信少府，在景帝中六年时，而转属于詹事者。

---

① 周季木，即周进，著有《季木藏陶》。

② 元平，汉昭帝年号，即公元前74年。

③ 疑"市久"为"亭久"之误。

④ "久"，李家浩解作"印"，说见俞伟超《先秦两汉考古学论集》中《秦汉的"亭""市"陶文》一文。

⑤ 当作"汉长信私官陶片"。

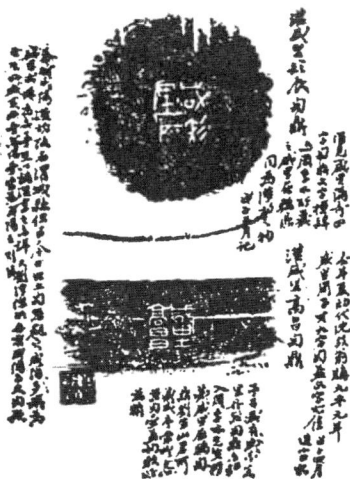

图五四　汉咸里彡辰陶鼎、汉咸里高昌陶鼎

图五五　汉槐里市久陶瓶

泥封有"齐私官长"印[1]，决为私府之初名无疑，与此可互相印证。戊子（1948年）六月记。

此类陶文，大率为酒瓶之残片。丁亥（1947年）长夏得于李宏溶所，与"南陵大泉"，足称双绝。

汉南陵大泉陶瓮残字（图五七），南陵，为薄太后之陵。《长安获古编》有"南陵大泉第五十"铜钟，与此盖一时所造。大泉犹大瓮之义，盖秦人之方言。去岁残腊得于马仲良所。丁亥（1947年）秋九，进窟拓记。

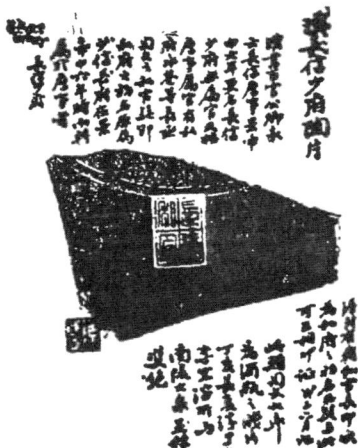

图五六　汉长信少府陶片

图五七　汉南陵大泉陶瓮残字

---

[1]　见《封泥考略》。

今年（1953 年）二月，坝桥鳌灵盖地方有建筑工程，出土"南陵大泉乘舆水匌"八字瓮。文字谨严，较此为精。现藏西北历史博物馆（今陕西历史博物馆）。癸巳（1953 年）嘉平二十日 [①]，进宧手记。时关中大雪盈尺。

汉富贵扑满（图五八），"大富昌"六字扑满，旧藏陈簠斋太史家，今归天津方子才君 [②]。丁亥（1947 年）十月，进宧题记。

今年正月，在马估处见有"巨万"二字扑满拓本上下文 [③]，原器今不知归于何处。戊子（1948 年）九月，进宧记。

扑满为汉代小儿敛泉之具器，满则扑，不得以残缺视之。

第二品寓有"合田丰贝"四字之义。合田者，立合同置田宅之谊。

扑满始见于《西京杂记·邹长倩与公孙宏书》。罗氏《金泥玉屑》著录有"大富昌宜侯王"及"日利"二品 [④]。予在秦所见有"富贵""宜泉""日利""日利千万"四品，合罗书文字，共有五种。

汉大吉俑（图五九），丙戌（1946 年）夏月，进宧得于白祚所。

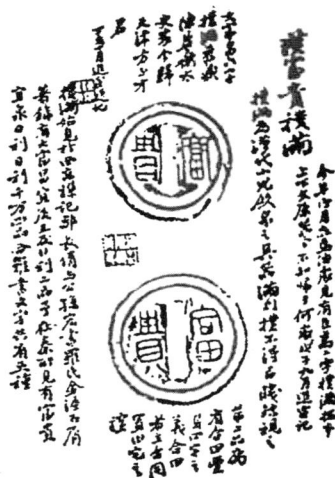

图五八　汉富贵扑满　　　　　　图五九　汉大吉俑

汉俑有文字者，千万中难得一枚，虽残可贵。

汉日利鉌（图六〇），完整之器，花纹精美，得于马估崇得所。

此器为鉌形，如半截扑满。当日凿地为坎，置器其上，聚满则取泉，可省扑碎

---

① 嘉平，阴历十二月之别称。

② 方子才，安徽歙县人，收藏家方天仰之侄，时居津门。

③ 《提要》作"巨久"。马估，马崇德。

④ 罗氏，即罗振玉。

之患。

汉日利陶片二种（图六一），癸未（1943年）、甲申（1944年）间，得于刘汉杰所。予在秦先后得"日利"片有七八种，以此为最精。

图六〇　汉日利甋　　　　　　　　图六一　汉日利陶片

汉与天屋脊题字（图六二），刘汉杰出示有"延年益寿"瓦脊残字，与此同范[①]。丁亥（1947年）十月五日，进宧拓记。

"延年"残瓦，汉杰后售于兰田董策三君。此则为谢秀峰之物[②]。

新莽左作陶片（图六三），十余年前，西安三桥镇曾出新莽泉范一坑，盖王莽时铸钱之作所。另出有"左作货泉"等百余片，以白估所得为多，皆当为铸钱时各室之标帜。其文字除"左作货泉"外，有"左作""作三泉""四泉""造九从□"等字，或铸，或凿，有篆书，有八分书，有草篆书。予另辑有《新莽左作集拓》一卷[③]。

出土之地在三桥镇西北五里好汉庙。癸巳（1953年）残腊，进宧记。

《左作集拓》一卷，所收计五十种，前年寄存扶风外孙处，为人窃去矣。癸丑（1973年）七月进翁。

新莽从□陶片（图六四），此以与左作货泉同坑所出，形似鞋底，土人因呼为鞋底片。

新莽四泉陶片（图六五），当为莽铸钱各室中，造壮布四十室内所用。

---

① 《提要》作"笔法相似而不同范"。

② 文存"益寿与天四时"六字，"益寿""四时"各存半字。拓片亦同。

③ 《左作集拓》提要部分见《葊庐丛著七种》之《关中秦汉陶录提要》，以及《文史考古论丛》之《西汉铸钱铜材和钱范的发现》。

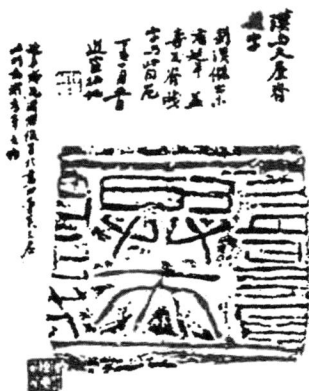

图六二　汉与天屋脊题字

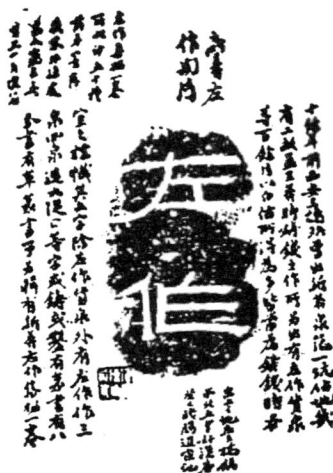

图六三　新莽左作陶片

图六四　新莽从□陶片

图六五　新莽四泉陶片

往岁为沈叕勘先生代购"作三泉"一片，较此为胜。癸巳（1953 年）腊月，进宦记。云：汉上禄瓦（图六六），《三辅黄图》上林范有阳禄观。《汉书·班婕妤传》"娭子于阳禄观"是也。瓦文"上禄"，即其简称。

汉万岁陶记（图六七），此陶器上印记之范，气势雄伟，可与"单于和亲"砖相巳。

图六六　汉上禄瓦

图六七　汉万岁陶记

汉袁双陶片（图六八），陶器上印字，始于春秋列国之际。予在秦见有"真河阳""真上牢""第一作"等陶瓷，皆秦汉间物。丁亥（1947年）冬月既望，进窑记。

"真上牢"陶瓷，坚如铁石，叩之作金声。予以质重未收，仍存刘估所[1]。

己丑（1949年）秋九，李宏溶出示"太牢第一"瓦片。太牢与上牢之义相同，非指牛而言也。庚寅（1950年）夏五月，进窑记于西安南柳巷之寓斋。

"真上牢"陶瓷，予为西北大学文物研究室代购，现藏室中。癸巳（1953年）嘉平，进窑记于雪窗。

汉汋一二石酒罍（图六九），器完好，大如羹盎，沃以沸水，犹觉酒气腾滥。汋与酌通，谓酌此一罍，即合酒斗之二石也。足证古代酒器之小。《史记·滑稽传》：淳于髡所谁一石亦醉，当即指此而言。丁亥（1947年）冬月七日，进窑题。是日关中大雪盈尺。

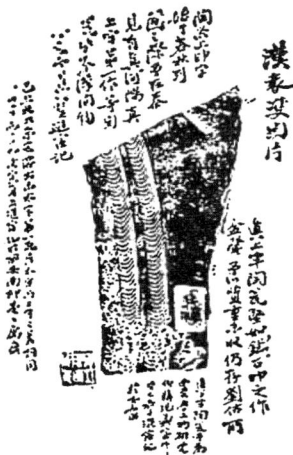

图六八　汉袁双陶片　　　　　图六九　汉汋一二石酒罍

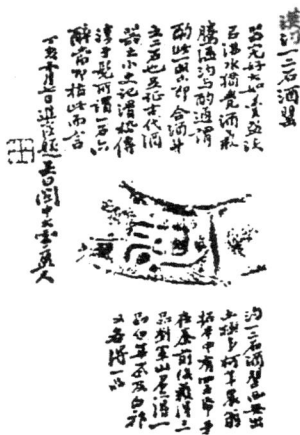

"汋一二石"酒罍，西安出土极多。柯莘农翁拓本中有四五纸。予在秦前后获得三品，刘军山君亦得一品，白集武及白祚又各得一品。

汉凉廿八砖（图七〇），丙戌（1946年）四月，进窑得于赵估荣禄所。

《三辅黄图》云：未央宫有清凉室。此即为清凉室之物。汉代砖瓦，宫殿名均简称一字，此例甚多。

朱枫《汉瓦图录》载有"清凉有憙"瓦[2]。又予前代沈叕勘翁购致"凉卅四"圆砖，与此同为一家眷属。

---

[1] 刘估，即刘汉杰。

[2] 见朱枫《秦汉瓦图记》。

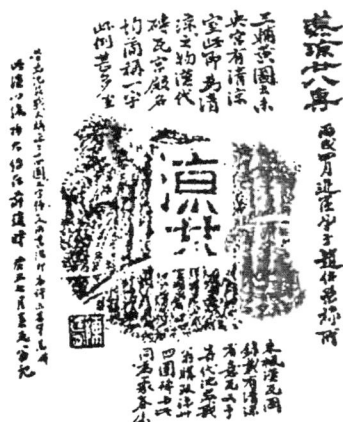

图七〇　汉凉廿八砖

昔为沈燮勘丈购"凉三十四"圆砖，文字系一人所书，深印黍许，亦甚罕见。

此汉以后物，大约在前赵时。癸丑（1953年）七月，弄瓦翁记。

汉榆荚五铢范（图七一），汉代铸榆荚五铢，不见于史。武帝茂陵常常有出土者。

新莽大泉五十大黄布千合范（图七二）。

汉巧二五铢陶范（图七三），予在秦所见陶范甚多，以刘军山所藏"元凤四年"五铢范为最精。

陶范坚硬如石，土人俗称为兰火头。"巧二"者，水衡都尉属官技巧长丞所造之第二范也。

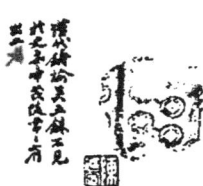

图七一　汉榆荚五铢范

图七二　新莽大泉五十大黄布千合范

西安出陶范始于道光中叶，其形有兰火头、红土两种。兰火头，江浙人称为石膏范，质最坚致。

此为宣帝时范，泉形较昭帝时为大。予在秦所见"半两"石范有四五枚，五铢石范仅获一见。

汉五铢陶范（图七四），陶范从铜范印出，此类绝鲜，寓秦久者自知之。

白祚有"大泉五十"及"次布九百"两黑陶范，坚硬如铁石，为沪客购去。

图七三　汉巧二五铢陶范

图七四　汉五铢陶范

（原载《文博》1991年第5期）

西安曲江艺术博物馆收藏棺木画浅析

2015 年，西安曲江艺术博物馆从英国著名收藏家迈克尔（Micheal）先生手里获得一套棺木画。由于画面内容与古代丝绸之路上的牲畜贸易有关，所以显得十分珍贵。迈克尔先生是世界上最大的古代地毯收藏家，现受聘出任卡塔尔国家博物馆馆长，继续他钟爱的毛毯收藏、保护与展示工作。多年以来他陆续征集到一大批中国文物，其中包括故宫的地毯与挂毯，还有近五百件战国至明清的丝织品。然而他是一个很有思想，很有品味，很有眼光，也很有爱心的人。他对于中国文物情有独钟，但又希望在有生之年能令他所收藏的中国文物重归故土。因此，只要有机会，他会到中国各地走走，特别是看各类博物馆，希望能为他心爱的宝物找到理想的归宿。本次棺木画的转让就是他计划中的第一步。

据迈克尔口述，这套棺木画是 20 世纪 60 年代从尼泊尔的古董市场中觅得。当时古董商告诉他棺木画出自中国甘肃及内蒙古交界地区，所以判定它为额济纳河流域即古黑河流域的遗物。2008 年，慎重起见，迈克尔专程委托瑞士苏黎世联邦理工学院粒子物理研究所对棺木画进行了 ^{14}C 年代测定（见附录）。测定的结果是，以 2008 年为基准，上推 1505 年 ±45 年时的作品。也就是说，这套棺木画是北魏宣武帝元恪景明四年（503 年）前后的古物。上限应该是北魏文成帝拓拔濬太安四年（458 年），下限为西魏文帝元宝炬大统十四年（548 年）。

至于出土地点，至今仍无法确定，只能通过对画面的比较分析寻找端倪，提出初步的指向性意见。

这套棺木画由前挡板、后挡板、上盖板、左侧板、右侧板五部分组成。木质一般，各板均由锛削制后拼接而成，所以不太平整。画面有凹有凸，单由墨色勾勒成图，所以刨痕与山色形成视觉重叠，别有韵味。

棺木形制，前高宽，后低窄，是鲜卑族活动地区最为常见的一种形式。以考古发现为证，这种棺式最早见于东汉时期，内蒙古扎赉尔出土的桦木棺即为代表。之后，呼和浩特东南部美岱村出土的木棺，固原北魏墓出土的漆棺，都是这一样式。因此，本套棺木画应与鲜卑文化与习俗有着密不可分的联系。

1. 前后挡板

前后挡板分别为日图和月图（图一）。日图为高、宽均约 61.5 厘米的正方形，月图则为高、宽均为 41 厘米的正方形，厚度均为 8 厘米。

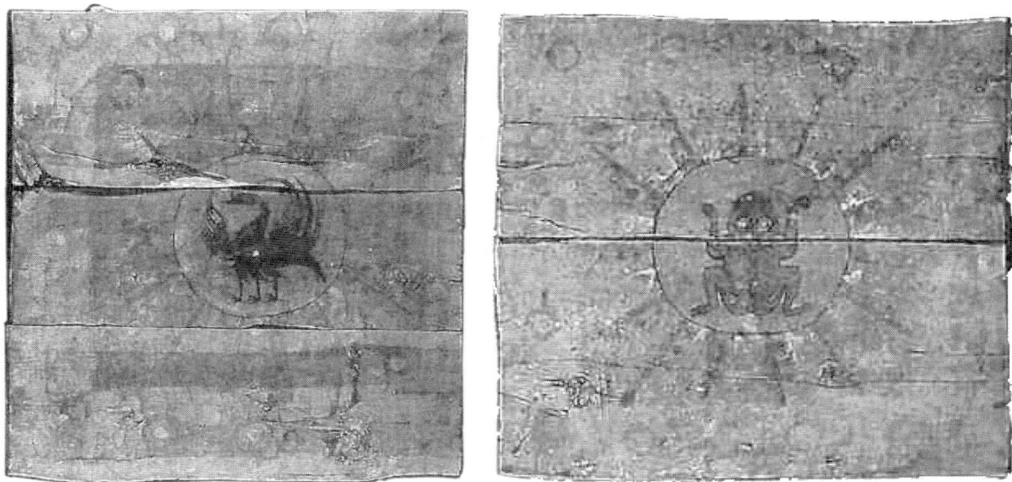

图一　日图、月图

日图板中心一圆圈内绘有一只三足乌,月图板中心则画有蟾除,各由中心向外呈放射性纹饰。《淮南子·精神训》曰:"日中有踆乌,月中有蟾蜍。"高诱注:"踆,犹蹲也,谓三足乌。"乌呈黑色,有三足,故称三足乌,代表太阳。一般与代表月亮的蟾蜍成对出现,在汉代画像石、画像砖和汉代壁画天象图中十分常见,是中原文化标志性的符号。

以河南省南阳市唐河县针织厂工地出土的画像石中的日图、月图最为典型(图二)。

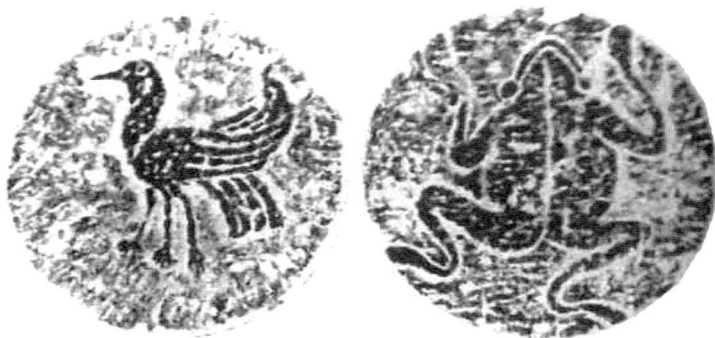

图二　河南南阳唐河县针织厂出土汉代画像石上的日图、月图

在汉代,这种文化还影响到少数民族地区,比如吉林省集安市高句丽墓葬壁画中,早就有与汉文化一致的日图、月图(图三)。

所以鲜卑族活动所及地区亦继承了这一文化传统。

但是,新疆地区相同时期的墓葬中也有日图、月图。从中我们既看到了汉文化的影子,也发现了差异。

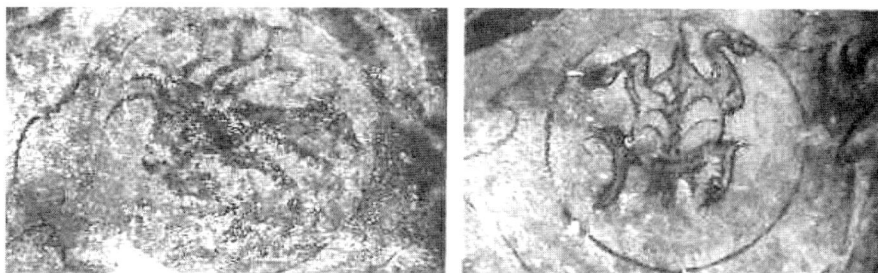

图三 吉林集安高句丽墓壁画上的日图、月图

如若羌县楼兰古城遗址汉晋墓中出土的彩棺（图四），以及吐鲁番阿斯塔纳 13 号十六国时期墓中出土的纸画，都有日图、月图，不过日图中的乌均为二足（图五），看来他们并不了解汉代三足的内涵。从本地域民族对鸟的认识来代替汉族对太阳的想象，形成明显的区分。因此，本组棺木画一定是鲜卑族统治区墓葬系统的产物，与新疆无关。

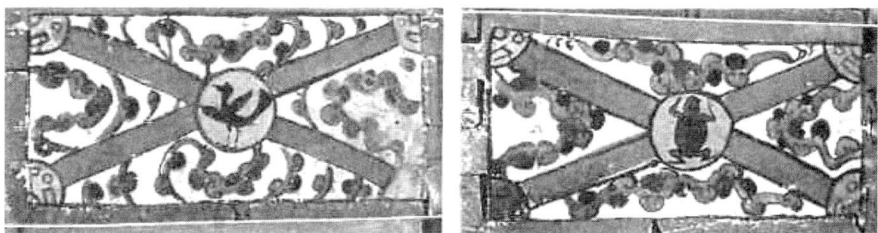

图四 新疆若羌县楼兰古城汉晋墓中出土棺木画上的日图、月图

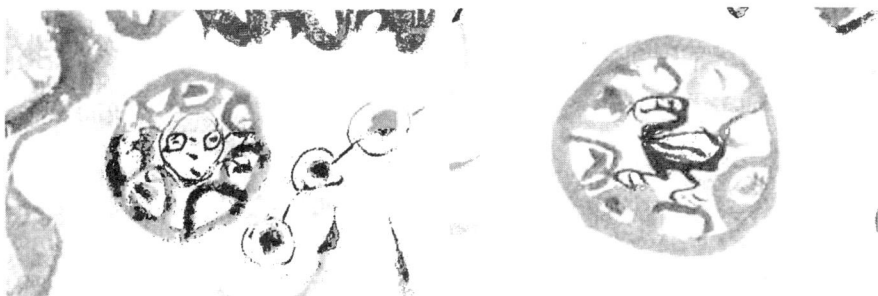

图五 新疆吐鲁番阿斯塔纳十六国墓出土纸画上的日图、月图

2. 上盖板

上盖板是农耕图（图六），板前部残，最宽处约69、长251、厚8厘米。

盖板中部画一长髯年长农夫扶犁驱赶二牛前行，这是典型的汉族"二牛抬杠"的耕地方式，身后一位年轻农夫高扬裸露的左臂在撒种，再往后有一年轻女子手牵着骡

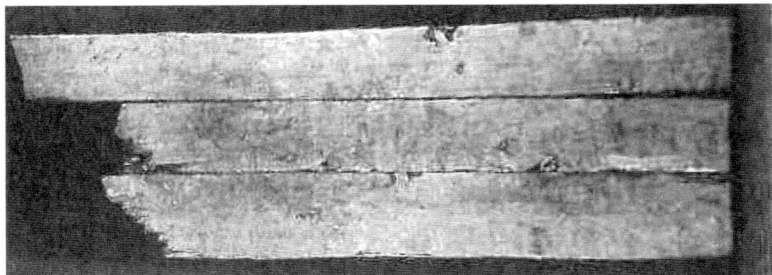

图六　上盖板

子，骡子带着平地的耙子，由另一个男性农夫操纵着在平整土地。这四个农夫，都是汉人装束，却又都是左衽，带有鲜卑服饰的特征。

　　一般而言，汉人墓葬才会出现农耕图，所以本棺木画也必然是汉人墓葬的葬具。反过来看，汉人形式的日图、月图，也排除了出现在异族墓中的可能性，成为汉人葬具的有力佐证。汉人农耕场景最早出现于汉代画像砖、画像石中，如山东滕县东汉墓中的牛耕画像石堪称典范（图七）。不过，"二牛抬杠"式的牛耕图，一般也是成对出现，如鄂托克旗米拉壕汉墓壁画中的农耕图即为一例（图八）。

图七　山东滕县东汉墓出土画像石上的农耕图

　　此风还延续到魏晋时期，如甘肃嘉峪关魏晋画像砖墓出土的农耕图成画就是证明（图九）。

图八　内蒙古鄂托克旗米拉壕汉墓壁画上的农耕图

图九　甘肃嘉峪关魏晋画像砖墓出土农耕图

本盖板前部虽残，但仍可以看到另一组"二牛抬杠"的部分劳作场景。因此，本盖板画也应该是成对出现的完整农耕图。

3. 左侧板

左侧板是野炊待客图（图一〇），完整，前高 62.5、长 243、厚 8 厘米。该图正中画有一个临时搭建的帐篷，支撑体似为竹子，搭制十分正规，上面有气孔。帐正中有

图一〇　迎客图

一主人，汉人装束坐于席上，手举酒杯正准备饮酒，左侧有一侍妾一旁陪侍，两人中间有一盛酒器。

该图左边有两位汉装随从，手捧木材走来。前方立有建鼓一具，是自汉代以来击鼓聚众，击鼓警示的工具。再过来有一随从手持铁制长锛正在劈削木材，一侧有储水器。接着便是一口临时搭好的三足大锅，一个随从正在添柴生火烧制汤水，后有一女侍将一大盘馕托过头顶。上面则有一屠夫正在宰羊，一旁放有两件容器，看来准备煮羊肉招待远方来的客人。帐篷的右侧有女侍送柴，但还有一戴鲜卑小帽的男性随从赶着一大群羊，还有驮载物品的牛，也许是准备进行交易。侧板周边有数十个圆圈作为装饰。

从图中的内容看来，或许是一位汉族贵族或富商在路边等待鲜卑商队来从事交易之情况。

4. 右侧板

右侧板是迎接鲜卑商团图（图一一）。完整，前高 61.5、长 247.5、厚 8 厘米。

图一一　待客图

该图左侧有一重装武士头戴甲胄，身着铠甲，手持长枪，跨在一匹戴有皮眼罩的马上，直刺一似鬼似兽的拦路妖孽，是一个驱鬼的先行开路者。紧跟着的是一位汉人装束的骑马仆从，很可能是前图帐中主人派出的迎客者之一。后面则是一队头戴鲜卑羃离防尘帽，身穿彩色紧身花袍，骑着戴有皮眼罩的骏马的一队骑士。在他们中间有一人十分醒目，他是汉人，中年，神态从容而仪表不俗，与帐篷主人相貌相仿，应是主人的亲属或管家，专程前来迎接马队。值得注意的是，他们大都戴有羃离，这与山西忻州北齐大墓中骑士的形象十分一致（图一二），这应该是鲜卑人的典型装束。这种帽具在唐代也十分流行（图一三），在隋唐墓中出土的陶人、木人及壁画中都有发现。本图周边也有数十圆圈纹饰。

近来，青海藏医药文化博物馆刚从尼泊尔购回一批疑似吐谷浑国的棺木画，与宗教活动有关。本套棺木画与其有类似特征，但限于这批资料尚未整理公布，所以无法直接引用供读者参考。不过，他们的出现，为本套棺木画的出处提供了一个选项，即

图一二　山西忻州北齐大墓中的骑士之羃离

图一三　唐代帽具

他恐怕非甘蒙交界出土之物，也许他的真正出土地应在甘南青海一带，或许正是吐谷浑国之物。

吐谷浑国可溯源至西晋初年的居处辽东的慕容鲜卑。312 年，慕容鲜卑在枹罕（今甘肃临夏）建吐谷浑国。329 年，慕容叶延在沙州（今青海贵南穆克滩一带）巩固了地位与势力范围，以吐谷浑为姓氏、族名及国名。

吐谷浑人善于养马，过着游牧生活，以青海骢最为著名，曾大量输入内地。但有时也从事农耕，特别是以冶炼制作兵器与铁器著称。北魏崛起时，吐谷浑已占据青海东部地区，并与陇西接壤。迫于北魏的强大，他们先向北魏臣服，同时又与南朝通款，图谋在两强中求得生存。

北魏孝文帝颁布一系列改革政策，除了强制推行汉化外，促进经济发展成为要务，而开展西北边地牲畜与金属工具、兵器的贸易格外得到重视。吐谷浑地区正是进行上述贸易的绝佳地区。本棺木画的内容恰恰反映了这一历史进程，是不可多得的重要图像资料。

综上所述，可以初步得出以下结论：这是一套汉族贵族或者富商的葬具。葬具形式借鉴了鲜卑文化的形式，同时也突出了汉人文化的特点，是北魏时期民族加速融合的真实写照。墓主人活跃在丝绸之路地区，主要从事牲畜交易，是北魏孝文帝改革在西北边地强化牲畜贸易的历史见证。本棺木画的异族特征、边饰形式，与青海藏医药文化博物馆所藏吐谷浑棺木画十分相似，所以为本棺木画的出土地址提供了一个更为接近史实的依据，应该说与黑河流域关系不大。

附录：瑞士苏黎世联邦理工学院粒子物理研究所 ^{14}C 年代鉴定表

C14 815.xls				4/20/08			1
User	ETH Lab Number	Sample Code	Material	^{14}C age BP	$\pm$ ^{14}C age BP	Del^{14}C（‰）	$\pm$ Del^{14}C（‰）
Hassan MehiETH-35028		#815	wood	1505	45	−22.9	1.1

INFORM : References -Atmospheric data from Reimer et al (2004);
OxCal v3.10 Bronk Ramsey (2005); cub r:5 sd:12 prob usp[chron]

ETH-35028: 1505 ± 45BP
68.2% probability
460AD (6.6%) 490AD
530AD (61.6%) 620AD
95.4% probability
430AD (95.4%) 650AD

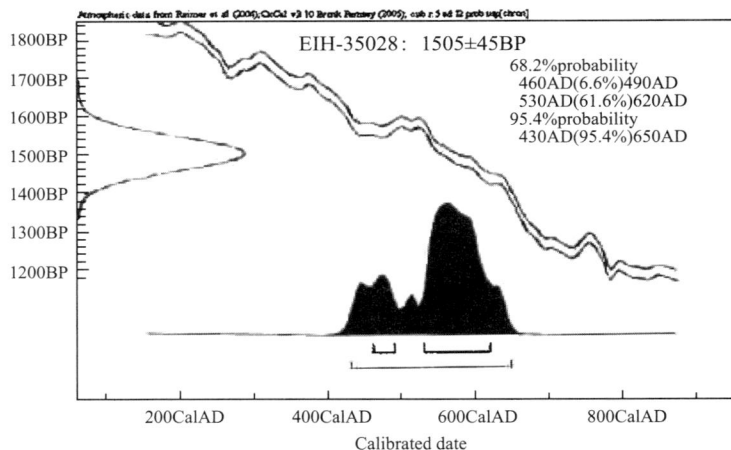

（原载《再获秋实：第二届曲江壁画论坛论文集》，商务印书馆，2017 年）

《八家后汉书辑注》前言^①

　　魏晋南北朝时期，群雄竞立，纷争不已。令人眼花缭乱的政权更迭，却引来了史学的勃兴。为替一时当道的统治者提供治世的镜鉴，谋求正统的地位；为给播越的门阀士族炫耀高贵的门第，追忆逝去的荣华，私家修史，一时蔚为风尚。其中，在《东观汉记》的基础上而撰写的《后汉书》，今可知者竟达十二家之多。除晋袁宏《后汉记》和刘宋范晔《后汉书》流传至今外，尚有吴谢承《后汉书》一百三十卷、晋薛莹《后汉记》一百卷、晋司马彪《续汉书》八十三卷（八志凡三十卷附范晔书以传）、晋华峤《汉后书》九十七卷、晋谢沈《后汉书》一百二十二卷、晋张莹《后汉南记》五十五卷、晋袁山松《后汉书》一百卷、时代未详的刘义庆《后汉书》五十八卷^②、梁萧子显《后汉书》一百卷（以上均纪传体）、晋张璠《后汉纪》三十卷（编年体）。

　　在上述后十部书中，刘义庆、萧子显二书亡于隋或唐初。不仅唐刘知几在《史通》中已无片言只字论及，甚而残文剩字，也无从考见，故今且搁置不论。其余八书，一则遭西晋永嘉之乱等各次兵火之劫，多有损佚。唐初虽略有复出，终难成完帙。再则遇唐章怀太子李贤为范晔书作注，使之盛行于世。如《六臣注文选》，其引用范书已占十之七八，而诸家残书遂不复为世人所重。以至宋太宗淳化年间，在吴淑《进注事类赋状》里，谢承书、张璠纪、《续汉书》均已沦入遗逸书之列。而宋仁宗景祐元年（1034年），余靖奉诏校正《后汉书》，叙其原委，仅胪列谢承、薛莹、司马彪、华峤、谢沈、袁山松诸书卷帙之多寡，竟不能取证参稽，以定异同。总之，八家书至迟于两宋之际，已如逝水飘风，遗而不存，是确然无疑的事实^③。所幸的是，我们今天仍能从

---

① 1985年4月于西安书成，2020年7月修订。

② 疑此刘义庆即注《世说新语》之刘宋临川王刘义庆。但两唐志均将其书列于司马彪书之后，华峤书之前，故又疑其为晋人。俟考。

③ 据余嘉锡《读已见书斋随笔》所考，清代盛传有谢承书五部秘藏于私人之手。即明季方以哲自史馆携往临清的内府藏本，傅山所藏明永乐间扬州刊本，莆阳郑王臣所言闽中旧家藏本，章学诚、汪辉祖所言山阴王记善藏元大德间刊本，以及青浦许宝善手录王氏本。今按：谢承书宋时吴淑、余靖已不得亲见。王应麟博学多闻，读谢书亦求助于《文选》注。可见宋时已无传本，元明间从何得而刊之？若确有刊本，为何既无人复付梓以广流布，而除得之传闻外，又无第二人亲见传本？倘或明永乐有刊本，而内府亦有珍藏，为何永乐大典中谢书引文无超出御览等唐宋类书者？而四库馆臣能从大典中辑出久佚的《旧五代史》和《续资治通鉴长编》，何以不能辑出颇为清人所重的谢承书？故清代传闻与其信其有，不如信其无。退一步言，充其量是几部早期辑本而已。

《后汉书注》《续汉志注》《三国志注》《世说新语注》《文选注》等文史之注中，以及《北堂书钞》《艺文类聚》《初学记》《太平御览》种种类书中，略窥其斑豹，以为研史之助。

范晔《后汉书》集众家之长，博大精深，后来居上，历久不衰，确乎为治东汉史者之圭臬。然而八家后汉书佚文，亦不可废置。清康熙中姚之骃纂辑《后汉书补逸》时曾说道："夫他书可逸，惟史当补。近史文烦或可逸，古史文约尤当补。今试以谢、华诸史与范校，其阙者半，其同者半。其阙者可以传一朝之文献，其同者且可以参其是非，校其优绌，于史学庶乎其小补也。"姚氏既不夸大其作用，又不无视其存在，如此对待八家书佚文，可谓允当。

然而八家书参差不齐，自有优劣之分，应该视其质量高下，佚文多寡，区别对待，各尽其用。

梁刘勰于《文心雕龙·史传》篇中曰："至于后汉纪传，发源东观。袁、张所制，偏驳不伦；薛、谢之作，疏谬少信；若司马彪之详实，华峤之准当，则其冠也。"又，刘知几于《史通·古今正史》篇中，在简要叙述了《东观汉记》的撰述经过后，于八家书中仅仅介绍了司马彪、华峤二书，并说《后汉书》"作者相继，为编年者四族，创纪传者五家，推其所长，华氏居最"。可见自南北朝至唐初，推崇华、彪二书，是一时的公论。

华峤，字叔骏，西晋平原高唐（今山东禹城西南）人。历事武、惠二帝，"博闻多识，属书典实，有良史之志"①。因而长期主持朝廷的撰述之事。华峤不满意《东观汉记》的芜杂，有意改作。自为台郎后，得以遍览宫省秘籍，于是整理史料，排比考校，上起光武，下迄孝献，述东汉一百九十五年历史，以为《汉后书》。惜十典未成而峤卒，复经其子华徹、华畅相继董理，始成完书。此作一经问世，即得到一致推重。中书监荀勖、令和峤、太常张华、侍中王济都认为华书"文质事核，有迁、固之规，实录之风"②。遂藏之秘府，与《史记》《汉书》《东观汉记》并行于天下。

范晔对华书十分欣赏，在撰作《后汉书》时，除取材《东观汉记》外，《汉后书》成为主要的蓝本。以体例而论，华峤以为"皇后配天作合，前史作《外戚传》，以继末编，非其义也，故易为皇后纪，以次帝纪"③。而范晔亦沿用其例，遵而不改。又，华峤行文"言辞简质，叙致温雅"④，其论尤为精绝，所以范晔往往全部或部分袭用之。今可考者，有《李贤注》所言之《肃宗章帝纪》论、《马武传》论、《冯衍传》论、《刘赵淳

---

① 见《晋书》本传。
② 见《晋书》本传。
③ 见《晋书》本传。
④ 见《史通·序传篇》。

于江刘周赵传》序、《班彪传》论、《袁安传》论。章宗源《隋书经籍志》考证所言之
《王允传》论。阅袁宏纪所知之《丁鸿传》论、《皇甫嵩传》论、《襄楷传》论。而尚未
注明的恐怕还有若干。姚之骃以为范书"微章怀注之，则掠美者胜矣"[1]，虽不免有些言
过其实。但他指出"蔚宗其亦服膺斯编"[2]，却是一语中的。可以这样说，范晔的成功，
也包含有华峤的许多心血在内。

从现存的华峤书佚文中，我们不但可以明了华书与范书的内在联系，而且对范书
的材料亦小有补益。如冯衍的祖父，范书和《东观汉记》均作冯野王，唯华书作冯立，
可聊备参考。又，范书节略诸书，常有失之过简之弊。如陈愍王宠善射，范书仅作
"宠善弩射，十发十中，中皆同处"，使人难以领略其奥妙。而华书则曰："其祕法以天
覆地载，参连为奇。又三微三小，三微为经，三小为纬，经纬相将，万胜之方，然要
在机牙。其射至十发十中，皆同孔也。"读来令人豁然而悟。

司马彪，字绍统，高阳王睦之长子。因好色薄行，废而不得为嗣。于是司马彪不
交人事，专精学问，博览众籍，撰述甚丰。除《续汉书》外，他尚注《庄子》，作《九
洲春秋》，又据《汲冢纪年》，条谯周《古史考》之误凡百二十二事，而名噪当世。姚
之骃言："向使彪嗣高阳王，怀桐披衮，不过贵耀一时，岂能使千百年下传其著作若此
哉！"[3] 司马彪虽经挫折，却能幡然醒悟，因祸得福。事在人为，其性格品行确有过人
之处。

司马彪八志"虽未尽善，而大较多实"[4]，至今仍为研讨秦汉典章制度的重要依据。
所以与其说是彪志依范书得以传世，不如说范书凭彪志而近于完备。但是司马彪未著
《艺文志》，使一代典籍不能俱陈于史册，以供后人索骥，令人深感遗憾。不过《续汉
书》纪传的佚文，数量之可观，仅次于谢承书。不但能印证范书之言而有征，且可以
较多订补范书的不足。如和帝葬于顺陵，证之以袁宏纪，足以明范书作"慎陵"之误。
《通鉴》即舍范书而从彪书、袁纪。再如张角心腹马元义之死，《续汉书》作"为山阳
所捕得，锁送京师，车裂于市"，可补范书之阙。

然而入清以来，谢承书声誉日隆，竟一跃而为八家书之首。如姚之骃即曰："谢伟
平之书，东汉第一良史也。"[5] 王谟亦曰："余于诸别史中最爱谢伟平《后汉书》，记载赅
博，远胜范蔚宗。"[6] 这就不能不使人要探究其根由了。

---

[1] 见姚辑华峤书自序。

[2] 见姚辑华峤书自序。

[3] 见姚辑司马彪书自序。

[4] 见《史通·书志篇》。

[5] 见姚之骃辑谢承书自序。

[6] 见王谟《谢承后汉书抄》自序。

　　谢承，字伟平，会稽山阴（今浙江绍兴）人。吴主孙权谢夫人之弟。曾拜五官郎中，稍迁长沙东部都尉、武陵太守。谢承书是继《东观汉记》之后的第一部私撰《后汉书》。仅据残圭断璧，已可知其著述颇具特色。就体例而论，《隋书经籍志》言其无帝纪。但是《史通·自叙篇》曰"始在总角，读班，谢两汉，便怪前书不应有《古今人表》，后书宜务更始立纪"。既然更始尚且要补立本纪，谢书岂能无帝纪？倘若谢书无帝纪，刘知几又岂能默然不置一辞？可见《隋志》所言，乃指谢书帝纪于隋初曾散佚罢了。谢书不仅纪、志、传俱全，而且又有所创新。如阅《史通》可知，谢书有《舆服》《百官》二志。前者源于《东观汉记·车服志》，后者则出自《汉书·百官公卿表》，然皆别立新目，并为《续汉书》所仿效。另据明陈禹谟本《书钞》，知谢书又有《兵志》及《风教传》，为当时史书所仅见：此二目虽不能遽作定论[①]，然而从谢书佚文推断，范书传目中之《东夷列传》，毫无疑义本之于谢书[②]。而《独行》《方术》《逸民》《列女》诸传也可能仿谢书而设，并非范晔所独创[③]。

　　此外，就内容而言，谢承于"忠义隐逸，蒐罗最备，不以名位为限"[④]，所以"姜诗、赵壹身止计吏，而谢书有传"[⑤]。因而严元照认为"其所以发潜德之幽光者，蔚宗不及也"[⑥]。在这些忠义名卿通贤逸士中，尤以江南人物居多。而范书只列"南州高氏父子及陈重、雷义、程曾、唐檀数传，其何汤仅附见《桓荣传》。章怀太子注引谢书载汤事，亦綦详。外有羊茂、孔恂、严丰、宋度、湛重、邓通、项诵、刘陵、黄向、张冀十人爵里事迹，班班可考，乃其姓名，俱不挂范书"[⑦]。对此王谟不禁为之愤愤然，甚至指责刘知几关于谢承"周悉江左""偏党吴越"之议，为"亦浅之乎测伟平矣"[⑧]。再则，谢书佚文数量之多，几占八家书佚文总数之半，而谢书佚文又半为范书所失载，这样就大大丰富了东汉史料宝藏。出于上述原因，清代学者推崇谢书，也就不足为怪。

　　但是，平心而论，谢书佚文之所以这样多，重要的原因正是"谢书尤悉江左，京洛事缺于三吴"之故[⑨]。除去那些具有地方特色的记述之外，"若其他事迹，与范书异

---

① 详见本辑注谢承书《风教传》注。
② 谢书有《东夷列传》，见《御览》卷三十三。范书因而不改。
③ 洪饴孙《史目表》列谢书传目有《风教》《循吏》《酷吏》《独行》《宦者》《儒林》《文苑》《方术》《逸民》《列女》《东夷》等。汪文台辑本除《风教传》外皆同。虽皆据范书传目推演而成，然从佚文内容分析，亦不无道理。
④ 孙志祖《谢氏后汉书补佚》严元照序语。
⑤ 见《史通·杂说篇》下。
⑥ 见孙辑严序。
⑦ 见王谟辑自序。
⑧ 见王谟辑自序。
⑨ 见《史通·烦省篇》。

者，亦未见定胜"①。因此，就全书总价值而言，谢书实不及范书。范晔出于全盘的考虑，对谢书大加删节，略有所取，无可厚非。而正由于范书失载，才使这批颇具地方特色的名士谱，被唐、宋类书从宣扬名教气节和保存轶闻逸事的角度出发，意外地保留了下来。而在东汉史料较为缺乏的情况下，这批佚文自然显得特别宝贵，尤其对探讨汉代的社会风俗和精神风貌来说，更不可不读。

至于薛莹、谢沈、张莹、袁山松、张璠五书，无论从写作质量上，还是从佚文数量和史料价值上，均不能望上述三书之项背。

袁山松，陈郡阳夏（今河南太康）人。东晋时为吴郡太守，因拒孙恩而死于沪渎。袁山松乃袁宏的从弟，先后同时，一著《后汉书》，一作《后汉纪》，不失为史林一段佳话。然而袁纪存而袁书亡，二者之优劣，于此大略可知。但是袁山松书中，志书较全，其中《郡国志》《祭祀志》《五行志》佚文，对续志多有订补。《艺文志》更为其书所独有，惜已全佚。而其他佚文，也时有可取。如明帝，字子丽，应奉删《史记》《汉书》《汉记》为《汉事》，以及王充《论衡》由蔡邕传入中土的经过，微袁书几泯灭不为人知。

张璠，晋之令史，曾出为长吏，而具体事迹则无考。其所著《后汉纪》似未完之作，且流传不广，散亡亦早，所以余靖表中竟未能提及。四库馆臣曾将其佚文与袁宏纪有关记载相比较，以为都是袁纪为佳。不过袁宏也承认，张璠纪"言汉末之事差详"②，所以曾汲取其部分成果，使袁纪关于汉末的记述更加完备，甚至比范书还要翔实。因而张璠对史学还是作出了一定贡献的。

在八家书中，薛莹、谢沈、张莹三书的佚文最少。薛莹，字道言，沛郡竹邑（今安徽宿县北）人。初为吴祕府中书郎。孙皓在位时，又任左国史，参预修撰《吴书》。后降于晋，官至散骑常侍。史称其"涉学既博，文章尤妙"③。《后汉记》是他的私撰之作。谢沈，字行思，一作静思，会稽山阴人。晋康帝时，曾任著作郎，撰《晋书》三十余卷。其所撰《后汉书》本一百卷，又录二卷，《后汉书外传》二十卷，所以《隋志》旧注作一百二十二卷。张莹曾任江州从事，《晋书》无传，籍贯及生平事迹均无考。薛书所存主要是光武、明、章、安、桓、灵六帝纪之论。其褒贬抑扬，发自胸臆，直道而陈，切中要害。如他在肯定刘秀的中兴伟业后，又曰："古者师不内御，而光武命将，皆授以方略，使奉图而进，其有违失，无不折伤，意岂文史之过乎？不然，虽圣人其尤病诸？"难怪姚之骃赞曰："末段如神龙掉尾，使人不可捉摸，更佳。范论但叙光武

① 见孙辑严序。
② 袁宏《后汉纪·自序》语。
③ 见《吴志·薛综附传》。

符瑞，不及开创大略，失史体矣。"①而谢沈书则是礼仪、祭祀、天文、五行、郡国五志佚文，对续汉志略有补益。至于张莹记佚文，却与范书多同，唯安帝见铜人条为其所独载。

八家书沈沦千载，然其佚文，自唐以来，学者文人于考史著文中，仍屡有征引。至清代，朴学兴起，辑佚之风大盛。自姚之骃首开重辑诸家《后汉书》之端，于是孙志祖、王谟、章宗源、黄奭、汪文台、王仁俊诸人接踵而起，或订补，或重辑，或潜心于一书一志之发掘，或致力于竭泽而取，辑本迭出，蔚为大观。

姚之骃，字鲁斯，钱唐（今浙江杭州）人。康熙辛丑进士，官至监察御史。其辑本名曰《后汉书补逸》（笔者用康熙中栢筠书屋刊本，又参之以蔡元培校徐友兰抄本，均藏北京图书馆）。所辑书以其目录为序，凡《东观汉记》八卷，谢承书四卷，薛莹、张璠、华峤、谢沈、袁山松诸书各一卷，《续汉书》四卷。总计八种二十一卷。使已湮之籍，一旦哀然传世，其筚路蓝缕之功不可没。但是此书缺点甚多，传世后屡遭抨击。概括起来，首先是姚氏藏书寂寥，并鲜獭祭之功，连《太平御览》都未曾取资，故阙漏甚多。其所用《书抄》又是明陈禹谟本，文多妄增误改，遗害后学。而姚氏又颇沿明儒旧习，读书不精，考辨乏力。以至误认《续汉志》为范晔所作，竟又从类书和史注中别辑志文，劳而无功，徒增笑柄。此外，如其不详谢承任武陵太守的出处，可见姚氏未曾读过《吴志·谢夫人传》，也未曾认真读过《隋书·经籍志》旧注。而其不识"承父婴"即指谢承之父谢婴（一作嫛），甚至曰："范书有承宫，《续汉书》载宫子名叠，无承父婴。《世本》承姓，卫大夫承叔乘之后。抑或承父复姓，婴其名与？"②读来令人啼笑皆非。再则姚辑辑文皆不著出处，使人无从考索。且编目漫无条理，随手签记，颠倒错讹，触目可见。如误陈政为陈正叔，分宋度为宋度、宋叔平二人。然而当时正处辑佚草创阶段，手段不高明，在所难免。何况姚之骃并不以此作妄自矜夸，自谓"虽残缺失序，聊以见其大凡""尚俟博雅君子补其阙"③。其良苦用心，犹堪敬佩。

为了订补姚辑的不足，更出于对谢承书的推崇，于是孙志祖的《谢氏后汉书补佚》问世（笔者用民国二十年南京龙蟠里国学图书馆石印本）。孙志祖，字颐谷，一作诒谷④，乾隆间仁和（今浙江杭州）人。曾官江南道监察御史。全书共五卷。前四卷仍姚辑之旧，然"凡姚氏所采者，一一著其出处，误者正之，略者补之，复以范书参订同异"⑤。而第五卷则是孙氏续辑。其征引精博，远胜姚辑，虽小有疏漏，绝非一般率尔

①　见姚辑薛莹书光武论案语。
②　见姚辑谢承书承父婴条案语。
③　姚之骃《后汉书补逸》自序语。
④　见《清史稿》本传。黄奭辑本用此字。
⑤　孙辑汪辉祖序语。

操觚徒事渔猎类书者可比。孙辑流传甚稀，张之洞撰《书目答问》，也仅闻其书，未见传本。幸由柳诒徵先生据丁氏善本书室精抄本，于民国二十年刊印于世，才得以流布。清末孙志祖之子孙峻又作补订一卷，功在详核出处，注明异同，略有补益。

与孙辑几乎同时成书的，则是辑佚大家王谟的《谢承后汉书抄》（笔者用原刻本）。王谟自署汝上老人，乃江西金溪人，字仁圃，一字汝麋，乾隆进士。其辑《汉魏遗书抄》五百余种，而刊行的仅经部一百零八种，史部之书则不为人所知。《谢承后汉书抄》六卷，一函四册，清刻本，今藏南京图书馆。其标作《汉魏遗书抄》别史之一，则史部书未尝不刊行。本书初成，以未见姚辑而未果授梓。嘉庆年间始从坊间购得姚辑，发觉其所辑谢书人物较姚辑多百余人，始欣然刊印。此书虽较姚辑差详，且与孙辑可互相补益，但在征引广博和考辨精审上，均不逮孙辑。除谢书外，王谟于《汉唐地理书抄》中（中华书局影嘉庆中金谿王氏刊本），又辑得袁山松书《郡国志》一卷，略有疏漏，而远胜他辑。

乾嘉之际，祖籍浙江会稽的宛平（今北京市）举子章宗源，于撰述《隋书经籍志考证》的同时，曾以极大的精力从事于汉晋遗书的辑佚工作。据《孙氏祠堂书目》及黄奭所辑张璠纪序所言，他辑有华峤书和张璠纪各一卷。章氏死后，其书稿半毁于火，所余或寄交章学诚，或存孙星衍处，或归之于叶云素，而华、张二书辑本却下落不明。黄奭曾有《知足斋丛书》问世（笔者用原刻本），印数甚罕，今藏北京图书馆，而《中国丛书综录》脱而未录。其中辑有张璠、谢沈、华峤、袁山松、薛莹五书各一卷，均无序跋，无出处，略有案语。而参之以黄奭订补姚辑而作的《黄氏逸书考》（笔者用民国二十三年朱长圻补刊本），时有不同。如张璠纪佚文则脱伏皇后、灵帝、班超、周举、樊晔、侯览、成瑨、陈宠、王堂、范滂、荀靖、荀昱、荀昙、荀彧、朱儁、种绍、袁绍、曹操、刘表、孙坚、谯周、条支国诸目。计《御览》十一条，《类聚》二条，《文选》注二条，《世说》注一条，《三国志》注六条。而梁冀、朱穆、陈球、董卓、献帝诸目，又有脱遗。计《御览》七条，《续汉志》注一条。又如华峤书则脱献帝、伏后、贾复、王梁、马成、申屠刚、傅昌、陈宠、刘般、邓彪、薛苞、贾逵、庆鸿、班始、刘永国、周规、张楷、胡广、马融、桓麟、孔嵩、蔡孟喜、王甫、曹嵩、崔寔、赵岐、崔钧、哀牢夷、散骑、论班彪班固、孝义列传序、补遗诸目。计《御览》二十五条，《书抄》六条，范书本传注五条，《文选》注二条，《初学记》二条，袁宏纪四条。又，明帝、马援、桓荣、乐松、江革、第五伦、韦彪、宋均、耿秉、桓典、班超、赵壹、杨震、崔骃、应场、灵帝诸目也均有脱漏。计《御览》十二条，《类聚》一条，《书抄》三条，范书本传注九条，《文选注》二条，《初学记》一条，《水经注》一条。唯刘宽目比《逸书考》多《书抄》一条。窃以为黄奭似亲见章辑，又深知其下落。其曾言章氏"凡《隋书经籍志》所列目，积生平全力，以返其魂，竟十得八九，哀然大观"①。或此《知足斋丛书》本即源自于章辑，亦未可知。倘若事实果真如此，则章氏辑本绝非仅张、华二书。而之所以脱漏甚多，恐与书非定稿，又复有散亡有关。章氏于《隋书经籍志》考证一书中，曾指明张莹记佚文线索十五条，除陈宠条系张璠纪之文误入外，仅脱《书抄》二条，共十三字。足见其对诸家《后汉书》是颇费了一番心血的。精心之作，竟湮没无闻，良可叹惜。

黄奭，字右原，甘泉（今江苏江都）人。道光年间辑得谢承书、薛莹记、华峤书、谢沈书、袁山松书、张璠纪各一卷，"视姚氏差详，终不赅备"②。初入《汉学堂丛书》（笔者用光绪中印本），后易名《黄氏逸书考》。黄恩纶曾预其役，出力甚勤。

而诸辑中最为精湛的当推汪文台七家后汉书（笔者用光绪八年镇江林氏刊本）。汪文台，字南士，安徽黟县人。曾作《论语外传》《十三经注疏校勘记识语》《淮南子校语》《脞稿》及《英吉利考略》等书，阮元亦"服其精博"③。汪氏尤留意于诸家《后汉书》，于旧藏姚辑本上，"随见条记，丹黄殆徧。后虑未尽，以属弟子汪学惇，学惇续有增益"④。共收录谢承书八卷，薛莹书一卷，司马彪书五卷，华峤书二卷，谢沈书一卷，袁山松书二卷，张璠纪一卷，末时失氏名《后汉书》一卷，共二十一卷。所辑人物据目录所见粗计，凡谢承书三百九十人，薛莹书七人，司马彪书二百七十四人，华峤书一百二十九人，谢沈书九人，袁山松书五十五人，张璠纪五十五人，失氏名书六人，共九百二十五人。而姚辑谢承书凡二百八十一人，薛莹书七人，司马彪书一百九十五人，华峤书九十人，谢沈书四人，袁山松书三十三人，张璠纪四十一人，共计六百五十一人。汪氏增益之数，约占姚辑之半。又按黄辑，凡谢承书四百一十三人，薛莹书九人，华峤书一百一十六人，谢沈书十二人，袁山松书五十八人，张璠纪五十九人，共有六百六十七人。此辑虽比汪辑相应书人物稍多，而除去分目不同的因素，与汪辑大致相仿，各略有增损。而黄辑未辑《续汉书》佚文，不能不说是一大缺憾。此外仅就谢承书而言，孙辑与汪辑基本相同，而王辑则脱二十余人。总括起来，还是汪辑冠冕诸辑。而汪辑编目有序，出处周详，考辨精当，取辑广博，也较谱辑为胜。早有定论。当然汪氏僻居远县，难觅善本以资校助，脱漏衍讹，在所难免。汪氏死后，书稿售与他人，幸被汤球发现，手录以付其子锡蕃，才再次保存下来，然已有散失。光绪八年，赵执叔、林粲英代为校勘印行，审核亦未精，复增舛讹。加上汪氏生前未能着手张莹记佚文的整理，因此其功未果，尚有补辑之必要。

作为尾声，清末江苏吴县人王仁俊，曾于《玉函山房辑佚书补编》中（笔者用上

---

① 黄辑张璠纪自序语。
② 汪辑崔国榜序语。
③ 见《清史稿·汪文台传》。
④ 见汪辑崔国榜序。

海图书馆所藏稿本缩微卷），辑得华峤、谢承、袁山松三书各一卷，实则华书一条，谢书、袁书各三条。又于《经籍佚文》中（同上书），辑有司马彪书佚文一卷，计二条。其所据除《稽瑞》一书为他辑所失辑外，主要录自清杜文澜之《古谣谚》，对姚辑虽有所补，然而具体引文均被汪、黄、孙、王（谟）四辑从原始材料采录过。可见王仁俊见闻并不广，辑佚手段也不甚高明。

在先师陈直先生的指点下，六年来我主要从事东汉史籍的整理工作。为了使八家书佚文尽量无遗漏地汇集起来，也为了给史学工作者提供更完备和更可靠的资料，笔者不揣浅陋，在前人已取得的重大成果基础上，再作爬梳，重加整理，撰成本辑注，以就教于读者。其中不当之处，切望专家及同行们批评指正。

在本书的撰写过程中，曾得到西北大学张岂之、游钦赐、林剑鸣、戴南海、杨绳信诸位老师的关怀和帮助。南开大学的杨翼骧先生和来新夏先生，以及中国社会科学院历史所的吴树平同志，都曾为笔者解难释疑。又有北京图书馆的李致忠、薛殿玺及善本书室诸同志，上海图书馆的沈津同志，以及南京图书馆古籍部的同志，在图书借阅上提供了不少方便。而上海古籍出版社编辑部的同志对初稿提出过不少建设性意见，在审阅全稿时，复多有补正。在此一并致以诚挚的谢意。

（原载《八家后汉书辑注》（增订版），上海古籍出版社，2020 年）

《汉官六种》点校说明 ^①

秦、西汉时期，是封建中央集权的统一国家的奠基时期，官僚制度和礼仪制度均处于草创阶段，几经变易调整，始初具规模。凡诸制先后颁行的具体规定，皆随律令下在理官，藏于几阁，均暗而未彰，鲜有能说其详者。连通人司马迁也未能述作百官之制，《礼书》《封禅书》等所言汉诸礼仪，亦省略疏阔，难遂人意。东汉中兴，诸制渐趋定型，为宣扬治国规范，维护统治秩序，"令人无愚智，入朝不惑" ^②，整理和撰述汉代官制及相关礼品仪式，成为当时统治阶级的迫切需要。于是汉官之作，应运而生。

班固撰《汉书·百官公卿表》，首开正史述官制之例，其记"汉承秦置官本末，讫于王莽，差有条贯" ^③，是研究秦汉官制的最原始、最基本的资料。然而该表的缺陷是显而易见的，主要问题是"仅列官府之目，未详分职之名" ^④，又"六百石以下之官吏，沿革每漏而不记，令长下之丞，只记有几丞，而不记某丞之名" ^⑤，令读者不得而详。因此复为订补，重加著述，势在必行。这也是汉官六种竞相问世的重要原因。

所谓汉官六种，是东汉时期陆续产生的六部关于汉代官制仪式的著作的总称。现分别简介于下。

其一曰《汉官》，作者不详，成书年代亦不详。《隋志》曰五卷，《通志略》曰今存一卷，其他公私目录，均未著录。汉末应劭曾为之作注。其佚文仅见于《续汉百官志》注和《郡国志》注，内容侧重于公卿员吏的人数和品秩，并附记诸郡郡治距京师洛阳的里程。

其二曰《汉官解诂》，计三篇。原名《小学汉官篇》，建武中新汲令王隆撰。其书"略道公卿内外之职，旁及四夷，博物条畅，多所发明" ^⑥。以童蒙之书形式出现，使学童从小熟悉旧制仪品，是该书与其他五种汉官的主要区别，其社会影响也因此更为广泛。深谙官制仪式的东汉中后期重臣胡广，素有"万事不理问伯始"之誉。他看中《小学汉官篇》，并亲自为其作解诂，也说明该书在总结汉官制中，确有独到之处。然

---

① 1986 年 12 月于西安写成。
② 见《续汉百官志》一注。
③ 见《续汉百官志》序。
④ 王国维《齐鲁封泥集存》序。
⑤ 陈直《汉书新证》序。
⑥ 见《续汉百官志》一注。

而由于小学形式的局限，王隆之作虽称精要，却难言其详。其主角地位渐为胡广注所取代，而形成正文基本散亡，而胡注仍被较多征引的情况。

其三曰《汉旧仪》，《隋志》曰四卷，汉卫宏撰。宏，字敬仲，光武时曾任议郎。还著有《汉中兴仪》一卷，隋时已亡，无从考索。《汉旧仪》以载西汉之制为限，不仅叙及官制，而且有很大的篇幅叙及诸礼仪之制，如藉田、宗庙、春蚕、酎、祭天等。所以旧史志及私家著录多将其列入仪注类。其书本有注，《史》《汉》注中所引《汉仪注》者即是。因其内容丰富，长期以来一直深受重视。宋陈振孙《直斋书录解题》言其书名为《汉官旧仪》，元马端临《文献通考》、明《永乐大典》均同，清四库馆臣辑本亦据以为目，皆以其所载官制为多之故，并非原书名如此。

其四曰《汉官仪》，凡十卷，汉军谋校尉应劭撰。时献帝迁都于许，"旧章堙没，书记罕存"[①]，劭缀集所闻，而作此书。于六种汉官之作中，《汉官仪》最为系统而翔实，史注及唐宋类书征引亦最多。然其引书或作《汉官卤簿图》，或作《汉官名秩》，或作《状人纪》，疑皆其书篇名。又，宋时李埴曾续补一卷，多采自正史，早亡。

其五曰《汉官典职仪式选用》，凡二卷，汉卫尉蔡质撰。"杂记官制及上书谒见礼式"[②]。书名或省作《汉官典职》，或省作《汉官典仪》，甚或作蔡质《汉官》。宋时李埴补作一卷，亦早亡。

其六曰《汉仪》，一卷，吴太史令丁孚撰。其书始著录于《新唐志》，作丁孚《汉官仪式选用》，《史略》省作《汉官仪式》。因书名与蔡质之作雷同，或疑其本为一书。然《续汉志》补注皆引作丁孚《汉仪》，当自为一书，不过较他书简略，流传不广，鲜为人知罢了。

以上六书，唐时均为散佚，宋时唯存《汉旧仪》三卷，《汉官仪》一卷，《汉官典职》一卷。明清之际，残本亦不复存。

六书之后，晋司马彪撰《续汉书》，专立百官志，较《汉书·百官公卿表》详于职掌，是研究秦汉官制不可多得的基本史料。但是，其"成书较后，颇有阙遗"[③]。据其序所言，六种汉官之书，司马彪唯采《汉官解诂》，因而不少之处尚待其他诸家之书来订补。刘昭注中大量引用《汉官六种》之文，即为其证。

《汉官六种》佚文在很大程度上弥补了班表、彪志的不足，是汉代官制仪式最原始、最丰富的系统记述，具有很高的史料价值，与班表、彪志一样，是研究秦汉官制仪式不可或缺的宝贵资料。不仅如此，由于《汉官六种》的问世，此后历代相因，"正史表志，

---

① 《后汉书·应劭传》。

② 陈振孙《直斋书录解题》职官类。

③ 王国维《齐鲁封泥集存》序。

无复百僚在官之名矣。搢绅之徒，或取官曹名品之书，撰而录之，别行于世"①。此风至清不衰，蔚成大观。所以在中国古代职官文献中，《汉官六种》也占有举足轻重的地位。

有鉴于此，自宋以来，就有学者相继致力于《汉官六种》的辑佚工作。最早的辑佚者当推南宋高似孙，其所辑《汉官》，乃"依拟周礼，定位分职，各有条序"②，可见是经过了再加工，与后来辑本有异。惜其书早佚，不可明了其辑例。

今可知见的《汉官》辑本凡六种，按其成书早晚排列于下。

（1）元陶宗仪辑应劭《汉官仪》，见《说郛》。

（2）清纪昀等辑卫宏《汉旧仪》，见武英殿聚珍版书。

（3）清孙星衍辑《汉官六种》，见《平津馆丛书》。

（4）清黄奭辑《汉官六种》，见《汉学堂丛书》（后改称《黄氏逸书考》）。

（5）清王仁俊辑卫宏《汉旧仪》，见《玉函山房辑佚书续编》。

（6）清王仁俊辑应劭《汉官仪》，见《经籍佚文》。

以上六种辑本之质量相差甚为悬殊。

陶辑成书虽早，但仅辑一种，辑文亦寡，且无出处，唯辑文后数条，与今本唐宋类书所引多异，略有参考价值。四库馆臣所辑，体例较为严谨，辑文也较丰富，然而据《永乐大典》所辑二卷，与史注和类书所引参校考订不足，补遗部分草率收兵，脱漏甚多。王仁俊二辑，名义上各为一卷，实则各仅一条，唯有补充出处之益。诸辑中最称详备的当推孙辑。其优点有四：一为辑书全，二为辑文多，三曰出处详，四乃考辨较为精当。之所以如此，除孙氏本人功底较深外，取资于章宗源辑本，并延请严可均以预其役，是至关紧要的因素。王重民先生于《清代两大辑佚家传》中指出："今《平津馆丛书》有《汉官》一卷，《汉官解诂》一卷，《汉旧仪》二卷附《补遗》二卷，《汉官仪》二卷，《汉官典职仪式选用》一卷，《汉仪》一卷，疑并为逢之（章宗源字）原稿，而孙氏校补较多，故遂不出先生名也。又按平津馆本《汉官仪》（此应指卷上）与严氏《全后汉文》卷三四所辑全同，则孙氏殆延严可均校辑，因是不题逢之名也。"又，严可均《北堂书钞原本》一文曰："嘉庆中渊如约王伯申略校，是时汉魏晋佚书辑本，及章凤枝（即逢之）佚书辑本，汇聚渊如所者，不下七八百种。"正因为孙星衍吸取了众辑本之成果，才使其辑本跃居诸辑之冠。当然孙辑校勘未审，衍讹脱漏之处时有所见，错引他书之文亦屡有发生，用之不能不慎。而黄辑则全本孙辑，唯增案语一句。其钞录刊刻，过于疏略，不仅未能刊正孙辑之失，反而复增舛讹，甚至漏刻《汉官仪》凡两页计十条。可以这样说，诸辑之中以黄奭辑本最为低劣。有鉴于此，本书未将黄辑收入。

---

① 《隋书·经籍志》史部。

② 高似孙《史略》卷六。

为了给读者研究秦汉官制提供方便，特将除黄辑以外的五种辑本所辑各书，分隶于六种汉官相应书中，详见目录。又诸辑版本或一种或多种不一，凡有数种版本者，坚持宁早勿后原则，只在初刻本无法取用情况下，才选用晚出佳本。具体选择如下。

（1）陶辑用清顺治三年宛委山堂刊《说郛》本。

（2）四库馆臣辑本用浙江书局刊《武英殿聚珍版丛书》本。

（3）孙辑用清嘉庆中兰陵孙氏刊《平津馆丛书》本。

（4）王仁俊辑《汉旧仪》，用上海图书馆藏《玉函山房辑佚书续编》稿本。

（5）王仁俊辑《汉官仪》，用上海图书馆藏《经籍佚文》稿本。

本书点校体例，皆依中华书局二十四史校点之例。其中《续汉志补注》和唐宋类书各种版本均不误，唯诸辑引误者，一律改正，并出校记说明之。又书末附职官索引，以备检索。

限于笔者水平，错误在所难免，敬祈读者随时指正。

（原载《汉官六种》，中华书局，1990 年）

《西京杂记校注》序①

　　《西京杂记》是一部充满神秘和疑点而又极具诱惑力的古代著作，是一部杂钞西汉故实和轶闻逸事的荟辑之书。其所述虽称不上大贵大雅，但是上及帝王将相，下及士农工商，乃至宫女僮隶，事涉典制礼仪、天文地理、宫室苑囿、草木虫鱼、奇珍异宝、风俗民情，还包括诗赋辞曲、文论书函和秘闻趣事，采撷之宏富，令人叹为观止。该书既具有不可轻视的文学价值，同时也具有独特的史料价值。自南北朝以来，它一直处于学者的讽诵借鉴和抨击蔑视的矛盾旋流中，顽强地流传下来，不断发挥其内在的价值影响。《西京杂记》虽不是上乘之作，但可以这样讲，它的确是一部不折不扣的奇书，一部研究秦汉史和古代文学史时应随时翻检取资的奇书。

　　该书的作者有刘歆、葛洪、吴均、萧贲和无名氏五说，颇有争议，迄无定论，然而以葛洪说最流行，也较为接近历史事实。

　　最早引用《西京杂记》的当推齐梁间人殷芸，他奉梁武帝之命，把凡撰通史所不录的不经之说集为《小说》，凡十卷。余嘉锡《殷芸小说辑证》一文，所辑《小说》佚文最为丰富，其中直接或间接引用《西京杂记》之文共十二条。又与殷芸几乎同一时代的北魏人贾思勰，在其所著《齐民要术》一书中，也引用了《西京杂记》"乐游苑"和"上林名果异木"中的内容。所以可以断定，《西京杂记》之成书，必于南北朝之前，再具体一点的话，即在6世纪之前。

　　关于《西京杂记》的作者，于正史经籍艺文志中，最早见于后晋刘昫的《旧唐书·经籍志》，其在列代故事类和地理类中均明确著录是晋葛洪撰。《新唐书·艺文志》亦然。从唐代的许多记载中可以看出，葛洪作《西京杂记》是主流观点无疑。正如余嘉锡在《四库提要辨证》中指出的那样，张柬之说"昔葛洪造《汉武内传》《西京杂记》"，事详晁伯宇《续谈助》卷一；而刘知几也于《史通·杂述》篇中毫不含糊地指出，"昔和峤《汲冢纪年》、葛洪《西京杂记》，此之谓逸事者也"。又，《初学记》卷二十"赏赐"目下唯一一次注明引文出自"葛洪《西京杂记》"，则其他引文所谓《西京杂记》的作者不言自明。此外，张彦远《历代名画记》仅引"书工弃市"一条，也认为是葛洪所作。这一情况也影响到了宋代，不仅《太平御览》引书目中列有"葛洪《西京杂记》"，《册府元龟》卷五百五十五又曰："葛洪选为散骑常侍，领大著作，固辞不就。撰《神仙传》十卷，《西京杂记》一卷。"余嘉锡据《玉海》指出："《元龟》之

---

① 2020年7月15日书于西安城南天鹅堡之不舍斋。

例，上采经史诸子及历代类书，不取异端小说。其言葛洪撰《西京杂记》，必有所本，可补本传之阙矣。"此论甚是。

至于萧贲，据《南史·齐武诸子传》，他曾作《西京杂记》六十卷，其卷数与历代著录《杂记》仅一卷、二卷或六卷者相去甚远，当别为一书，完全可以不予采信。而段成式《酉阳杂俎》借庾信语，以为是"吴均语"，《四库提要》则指出"别无他证""亦未见于他书"，因此亦可置之不论。或以为南朝人所为，纯系臆测，更不可凭信。因此，唯一可与葛洪说抗衡的就只有刘歆了。

刘向、刘歆父子是西汉晚期著名的大学问家，他们也曾经续写过《史记》，事详《后汉书·班彪传》李贤注和《史通·古今正史篇》，但是，无论是正史还是野史，都未曾言及他们著有百卷本《汉书》，唯葛洪《西京杂记》跋除外。与之相反，刘向、刘歆曾用了二十余年的漫长时间整理汉代官藏典籍，撰作了中国第一部图书目录——《七略》，却史有明文。汉初统治者出于巩固政权的需要，有鉴于战国，特别自秦始皇焚书以来，典籍散乱匮乏，文献错讹互见，不利于以文兴国，于是注重民间访书，鼓励献书，至元、成之世，"百年之间，积书如丘山。故外有太常、太史、博士之藏，内有延阁、广内、秘书之府"（《太平御览》卷二百三十三所引）。书虽然多了，但书籍之源流，学术之变迁，作者之真伪虚实，典籍之错漏程度，均不甚了了。于是成帝于河平三年（公元前26年），命刘向兼领校中五经秘书之职，除召集步兵校尉任宏、太史令尹咸等专门家参与校勘之外，其子刘歆也发挥了主力作用。然而，一方面，校勘、提要等整理工作琐碎而繁杂，另一方面，他们又都是朝中重臣，必须花费大量的时间和精力去处理政务，所以刘向父子不大可能再去写一部卷帙多达百卷的《汉书》。班固确曾利用过他们的成果，但明确可知的只有《汉书·高祖纪》赞直接引用了刘向的《高祖颂》，而《艺文志》则以《七略》为蓝本，加以编排提炼，余则无考。

关于《汉书》的撰作，班固于太初之前，主要取材于《史记》，又另补立了《惠帝纪》《王陵传》《吴芮传》《蒯通传》《伍被传》《贾山传》等，单立了《张骞传》；太初以后，则以其父班彪《史记后传》为基本依据，也吸取了续修《史记》的刘向父子、冯商、扬雄等人的成果，但其抉择甚精，从不轻用。另外，成帝时，班斿获赠宫中藏书副本，也是班固写作的重要参考书，并且这批典藏吸引了不少学者前来观书，其间的交流请益，对班固的写作大有帮助与启发，也使他得到前辈的赏识。据谢承《后汉书》所载："固年十三，王充见之，拊其背谓彪曰：'此儿必记汉事。'"班固的"十志"，尤见新意，充分显示其博学贯通的特点，许多成就还在《史记》"八书"之上，如《刑法志》《地理志》《五行志》等均系独创，绝非刘向、刘歆父子所能企及。何况有的列传，若非亲历便无法写出，如《汉书·西域传》，记述西域五十一国，国别明，区域广，述事详尽，《史记·大宛列传》也难望其项背。之所以如此，与其弟班超经略西域多年，熟知内情，给班固提供资料密不可分。而刘向父子却不具备此条件。再则，司马迁因举荐李陵遭腐刑，有怨言，下狱死一事，出自东汉卫宏《汉旧仪》；扬雄论"读千首赋，乃能为之"的为赋说，则采自东汉桓谭的《新论》。所谓《西京杂记》"并（班）固所不取"的刘歆《汉书》之文一说，当不攻自破。自然，这并不排除有刘向、刘歆之作被葛洪所摘录的可能，实际上，如刘向作弹棋以献成帝，促使其放弃蹴鞠运动一事，就系录自刘向的《别录》。余嘉锡已详言之，诚为信言。

东汉时期，由于帝室的鼓励，撰史之风十分盛行，如《东观汉记》《汉书》的撰述，荀悦《汉纪》的问世，使纪传、编年二体基本定型，并成为以后历代封建史家修史的楷模。又如诸杂史、别史、起居注、职官、仪注、地理、谱牒、耆旧传等史籍新体的纷纷出现，使史学终于摆脱经学的附庸地位，形成独立的学术门类，汉魏之际史部的出现即为明证。此风经魏晋人鼓动，更加如火如荼。然而长期的政争与战乱，史书旋生旋灭，汉代的典籍及文物，即便是片瓦只语，魏晋人一经访得，莫不视为瑰宝，四处炫耀。好古之风，也引来了辑古书之风，钞撮甚至编造两汉之书成为时尚。

正是在这一背景下，葛洪抄撰而成《西京杂记》，也就不足为怪。据《晋书本传》所载，葛洪从不计较功赏，却常"欲搜求异书，以广其学"。他"在山积年，优游闲养，著述不辍"。其著述颇丰，名作即有《抱朴子》《神仙传》等。他特别喜欢抄书，"钞五经、史、汉、百家之言，方技杂事三百一十卷"。传中虽未明言其作《西京杂记》，但钞撮史、汉及方技杂事，却与《西京杂记》性质极为吻合。联系《册府元龟》之记述，更加印证此事。葛洪之所以要冒名刘歆，究其原委，一则并非出于本人自撰，乃杂抄西汉旧闻，与自己文风不符；二则内容驳杂，非出于正史，作者已无从考见，难以引起士人重视；三则刘向父子续作《史记》，事涉汉史，记名顺理成章，易见成效，又可借古自高。讬古人之名以作伪书，由来已久，名人亦难免涉足，已非秘密。既然作伪，也难免露出马脚，正如多位序跋作者所言，《西京杂记》的内容，与《汉书》时有抵牾，特别是广川王掘魏襄王冢，冢中所见竟与晋人石準盗发该墓，发现数十车竹简及一枚铜剑之记述相去甚远，足证杂记所言出于传说甚或杜撰，绝非刘歆所当书。又如大驾卤簿杂入晋制，也从另一侧面透露此书成于晋代。综上所述，若无新出确证，此书当属葛洪所纂集，不可轻废。

杂记杂记，其特点正在于"杂"。《西京杂记》一书中，文史星历，词赋典章，歌舞杂技，轶闻异事，无不毕陈，又其文字古朴雅丽，灿烂有致。历代文人墨客，多取其语，连诗圣杜甫如此严谨之人，也喜用其书。"词人沿用数百年，久成故实，固有不可遽废者焉"，《四库提要》之语，信哉！难怪鲁迅在著《中国小说史略》时，也说《西京杂记》"若论文学，则此在古小说中固亦意绪秀异，文笔可观"，于是该书的文学价值得以被充分体现。

不过，由于《西京杂记》长期作者不明，记事诡谲，明清以还，常被斥为伪书，作史者虽有涉猎，亦有心得，但往往不敢引用，以免被人讥为无知与浅陋，所以本书的史料价值一直很少得以利用。其实，此书所载多有印证正史之处，亦可拾遗补缺，特别是随着汉代文物的大批出土，常能与其相对应。即便此书有伪，一旦弄清其来源与时代，仍可作为该时代的记述，发挥其应有作用。而且在晋以前，雕版印刷尚未发明，著述承传，笔录口述而已。同时由于学者认知的不同，师门家法的差异，转述时也会有所变化或增益，留下各自时代的痕迹。所以判断其真伪，亦不可一概而论，更不可以其中有晚出的东西而妄下断语。因此，重新认识发掘《西京杂记》，以及《汉武故事》《汉武帝内传》《赵飞燕外传》《天禄阁外史》等所谓伪书的史料价值，实属必要。

本次作校注，以明孔天胤本为底本，利用当今可知见的版本近三十种。凡原本不误，他本错讹的不录；类书或子书所引不具参考价值且可能有增删的异文，一概不录；原本确系错字，则据他本迳改，并加注说明。总之，尽量简约准确，以免冗赘。同时，本校注还吸收了中华书局以罗根泽点校本为基础而出版的新点校本《西京杂记》，上海古籍出版社出版的向新阳、刘克任撰作的《西京杂记校注》，贵州人民出版社出版的成林、程章灿所著的《西京杂记全译》的成果，除特别重要的以外，恕不一一标明。

又，本书原作二卷，至宋人才分为六卷，并成通行形式。今底本即作六卷，故仍其旧，不妄从葛洪跋所言卷帙，唯觉得清卢文弨于目录中加注标目颇便于检索，今依其例，但对其所拟标题多作变动，其原则一是尽量使用本书原文原意，二是力求准确，尽量减少让人费解的语辞为题。是否达到此意图，敬请读者批评。

此外，附录部分力求翔实。特别是本书所述多为关中旧闻，因此，关中所刻诸本序跋，即或有所不当，也和盘托出，毕竟乡人言乡情，允有所失误，要知学问自有公论，不必隐讳。本书草成，是非功过，亦请同仁评点，以求来日修正。

本书原于 2006 年，由三秦出版社收入《长安史迹丛刊》中，今获中华书局再版，深表谢意。

（原载《西京杂记校注》，中华书局，2020 年）

《关中秦汉陶录》前言 ①

先师陈直先生，字进宦，又作进宜，号摹庐。清康熙初年，其先祖陈宏泽爱好京口山水之胜，于是定居于江苏镇江，所以陈先生一直把镇江作为祖籍。然而在咸丰十年（1860 年），太平军与清军激战于丹徒（今江苏镇江）时，其祖父陈桂琛仓皇携全家避难于江苏东台县。初居富安场，再迁梁垛场，最后定居于县城。因此，陈先生实际出生于东台，直至年届不惑之前，他大多生活在那里，他的学术事业的基础也奠定在那里。

陈氏初居镇江时，家业尚属小康，但经播迁，家产荡然无存。桂琛先生擅长词赋，兼通医术，故而初以医术糊口，继以课徒养家。陈先生之父陈培寿虽于光绪二十八年（1902 年）中过举人，但并不热衷于功名，仍与长兄陈祺寿一起设馆授徒，过着十分清贫的生活。正因为家境困顿，陈先生十七岁时便出外谋生，做过学徒、家庭教师、县志编辑、义学教员等。其间曾考取清华研究院，却因经费无着，不得不忍痛放弃这次求学良机。但是，一则由于陈先生继承并发扬了王国维先生治学方法的精粹——"二重证据法"，二则由于此次考学际遇，所以尽管未得王国维先生的亲授，陈先生却一直以其私淑弟子自居。

本来陈氏几代入县学，均囿于制艺帖括之学。自从陈桂琛从学于溧阳强汝珣之后，始以精研经史训诂之学，得窥学术之门径。其家学以古文字学为专精，兼及文史。陈培寿即著有《说文今义》《六朝墓志题跋》《武梁祠画像题字补考》《楚辞大义述》等。其有关经史的考证之说，经陈直先生整理加工，编成《古籍述闻》一文，刊登于《文史》第三辑上，其深湛之功力，可见一斑。陈祺寿也有《且朴斋书跋》《且朴斋文钞》《且朴斋诗钞》和《盐铁论校补》等书，时有真知灼见。陈先生自幼便与嫡兄陈邦福、从兄陈邦怀一起接受两位老人的教诲，耳提面命之际，打下了古文字学的深厚功底。不过邦福、邦怀两先生一生均致力于古文字学研究，陈先生则从十三岁起转攻秦汉史，先点读《史记》，继而通读《汉书》，以后每两年读一遍《汉书》，谨守不辍。二十四岁时，便写成《史汉问答》二卷。

陈氏三兄弟不仅留意于文献，而且醉心于金石博物。"我年十四五，喜摹金石字。我家三兄弟，採撷有同嗜。各各出所藏，一一相较次。" ② "乾嘉诸老辈，攻金石刻辞。

---

① 2005 年 8 月 26 日于西安写成。

② 《摹庐诗约·题爰勘公金石拓本小册》，三秦出版社，2002 年，第 36 页。

吾家数昆季,亦颇斟酌之。言笑有所获,传观乐不支。"[1] 正是当时情景的真实写照。不仅如此,由于陈先生对金石、瓦当、玺印、货泉之学有较深的造诣,便结识了邹适庐、黄宾虹、徐积余、周梦坡等时贤,深受器重,并结为忘年交,书信往还,过从甚密。上述经历使陈先生在四十岁前便已陆续出版《汉晋木简考略》《汉封泥考略》《列国印制》《摹庐金石录》等著作,并协助丁福保编辑了大型工具书《古钱大辞典》。当陈先生将有关考古资料及心得运用于秦汉史研究时,便大放异彩,别开一番天地。

陈先生的一生可谓历尽坎坷。无论是在东台自立谋生时期,还是抗战初流落到关陇,后于西安任职银行时期,都主要为生存奔忙,只能利用有限的业余时间从事研究,其艰辛可想而知。20世纪50年代初,在教育部长马叙伦的推荐下,西北大学校长侯外庐先生慧眼识英,将陈先生延请到历史系任教,于是他的卓尔不群的才识方得以充分发挥。

陈直先生一生的成就,主要表现在四个方面。第一,《汉书》研究。其"以本文为经,以出土古物材料证明为纬。使考古为历史服务,即非为考古而考古,亦非单独停滞于文献方面"[2]。从而在别人耕耘过千百遍的"熟地"上开拓出新领域。第二,秦汉经济史(主要是产业史)及相关人民史研究。其《两汉经济史料论丛》一书,粉碎了所谓秦汉的手工业几乎无话可说,东汉尤其是一个空白点的断言,以文物证史填补了该领域的空白。第三,居延汉简研究。其成果大器晚成,自成体系。第四,瓦当及陶文研究。以上成就确立了陈先生在我国秦汉史界的标范地位。

还是在少年时代,陈先生便对瓦当及陶文怀有极浓厚的兴趣。二十二岁时,他曾写下一首题为《题黄龙元年上虞王元方两砖拓本》的诗。

> 黄龙纪年古有二,不道孙吴砖益奇。乃知儒者工傅会,考证末技真堪悲。郑子郑重复郑重,传自山阴沈霞西。中更藏弃难悉数,曰何曰魏差吾知。浙中埏埴夥精品,浙中老辈尤可师。延津双剑析复合,变化迥非人力为。王氏上虞本甲族,当从元城徙会稽。纵横结体势挛攮,翘乃两砖同范治。仇亭老氏耽耽视,几致一篇绝交词。岁阑剪烛伸茧纸,可能作雨惊墨池[3]。

从中不难看出,陈先生诚心诚意向浙中前辈如邹适庐等学习鉴别考证陶文的方法,并树立揿除清儒研究中的陋习,努力争取做出一番成绩的雄心壮志。不过限于客观条件,这一志向迟迟未能在东台实现。

1940年9月,当陈先生为了躲避日寇,不任伪职,从江苏,历经香港、昆明、贵

---

① 《摹庐诗约·保之从兄四十初度赋此致贺》,三秦出版社,2002年,第15页。

② 《汉书新证·自序》,天津人民出版社,1979年增订版,第4页。

③ 《摹庐诗约》,三秦出版社,2002年,第3、4页。

阳、成都，辗转来到西安后，陕西丰富的秦汉瓦当、砖陶资源令他惊喜交加，如痴如醉。"长安乐访古，瓦文日搜剔。"[1]他除了踏勘名胜古迹，亲自寻访之外，主要结交了刘汉基、白祚、李宝山、杨实斋、苏亿年、孙桂山、李道生、赵荣禄等古董商，或节衣缩食向他们购取实物，或多方设法索要拓本。同时他又与流落在陕的学者或收藏家如沈兼士、沈次量、柯莘农、谢文清、刘军山、贾芸孙等人互相观摩藏品，交换或转让实物或拓本，并与远在异乡的陈邦福、陈邦怀、黄宾虹、王献唐、丁希农等挚友互寄拓本，交流心得，切磋学术。日积月累，竟收集实物有二百余件，拓本约五六百纸。其中著名的孤品和精品有汉"梁宫"瓦、汉"孝大"半瓦、汉"后寝"半瓦、汉"则寺初宫"瓦、汉"惠治灵保"残瓦、汉"萧将军府"板瓦、汉"羽阳千岁"瓦、居摄二年陶瓶、汉"杨"字瓦、汉"车府""鸠法""犬前后足""野鸡""牝巙""羊后肢"六瓦范、汉咸里高昌陶鼎、汉"巧二"五铢钱陶范等，为陈先生全面系统研究秦汉瓦当及陶文创造了良好的条件。难怪陈先生要"敢傲乾嘉老，眼福意气扬"了[2]。他也因此自号"弄瓦翁"。

陈先生的瓦当陶文研究主要可以分两个阶段。

第一阶段为搜集整理瓦当砖陶资料阶段。时间起于1940年秋，止于1954年。其间陈先生完成了三部作品。

第一部作品《秦居瓦谈》大约完成于1942年，并发表在《西北论衡》上。该文既初步评述了陈先生早期搜集到的瓦当陶文资料，作了精彩的考证，也简述了瓦当研究的历史渊源与时状。1943年底王献唐在致陈先生的信中，曾做出了"博赡精审，佩纫曷已"[3]的评价。惜刊物已难得一睹，所幸陈家尚存稿本。

《摹庐藏瓦》则撰成于1947年。当时陈先生鉴于"秦中人士尚目验，不讲著录；江浙人士重考证，不作远游，以至西京文字淹没不彰"[4]，于是取秦中及江浙人士之长，以补各自之短，从自己机缘巧合所得之物中，选取精拓84纸，涉及实物97件，各作题识，加以著录和考辨。此后又分别于1948年、1949年、1950年、1953年、1969年、1973年共六次加以订补。凡当年之误说，必加是正；凡日后之新解，必加补录。如"关"字瓦，陈先生得自洛阳估人尤达纶，为河南灵宝古函谷关遗址出土之物。起初以其瓦背下端微隆起，与汉瓦制作有异之故，断定为秦瓦。但到了1973年，在经过大量的比较分析之后，最终确定为汉瓦。于是集瓦之经过，年代之考订，价值之辨析，观点之更新，一一明晰，通览全书，于治学大有裨益。此书一直被陈先生珍藏于家中。

① 《摹庐诗约·题淮南半瓦拓本》，三秦出版社，2002年，第29页。

② 《摹庐诗约·杂赋七首》，三秦出版社，2002年，第33页。

③ 《黄宾虹、王献唐、郭沫若诸家致陈直论学书札九通》，《文献》1991年第3期。

④ 该书之《藏瓦小引》，《关中秦汉陶录》附录，天津古籍出版社，1994年，下函。

1991 年由笔者于《文博》第 5 期上作了介绍之后，才被学术界所知。然而此书是《关中秦汉陶录》的重要铺垫，而 1969 年、1973 年的订补又是《关中秦汉陶录》的重要补充，其承上启下的作用不容忽视。这就是本书之所以将其收入的主要原因。

1953 年，中国科学院向全国征集学术著作。这时已转入西北大学并开始过上稳定的教学科研生活的陈先生，以极大的热情写作了《关中秦汉陶录》和《关中秦汉陶录补编》，原稿连同拓片及《云纹瓦图录》一并装册送交中国科学院考古研究所（现中国社会科学院考古研究所），大获好评，并被该所完好珍藏至今。

本书分四大部分，其中陶器部分收录器物 126 件，瓦当和瓦片部分收录 182 件，砖文部分收录 64 件，而陶钱范部分则收录 129 件，共计 501 件。近代以来，瓦当收录最多的著作必推罗振玉的《秦汉瓦当文字》，计 319 品，是罗氏从他所藏的三千余件拓片中精选出来的，但只有图录，几乎没有考证。就秦汉瓦当陶文收集范围的广度和考证的深度而言，仍是《关中秦汉陶录》占优。《关中秦汉陶录》是陈先生所藏瓦当和陶文资料精华的荟萃，也是研究秦汉瓦当陶文必不可少的基本资料。四十年来，本书一直受到国内外学者的重视和引用。

第二阶段为专题研究阶段。从 1954 年起，至 1966 年 5 月止。此间陈先生先后发表论文近二十篇。现将有明确写作年代的作品记录于下。

（1）《陶文系统举例》（附图片 32 张），1956 年 4 月写定，未刊，已佚。

（2）《西汉陶钱范纪年著录表》，初稿收入《关中秦汉陶录》第 4 集。1956 年 12 月写定，正式发表于《西北大学学报》1957 年创刊号上，后经修改分见于《摹庐丛著七种》《文史考古论丛》两书中。

（3）《韩城汉扶荔宫遗址新出砖瓦考释》，1960 年 12 月写定，载于《考古》1961 年第 3 期，又见《文史考古论丛》。

（4）《洛阳汉墓群陶器文字通释》，1961 年 2 月写定，载于《考古》1961 年第 11 期，亦见《文史考古论丛》。

（5）《江苏高邮邵家沟汉墓出土封泥、符牌、陶壶考略》，1961 年 3 月写定，未刊，已佚。

（6）《吕不韦戈的"寺工"、洛阳刑徒墓砖"无任"两名词的释义》，写定于 1961 年 5 月，后易名《"寺工"、"无任"两词释义》，载于《考古》1963 年第 2 期，后收入《文史考古论丛》。

（7）《秦汉咸里·陶器通考》，1962 年 1 月写定，先节载于《西北大学二十五周年校庆学术论文集》中，后经改定全文收入《文史考古论丛》。

（8）《东汉"吾阳成"墓砖释义》，写定于 1962 年 8 月，先载于《西北大学二十五周年校庆学术论文集》，后易名为《北京怀柔城北东汉墓葬发现"吾阳成"砖文释义》，收入《文史考古论丛》中。

（9）《秦汉瓦当概述》，1962 年写定，载于《文物》1963 年第 11 期，亦见《摹庐丛著七种》一书。

（10）《广州汉墓群西汉前期陶器文字汇考》，1963 年 7 月写定，载于《学术研究》（广州）1964 年第 2 期，后收入《文史考古论丛》，有所订补。

（11）《记西安传世两汉名人之遗物及海城于氏藏印》，写定于 1964 年 6 月，见《文史考古论丛》。

（12）《汉初平四年王氏朱书陶瓶考释》，1964 年 7 月写定，载于《考古与文物》1981 年第 4 期，亦见《文史考古论丛》。

此外，如《汉张叔敬朱书陶瓶与张角黄巾教的关系》《陶缸朱书题字》《石刻砖文中发现的汉代经学问题》《汉代羌族文化的发现》（以上均见《文史考古论丛》）等篇，写定年代已无考。以上诸作大凡言简意赅，信而有征，触类旁通，发神启智，多有不易之论。

其中《西汉陶钱范纪年著录表》是目前唯一一篇系统考证西汉陶钱范纪年的文章。此作源起于 1943 年 12 月王献唐自四川南溪李庄的来信，询问陈先生"近年（陶钱范）出土者有之年号在宣帝以前者否"。当时陈先生限于资料不足，无法作答，但从此存记于心。经过十余年的苦心搜罗研究，陈先生终于完成此作，并得出三点结论：一，西汉五铢钱范有纪年题字的皆在陶范，而铜范绝无一见；二，未曾发现武帝年号，最早的纪年是昭帝元凤四年，最迟的为成帝永始三年，哀、平二帝年号则未见；三，宣帝时铸币量最大，是当时农业、手工业、商业发达的反映，应引起研究汉代经济史者注意。其锲而不舍、严谨求实的学风至今仍被同行所称道。

而《秦汉瓦当概述》一文，是陈先生一生秦汉瓦当研究工作的高度总结。该文既论及了秦汉瓦当研究的起源和发展历程，也指明了秦汉瓦当的特点和分类；既按宫殿、官署、祠墓、吉语、杂类五个方面选取典型瓦当加以著录和考释，又辨析了不同类型的秦汉板瓦文字；既敲定了瓦当的定义、造瓦手法、断代的五点要素、汉瓦的分期和出土地点，又说明了秦汉瓦当文字的书体和规格、瓦文的字数和语言特征；既简述了瓦范的规格和品种，以及瓦窑和造瓦官吏之情状，又论列了有关秦汉瓦当著述、藏家、瓦价、拓墨及伪刻之概貌。其内容之广泛，材料之丰富，辨析之细微，论述之精要，举凡晚清以来之论著，难有其匹。故而一经问世，即为士林所推重，成为瓦当研究的圭臬之作。

从以上所述不难看出，陈直先生被推为中国现代系统整理与研究秦汉瓦当和陶文的第一人，当之无愧。

从表面上看，秦汉瓦当与陶文资料既简略，又零散，似无大用。从史料地位而言，也难望文献、简牍、碑刻之项背。但其独特之价值，不容低估。

首先，通过秦汉瓦当、陶文资料可以进一步了解秦汉宫苑陵寝的情况，以订正史籍之误传，补充文献之不足。比如《汉书·郊祀志》记载汉武帝时于甘泉建有益寿延寿观，颜师古注以为是益寿、延寿两观之名。然而《史记》则作"益延寿观"。孰是孰非，历来都有争论。宋黄伯思《东观余论》从当时陕西曾出土"益延寿"瓦当出发，以为观名当作"益延寿"。但日人泷川资言在《〈史记〉会注考证》中则以为瓦之真赝不可知，而汉之观或一字名，或二字名，此独三字名，益延同义，不应复出，则"益"字系衍文无疑，当从《艺文类聚》引《史记》作"延寿观"。陈先生却根据翁方纲《两汉金石记》、吴大澂《愙斋砖瓦录》、罗振玉《秦汉瓦当文字》均著录有"益延寿"瓦，他本人于1948年春获见一同类残瓦，又见过一面"益延寿宫"瓦和一块"益延寿"大方砖，因此断定《史记》原文最正确，《汉书》则衍"寿"字，其误衍自唐时已然，了结了这段悬案。又比如汉代宫殿本甚壮丽，经过近二百年，至西汉晚期已渐呈颓败。陈先生从汉代著有纪年的瓦片上考订分析，认为西汉末曾大加修理过六次：一在成帝元延元年，二在哀帝建平三年，三在平帝元始五年，四在汉孺子婴居摄二年，五在王莽始建国四年，六在王莽天凤四年。这一研究成果，为汉代建筑史增添了一份珍贵的资料。

其次，秦汉瓦当陶文资料可以运用于典制研究。比如西汉官营制陶业由何种官署来掌管，表志均无明文。陈先生根据出土的瓦文资料论定西汉主要是由宗正的属官都司空令来主持，另外少府属官左右司空令协办，王莽时改都司空令为保城都司空。现存汉代宫殿或官署遗址中所出的砖瓦，均系官造。又比如陈先生搜集到大量的汉咸里私人作坊陶器，这批陶文中可分咸阳县名类（包括咸阳亭）、咸里里名类和咸亭兼里名类三大类。汉承秦制，县下有乡，乡下有亭，亭下有里，这在《汉书》以及《汉旧仪》《汉官仪》里本有明确记载。然而《汉书》本传在记述户籍时，常常只写县名与里名，如高祖为沛丰邑中阳里人，路温舒为巨鹿东里人；又，六朝墓志也常常写县乡里名，不写亭名。于是有人就提出亭在西汉县制组织中，不属于乡，是为另一行政系统。但是咸亭兼称里名的众多陶器证明，它们本属同一行政系统无疑，文献记载不记亭名，实为删繁就简之意。

再次，研究汉代经济史特别是产业史，更离不开瓦当陶文资料。如前所述，西汉陶钱范对于研究西汉铸币史和昭宣中兴史具有重要意义。而都司空瓦和咸阳咸里诸陶器对于探索汉代官私制陶业也拥有无可替代的价值。

此外，如汉元和年间《公羊传》草隶砖经的出土，证明汉代时经传早已相联。清儒所谓《春秋》三传，汉以前皆经与传离，汉以后始经与传合。《左氏》经传相联始于晋杜预，《公羊》则始于东汉以后，《谷梁》则始于晋范宁的说法，不攻自破。又如汉咸里诸器中刻有安、巨、屈、彡、蒲、高、郊、沙、周、相、旨、白、商、暗、桓、于、中、牛、平19个陶工的姓氏，对于研究姓名学及汉初宗族迁徙的情况不无裨益。再如"延年""益寿""长乐""未央"等吉语对于了解汉前期的时尚，"吾阳成"砖文对于了解东汉贿选的弊端，"常安鹿氏"瓦和"常生无极"瓦对于了解王莽改"长"为"常"等避讳问题，"日利""日入千万"等扑满对于了解汉代民间储蓄情况都会有特殊的收获。所以，无论是建筑史还是艺术史，无论是经济史还是文化史，无论是社会史还是风俗史，研究者均可从陶文中吸取有益的营养，揭示尘封的历史本貌。

总而言之，仅就局部而论，瓦当砖陶确无大用，但只要将其与文献资料及其他考古资料交相印证，综合分析，却每每能起到画龙点睛，一锤定音的作用。古人言道在瓦甓，岂虚语哉！陈先生在这方面为我们树立了一个良好的榜样。

当然，《关中秦汉陶录》及《补编》也存在一些弱点和不足。第一，成书较早，许多1949年以后出土的瓦当及陶文资料未能补入，还有待于像陕西历史博物馆所编《秦汉瓦当》那样的著作来弥补。第二，所录瓦当和砖陶缺乏科学的发掘记录为依据，以经验推断或听信估人妄言，总不免有赝品混入或出现误断。第三，著录以汉品居多，秦品则甚微，而如袁仲一《秦代陶文》那样的论著方可缓解本书的缺憾。

本次影印内容包括以下三部分。①《关中秦汉陶录》及《补编》，共收录器物501品。②《云纹瓦图录》，共收器物55品。以上两者拓片均藏于中国社会科学院考古研究所。③《摹庐藏瓦》（附陈直先生其他藏瓦），其中《摹庐藏瓦》收录器物97品，陈直先生其他藏瓦共选14件，这一部分内容系陈直先生家藏。

本书1994年曾由天津古籍出版社依原大原色精印线装出版，反响极佳，惜印数甚罕，已成珍藏品。当年李学勤先生曾建议出简装缩印本，以应学人之需，惜因故未果。今中华书局受陈先生遗属陈治成夫妇委托，出版本书，实为功德之举。此次出版采用16开，凡缩放了的图版下均加标比例尺以便读者使用。

最后还应感谢夏鼐先生和中国社会科学院考古研究所的朋友们，没有他们当初的慨然应允、精心保护和无私帮助，本书的出版也是不可能的。我相信所有从本书中获益的人们都会将他们铭记于心的。

（原载《关中秦汉陶录》，中华书局，2006年。本人曾以《陈直与秦汉砖陶研究》为名，发表于《中国史研究动态》1994年第12期上）

《史略》浅析 （代序）①

《史略》六卷，南宋高似孙撰，是我国现存最早的一部史籍专科目录。

似孙，字续古，号疏寮，浙江鄞（今宁波）人②。其父高文虎以"闻见博洽，多识典故"（《宋史》本传），而屡典国史。曾先后与修《四朝国史》《高宗实录》《神宗玉牒》《徽宗玉牒》，并撰《史记注》一百三十卷，惜均散佚不传。正是在其父的影响和督促下，似孙自幼熟读经史典籍，旁涉诗词文赋及众流百家之书，为日后的著述奠定了良好的基础。淳熙十一年，似孙为进士，后历任会稽县主簿，秘书省校书郎，徽州通判、秘书省著作佐郎兼权吏部侍右郎③。其间，楼攻媿除给事中，曾上疏举似孙以自代。又知处州，累官中大夫，提举崇禧观。晚年迁居姚江，卒赠通议大夫。高似孙无论居官在朝，还是归家赋闲，著述不辍，至死方休。除《经略》《集略》《诗略》《古世本》《战国策考》《蜀汉书》《汉书司马相如传注》《汉官》《烟雨集》业已散亡外，传世的尚有《史略》六卷、《子略》四卷、《纬略》十二卷、《骚略》三卷、《剡录》十卷、《蟹略》四卷、《砚笺》四卷、《文选句图》一卷、《文苑英华抄》四卷、《疏寮小集》一卷、《江村遗稿》十二卷，真可谓是个多产的学者。

《史略》一书，国内早已失传，南宋以来官私目录均未著录。直至清末黎庶昌出使日本，随员杨守敬才在日本东京帝室博物馆中访得此书，遂抄校誊录，刻入《古逸丛书》。于是，《史略》复归本土。此书后又分别编入《后知不足斋丛书》《四明丛书》《丛书集成》中。然而除少数目录学专著或论文偶有涉及外，仍鲜为人知，其学术价值

---

① 1986 年 1 月于西安西大新村写成。

② 《四库提要》卷六十八《剡录》条以为"余姚人"。按鄞人全祖望《鲒埼亭外编》卷四十七曰："问高疏寮为开禧间诗人，其居姚江，或曰居甬上，孰确？疏寮乃宪敏少师之从孙翰林学士文虎之子，居甬上，晚年始迁姚江，而诸弟如尚书衡孙仍居甬上。至今甬上之南湖有长春院、桂芳桥，皆高氏物也。"又曰："吾乡之高有二：其一为宪敏公之裔，衣冠极盛，似孙、衡孙、衍孙皆名人也。"又按《鄞县志》《延祐四明志》《嵊县志》均有《高似孙传》，而《余姚县志》绝无。可证作"余姚人"者，非也。

③ "兼权吏部侍右郎"，《延祐四明志》作"礼部郎"，《鄞县志》亦同。又，全祖望《句余土音》作"吏部侍郎"（按《鄞县志》引作"礼部侍郎"）。洪业《高似孙〈史略〉笺正序》曰高似孙《兰亭考序》自署曰："嘉定十七年秋九月日朝议大夫新除秘书省著作佐郎兼权侍右郎高似孙谨书。"《宋史》卷一百六十三《职官志》："吏部郎中，员外郎，有尚左、尚右、侍左、侍右之别。礼部无侍右郎官也。"其说是，今从之。

一直未能得到应有的重视。今笔者冒昧将一孔之见，稍加整理，奉献给读者，以期取得抛砖引玉之效。

一

《史略》一书作为史部专科目录而问世，绝非偶然。它是史学发展的必然结果。

魏晋南北朝时期，天下分崩，政局动荡，经济凋敝，而史学却进入了繁盛期。早在魏晋交替之际，于官修文献目录如魏郑默《中经》和晋荀勖《中经新簿》中，史学已经从经学的附庸地位下摆脱了出来，成为独立的门类。唐初修撰《隋书·经籍志》时，鉴于魏晋以来史学已取得重大的成就，便正式确立了"史部"，把它列为仅次于经部的第二大学术门类。这一改革为以后历代封建目录学家所遵奉，成为不可更易的准则。为了顺应这一变化，史部目录不仅在综合性文献目录中占据了举足轻重的位置，并且还有了作为独立的专科目录而存在的必要。

刘宋裴松之的《史目》，是我们现今可知的最早的史部专科目录。尽管从《史记·五帝本纪》《正义》所引的"天子称本纪，诸侯曰世家"十字中，无法考见其概貌，但是可以大致推测出，《史目》是一部专门比较正史篇目的史部专目。进入唐代，史部专科目录又有了新的发展。首先在裴松之《史目》的基础上，稍加创新，产生出杨松珍的《史目》三卷，殷仲茂的《十三代史目》一卷[1]，以及宗谏《十三代史目注》。据晁公武《郡斋读书志》所言，殷目是"辑《史记》、两汉、三国、晋、宋、齐、梁、陈、后魏、北齐、周、隋史籍篇次名氏"的专目。可见殷目不仅是史籍篇题目录，而且具备了人名索引的特征[2]。杨目估计与殷目大致相仿。其后，宋人把杨目扩充为十五卷，改名为《历代史目》。杜镐也对殷目加以续补，编成《十九代史目》三卷。都成为当时十分流行的史籍专目。必须指出的是，由于这类史籍专目仅仅局限于录篇次，别名氏，不能全面反映史学发展的特点，真正起到"辨章学术，考镜源流"的作用，所以难以成为史部专科目录的主流。

解题性专科史目的出现，才具有更重要的意义。从汉代至宋末的官修史志和藏书目中，对所录诸书加以解题，是较常见的形式。远的有刘向《别录》，近的有《古今书录》和《崇文总目》。但是真正运用于史籍专目，则是到唐代才开始出现的事。宗谏注《十三代史目》，当已略具端绪。而李肇的《经史释题》[3]，才真正奠定了雏形。"史以《史通》为准，各列其题，从而释之"（《玉海》卷四十二引李肇《经史释题》序），说

---

① 殷仲茂,《宋志》作"商仲茂",乃避宋太祖父赵弘殷讳而改。
② 参见王重民《中国目录学史论丛》,第 125 页。
③ 《宋志》作《经史释文题》。

明该书目不光是书名、作者的简单排列，而且起到了读史入门的积极作用。这一点是上述篇题史目所无法匹敌的。而高似孙的《史略》，正是顺应了史学发展的新趋势、新要求，参考了《史记》、《汉书》、《通志》、《隋志》、新旧《唐志》、《崇文总目》、《史通》、《世说新语》、《文选》、《法言》、《书钞》、《御览》、《唐六典》、《容斋随笔》、《陶渊明集》等44部文史典籍，著录了宋以前各类史书六百余种，又以崭新的史部分类法贯穿全书，并糅合了叙录体、传录体、总经序等古代解题体例的精华，继承了郑樵"泛释无义"的思想，首次采用了辑录体，开编制大型史著或史注引用书目的先河，使《史略》成为当时比较成熟而又唯一存世的解题类史籍专目。毫无疑义，《史略》是唐宋时期专科史目第一次发展高潮的结晶和代表作。

进入元、明，史学式微，专科史目也随之衰落，几乎无人问津。清初朴学兴起，专科史目迎来了第二次高潮。乾隆年间，章学诚主持修撰的《史籍考》。体大思精，不愧为古代史部专科目录的总结性经典之作。道光年间，潘锡恩、许翰等复将《史籍考》杭州稿五百余卷，增订为定稿三百卷，分卷虽较前减少，而内容却增加四分之一。惜鸿篇巨制于咸丰六年毁于火灾，功败垂成，令人扼腕不已。光绪初，余苹皋作《史书纲领》，承章氏余绪，欲终未竟之业，然又未闻传世。

纵观中国古代史部目录学史，《史略》的撰述虽较粗疏，而体例又不尽完善，却是史籍专目的硕果仅存，一枝独秀。仅此一点，《史略》的价值不言而喻。

二

《史略》一书的主要价值在于对目录学发展所作出的贡献。

先就史部分类而言，《隋志》所定正史、古史、杂史、霸史、起居注、旧事、职官、仪注、刑法、杂传、地理、谱系、簿录十三目分类法，基本上为以后史志所倚为准则，即便有变化，也多限于次第和类目名称的更动，如新、旧《唐志》置霸史于杂史前，置杂传于仪注前，又改霸史为伪史，旧事为故事，谱系为谱牒，簿录为目录，并无实质性的改革。

而《史略》却打破了这个传统，第一次按史籍本身的发展轨迹和体例特点，对宋以前的史籍作了一次全新的编排。其卷一、卷二著录了自《史记》至《新五代史》等十七部正史，每一部正史又各附录有关的史注、杂传、史考、史音等著作。对于三国及南北朝时期诸正史还特列别史一目，主要著录《隋志》杂史类中比较全面反映某割据王朝历史的著作。这样既突出了正史在史籍中的主导地位，也便于读者掌握有关正史的各类参考书籍。卷三首列难以列入正史的已经残缺不全的《东观汉记》，作为过渡。但主要还是著录编年体史籍，包括历代春秋、历代纪、实录、起居注、时政记、日历、玉牒等。唯会要体史书杂于其中，有些不伦不类。卷四创史典、史表、史略、史钞、史评、史赞、史草、史例、史目诸目，较之《隋志》分隶于正史、编年、杂史、杂传、簿录，更能突出史体的特色，特别是史草一目。在史目中首次强调了稿本。并在简介杨亿、欧阳修、宋祁、司马光史稿的纸张、字体、草稿修改等情况时，反映了每位史学家的写作态度和性格特征，颇发人深思。卷末还附有通史目，不分编年、纪传之体，凡纵贯古今或包容某一大时期的通代之作，如梁武帝《通史》、司马光《资治通鉴》，苏辙《古史》，均列于其中，比较《隋志》、新旧《唐志》分隶纪传或编年之末，更切合事宜。卷五先录霸史、杂史。其中"杂史"更加名副其实。因为较全面反映三国及南北朝政权历史的著作，基本附入正史类中，所余者多为具体事件、具体人物事迹的片断记录，体裁多样，繁简迥异，有雅有俗，或取材于亲身见闻，或转采自道听途说，的确突出了一个"杂"字。此外，高氏还著录了《七略》中古书、东汉以来图籍聚散小史、历代史官名氏和刘勰《文心雕龙·史传篇》诸内容，补充了一般史目所难以反映的图书史、史学史和史学理论等材料。对于今天的读者来说，它是宝贵的参考资料。但就史目体裁而论，却显得有些不够谨严，厖而无当。卷六所录包括古代传说、古谱牒、小学名著、汉官制、古地理书及出土简策中的古史记等内容。它们都与历史有着极为密切的联系，而按学科分类而言，又大都可以分别归入古典文学、方志学、古文字学、地理学、考古学等独立的学科。所以高氏仅仅从中择取古代具有较高史学价值的著作录于本卷，突出了史籍专目的特点，是较为允当的。其不取更加专门化的刑法、仪注之类书，也无可厚非。

《史略》的史部分类法，在古代史目中独树一帜，别具一格，在以后的很长时间内，还很少有人像高似孙那样大胆地突破传统分类法的束缚。

不仅如此，与其新分类法相配合，《史略》还作了互著法的尝试，这是分类法进步的重要标志。如卷二"梁别史"目中，其著录曰："《梁二典》，附'史典汇'。"又曰："《梁后略》，附'史典汇'。"又曰："《梁纪》，附'纪汇'。"① 卷五"霸史"注言："《十六国春秋略》《三十国春秋》《春秋钞》《战国春秋》，附'春秋汇'。""杂史"目中《楚汉春秋》《九州春秋》两书后，注"并见'春秋汇'"。章学诚曾曰："至理有互通，书有两用者，未尝不兼收并载，初不以重复为嫌，其于甲乙部次之下，但加互注以便稽检而已。"（《校雠通义·互著》）又曰："一书本有两用而仅登一录，于本书之体，既有所不全；一家本有是书而缺而不载，于一家之学，亦有所不备矣。"（同上）所以他主张要真正做到"绳贯珠联""即类求书"，必须采用互著法。这一见解与高氏所为，

---

① 《梁二典》，按"史典汇"为刘璠、何之元、谢灵三《梁典》，此"二"字当系"三"字之伪。《梁后略》，姚最所作，乃附"史略汇"。本书作"史典汇"，乃误刻所致。又，《梁纪》当指姚察《梁书帝纪》，但此书不载"历代纪"。"历代纪"所著录有萧韶《梁太清纪》及《梁末代纪》《梁帝纪》《梁皇帝纪》诸书。或此"梁纪"本作"梁四纪"亦未可知。

可谓不谋而合。尽管高氏仅仅做了一次初步的尝试，但已是在史目中有意识地迈出了可贵的第一步。传统说法认为互著法始于元马端临《文献通考》。不过事实证明，高似孙的《史略》比他早行动了一百多年，而人们却一直忽视了高氏关于分类法的这一杰出创造。

辑录体一般也认为始于元马端临的《文献通考》。但是在《史略》中，我们却看到了典型的辑录体解题。

以《史略》卷一为例，简述诸细目内容如下。

"史记"引《汉书·艺文志》及卫宏《汉旧仪》之文，说明《史记》亡篇及褚少孙补缺事。

"太史公自叙"取《汉书·司马迁传》之文，首叙司马迁生平简历，及秉承父命修撰《史记》的经过；次言史迁著述要旨及《史记》篇次；未载史迁忍辱受刑，发愤著述的复杂心境。

"诸儒史议"录扬雄、班彪、班固、范晔、刘昭、张辅、葛洪、裴骃、王通、司马贞、刘伯庄、韩愈、柳宗元、刘知几、白居易、皇甫湜、郑覃、殷侑、高佑、崔鸿二十位文人学者有关《史记》的评论。其文或取之于正史，如《后汉书·班彪传》《晋书·张辅传》；或采之于史注序，如裴骃《史记集解序》、刘昭《补后汉书志序》；有摘自野史杂钞，如葛洪《西京杂记》；有录于子书文集，如扬雄《法言》、王通《中说》及《唐文粹》；或引自史评，如刘知几《史通》，取材广博，诸说并荐，褒贬抑扬，各具特色。但在编排上，又反映出高氏个人的倾向性意见。如借扬雄之口盛赞《史记》为"实录"，用张辅之说论定《史记》优于《汉书》，引郑覃之语批驳汉唐官方盛传的史迁"以身陷刑之故，微文讥刺，贬损当世"的诬蔑不实之辞，还以皇甫湜之言肯定史迁创立纪传体正史的不朽奇勋。是本卷最为精彩的部分。

"续史记"引《汉书·艺文志》讲冯商续《史记》之事。

"史记注"引《隋志》及新旧《唐志》《通志略》诸书，载裴骃、许子儒等六家注。除一般注明卷帙，作者字号、籍贯、仕宦简历外，对裴骃《集解》特别注明实本之于徐广《音义》。

"先公史记注"著录其父高文虎所撰《史记注》一百三十卷。该作公私著录，唯此一见。科学出版社所出《史记研究资料和论文索引·稿本和未见传本目录》亦失载。

"史记杂传"本之《通志略》，参考《隋志》《新唐志》，著录司马贞、张守节、刘伯庄、窦群、裴安时、李镇六家杂传，又于结语中附带著录葛洪、卫飒、张莹、韩琬四家之作。此节高氏吸取郑樵"泛释无义"思想，突出司马贞、张守节、韩琬三家之作，既简且要，重点明确。

"史记考"据《隋志》《晋书》著录谯周《古史考》及司马彪补正事。又引《汉志》说明《古史考》之名本之于《周考》。且举吕不韦以诈获爵事，以明《古史考》之笔法。

"江南古本史记考"举例比较"唐旧本"与"时本"异同，以明古本之可贵，至今仍有参考价值。

"史记音"据《隋志》详叙徐广《音义》，略举许子儒、邹诞生、刘伯庄《史记音》，是吸收"泛释无义"思想的又一例证。

综上所述，《史略》卷一基本以引文为主，稍加作者评述，把《史记》的主要问题基本点明，有关参考书也基本搜罗齐备，并列举各代有代表性的评论，以供读者参考，同时也含蓄地反映出作者本人的基本倾向，具备了辑录体应具有的各种要素，是一个成熟的辑录体的典型范例。不仅如此，高氏又吸取郑樵"泛释无义"的思想，该释就释，不必释者则从略，繁简得当，并与辑录体形式融为一体，使该史目更具有使用价值。其后有关《史记》的解题性目录，鲜有其匹。

可见高似孙是辑录体的真正开创者，他采用辑录体也比马端临早一百多年，这一贡献同样是不应忽视的。

《史略》卷二"汉书"目中，专有"汉书诸家本"一项，详叙宋景公祁参校诸本和建安刘之问部分参校用本。是史目著录版本之始。

陈振孙对高似孙的作品和人品多加诋毁，以为似孙"为馆职时，上韩侂胄生日诗九首，每首皆暗用锡字，寓九锡之意，为清议所不齿"，又"知处州尤贪酷"，且"读书以奥僻为博，以怪涩为奇"（《直斋书录解题》）等。《四库提要》及洪业《史略笺正序》辨之甚详，此不赘述。但是，陈氏未尝不从高氏《史略》中学到一些东西。其于《直斋书录解题》中，既记书名和卷帙多寡，撰人职官名氏及学术渊源，又发挥其藏书家的特长，往往用寥寥数语，记述各书款式和版刻，无论善本、印本、抄本、拓本，一一予以说明。于解题目录中著录版本，不能不说是受《史略》的启发。

大型著作引用书目或注释引用书目的撰作，自清末始盛。如沈家本《文选李善注书目》《三国志注所引书目》《世说注所引书目》《续汉志注所引书目》等，曾名噪一时。之后续作者蜂起，不仅前述四书注引用书目之补作者不乏其人，又扩及《史记》三家注、《后汉书》注、《五代史记》注、《南唐书笺注》、《水经注》、《北堂书钞》、《艺文类聚》、《初学记》、《太平御览》等书之引书目，为文史工作者整理古籍提供了很大方便。但溯其源，史著或史注引书目之风亦起于《史略》。

《史略》卷四"通鉴参据书"一目中，高氏详列《通鉴》引用书，包括正史、编年、杂史、霸史、起居注、实录、日历、政书、故事、杂传、谱牒、姓氏书、文集、词赋、碑刻诸类书通计二百二十六家①。又，《纬略》卷十二曰："《通鉴》采正史之外，

---

① 《四库提要》曰："其采用之书，正史之外，杂史至三百二十二种。"当本之于高似孙《纬略》。但今《墨海金壶》本、《守如阁丛书》本《纬略》均作"二百二十二家"，按之《史略》所载，则《四库提要》误也。

其用杂史诸书，凡二百二十二家。""若加上正史十七家，似较《史略》所列，续有增补。后世论《通鉴》引书，多本《纬略》。而《纬略》所言，又取自《史略》。虽未必无遗漏，当亦近是。"又，《纬略》卷九，高氏曾详列《世说新语》刘孝标注中"晋氏一朝史及晋诸公列传、谱录、文章，皆出于正史之外者"，凡一百六十七家，皆开大型史著或史注引书目之先河。

　　高似孙撰作引书目的原意，在于打破当时学者轻视杂史的偏颇思想，提倡泛滥群籍、博采众长的学风。其借洪迈《容斋随笔》之语，论《通鉴》引用杂史的意义时说："试以唐一代言之：叙王世充、李密事用《河洛记》，魏郑公谏争用《谏录》，李绛议奏用《李司空论事》，睢阳事用《张中丞传》，淮西事用《凉公平蔡录》，李泌事用《邺侯家传》，李德裕太平、泽潞、回鹘事用《两朝献替记》，太中吐蕃尚婢婢等事用林恩《后史补》，韩渥凤翔谋画用《金銮密记》，平庞勋用《彭门纪乱》，讨裘甫用《平剡录》，纪毕师铎、吕用之事用《广陵妖乱志》，皆本末粲然，则杂史琐说家传，岂可尽废！"在重视正史的基础上，有选择的参据杂史的记载，以订补正史的错误和不足，是司马光研究历史的正确方法。高氏以引书目进一步强调它，不仅对当时学界有振聋发聩的作用，而且对我们现在的治史者也不无启发。然而高氏始料未及的是，他的创造竟为后人探索书籍源流及聚散存佚情况，从事文献考证、辨伪、辑佚等工作，开辟了新的途径。他在目录学上的这一贡献，也是值得纪念的。

三

　　当然，《史略》的缺点是十分明显的。主要在于高似孙撰作《史略》过于仓促，前后仅用了二十七天。在总结前人成果的基础上，他未能予以认真的消化，形成自己系统的目录学思想体系，并通过总序和分序的形式表达出来，是十分令人遗憾的事。所以他的新分类法基本上流于自然，缺乏理论上的提高，有些部分与史籍专目的特点不尽相符，如图书聚散小史的插入即为一例。又如卷六所录古传说、古谱牒、小学名著、汉官制等书，难以归入前五卷的诸类目中。对此高氏有些束手无策，弃之可惜，只好杂陈于后，又未加进一步说明，前后相较，显得有些虎头蛇尾，草率收兵。又，辑录体在突出《史记》一书的地位上起了重要作用。但除《汉书》稍稍沿用其体外，竟未能贯彻始终。这样不仅有损于本书的价值，使我们不能对《后汉书》以下诸正史有更深入的了解，而且也使全书详略失当，比例失调。再如互著法、著录版本、首创大型史著或史注引书目等创新，多基于灵感偶至，随手签记，缺乏通盘的深入考虑，其实际作用也受到很大影响，以至难以引起人们对此的重视，使之更早得到在目录学上应有的地位。

　　此外，《史略》尚有如下缺陷。

第一，繁复。高似孙在《史略》中多次强调著史要文辞简约。他批评颜师古注多重复，表彰干宝《晋纪》"直而能婉，文辞简略"，其论二千七百一十七言，载于《晋史》一千八百八十五言，载于《通鉴》七百二十四言，"可为芟荑烦乱，翦裁浮辞之法"（《史略》卷三）。但是他自己却未能很好实践其志，如范晔《狱中与诸甥侄书》，虽分摘自《后汉书》附录、《宋书》和《南史》本传，却大同小异，一文同卷三出。张辅论《史》《汉》优劣，既载《史记》目之"诸儒史议"，又于《汉书》目中重出，颇为失当。

第二，误录。高氏考辨不精，著录之误，屡见不鲜，归纳起来，有如下几种类型。其一，以讹传讹，如《三十国春秋》乃萧方等所撰，方等乃梁世祖子，谥曰忠壮世子，《梁书》有传。而高氏沿郑樵《通志略》之误，著为萧方撰。其二，不辨异名，故常误一书为两书。如刘陟《齐纪》，《新唐志》作《齐书》，本为一书。而高氏先据《唐志》列《齐书》于正史类，又据《隋志》列《齐纪》于别史类。又如《蜀李书》，一作《汉之书》，而高氏亦两引之。其三，误著撰人。如王沈《魏书》，此王沈乃指字处道，太原晋阳人的晋司空王沈，而高氏却注作字彦伯，高平人的郡文学掾王沈。又如误《汉书辨惑》的作者李善为李喜。其四，误引佚书。如把谢沈《后汉书》中"窦武、刘淑、陈蕃少有高操，海内尊而称之"之文，误作谢沈《晋书》之语。其五，误注体例。如梁武帝《通史》乃纪传体，而高氏却注"为编年法"。其六，卷帙之误，如谢灵运《晋书》，高氏不仅误谢灵运为谢承，又于"三十六卷"后加注"又录一卷"。按《隋志》作"三十六卷"，《新唐志》作"三十五卷，又录一卷"，则《隋志》所言已包括"录一卷"在内。高氏既从《隋志》，则不当复言"又录一卷"。

尽管如此，《史略》一书仍是瑕不掩瑜。其失而复得，皎然独立于史目之林，足备一格。杨守敬曰："似孙以博奥名，其《子略》《纬略》两书，颇为精核。此书则远不逮之，久而湮灭，良有由然。惟似孙闻见终博，所载史家体例，亦略见此篇。且又时有异闻，如所采《东观汉记》，为今四库辑本所不载，此则可节取焉耳。"（《史略》跋）不失为公允之论。

一位学者虽然博贯群籍，聪颖过人，常能见他人所未见，发他人所未发，但如果浅尝辄止，满足于一鳞半爪的所得，而争强斗胜，急功好利，终难成大器。这也是我们从高似孙《史略》中得到的又一宝贵启示。

（原载《〈史略〉校笺》，书目文献出版社，1987 年）

《名门家训》序 ①

　　20世纪80年代中期，社会史研究在我国异军突起。我在完成《秦汉社会文明》一书衣食住行四章的写作后，就开始致力于两汉豪强和世族的研究，其中有关"家法"的史料引起我很大的兴趣，并开始翻阅了一些宋明家训，想作进一步的探讨。可惜由于其他任务的冲击，竟使这一课题一直搁置到今天。前不久，常青同志来到我家，说他和几位朋友编选了几部（篇）具有代表性的家训，加以点校和注译，以应社会之需。这个消息令我欣喜不已。封建家训是地主阶级教育子弟治家处世的读本。1949年以来，一向被视作腐朽世界观的产物，且系微末杂书，因此极少有专门的论著问世。然而，家训记载了封建家庭或宗族的居家礼仪、道德规范、个人行为准则和理财原则等内容。由于历史环境的变化或地域风俗的差异，以及作者身份地位和文化素养的不同，封建家训既包含了具有普遍性的伦理规范，又呈现出各自鲜明的特色，对研究中国古代社会史有着不可忽视的参考价值。同时，家训对于当今社会处理个人与家庭、社会的关系，加强自身道德修养，不无借鉴之处。所以当常青同志请我写序时，尽管我尚无深入的研究，仍愿意一方面为他们的努力喝彩，另一方面想呼吁更多的社会史研究者涉足这个有待开发的领域，化腐朽为神奇，为深化中国古代传统文化的研究，也为当前的精神文明建设，作出有益的贡献。

　　家训的产生，源远流长。据说先秦时期已有《太公家教》，虽一时难以成为定论，但在三代奴隶制的宗法社会里，礼法与家法的一致性，使礼成为奴隶主贵族的必修课，也是法定必须遵循的伦理道德规范和行为准则。此后经过儒家的改造，不少礼教内容成为封建家训中的重要组成部分。

　　两汉时期，西周奴隶制的宗法制度虽已崩溃，旧有的大家族形式也在陆续解体。然而代之而起的财产分析又举族聚居的新的组合形式，跳出了奴隶社会宗法制度的贵族圈子，深入到社会上各个大小不等的血缘群体之中，使封建的宗法关系愈为强固，更具有普遍性。当时，旧贵族千方百计适应新的变化，以谋求生存和发展；新兴的豪族大家则不断密切宗族联系，扩大社会影响，以维护他们的既得利益。于是纷纷制定家庭或宗族的清规戒律，家法应运而生。

　　《易经·家人》强调家门之内，男者主外，女者主内，男女各正其位，是天下的大义。父母治家要严，纵使家人嗷嗷叫苦，也在所不惜。以为只有这样，才能做到父子

---

①　1991年4月15日写于西大新村不舍斋。

笃、兄弟睦、夫妇和，家道由此而正。家道正了，施于有政，天下也就可以大定。这一观点成为两汉家法的基调。两汉大姓治家"有法度""常若公家"①。有的人甚至十分专断，如东汉末年河内温县的司马防，他不说进，儿子们就不敢进屋，他不说坐，儿子们就不敢坐下，他不发问，儿子们就不敢说话，"父子之间肃如也"②。但也有人用相反的办法，达到同样的目的。如西汉时的温县人石奋，如果儿子有了过失，他不直接批评，而是来到侧房，对案不食。儿子们只好请家族中的长辈出面调解，并袒露上身，跪在父亲面前再三谢罪，表示悔过，石奋这才肯吃饭。据说由此，石家子弟个个孝谨，声誉远播，以至小儿子石庆出任齐国国相时，"齐国慕其家行，不治而齐国大治"③。为了巩固以严治家的效果，经学教育也是家法中必不可少的手段。如东汉开国功臣邓禹就命令13个儿子，一人专读一经，"修整闺门，教养子孙"④，后人认为可作为"万世法"⑤。此外，马援的《诫兄子严、敦书》大讲处世之道，班昭的《女诫》论说妇女的行为规范。虽然至今我们仍没发现汉代正式的家训之作，但从零散的"家法"史料中，看到了封建家训的影子。汉代的家法和南北朝以后陆续问世的家训，有着千丝万缕的内在承袭关系。

颜之推的《颜氏家训》是现今可知的第一部系统的封建家训，书中陈述了立身治家的方法，辨正了时俗的谬误，现身说法，教导子孙，受到历代封建士大夫的推崇。袁衷以为"六朝颜之推家法最正，相传最远"⑥。所以论家训者，多"以此为祖"⑦。

宋代掀起了写作家训的高潮，传世的家训有十五六部，代表作有司马光的《家范》、陆游的《放翁家训》、袁采的《袁氏世范》、赵鼎的《家训笔录》和朱熹的《训子帖》。其中《家范》有十卷十九篇之多，《训俭示康》一篇，广为流传，甚至有人要求"人写一本，以为永远之法"⑧。特别值得注意的是，宋代家训除了伦理内容之外，又增加了支配家庭经济关系的规定，反映出宋代封建地主经济发展的新变化，并在明清两代家训中得到发扬。

家训之作在元代转入低潮，除郑太和《郑氏规范》外，多不足取。但一进入明代，家训之作大量增加，今可知见的有关文献近30种，如方孝儒的《宗仪》、杨继盛

---

① 《后汉书·樊宏传》。

② 《三国志·魏志·司马朗传》注引司马彪《序传》。

③ 《汉书·万石君传》。

④ 《后汉书·邓禹传》。

⑤ 《册府元龟》卷794。

⑥ 《庭帏杂录》。

⑦ 陈振孙《直斋书录解题》卷10《杂家类》。

⑧ 赵鼎《家训笔录》。

的《椒山遗嘱》、庞尚鹏的《庞氏家训》、姚舜牧的《药言》、袁衷的《庭帏杂录》、许相卿的《许云邨贻谋》，就是其中的佼佼者。这种势头一直持续到清末。清代不仅传世家训多达六十余部（篇），出现了像孙奇逢《孝友堂家规》、傅山《霜红龛家训》、张履祥《杨园训子语》、蒋伊《蒋氏家训》、张英《恒产琐言》和《聪训斋语》、张廷玉《澄怀园语》、曾国藩《曾文正公家训》等具有典型意义和史料价值的作品，还产生了带有总结性质的辑录之作，如张子渠《课子随笔》，所辑历代家训文献近 80 种，为今天的研究工作提供了便利。

历代家训是封建专制主义在家庭教育中的反映，是维护封建等级秩序的工具。家长中心论和经学说教，常常扼杀人性，造就了一批又一批忠君孝祖、唯命是从的奴才，成为直接造成中华民族中愚昧、保守、自私、落后的原因之一。无疑这是应该予以批判的。然而，中国自古就是礼义道德之邦，尊老爱幼，敬师尚友，恪守信诺，谦逊谨慎，勤劳节俭，礼让温和等美德在家训中也多有反映，这些千百年来积淀而成的优秀传统至今仍有现实意义，也是应当予以发扬的。而后一点正是我们整理历代家训的目的之一。

同时，家训涉及的社会面是比较广泛的，具备较高的史料价值。谈敏同志《历代封建家训中的经济要素》一文[①]，就对家训中的节俭与量入为出原则、土地与地租思想、自给自足与商业经营思想、财产均分思想等问题，作了开创性的探索。他从一个个地主家庭的经济管理观入手，透视中国封建地主经济体系的若干经济特征及其历史演变，提供了一个良好的范例。

研究家训的工作刚刚起步，本选编的做法对于普通读者来说是适宜的，我想会受到大家的欢迎。但是作为研究的资料，则显得有些单薄。从常青同志那里了解到，他们还想进一步编注下去，我想这也是社会史研究者的共同愿望。过去商务印书馆出版《丛书集成》，曾收录了 20 种家训，集中提供给学界，收到了较好的效果。如果能在其基础上，再补充一些遗漏的代表作，每篇之前加上提要，简要说明作者的生平简历及本家训的特点和价值，于正文仍加以点校和注释。这样既能满足社会上作为家庭教育参考书的需要，又能为研究古代历史和文化的学者提供便利，雅俗共赏，各尽其用，将会发挥出更大的作用。愿常青等诸君勉力为之。

（原载《名门家训》，三秦出版社，1991 年）

---

① 载《中国史研究》1986 年第 2 期。

《西汉诸侯王陵墓制度研究》序①

西汉诸侯王制度是中国封建社会重要的政治制度之一。自从秦始皇废除西周分封制，实行中央集权制下的郡县制以后，分封制在秦汉之际一度回潮。即使面对项羽大搞分封导致西楚政权倾覆的结局，刘邦于汉初仍坚持推行分封制，只不过迅速摒弃了异姓王，保留了同姓王，力图借此巩固草创的西汉政权。不过这种复古举措，效果适得其反，诸侯王尾大不掉，直接导致吴楚七国之乱。所以在平定叛乱之后，景帝痛定思痛，对诸侯王制度进行了一系列改造。这一趋势到汉武帝时达到顶峰。于是本来可以治土、治民，可以在王国内自行任用官吏，可以拥有年号，拥有军队，甚至可以自行铸币的封国，逐渐被改造成只能衣食租税的封国。也就是说，至此西汉诸侯王国从汉初实际上的独立王国，演变成与地方郡县没有实质区别的封国。这一渐变的过程对西汉政治产生了巨大的影响，也左右了日后历代王朝的封国制度。因此，了解西汉诸侯王制度是了解西汉政治制度与社会架构的重要途径，也是了解整个封建政治制度与社会架构的重要途径。这一课题自然就成为一个研究热点。

不过仅靠存世的有限的历史文献资料去研究西汉诸侯王制度，毕竟受到很大的局限，很难达成共识，许多问题如雾里看花般让人摸不着头脑。所以从考古学的角度，利用大量陆续发现的西汉诸侯王陵墓，从出土的文物资料去做具体分析，便可以更直观更可靠的揭示尘封的历史真相，成为许多学者必不可少的研究手段，也取得了一个又一个科研成果。《西汉诸侯王陵墓制度研究》就是典型一例，也是极具学术特色和学术价值的一例。

该书之所以极具学术特色和学术价值，是因为该书结构合理而自成体系，既有高屋建瓴的宏观把握，又有一个个典型的案例分析；既有科学的谨慎考据，又在掌握一定的文献和考古线索的条件下，并不回避一些难题及未知领域，敢于进行探索，并发表细节的评述与倾向性意见。

该书之所以极具学术特色和学术价值，是因为作者认认真真地把陈直先生将二重证据引入秦汉史研究领域的科学方法，在本课题中发挥得淋漓尽致。只要仔细地阅读本书，就不难发现作者把与该课题相关的历史文献几乎搜罗齐备，同时也把一切能够收集到的考古资料网罗殆尽，并且把两者恰当地结合起来进行印证，得出一批大体可信的结论。

---

① 于 2010 年 8 月 8 日写成。

该书之所以极具学术特色和学术价值，还因为本书充分吸取了前人和当代人的研究成果，进行了系统的总结和归纳，形成了立足的学术基础。此外，作者又提出了自己崭新的思路，如在有争议的问题"外藏椁"上，对"外藏"与"内藏"做出了独到的界定；又如在他人几乎忽略的问题，即"便房"与"百官藏"上，首次做出了明确的剖析，一定程度上弥补了研究的空白。

该书之所以极具学术特色与学术价值，是因为本书的附录并非可有可无，它不仅是正文不可或缺的重要补充，具有较高的参考价值，而且又具有相对的独立性，对那些不宜在正文中详细考证的问题，在此得到较充分的发挥。如考证河南永城西汉梁王陵柿园墓的墓主，是李后之前的一位佚名王后而非刘买，读之颇有新意，给人以有益的启迪。正是由于有了这两篇附录，本书才显得更为丰满与充实。

《西汉诸侯王陵墓制度研究》一书的价值，还在于它是迄今为止少数系统运用二重证据法取得可喜成果的专著。很少出现我们常见的，在撰写考古发掘报告时，出于对地层与器物验证的需要，实用主义的对文献稍加检索的情景。

当然，无论是文献资料还是考古资料，实际上都依然不敷于用，还是有不少疑点无法做出决断，仍需等待新的出土资料来加以验证。不过本书依然是迄今为止该课题在本阶段中最全面的总结之作，为今后的研究起到了承上启下的作用。

在评述该书之余，一个既是题外话，但又顺理成章的联想袭上心头。

中国自 20 世纪初，一批先行者接受西方的考古学理论与方法，开展考古调查与发掘，创建中国的考古学以来，确乎取得了一系列惊人的成果。1949 年以后，考古学被注入新的活力，即使当"文革"的浩劫横扫全国之时，考古学似乎得天之助，如云梦秦简、曾侯乙墓、秦兵马俑坑、汉中山靖王刘胜墓、马王堆汉墓等一系列重大发现陆续面世，在"左"倾思潮的重压下，忘我地绽放出一朵朵绚丽的文明之花。而改革开放以后，考古学的发展突飞猛进，有目共睹，已经引起全社会的关注。

但是，在冷静审视考古科研成果之后，总不免有些惆怅与不解。也就是说，考古学在中国并没有因为大批典型的考古标本的出现，也并没有因为中外各种最新科学理论与方法的涌入，而在已有的丰富实践经验的基础上对考古学的理论与方法进行全面的总结，取得实质上的提升与突破，并推进目前仍然列为历史系分支的考古学，蔚然长成独立的参天大树。换句话说，考古工作依然简单地停留在地层学与类型学的范围之内，作着一成不变的客观而又再客观不过的描述，浅尝辄止，并没有取得多少还原历史本貌的成果，特别是深层次的理论成果。

有人说，考古学是社会科学、人文科学中的"小农"。这个评价，过于苛刻，有失偏颇。但也折射出一个事实，即考古学似乎在拒绝与其他学科的交流与融合，闭门自赏。

1949 年以后，学科划分过细，已严重阻碍了各学科的正常发展，人文社会学科尤甚。这种现状在很大程度上封堵了学人的视野。在当今知识大爆炸，新学科层出不穷，更新日益加快，多学科互补开展综合研究而又渐成主流的时代，现有的知识体制、知识结构、知识视野，严重制约了中国学人的创造思维与能力，在历史学界，以至于考古学界，受害尤深。

任何学科的存在，都有其存在的必然性和合理性，也不可避免地存在先天的不足。考古学的优势在于它的原真性，不管有多少疑问的存在，但遗址或遗物都客观而真实地摆在那里，揭示着每个相应时代的历史本貌。不过，历史现象是复杂的，中国地域文化的多样性决定了历史文化遗产本身的复杂性，也就不可避免的决定了人们认识与理解史迹的复杂性。所以光靠一门学科的理论与方法，永远无法让人们踏实可信的去触摸历史，认识历史，利用历史。就如中国在闭关锁国时，同样可以存在与发展，但往往会在发展与竞争中落伍。

动物考古、艺术考古等新思路与方法被引入中国，正是世界学术融合交流的必然结果。文化遗产的保护理论与技术的产生与立足，已经越来越深入到考古活动的全过程中。无论是发掘工作的前期、准备期，还是发掘的每个阶段，以及后期的保护要求，发掘与保护并行，已是趋势和规范。

而无论是借助人类学、美学、社会学、民俗学、经济学、法学、民族学、古文字学、文献学、统计学等人文社会科学的理论与方法，还是借助地质学、生物学、物理学、化学、天文学、地理学等自然科学的理论与方法，都将有助于对历史本貌的认识，也可以在此过程中进一步丰富与完善考古学的理论与方法。

作为一个从史学界进入文博界的老工作者，我怀着对考古学界朋友深深的敬意，也真真切切地希望考古界的朋友们能够顺应潮流，打破行业框架，完全融入学术大军中去，取得更大的成就。青年人尤应成为主力。

（原载《西汉诸侯王陵墓制度研究》，中国社会科学出版社，2010 年）

《色挂形象穷神变——中国古代 壁画源流》序

2012 年 7 月 12 日，是西安曲江艺术博物馆最为值得纪念的日子。在这一天，"色挂形象穷神变——中国古代壁画源流展"在三年多历经曲折的筹备之后，终于破茧而出，直面世人。它一天天地被人所知，也一天天地被更多的人所认可。不容置疑，这是到目前为止全国乃至全球范围内唯一一个用历代壁画全面系统反映中国古代绘画发展史的展览。这是一个奇迹！一个在许多人眼里是无法完成的梦想，却神奇地成了现实。它所带来的震撼，可想而知。

西安曲江艺术博物馆是一个由全港资创建的博物馆，也是第一次将国外已经成熟的五星级酒店＋精品博物馆的模式引入国内，而出现于西安威斯汀酒店里的专题艺术博物馆。也许这是天意，也是一场奇缘。本馆创办人郭炎先生、酒店管理方美国喜达屋国际酒店管理集团总裁和作为博物馆馆长的我，不约而同地选择壁画作为展览的主题。如果说总裁先生的选择，是出于一个西方人对绘画艺术的偏爱，以及对解开中国古代绘画神秘面纱的渴望。那么郭先生和我的考虑，则几乎一致的把重点放在试图弥补当今中国绘画史往往只有下半部的缺憾上。因为美术界太注重纸本了，太注重宋元明清以来的文人画了，于是宋以前的东西除了个别精品之外，往往在不经意间被忽略了，或被轻描淡写地一带而过，留下一个个盲点和谜团。更令人不解的是，一大批美术工作者，包括一些大家，对中国古代壁画竟然一无所知，真令人吃惊，也令人感到痛心与无奈。

壁画是世界美术史上的一朵奇葩，是人类与生俱来的一种本能的冲动与表露。远古的岩画拉开了壁画创作的序幕，它所展现出的远古人类眼中的世界，是如此璀璨与神奇，通过那些略显稚嫩的而又充满激情的笔触，我们可以深切感受到他们心灵中的悸动、好奇与向往。壁画因人类的逐渐成熟而走向成熟，人类也通过壁画留下自己前进的足迹。毫无疑问，壁画是人类进步的重要见证。所以壁画不仅仅属于美术家，它也是人类共同的宝贵财富，任何人都可以从各自的专业和职业出发，从壁画中汲取营养与启迪。

壁画必须依托崖壁、洞壁、建筑中的各类墙壁，以及陵墓中的墓道与墓室的内墙。它受制于地仗层，受制于温湿度，受制于光照，受制于颜料成分，受制于一切天灾与人祸。它的敏感、脆弱与难以移动，不同程度地影响了它的发展。当纸本尚未产生或者尚未普及之时，它是宠儿。然而当更富有表现力、更利于创新、保存和流通的纸本成为主流之后，壁画无可挽回地走向衰落。这是它的宿命，它的无奈，但绝非终结。尽管发生了巨大的转变，它依然牢牢占据着佛寺道观的墙壁、祠堂与宗庙的墙壁以及陵墓中的内壁。形形色色的宗教题材与富有情趣的社会生活与风俗作品，都显示出许多与文人画不同的审美取向与技法，一定程度上填补了文人画的不足，表现出独有的艺术价值。壁画是永恒的，这株艺术的"原上草"在枯荣的变化中顽强地生存了下来。

与壁画结缘始于 1995 年。当时我被陕西省委从西北大学调到陕西历史博物馆担任馆长。而陕西省文物局交给我的第一个重大业务工作就是清库。在保管部同仁们的全力支持下，经过一年的努力，终于弄清了库藏底数。也就是在这个过程之中，我接触到了唐墓壁画。唐墓壁画是陕西历史博物馆四大馆藏之一，藏品多达 540 余件，总面积有千余平方米，涵盖唐代历史的全过程，其中乾陵陪葬墓中的章怀太子墓、永泰公主墓和懿德太子墓的壁画，作为中国古代壁画巅峰时期的代表作，享誉中外，唐墓壁画不仅给予我视觉上的巨大冲击，也给我的心灵中产生巨大的震撼，并留下深深的印记，于是激起我进一步探究壁画的强烈欲望。随后在筹建唐墓壁画馆的过程中，一方面研究馆藏的相关资料，同时又不断搜集、整理、研究北方十余个省、自治区和直辖市博物馆、考古所藏壁画的相关资料，逐渐萌生以历代壁画为载体，结合各馆所在保护、修复与研究壁画的基础上，重述中国古代绘画史的计划。在这个计划中，展览仅仅是第一步，随之而来的还有科学考察，出版图册，举办培训，抢救濒危壁画，推广壁画修复的新技术、新方法和新材料等一系列措施。可惜，随着我于 2008 年正式退休，一切都被搁置了起来。

郭炎先生是我的知音，也是后盾。他邀请我主持筹建西安曲江艺术博物馆，让雪藏多年的计划得以重生，而且在他的帮助下，整个计划得到中央领导、国家文物局以及省市行政主管部门的批准与支持，也得到了十余个省、自治区、市文物局及下属文博单位的热忱帮助。作为共建合作平台的第一件作品，"色挂形象穷神变——中国古代壁画源流展"应运而生。这不仅为壁画的保护、研究与利用工作揭开崭新的一页，开辟了更加美好的前景；也为民办博物馆与国有博物馆取得同等地位，共同繁荣博物馆事业，创造了一个新的范例。

为了使大家更好地了解本展览，回顾中国古代壁画的发展历程以及本展览展品的选取标准，就显得十分必要。

对于中国而言，已知壁画的源头应追溯到新石器时代中期，即距今五六千年的仰韶文化晚期。1982 年在甘肃天水秦安县大地湾遗址出土的《舞人图》，就曾被当作中国绘画史的先声。但是，从严格的意义上讲，辽宁朝阳地区凌源牛河梁红山文化女神庙遗址出土的赭红色几何图形壁画残块，才是目前存世最早的壁画。此外，宁夏固原麻黄剪子齐家文化遗址和陕西神木石峁龙山文化遗址出土的几何纹壁画残块，则延续了这一发展进程。而装饰性则是早期壁画的共同特征。

就夏商周三代而言，夏代壁画既未发现实物，又不曾见诸文献。而商朝有"宫墙文画"，被记入《说苑·反质篇》。西周则就不同了，陕西扶风杨家堡四号西周墓发现了白色菱形的墙饰，这是迄今为止发现的最早的墓葬壁画，它继承了装饰性的传统。可惜清理墓室时未拍下照片，事后又进行回填，所以我们只能从发掘报告的示意图中略见端倪。不过郭沫若先生在研究《矢簋》铭文时，得出西周初年曾出现过《武王、成王伐商图》和《巡省东国图》等壁画的结论。这一变化，为春秋战国时期壁画创作的推广与创新，树立了榜样。

春秋战国时期应该是古代壁画取得长足进步的时期。因为当时无论是宫室府邸还是宗庙祠堂，所有重要建筑之中，几乎都有壁画为饰。如《庄子》就告诉我们，好龙的叶公在宅屋里"尽以写龙"，而伟大诗人屈原在《天问》中就透露出，楚王宗庙的墙上绘有天地、山川、神灵以及古贤圣怪物之事，并促使屈原接连提出了172个疑问。可见涂壁已是一时风尚。而该时期的墓葬壁画却意外沉寂，除在河南洛阳西郊的一号战国墓中，曾发现红黄黑白四色线纹纹饰壁画，并延续装饰性的传统外，再无收获。因此，长期的战乱与社会变迁，让春秋战国的居处荡然无存，也让壁画统统化于无形，留下一个时代的空白。值得我们充分肯定的是，这一时期的壁画已具备图像、情节、观念与思想等绘画要素，这标志着成熟的壁画业已诞生。为了弥补这时期壁画样本的缺失，我只能把长沙子弹库楚墓出土的帛画《御龙图》和陈家大山楚墓出土的帛画《升仙图》作为参照物，并与汉代壁画注重的天象及追求长寿和神仙的主题相呼应，理顺壁画因袭的路径。

秦汉帝国是中国历史重要的转折时期，也是中华文明与中华民族的奠基时期。承上启下，继往开来，不仅是当时的政治、经济、军事的主要特征，也是文化特别是细到壁画的主要特征。首先，秦咸阳宫遗址出土的壁画残块，是目前为止最早的皇帝宫殿壁画。它以几何图案和植物纹样为主，尽管《驷马图》使正规绘画要素对秦壁画的影响一目了然，然而驷马与仪仗一字排开的布局，以及一些驷马被置于菱形图案之中，还是可以看出壁画装饰性传统的顽固。即使到了汉代，长乐宫还是延续此风。

不过汉代宫中壁画的内容已大大开阔，《汉官典职》云："明光殿省中，皆以胡粉涂壁，紫青界之，画古烈士。"又，王延寿《鲁灵光殿赋》所述鲁恭王刘余的王宫中，则是"图画天地，品类群生，杂物奇怪，山神海灵，写载其状，托之丹青"。而且"上纪开辟，遂古之初，五龙比翼，人皇九头，伏羲鳞身，女娲蛇躯""下及三后，淫妃乱主，忠臣孝子，烈士贞女，贤愚成败，靡不载叙"。汉宣帝之时，还在麒麟阁画出霍光、张安世、赵充国、苏武等功臣图像；汉明帝仿而效之，于云台画开国二十八功臣像。甚至还在白马寺制崇佛图，开寺观壁画风气之先。从此，装饰性绘画明显落入下风，写实的绘画、叙事的绘画、警世的绘画、宗教的壁画走向前台，并牢牢占据主角之位。

与春秋战国时期壁画的命运类似，汉代地上的作品绝大部分湮没不存。而墓葬壁画则较多的保存了下来，此类壁画墓分布极广，包括河南、辽宁、陕西、山西、内蒙古、甘肃、河北、山东，甚至广东和江苏多省。其中西汉则以河南永城梁王墓的《四神图》为代表，新莽前后则以鄂尔多斯鄂托克旗米拉壕汉墓为代表，东汉时期壁画墓存世较多，如河南洛阳金谷园、河北安平逯家庄、内蒙古和林格尔、陕西旬邑邠王墓均具特色。其题材无外乎一天象、升仙、神怪、祭祀，一庄园坞壁、农耕畜牧、出行仪仗、宴饮伎乐以及历史故事，总之一为"天上"，一为"人间"，涉猎天人、包罗万象，活脱脱一幅幅社会风俗宝典，其中既包括各民族，各地域文化的融合，也反映出中外文化交流的频繁与深入。如米拉壕《车骑出行图》说明中国画家尝试过类似西方的透视原理；而西安理工大学汉墓中的《羽人图》和米拉壕长翅膀的独角兽图均可以看到西方羽人羽马文化的影响。特别是青金石色在米拉壕壁画中的出现，将其从中亚阿富汗地区传入中国的时间大大提前，具有十分重要的学术价值。

魏晋南北朝四百年的分裂时期，是天灾兵祸肆虐的时期，却也是绘画在不同文化的竞争中充分融合的时代，此时以壁画为主要代表的大量作品即为明证。

散布于河西走廊上的魏晋画像砖墓，基本遵循汉风，题材、画风与技巧大体相仿。但随着佛教东渐的深入，建安末年《牟子理惑论》所提出的佛教中国化的命题得到了响应。甘肃武威天梯山石窟北凉的佛图，既有原汁原味的印度佛的形象，又出现了东方面相的菩萨，预示着佛教中土化的深化在迅速加快。北朝特别是北齐的壁画，把人物画推向高峰，比如河北湾漳武帝高洋墓中的仪卫和山西太原娄叡墓中的武士，一点也不比宋元明清时期的精品差，甚至更有风采。简洁出神为其主要特色，正如顾恺之《论画》所言，"凡画，人最难"。这一点在山东临朐崔芬墓和宁夏固原李贤墓中又进一步得到印证。

中国古代壁画的巅峰期则在隋唐五代，其发现的数量之多，是其他时期望尘莫及的。代表作主要集中在陕西关中，尤以昭陵陪葬墓与乾陵陪葬墓为楷模。现存最大的阙楼图、现存最大的仪卫图、现存最大的门吏图、现存最早的树石图、现存唯一面世的帝陵靖陵武士图都出自关中，被称为"经典中的经典"的《观鸟捕蝉图》和永泰公主墓中的最美侍女图，都是中国美术史中不可或缺的范例。这与当时宫廷画家几乎无一例外地参预地上地下的壁画绘制密不可分。《历代名画记》中长安、洛阳的宫室寺观，阎立本、尉迟乙僧、吴道子、李思训、尹琳、王维等无不涉足其中。就是在他们的带动之下，佳作频出；吴带当风、曹衣带水、天衣飞扬；穷极造化。当今他们的绢本已如凤毛麟角，难寻踪迹。然而壁画却风采依然，不可方物。与其现在在少数传世人物画、山水画及花鸟画中去凭吊追思，莫若潜下心来，好好在唐代壁画中深入体味，才是坦途。

其实隋代虽短命，在壁画中却屡现精品。陕西潼关税村出土的仪卫图，一点也不比晚出的章怀太子墓中的仪卫图差，其中的渊源关系一比即明。而五代虽乱，但故宫所藏菩萨像精美绝伦，永乐宫壁画在很大程度上借鉴其笔法，并有所发挥。其作用不言而喻。

进入宋元明清，壁画走向衰落。地上则多为佛道故事、祖先崇拜；地下则偏重社会生活、民风民俗。虽技法趋于固定，却时有灵光闪现；场景布局有失典雅，却也雅俗共赏。就寺观壁画而论，山西稷山兴化寺中宋代佛图、山西永济永乐宫的元代道教神祇、北京法海寺的明代佛图、青海乐都瞿昙寺的佛传故事、四川剑阁觉苑寺的佛传故事及内蒙古呼和浩特大召寺经堂藏传佛教人物，都是不可多得的精品。明清的道观壁画，当推陕西佳县的白云观，不仅技法精湛，壁画面积当近 800 平方米。而墓葬壁画中，辽代则以内蒙古赤峰、辽宁朝阳、河北宣化为典型。辽代画风多受唐风影响，又有民族特色。值得一提的是，阿鲁科尔沁旗宝山辽墓中，有出自唐代粉本的《诵经图》《寄锦图》和《降真图》等，为我们重温唐画提供了最精的样本。此外，宋代墓葬壁画极为贴近生活，笔法简洁秀丽，凡夫俗子的大量出现，使画面更加平易近人、可爱可亲。元代墓葬壁画存在较少，以陕西蒲城洞耳村的最为精彩。其中《行别献酒图》和《醉归乐舞图》，把蒙古族的风俗人情和盘托出，生动逼真，富有感染力。明清墓葬壁画十分罕见，画风及技法可忽略不计。

总之，本馆在综合各地现存历代壁画的基础上，分五个大时期，从已经揭取的作品中，选取典型之作，去反映不同时期的艺术特色。并且在最大程度上选用真迹，没有真迹可借调的则用临摹品，选用临摹品而不可得的，则采用高清复制品。努力保持其全面性、系统性和代表性，一贯到底。由于本展览是初步成果，所以不可避免地存在各种各样的缺点和不足。有的代表作，由于收藏单位的种种考虑暂未借到，但毕竟开了个好头。尤其是得到国家文物局的肯定，同意我们按原有体系与框架，长期办下去，主展品以陕西为主，不足部分从兄弟省市商借，可以以修带展，在帮助有关单位修复壁画的前提下，增加和稳定展品。所以可以想见，这个展览会有光明的前途，会为继承古代绘画传统、普及绘画知识、鼓励推陈出新以及繁荣中国画作出更大的贡献。

（原载《色挂形象穷神变——中国古代壁画源流》，文物出版社，2013 年）

《色·物象·变与辩——首届"曲江壁画论坛"论文集》序

2013 年 10 月 24 日，西安曲江艺术博物馆举办的首届"曲江壁画论坛"圆满落幕。在送别来自中日及联合国教科文组织的近 60 名专家之后，三天中一直悬着的心终于落了下来，于是感到无比的轻松与欣慰。毕竟这是一个新建才一年有余的民办博物馆所主办的国际性论坛，也是继 2012 年 7 月 12 日成功举办中国唯一的"色挂形象穷神变——中国古代壁画源流展"之后的又一盛举。这在一定程度上推动了中国古代壁画保护、研究、推广、展示等相关工作，对此，本馆上上下下可以问心无愧地说：我们努力了，尽心了！所有的付出得到了应有的回报，为此我们感到自豪。

中国古代壁画是中国文博界里一类重要却又遭到漠视的文物，也是既古老而又年轻的一个科研对象与课题。说它重要，是因为古代壁画是中国古代社会最为直观也是最为真实的历史再现，极大地弥补了文献的不足。它的存在系统而完整，几乎每个朝代都不存在缺项；同时还传承有序，具有十分鲜明的时代特征，是我们了解中国古代社会与历史不可或缺甚至是不可替代的宝贵文化遗产。但是业界出于认知、技术、经费、管理等方面的原因，或者在考古发掘中常常被忽视。好一些的会拍下照片，留下资料，部分内容会得以发表，大多则存为档案，很少为人所知、所用。而其本体在回填中惨遭毁灭是常有的事。另外，从先秦典籍开始，我们都会看到或繁或简的有关壁画的记述，显露出人们对壁画的重视。比如唐张彦远《历代名画记》，就用较多的篇幅记录下唐代两京的寺观壁画，所述作者中不乏阎立本、吴道子、尹琳、韩干、尉迟乙僧、李思训等著名画家。而卷四所言自轩辕至唐会昌年间凡 370 余名画家中，大多都从事过壁画的绘制工作。然而近代以来，除张大千、常书鸿等以临摹敦煌壁画著称之外，人们往往醉心于宋元明清的纸本之作，忽略了对壁画的研究，甚至出现壁画出于匠人，不值得过问的错误论调。1949 年以来，不要说很少有人去蒐集古代文献中的有关资料，甚至考古发掘后公布的壁画资料一度十分有限，研究专著更是寥若晨星。改革开放以后，国外研究者热心推动该项研究，其中，日本平山郁夫、美国巫鸿等专家热心推动相关交流，很大程度上影响了国内学界。而国内学界也开始系统整理已有发现，同时关注并推动大型壁画图册的出版，而如贺西林、李清泉著《中国墓室壁画史》一类有分量的学术专著也陆续问世，尽管深度又待提高，但势头较猛，令人欣喜。

与之相关的是壁画保护工作，这是比历史或美术史研究更为重要的壁画研究项目。20 世纪六七十年代，陕西关中唐墓壁画被大量揭取，仅保存在陕西历史博物馆内的就有 540 余块，近千平方米之多。但也引来很多批评，认为脱离了原址，影响了它存在的价值。经过数十年的实践证明，在原址无法保存的情况下，揭取不失为一个明智的选择，而只要再给一个恒定的环境，是可以延长壁画的寿命的。在对其进行有效的保护之后，它的合理利用具有广阔的前景，会对相关学科的研究起到重要推动作用，也有利于中外的文化交流，并且在不断的交流中，进一步提高修复水平与管理能力。尽管近十年来，保护工作有了长足的进步，不必讳言的是，真正能够独立从事壁画修复的人才，仍十分缺乏。而能够主持指导壁画修复的人才更是屈指可数。目前少数被揭取的墓葬壁画仍沉睡在库房之中，长期得不到及时处理。残存在地上建筑中的古代壁画，除如敦煌研究院、龟兹研究院等少数单位外，往往管理松弛，甚而任其自生自灭。更可怕的是，在基础建设和城镇化建设的过程中，壁画惨遭毁灭时有发生。这种状况，令人触目惊心，难以释怀。可喜的是，随着国家古代壁画保护研究培训中心在敦煌落脚，许多大学也纷纷设立文物保护专业，西安还出现了一所文物保护专修学院，为中国的壁画保护事业带来了希望。壁画保护需要有一批有志之士去开拓，去奋斗。我们是在和时间赛跑，抢救壁画，时不我待！

当年在陕西历史博物馆任馆长时，被唐代壁画所深深吸引，为之着迷，总想做一些力所能及的事。在全馆上下的共同努力下，唐墓壁画馆的筹建开始了，有关中日、中意合作保护课题实施了，有关的研究成果也陆续发表了。特别是在 2001 年 10 月 20—24 日，成功举办了"唐墓壁画国际学术会议"，有来自美国、英国、法国、意大利、丹麦、荷兰、日本、韩国、德国，以及中国大陆与台湾的学者，共 96 人济济一堂，展开了热烈的讨论与交流，取得了大家都满意的结果。会议闭幕时，大家有一个共同的愿望，希望这种会议能一届一届的办下去，让更多的研究者和实践者能从中受益。可惜的是，这一心愿落了空，只留下一段美好的回忆。

本次"曲江壁画论坛"的召开，可以说是对一个往昔承诺的弥补，也是一个难得的契机和转机。我衷心的祝愿这是一个良好的开端，并能每两年一次的举办下去。如果中间穿插一些实地考察则更好。总之，让壁画这一人类共同的宝贵财富，能更加长久地留在人间，展现在一切喜爱它的人们面前，给人以无限的享受和美好的启迪。

本论文集是一束鲜花，它饱含作者的智慧与期望。也是一个火种，是所有合作单位和合作人的一份发自内心的炽热的爱，期待去感召更多的人加入到保护壁画的队伍中来。

在本论文集的编辑过程中，林少萍、杨璐、梁宏、张楠、苏媛玲等均付出了辛勤的劳动。同时，文物出版社总编辑葛承雍先生、责编李睿副编审也提出许多很好的建议。在此一并表示诚挚的谢意。愿壁画长青，愿论坛兴旺！

（原载《色·物象·变与辩——首届"曲江壁画论坛"论文集》，文物出版社，2014 年）

《再获秋实：第二届曲江壁画论坛论文集》序

春华秋实，是中国自然经济的铁律，也是农耕文明的境界。有耕耘就会有希望，有播种就会有收获，这一铁律也适用于学术界。

中国古代壁画研究，近几年备受关注，相关成果也层出不穷。人们似乎已跳出敦煌、永乐宫、法海寺等少数热点课题的束缚，也摆脱了唐墓壁画的熊抱，开始在上下六千年的广阔时空中，勾勒出中国古代壁画传承体系的基本框架。

在这一学术背景下，西安曲江艺术博物馆于 2015 年 10 月 21—23 日如期召开了第二届"曲江壁画论坛"。有来自中国、意大利、乌兹别克斯坦、澳大利亚和日本等国的 60 余位专家学者出席了盛会，并提交了 40 余篇论文，在会议上展开了广泛而深入的交流。

再获秋实，自 2013 年 10 月举办首届"曲江壁画论坛"以来，经过两年的辛勤劳作，终于迎来了又一个丰收的节日。

今天，静下心来细细回味本次论坛，深感其具有以下重要特点。

首先，本次论坛坚持了草创时的初衷，即以 2012 年 7 月推出的"色挂形象穷神变——中国古代壁画源流展"的合作方作为基本力量，定期召开有关壁画的学术交流活动，于是首届"曲江壁画论坛"应运而生。

壁画源流展是一个引子，一个窗口。而以展览为媒介，搭建起一个共有的合作平台，从壁画保护修复和壁画史两个角度进行科学调查、实验与研讨，才是合作方的重头戏以及合作的主流方向。论坛研讨的深度，决定了今后展览的深度。本次论坛证明了合作的可行性与可靠性，为论坛日后的进步奠定了坚实的基础。

同时，论坛也吸引了相关的大专院校与独立研究机构，他们的加入又使论坛如虎添翼，形成大范围的良性互动。

其次，论坛的国际性得到了进一步的巩固和拓展。首届论坛得到了联合国教科文组织的关注，日本壁画研究者率先加入，作出了积极的贡献。而本次论坛又增加了意大利、澳大利亚、乌兹别克斯坦等国的专家与会，如意大利文化遗产保护与评估研究院的玛利亚教授和里米尼斯研究员，澳大利亚墨尔本大学的托尼亚教授，乌兹别克斯坦的撒尔马罕阿芙罗夏历史博物馆穆斯塔佛库洛夫馆长等，加上日本东京文化财研究所文化遗产国际协办中心冈田健主任、日本首席书画修复专家陆宗润先生，都是壁画研究领域成绩卓著的领军人物。他们的到来，为会议提供了具有很高价值的崭新见解，为今后的合作创造了条件。

而本次大会筹备期间，上海大学上合组织中亚学院牵线搭桥，首次推动中亚学者的加入。除了乌兹别克斯坦专家外，本来阿塞拜疆科学院建筑艺术研究院研究员加吉耶夫也报名参会，可惜从土耳其伊斯坦布尔机场转机时，因护照问题受阻无法按时来到西安，但他仍然提交了论文，间接参与了交流。正是由于上海大学的帮助，中亚学者的加入使论坛形成东起日本，中经中亚，西至意大利的丝路沿线国家的完整合作链条，使丝路沿线诸国自古以来的壁画发展史成为研究的重点。这一特色的出现为论坛带来动力与生命力。

值得注意的是，本次论坛结束后不久，在联合国教科文组织总干事博科娃推荐下，俄罗斯艾尔米塔什博物馆中亚与高加索部主任、壁画修复实验室主任卢湃沙，英国伦敦大学亚非学院毛铭教授共同造访本馆。他们在考察参观之后，对本馆工作深表赞赏，并承诺出席参与 2017 年 10 月举办的第三届"曲江壁画论坛"，介绍艾尔米塔什博物馆所藏中国古代壁画以及他们的壁画保护与修复的观念和方法。不难看出本次论坛展现出更加广泛而有成果的国际合作的美好前景。

再次，本次论坛表明，研究者现在更加强调现存地上寺观壁画保护的重要性。随着我国基本建设与城镇化建设的进程加强，对现存地上壁画的破坏屡见不鲜，如不及时加以抢救，后果堪忧。不论是壁画资料的搜集整理，还是濒危壁画的揭取保护，都迫在眉睫，势在必行。宝鸡文理学院李强教授关于凤翔民间壁画的调研报告，证明了这一工作的必要性与紧迫性。

本次论坛也突破了"古代"的局限，在保护、抢救明清现有壁画的同时，也强调了保护与抢救民国时期甚至中华人民共和国建国初期壁画的必要性与可行性。在中国许多非物质文化遗产丰厚的地区，意外逃过"文革"浩劫而幸存至今的地上壁画正在遭遇蚕食，一旦失去将无可挽回地出现一个时代的空档，不能因为时代较近而不闻不问。所以，不仅壁画研究的时限应下移，保护工作也急需跟上，否则这一批精品一旦失去必将追悔莫及。而澳大利亚墨尔本大学卡罗琳研究员关于墨尔本当代哈林壁画的研究，突出指明现代城市中当代壁画的艺术价值与保护的意义，与李强教授的研究遥相呼应，不谋而合。

最后，在壁画保护的新观念、新技术与新处理方式等方面，本次论坛也颇有创见。无论是冈田健先生主张的以现存图案与色彩为线索去追寻丢失的壁画记忆，并在推测研究的基础上以还原敦煌壁画的初始面貌；还是托尼亚教授提出的将艺术史、考古学和材料保护相结合的"三螺旋"方法；无论是陕西考古研究院成功实施的壁画墓葬整体搬迁方案，还是姚智泉副教授研发的壁画摹制推广技术，都为今后壁画的保护与研究工作提供了镜鉴。

对于本馆来说，有关馆藏清代凤翔九天玄女娘娘庙壁画和吐谷浑时期青海甘南地区棺木画的初步研究成果的发表，是一个建馆才三年的民办馆科研成果艰难而有意义的亮相。这也是论坛带给我们的第一份独立成果的收获。它将激励我们再接再厉，不断进步。

感恩论坛，祝福论坛，寄望论坛，期盼 2017 年金秋十月再相会！

（原载《再获秋实：第二届曲江壁画论坛论文集》，商务印书馆，2017 年）

《丝路回音：第三届曲江壁画论坛论文集》序

2016 年冬，漓江出版社推出《丝路译丛》系列丛书。该书以中亚考古成果为基础，揭示出一大批有关丝路历史文化的珍贵考古资料。其中撒马尔罕大使厅和片治肯特考古工地发现的古代壁画，轰动并掀起一股研究热潮，至今仍在持续发酵。于是在 2017 年 10 月 27—29 日由西安曲江艺术博物馆举办的第三届"曲江壁画论坛"上，有关这批壁画的研究成果成为重点。包括《丝路译丛》主要译者毛铭在内的中亚考古参与者出席了论坛，"丝路壁画"自然而然变成论坛的主题。这也是本论文集以"丝路回音"命名的原因。

丝路是一个遥远的话题。就其交流起源而言，汉武帝派遣张骞出使西域，名为"凿空西域"，实为官方认可之始。而中外交流的形成，起码在上古三代已露端倪。随着《山海经》的神秘面纱被撩开一角，突然发现人类早期交往的深度与广度令人咋舌。

丝路也是一个现实的话题。雄风再现的中国推出"一带一路"合作倡议，在世界上形成一股合作的清流。建设"人类命运共同体"，创造合作共赢的新模式，不仅在经济上成果显著，在文化上也呈现百花齐放的景象。其发展趋势如同古代一样一波三折，但已一发不可阻挡，终成燎原之势。

交互、抉择、创新，丝路历史上所表现出来的三大特征，在当今的壁画研究中，均得到了很好的体现。在相互交流的过程中，既保持了固有的特点，也在借鉴中有选择地吸纳对方的优点，并在自己文化的基础上加以改造与提升，进一步证明了合作的重要性。撒马尔罕大使厅的壁画，更是中亚文化与唐文化交流的一个结晶，一个样板。

围绕这一课题，俄国的卢湃沙、乌兹别克斯坦的哈基莫夫和玛丽娜列、阿塞拜疆的加吉耶夫、中国的毛铭都发表了具有较高学术价值的论文，为我们了解中亚古代壁画铺平了道路。

在本次论坛上，对各国壁画展开细致调研，做出考察报告的不在少数。

曾为希腊驻华外交官、现为北京大学希腊学研究中心主任的艾莲娜有关希腊克里特岛壁画的介绍，丰富了我们对欧洲早期壁画的认识，尤其加深了对米诺斯人信仰世界的理解。而李龙彬对于辽西汉唐壁画、郝建文关于河北蔚县寺观壁画、黄利平对于晚清广府壁画、李强关于陕西千阳五圣宫壁画、张佳对于陕西凤县天开寺壁画、汪正一和赵晓星关于敦煌莫高窟送子娘娘殿洞窟的一系列调研，都对我们了解现存中国古代壁画提供了重要的帮助。

涉及壁画艺术史方面的研究，依然是本次论坛的重点。

葛承雍是本论坛的常客，他总能从大家忽略的某个现象入手，以小见大，以点带面，揭示背后文化的真谛。本次他从"猎鹰"这一艺术形象切入，发掘出唐代胡汉社会风尚骄人的一面。而杨爱国关于北宋墓葬中孝义题材的研究、杜晓黎和康贵彬关于内蒙古塔尔梁五代壁画的审美特征、王先福等关于襄阳南朝画像砖的装饰艺术、张志攀关于唐墓壁画中的服饰和配饰、苏媛玲关于陕西凤翔九天玄女壁画与民间信仰、朱蕾和崔嵩关于阜新圣经寺中《生死轮回图》和《日月星辰运行图》的内涵、乔文征关于七盘舞艺术品位的分析，都颇有新意。此外，侯世新《丝绸之路与犍陀罗艺术的传播》一文，虽然涉及的是一个老课题，也是一个大课题，然而她通过对崛起于南亚西北部，又曾漫游于南欧、西亚、中亚、东亚的特有艺术，在不断融入不同文化的过程中，影响着不同国家与民族，呈现出既统一又有差异性的风格。所以值得予以肯定。

在本次论坛上，日本冈田健与中国敦煌程博合作，发表了《壁画临摹的意义》一文。在充分肯定"临摹"工作贡献的基础上，进一步追本溯源更深刻地认知本体，是一个重要的努力方向，极具参考价值。在相关论文上，李崇辉的"原生摹制法"研究也值得一读。而陈伟关于壁画在墓葬建筑系统中的地位的论述，显然进入了一个重要的议题，但有待进一步的深入与拓展或有意想不到的收获。

壁画保护技术的研究与应用，是论坛两大方向之一。本次论坛有关的论文提交得有些少，但十分精彩。

意大利玛利亚关于壁画贴金箔的分析技术的论述，十分专业而且精到。她提出的新方法因具有无创与非破坏性的特点，这样可以达到将采样损伤降至最低的效果。而意大利克里斯提雅诺和瓦伦蒂娜在诊断与修复《圣母玛利亚》（马耳他）后，以此为案例强调了综合学科研究法对于壁画修复前后都具有可行性与有效性。

此外，万洁和樊再轩关于策勒县达玛沟佛寺1号遗址出土壁画的保护和展陈的方法，以及武晓怡关于内蒙古呼和浩特市大召寺乃春庙壁画的保护，都十分值得借鉴与效仿。澳大利亚托尼亚与陕西省考古研究院王啸啸等人合作总结，是中外合作修复成功的典型案例，值得赞赏，并期待他们有新的成果问世。

作为全国壁画保护研究中心的敦煌研究院，承担着指导各地壁画保护与培养壁画修复人才的重任。2012年4月受甘肃省博物馆委托，敦煌研究院在兰州举办"全国馆藏壁画保护修复培训班"，针对甘肃武威天梯山石窟残存壁画，开展现场教学，取得了丰硕成果。任亚云以修复成果为例，做出总结报告，提供了一个足以借鉴与推广的优秀案例。

本次论坛时间虽短，却很有效，成为中外专家关注的热点。希望这一势头能维持下去，2019年10月再会。

（原载《丝路回音：第三届曲江壁画论坛论文集》，文物出版社，2020年）

20 世纪的中国秦汉史研究

秦汉时期是中国统一多民族中央集权制国家的奠基时期。魏晋以降，历代封建国家的各项制度基本以秦汉之制为基准而发展变化，其基本内涵和主要矛盾并无实质性改变。基于秦汉历史这一重要特点，秦汉史研究历来为史家所重视。20 世纪的秦汉史研究在充分吸收消化中国传统史学研究丰富养料的基础上，在马克思主义史学理论与近代实证史学方法论的指导下，历经了一个曲折发展的历史过程，既取得累累硕果，又留下种种遗憾，其间的经验教训值得我们总结深思。

一、1949 年前的秦汉史研究

19 世纪末 20 世纪初，中国史学研究经历了一个由危机到创新的剧烈转型期。特别是辛亥革命后，在民族主义、民权主义、民生主义与西方的进化论、实用主义以及唯物史观的影响下，学习西方，反思传统，寻求自强之路成为时代大潮。在这种大潮的冲击下，梁启超等人提出"史学革命"的口号，指出史学的任务是"探察人间全体之运动进行，即国民全部经历，及其相互之间的关系"，而不是像传统史学那样，只是"一人一家之谱牒"①。在这种思想的指导下，秦汉史研究的范围得到拓展，经济史、思想文化史、社会史、民族史、中外关系史等多样化的视角，取代了以往狭隘的为帝王将相撰写家谱式的枯燥单一的政治史研究。在研究方法上，以王国维为代表的一批杰出的史学家，在继承乾嘉学者"无征不信"的考据学优良传统的基础上，又吸收了近代西方的史学观念和方法，把地下文物与历史文献有机地结合起来，由史料的考订辨伪论定古代的制度文物，再由制度文物考察历史的发展变化，对古代社会各方面问题开展了卓有成效的探索，取得了一系列丰硕的成果，并创立了一个"实证史学"的学术流派。

五四运动的爆发，给中国带来了马克思主义。在马克思主义唯物史观的指导下，郭沫若、翦伯赞等马克思主义史学家，把古文字学、古器物学和古史研究紧密地结合起来，对许多重大史学问题进行了全新的探讨。五四运动的爆发，也给早期资产阶级史学带来了新的冲击。在这种潮流的影响下，以顾颉刚为代表的古史辨派，以"疑经"为题，对先秦至两汉史书上的有关记载进行清算。20 世纪前半叶的中国古史研究领域，

---

① 梁启超：《新史学》，《饮冰室合集·文集之九》，中华书局，1936 年。

不但出现了各具特色的史学流派，而且在具体的史学编纂学领域中，也开始打破传统的史书编纂体例，而代之以章节体、传记文学体，近现代自然科学研究的归纳法、分析法、综合法、比较法等先进的科学方法，已经开始进入史学研究领域，传统的简单罗列历史现象与史料的现象不复存在。由于秦汉史研究在中国古史研究中具有承上启下的特殊地位，使这一时期中国古史研究领域所呈现的各种特色在秦汉史研究中都有所体现。古史研究领域中的热点问题，多数成为秦汉史研究中的热点问题，甚至有相当一部分古史研究的热点问题就是以秦汉史研究为基点或范例的。

（一）基本史料的研究考证与实证主义学风的发展

秦汉时期是中国传统史学的奠基时期，期间史学撰著事业相当发达，今天可考知的秦汉史籍就有 200 部左右。可由于当时的造纸业尚不普及，印刷术也未产生，文献的传播主要靠口授笔录，困难重重，再加上西汉末年、东汉末年的社会大动乱，以及魏晋南北朝分裂纷争的战火劫掠，史籍大多散亡。传世之作仅有"前四史"（《史记》《汉书》《后汉书》《三国志》）、"两汉纪"（荀悦《汉纪》、袁宏《后汉纪》）、《三辅黄图》、《华阳国志》等寥寥可数的一小部分。由于这少数史籍大多为当代史，且多由私人撰述而成，一般都能避开官方的干扰较为客观地反映历史的本来面目，形成了司马迁直书、班固记实、范晔集美、陈寿质朴、袁宏简当的特点，千百年来成为史家研究秦汉史最基本的依据。又因秦汉时经史不分，相互错杂，自陆贾以评论秦亡、楚败、汉兴的原因为宗旨而作《新语》《楚汉春秋》之后，以史为鉴成为当时学者十分感兴趣的课题。无论是经注、子书，还是诗赋、文集，都涉及一些史事，成为后人研究秦汉史不可忽视的重要资料来源。

正是由于这一原因，20 世纪前半叶的史家，在研究秦汉史时又在很大程度上将乾嘉学者"无征不信"的考据学优良传统发扬光大，对有关的基本史料进行了深入的考辨、阐述与研究，并在此基础上对涉及秦汉社会各方面的问题进行了有益的探讨。有关这方面研究所出版的著作达 50 多种[①]，其中王先谦的《汉书补注》（1900 年刊印）集历代 67 家对《汉书》进行考订和注释的作品的要义，体大思精，是研究西汉历史和《汉书》最基本的文献。《后汉书集解》（1915 年刊印）在惠栋《后汉书补注》的基础上，综合清代数十家成说而成，颇有益于学者。1936—1937 年出版的《二十五史补编》中的"前四史"部分最具代表性，顾实的《汉书艺文志讲疏》（商务印书馆，1925 年）等最具学术性。这些成果不但为当时的秦汉史研究向深度、广度拓展奠定了坚实的基础，而且也是当代及今后深入研究秦汉史时与"前四史"同样不可或缺的重要史料。

---

① 据中国社会科学院历史研究所资料室编《七十六年史学书目》（中国社会科学出版社，1981 年）"秦汉史"部分统计。

此外，刘文典《淮南鸿烈集解》（商务印书馆，1924年）、黄晖《论衡校释》（长沙商务印书馆，1939年）、许维遹《吕氏春秋集释》（台湾清华大学，1935年），直到今天也都是我们研究秦汉思想文化史的重要参考资料。著作之外，同类史料与史事考据性的论文也占据20世纪上半叶秦汉史研究论文的大半以上。据张传玺等人编著的《1900—1980年战国秦汉史论文索引》（北京大学出版社，1983年），仅对《史记》进行考辨的文章就有罗根泽《从〈史记〉本书考〈史记〉本原》（《北平图书馆月刊》第4卷第4期，1930年）、刘师培《〈史记〉述〈尧典〉考》（《国粹学报》第5卷第12期，1909年）、瞿方梅《〈史记〉三家注补证》（《学衡》第40—45、55、57、58卷，1925—1926年）等100余篇。对《汉书》进行考辨的文章有杨树达《班固所据古史料考》（《大公报文学副刊》第229卷，1932年5月23日）等60余篇。对《后汉书》进行考辨的文章有刘盼遂《〈后汉书〉校笺》（《国学论丛》第2卷第1期，1929年）等10余篇。对《三国志》进行考辨的文章有郑天挺《〈三国志〉旧注之条例及今后治〈三国志〉之途径》（《天津益世报读书周刊》第65卷，1939年10月）等近30篇①。除涉及“前四史”之外，对其他秦汉史籍及经、子、文赋进行考辨的论文也为数不少。主要有郑鹤声《各家〈后汉书〉综述》（《史学与地学》第1卷，1926年12月）、余嘉锡《辨谢承〈后汉书〉传本之有无》（《经世日报读书周刊》第5卷，1946年9月）等有关诸家《后汉书》的论文近10篇。《吴越春秋》《楚汉春秋》《盐铁论》《三辅黄图》《西京杂记》《风俗通义》《急就篇》等一批涉及秦汉史事的传统典籍也进入史家考辨的视角。对《吕氏春秋》进行考辨的论文有缪钺《〈吕氏春秋〉撰著考》（《中国文化研究汇刊》第6卷，1947年）等近40篇，对《春秋繁露》进行考辨的有夏敬观《〈春秋繁露〉考逸》（《学海》第1卷第3期，1944年；第2卷第2期，1945年）等10余篇，对《淮南子》进行考辨的有刘盼遂《〈淮南子〉许注汉语疏》（《国学论丛》第1卷第1期，1927年）等10余篇，对《法言》进行考辨的有汪东《〈法言疏证〉别录》（《华学月刊》第1卷第1—8期，1923年、1924年）等10余篇，对《白虎通义》进行考辨的有孙诒让《〈白虎通义〉考》上、下（《国粹学报》第5卷第6期，1909年）等10余篇，对《新语》进行考辨的有胡适《陆贾〈新语〉考》（《北平图书馆月刊》第4卷第1期，1930年）等10余篇，对《新书》进行考辨的有刘师培《贾子〈春秋〉补释》（《国粹学报》第6卷第1—9期，1910年）等近10篇。赵万里《〈说苑〉校补》（《国学论丛》第1卷第4期，1926年）、罗根泽《〈新序〉〈说苑〉〈列女传〉不作于刘向考》（《图书馆学季刊》第2卷第3期，1929年）等对《说苑》《列女传》进行了考辨。刘光汉发表了《谶纬考》（《国粹学报》第1卷第6期，1905年）等文章，对汉代谶纬书籍产生的原因、内

---

① 据东北师大古籍整理研究所辞书编辑室编著《中国古籍整理研究论文索引》（江苏古籍出版社，1990年）“三国志”部分统计。

容、影响等进行了考论。

此外，许多学人还对《说文》《尔雅》，以及汉代人对《十三经》的注疏进行研究，并试图从中释读有关汉代礼制、社会生活方面的相关问题。其中值得一提的是，以顾颉刚为代表的古史辨派，从一个全新的角度对传统文献进行考辨，使学人冲破了对古书的迷信，剥去了罩在秦汉史上的一些神话的伪装，使秦汉历史的本来面目比较清晰地显露出来。这不但在顾颉刚个人的一系列论文，如《论康有为辨伪的成绩》（《史学年报》第 2 卷第 2 期，1935 年）中有所反映，更重要的是形成了一个以顾颉刚、钱玄同为代表的朴社，编辑出版了《古史辨》，带动了顾实《重订古今伪书考》（上海大东书局，1926 年）、张心澂《伪书通考》（商务印书馆，1939 年）等一大批辨伪专书和论文的出版。今天看来，被古史辨派判为伪书的一些古书并非伪书，某些做法有矫枉过正之处；但这毕竟为学人批判地继承以乾嘉学者为代表的中国古代学术遗产，开创史学研究的新局面作出了重要贡献。这由顾颉刚在此思想与研究基础上写成的两篇有关秦汉史研究的论文中最能得到说明。一篇是他于 1927 年写成的《秦汉统一之由来和战国人对于世界的想象》（《语历所周刊》第 1 卷第 1 期，1927 年）一文，从世界的范围入手，对秦汉史进行纵论横观，批判了传统史学那种以中原概全域，以汉族代中华，就中国谈中国的局限性，开阔了视域，为秦汉史研究的创新奠定了基础。而他的另一篇论文《五德终始说下的政治和历史》（《清华学报》，1929 年），又从微观入手，从宏观着眼，运用演进变化的观点分析历史传说，对神秘主义学说进行了深刻的揭示，展示出秦汉思想文化发展的过程，直到今天都堪称力作。

这一时期秦汉史研究的另一特色，是"两重证据法"指导下的文献与文物相结合的实证主义学风盛行。秦汉考古资料极为丰富，具有很高的史料价值。其中以载有文字的简牍、汉碑、秦石鼓文、瓦当、玺印、封泥资料与历史文献资料相互参证、相互发明、融会贯通，在 20 世纪上半叶的广泛出现和运用，为秦汉史研究开辟了新天地。以下对这些资料在秦汉史研究中的作用略作分述。

1. 汉简与秦汉史研究

早在西晋元康年间（291—299 年）至北宋政和年间（1111—1177 年），中国西北地区曾先后出土几批汉简。其中留传下来的简文，唯有北宋政和年间在陕西掘出东汉永初二年（108 年）的讨羌檄文，载南宋黄伯思的《东观余论》和赵颜卫的《云麓漫钞》。19 世纪末 20 世纪初以后，汉简开始大量出现，并被王国维、罗振玉、张凤、夏鼐、黄文弼、马衡、贺昌群、劳幹、翦伯赞、何兹全、李源澄等运用到秦汉史研究中。

1901 年，匈牙利人斯坦因开始进行疏勒河流域汉简的发掘、收集和整理工作。1906 年，他第二次到中亚考察，转年在敦煌以北的长城遗址中得到汉简近千枚，著录发表 705 枚，其中 100 多枚可以考证出确切的年代。这批汉代文书的影印件及其考释的研究报告，载于法国汉学家沙畹的《斯坦因东土耳其斯坦沙漠发现的汉文文书》一书中。王国维据此先后撰成了《简牍检署考》（上虞罗氏云窗丛刻，1914年）、《流沙坠简考证》（贞松堂，1918年）。此后，罗振玉、王国维二人联合撰成由《流沙坠简》1卷、《考释》3卷、《补遗》1卷、《附录》1卷、《图表》1卷，共3册组成的《流沙坠简》（永慕园丛书，1934年）。1913年至1915年，斯坦因第三次来到中国西北地区，再次于敦煌、酒泉两地发现竹简近200件，交由沙畹的高足马伯乐进行研究，当时在法国留学的中国学者张凤，从马伯乐处得到这次出土简牍的照片和出土地点的编号，连同沙畹书后所附的第二次出土简牍，经过考释，撰成《汉晋西陲木简汇编》初二编，1931年由有正书局出版。马伯乐把这些资料与其他文献资料相结合，于1932年在法国出版《关于汉代的某些物品》《汉代中国人的私生活》两书。同年，陈邦福撰成《汉魏木简义证》一书，容肇祖撰成《西陲木简中所记的田章》一文，发表于1932年6月出版的《岭南学报》第2卷第3期，陈直发表了《汉晋木简考略》（摹庐丛著本，1934年）一文。1926年，原北平中国学术协会与瑞典学者斯文赫定合作组成西北科学考察团赴西北考察。1927年，黄文弼在罗布泊的默得沙尔发现汉简71枚，出土地是居卢訾仓故址。据此，他写成了《释居庐訾仓（罗布淖尔汉简考释之一）》（《国学季刊》第5卷第2期，1936年），确定这批简的时间在公元前49年至公元8年，并在1948年出版的《罗布淖尔考古记》（中国西北科学考察团丛刊之一）中记录了此事。斯文赫定1899年曾在罗布泊北发现汉晋木简121枚，在他所写的《我的探险生涯》中记述了简牍的情况。德国人布姆莱·孔好古对这批简进行研究，写下《斯文赫定在楼兰所得的中国文书及其它发现》一书，评述了汉代行政、官制、刑法、军事、农业、产业、关税制度等情况。1930年至1931年，原中瑞西北科学考察团又在甘肃额济纳旗居延地区掘得1100余支居延汉简。1931年起，这批汉简由马衡、刘复、向达、贺昌群、余逊、劳幹等人释读整理。一批相关论文也开始发表，主要有傅振伦《西北近几年来考古学上两大重要发现》（《天山文化月刊》第1卷第3期，1934年）、劳幹《从汉简所见之边郡制度（附表）》（《历史语言研究所集刊》第8本第2分册，1939年）、劳幹《汉简中的河西经济生活》（《历史语言研究所集刊》第11本，1944年）、董作宾《汉简永元六年历谱考》（《现代学报》第1卷第1期，1947年）。由于抗日战争爆发，简牍照片原版被毁。劳幹根据照片副本继续研究，于1944年出版《居延汉简考释释文》4册、《考证》2册（"中央研究院"历史语言研究所，1944年），并发表了《〈居延汉简考证〉补正》（《历史语言研究所集刊》第14本，1948年）一文。1944年，由原中央博物院、北京大学文科研究所共同组成的前西北科学考察团，沿斯坦因走过的玉门关、阳关以及汉代边塞遗址作了再调查，又获简48枚。夏鼐经考释，撰《新获之敦煌汉简》（《历史语言研究所集刊》第19本，1948年）。此后，陈槃又发表了《居延汉"秋射""爰书"两简述证》（《中央日报》1947年9月29日）、《汉晋遗简偶述》（《历史语言研究所集刊》

第 16 本，1948 年）等一系列论文。翦伯赞的《中国史纲》第 2 卷《秦汉史》（重庆大呼出版公司，1946 年；上海大学出版公司，1947 年）、劳幹的《秦汉史》（中国文化服务社"青年文库"，1946 年）、李源澄的《秦汉史》（商务印书馆，1947 年），也都运用汉简资料进行研究。

2. 石刻与秦汉史研究

刻石之风兴起于先秦、西汉之间，极盛于东汉。从宋代开始就有学者依据石刻论秦汉史事。20 世纪初，皮锡瑞依据汉碑对经书、纬书进行考辨，于 1904 年出版《汉碑引经考证》《汉碑引纬考》两书。接着罗振玉又出版了《西陲石刻录》（上虞罗氏云窗丛刻，1911 年）、《石鼓文考释》（上虞罗氏，1916 年）。1925 年，吴兴刘氏希古楼又刊出了陆增祥《八琼室金石补正》，极大地推动了依石刻论秦汉史事的工作。此后，罗振玉等人对汉熹平石经进行了广泛的补考，吴维孝的《新出汉魏石经考》（文瑞楼书局，1927 年）、马衡的《石鼓为秦刻石经考》（1931 年自刊）、张国淦的《历代石经考》（哈佛燕京学社，1930 年）、郭沫若的《汉代石刻三种》（东京文求堂古代铭刻汇考四种本，1933 年）、《石鼓文研究》（商务印书馆，1937 年）、容庚的《古石刻零拾七种》（考古学社，1935 年）、《汉武梁祠画像考释录》（考古学社，1936 年）先后出版。与此同时，一批相关的论文也经发表，主要有罗君惕《秦刻十碣时代考释》（《考古社刊》第 1 卷第 3 期，1935 年）、马叙伦《石鼓文为秦文公时物考》（《北平图书馆馆刊》第 7 卷第 2 期，1933 年 4 月）、唐兰《石鼓文刻于秦灵公三年考》（《申报文史》第 1、2 卷，1947 年）、张政烺《猎碣考释》（《史学论丛》第 1 卷，1934 年）、郭沫若《诅楚文考释》（《中国建设》第 4 卷第 6 期，1947 年）、容庚《秦始皇刻石考》（《燕京学报》第 17 卷，1935 年）、马衡《汉司空袁敞碑跋》（《北大国学周刊》第 1 卷第 2 期，1925 年 10 月）、王利器《泰山汉武帝刻石文考》（《经世日报禹贡周刊》第 6 卷，1946 年）、贺昌群《三种汉画之发现》（《文学季刊》第 1 卷第 1 期，1934 年）、孙次舟《论南阳汉画像中的乐舞》（《历史与考古》第 3 卷，1937 年）、瞿益锴《汉代画像中之政治组织》（《华北编译馆馆刊》第 2 卷第 4 期，1943 年）等 100 余篇。汉碑的碑文虽多过誉不实之辞，但仍可以发掘出大量有用的资料，对研究当时社会政治生活诸问题多有补益。

3. 其他文物考古资料与秦汉史研究

秦汉考古资料除简牍、石刻之外，尚有封泥、印章、铁器、铜器、漆器、货币、明器及文化遗址等。从 20 世纪初期起已经进入了秦汉史研究者的视野。这方面的主要专书与论文有：罗振玉《秦汉瓦当文字》（上虞罗氏永慕园丛书，1914 年）、王国维《古礼器略说》（雪堂丛刻本，1915 年）、罗振玉《古镜图录》（上虞罗氏楚雨楼丛书初集本，1916 年）、周明泰《封泥考略》（大公报社，1916 年）、《续封泥考略》6 卷、《再续》4卷（北京华印书局，1928年）、吴幼潜《封泥汇编》（西泠印社，1931年）、罗福颐《印谱考》（墨缘堂，1933年）、刘家谟《汉印临存》（四川漱翠山房，1935年）、杨守敬《古泉薮》（邻苏园，1904年）、郑文焯《古玉图考补正》（艺海一勺本，1926年）、郑师许《漆器考》（上海中华书局，1936年）、容庚《汉代服御器考略》（《燕京学报》第3卷，1928年）、傅振伦《记新莽权衡》（《经世日报文献周刊》第5、6、8卷，1947年）、孙毓棠《秦汉的铜铸人像及其艺术史上的价值》（《天津益世报史学》第48卷，1937年）、杨宽《汉代的多层建筑》（《文物周刊》第43卷，1947年）等。这些论著对我们进一步了解秦汉的物质文化史及社会、经济史都起到了积极的作用。

（二）秦汉断代史研究专著的出现与研究领域的拓展

唯物史观与近代西方资产阶级史学理论在中国的传播，为20世纪前半叶的秦汉史研究注入活力。一方面，由于马克思主义科学地揭示了人类社会中各种因素之间的普遍联系，以及经济在社会结构和社会发展中的基础性地位和决定性作用，使学者可以从宏观角度对秦汉社会历史发展进行综合性研究；另一方面，从宏观角度探讨中国社会发展的专著与论文几乎涉及秦汉史研究的各个层面，使秦汉史在整个中国社会历史发展中的性质、地位、影响和作用等重大问题的研究成为可能。秦汉史研究的领域得到了极大的拓展，举凡秦汉政治、经济、文化、社会生活、民族关系、中外交往等方面，几乎都有专著与论文出版。

1. 秦汉断代史研究专著的出现

20世纪上半叶，以《秦汉史》为名的秦汉断代史著作主要有4部。

（1）翦伯赞《秦汉史》（重庆大呼出版公司，1946年）是中国最早用马克思主义理论剖析中国历史的代表作之一，也是20世纪中国第一部以历史唯物主义为指导的秦汉史专著。不仅对秦汉的政治、经济、军事、文化诸问题作了深入的探讨，同时十分重视各少数民族在秦汉时期的历史地位和作用，对旧史学中的大汉族主义历史观作了有力的批判。在史料运用上，除重点利用"前四史"外，又广泛开发《东观汉记》等诸佚史辑本和经、子、集部书中的资料，同时尽量利用出土的各种考古资料，开辟了秦汉史研究的新途径。由于作者着力于探寻历史表象下的社会发展规律，故而在全书结构体系的编排上，遵循了从社会经济及于政治性质、从社会关系及于意识形态的原则，力求对各方面进行详尽而精审的分析研究。此外，作者还将秦汉历史置于世界历史的发展轨迹中，从对比中说明秦汉时代中国在世界文明发展史上的地位，使全书显得视野开阔。也正由于该书是第一部在唯物史观指导下研究秦汉史的断代史著作，因而不可避免地存在一些不成熟之处，如该书对秦汉商业资本的作用作了较为夸大的估计，对刘邦、王充等的评价也因过分套用阶级分析法而失之偏颇，某些史实不准确等。

（2）劳幹《秦汉史》（中国文化服务社"青年文库"，1946年）对秦汉史籍和汉简有深入细致的研究，驾驭史料从容自如。该书用11章从秦的先祖简要叙述到蜀汉兴亡，重点突出，条理清楚。第12章专叙两汉的学术信仰及物质生活。书末附世系表和年号表。是一部通俗简要的秦汉史。全书特别重视民族疆域和政治制度问题的探讨，但对社会经济问题，尤其是经济与政治的关系问题较少探讨，因而显得深度不够。

（3）吕思勉《秦汉史》（开明书店，1947年）文献资料丰富，选材精审，叙事明晰，论辩周详，是一部较有特色的秦汉史著作。全书共20章，分两大部分。第一部分按时间顺序分12章，有条理地叙述秦汉至三国政治、军事和民族关系的发展演进，既钩稽史实，又有考证辨析和评论，创见迭出。第二部分用8章47节，分门别类地对秦汉时社会组织、社会等级、人民生计情况、实业、人民生活、政治制度、学术、宗教进行了深入探讨。由于没有利用文物考古资料，一定程度上影响了其质量。

（4）李源澄《秦汉史》（商务印书馆，1947年）由作者在浙江大学、四川大学讲授秦汉史的讲义改写而成。全书分二十三部分，前十五部分以帝王朝代系目，如"始皇二世""武帝"等。后八部分分类立目，如"政治思想""社会风尚"等。全书夹叙夹议，语体近于文言，不用考古材料，概念术语也多用传统内容，不太适合近代学风。

2. 研究领域的拓展

政治制度方面。曾资生《中国政治制度史》（重庆南方印书馆，1943年）、徐式圭《中国监察史略》（中华书局，1937年）、程幸超《中国地方行政制度史略》（中华书局，1948年）、程树德《中国法制史》（商务印书馆，1928年）、杨鸿烈《中国法律发达史》（商务印书馆，1930年）等通论性著作，对秦汉政治史都作了一定的述论，虽然论述有些粗糙，但便于从发展的角度分析秦汉政治，特别是秦汉政治制度在中国历史上的作用与地位。陶希圣、沈巨尘《秦汉政治制度》（商务印书馆，1936年）、曾资生《两汉文官制度》（重庆商务印书馆，1941年）、程树德《汉律考》（自刊，1919年）等专著，作民《秦代官制考》（《清华周刊》第38卷第12期，1932年）、马非百《秦之丞相制度及其人物》（《力行》第4卷第6期，1941年）、雷海宗《皇帝制度之成立》（《清华学报》第9卷第4期，1934年）、沈巨尘《秦汉的尚书台》（《文化建设》第2卷第1期，1935年）、曾謇《秦汉的乡官制度》（《北平华北日报史学周刊》第99卷，1936年7月16日）、许兴凯《秦汉市政官吏考》（《中央周刊》第9卷第33期，1947年8月）、马元材《西汉时代的吏治》（《河南政治月刊》第1卷第1期，1931年）、陶希圣《两汉的社会与政治》（《民族》第1卷第3—7期，1933年3—7月）、钱穆《汉初侯邑分布》（《齐鲁学报》第1期，1941年）、孔玉芳《西汉诏举考》（《中国文化研究汇刊》第2卷，1942年）、劳幹《论西汉的内朝与外朝》（《历史语言研究所集刊》第13本，1948年）、贺昌群《两汉政治制度论》（《社会科学季刊》第1卷第1期，1943年）、李源澄《尚书中书之起源及其升降》(《责善半月刊》第 1 卷第 17 期,1940 年)等专题论文 100 余篇,对秦汉政治制度的各方面几乎都有论述。

经济和财政方面。1927 年国共合作第一次大革命失败后,产生了由如何认识中国社会性质引发的社会史大论战。在论战中,一些接受马克思主义的学者认为,经济在社会结构和社会发展中起基础与决定性的作用,因而在中国掀起了一股研究经济史的热潮。一些专门研究经济史、财政史、田赋史、田制史、盐务史、商业史的经济类通史中,都不同程度地对秦汉的经济状况进行了论述。如马乘风《中国经济史》(商务印书馆,1937 年)、邓云特《中国救荒史》(商务印书馆,1937 年)等,而且出现了一批专以秦汉经济、财政等为研究对象的经济专史。如陶希圣的《两汉经济史》(商务印书馆,1931 年)、陈啸江的《两汉社会经济研究》(上海新生命书局,1936 年)、王恒的《汉代土地制度》(正中书局,1945 年)等。《中国经济》《食货》《中国社会经济史研究》等重要的经济期刊及其他学术刊物,也发表了大量有关秦汉社会经济研究的论文,其中主要有子刚的《西周及两汉之经济组织比较观》(《清华周刊》第 33 卷第 2 期,1930 年)、马乘风《从西周到隋初一千七百余年的经济转轨》(《食货》第 2 卷第 9 期,1935 年)、吕振羽《秦代经济研究》(《文史》第 1 卷第 3 期,1934 年)、马非百《秦汉经济史资料》(《食货》第 2 卷第 19 期,第 3 卷第 1—3、8、9 期,1935—1936 年)、谷霁光《战国秦汉间重农轻商之理论与实际》(《中国社会经济史研究集刊》第 7 卷第 1 期,1945 年)、石隐《周秦汉的商业经济及商人地位》(《经济论衡》第 2 卷第 3 期,1944 年)、瞿兑之《西汉物价考》(《燕京学报》第 5 卷,1929 年)、蒙文通《汉代之经济政策》(《说文月刊》第 4 卷,1944 年)、马元材《秦汉时代的租税制度》(《河南政治月刊》第 2 卷第 7 期,1932 年)等。

中国社会史大论战的又一重大影响,是使社会史作为历史学的一个分支在 20 世纪 20 年代末的中国出现,并在 30 年代至 40 年代一度辉煌。就秦汉史研究而言,吕思勉的《中国宗族制度小史》(中山书局,1929 年)、张亮采的《中国风俗史》(商务印书馆,1915 年)、陶希圣的《婚姻与家族》(商务印书馆,1934 年)、袁业裕的《中国古代氏姓制度研究》(商务印书馆,1936 年)、陈东原的《中国妇女生活史》(商务印书馆,1928 年)、瞿同祖的《中国法律与中国社会》(商务印书馆,1947 年)等著作都对秦汉时的相关社会问题进行了论述。还出现了一些专以秦汉社会为例证研究社会史的名著。如瞿宣颖《汉代风俗制度史前编》(北平广业书社,1928 年)、瞿兑之《汉代风俗制度考》(北平广业书社,1928 年)等。杨树达的《汉代婚丧礼俗考》(商务印书馆,1932 年)是此类专题的最佳考证专著,至今仍不失为中国社会史研究的名著。劳幹的《礼经制度与汉代宫室》(昆明,1940 年)也是一部不可多得的社会史专著。这一时期的社会史论文中,秦汉史方面在数量与质量上也占有明显的优势。代表性论文有:瞿兑之《两汉社会状况的鸟瞰》(《社会学界》第 3 卷,1929 年)、吕思勉《汉人訾产杂论》(《齐鲁学报》第 1 卷，1941 年)、侯外庐《汉代社会新论》(《大学》第 6 卷第 3、4 期，1947 年)、周志远《东汉时代的社会风气》(《河北月刊》第 5 卷第 4 期，1937 年)、陈衣凌《秦汉之豪族》(《现代史学》第 1 卷第 1 期，1933 年)、杨联升《东汉的豪族》(《清华学报》第 1 卷第 14 期，1936 年)、武仙卿《秦汉农民生活与农民暴动》(《中国经济》第 2 卷第 10 期，1934 年)、李源澄《两汉宾客盛衰考》(《学思》第 3 卷第 3 期，1943 年)、劳幹《两汉社祀的源流》(《历史语言研究所集刊》第 11 本，1944 年)、陈槃《战国秦汉间方士考论》(《历史语言研究所集刊》第 17 本，1948 年)等。

思想文化方面的主要论著有：冯友兰的《中国哲学史》(商务印书馆，1935 年)、皮锡瑞《经学历史》(商务印书馆，1929 年)、陈登原《中国文化史》(世界书局，1935 年)等都有关于秦汉思想文化史的概述。王国维《汉魏博士考》(上海明智大学，1916 年)、谢无量《王充哲学》(中华书局，1917 年)、郑鹤声《史汉研究》(商务印书馆，1930 年)等更是有关秦汉史研究的专题著作。这方面的主要论文有：陈钟凡《秦汉今文经师之方士化》(《国学丛刊》第 1 卷第 1 期，1923 年)、赵钟铎《黄老之研究》(《国学丛刊》第 3 卷第 1 期，1926 年)、冯友兰《秦汉历史哲学》(《哲学评论》第 6 卷第 2、3 期，1935 年)、胡适《汉初儒道之争》(《北大国学季刊》第 2 卷，1925 年)、刘光汉《谶纬考》(《国粹学报》第 1 卷第 6 期，1905 年)、杨玉如《东汉迷信之研究》(《史地丛刊》第 2 卷第 2 期，1923 年)、刘国钧《两汉时代道教概说》(《金陵学报》第 1 卷第 1 期，1931 年)等。

由于 19 世纪末与抗战时期民族危机的深重，20 世纪上半叶的民族史、边疆史地与中外关系史问题，在这一时期的秦汉史研究中反映较多。一方面，涉及秦汉时期的民族史、边疆史地与中外关系史纷纷问世，主要有顾颉刚、史念海《中国疆域沿革史》(长沙商务印书馆，1938 年)、向达《中西交通史》(中华书局，1930 年)等。另一方面，研究秦汉民族、史地、中外关系史的专门论著也时有刊出。主要有王国维《秦汉郡考》(上虞罗氏雪堂丛刻本，1915 年)、《古胡服考》(上虞罗氏雪堂丛刻本，1915 年)，马元材《自张骞至班超之丝路经营》(《河南政治月刊》第 211 卷，1941 年)，顾颉刚、童书业《汉代以前中国人的世界观念与域外交通的故事》(《禹贡》第 5 卷第 3、4 期，1936 年)，劳幹《秦汉帝国的领域及其边界》(《现代学报》第 1 卷第 4、5 期，1947 年)，钱穆《秦三十六郡考》(《清华周刊》第 37 卷第 9、10 期，1932 年)，冉昭德《汉上林苑宫观考》(《东方杂志》第 42 卷第 13 期，1946 年)，谭其骧《西汉地理考辨》(《禹贡》第 6 卷第 10 期，1937 年)等。

人物研究在这一时期也相当发达，主要论著有：杜呈祥《卫青、霍去病》(南京青年出版社，1946 年)、《张骞、苏武》(南京青年出版社，1946 年)、孙毓修《马援》(商务印书馆，1926 年)、胡哲敷《汉武帝》(中华书局，1935 年)、马元材《秦始皇帝传》(商务印书馆，1941 年)、钱穆《从秦始皇到汉武帝》(《思想与时代》第 27 卷，

1943 年）、陈登原《秦始皇评》（《金陵学报》第 1 卷第 2 期，1931 年）、常燕生《新撰李斯传》（《华文月刊》第 1 卷第 4 期，1942 年）、张荫麟《张衡别传》（《学衡》第 40 卷，1925 年）等。

综观这一时期的秦汉史研究，实证史学仍是主流，唯物史观与西方近代史学理论和方法论传入中国，虽然运用于中国秦汉史研究取得许多成果，但多数显得肤浅。这既为秦汉史研究的深入发展奠定了基础，又向研究者提出了向深度、广度进军的要求。

二、20 世纪 50—70 年代的秦汉史研究

1949 年之后，马克思主义在中国成为指导思想。学习马克思主义理论，自觉运用于中国古史研究蔚然成风。20 世纪 50 年代，史学界主要围绕中国古代史分期、封建土地所有制形式、农民战争及其历史作用、关于历史人物评价、中国资本主义萌芽等问题展开热烈的讨论。对秦汉史研究来说，中国古史分期问题的争鸣尤其引人注目，与该问题相联系，涉及商鞅变法的性质与作用、汉代生产水平的总估价、两汉官私奴婢的社会地位和历史作用、秦汉社会的主导生产关系、秦汉国家的政权性质、"重农抑商"政策的评价、秦汉社会的阶级矛盾和农民战争等一系列重大课题，都成为史学界广泛讨论的问题。在此期间，尚钺主编的《中国历史纲要》（人民出版社，1954 年）和范文澜主编的《中国通史简编》（人民出版社，1959 年）率先问世。至 20 世纪 60 年代初期，郭沫若主编的《中国史稿》（人民出版社，1976 年）和翦伯赞主编的《中国史纲要》（人民出版社，1979 年）、侯外庐主编的《中国思想通史》（人民出版社，1950 年）也以大学教材的形式相继出版。其中关于秦汉史的部分，都较为系统全面地总结了各自的观点。不仅如此，当时还涌现出一批富有特色的秦汉史专著。如早期秦汉经济史代表作之一，李剑农的《先秦两汉经济史稿》（生活·读书·新知三联书店 1957 年，中华书局 1962 年重版）。陈直《两汉经济史料论丛》（陕西人民出版社，1958 年）以考古资料为主，文献资料为辅，集中对西汉的屯戍制度、两汉手工业、两汉工人类别、盐铁及其他采矿业、关于两汉的徒、汉代内地与边郡物价等两汉的诸多经济问题进行了深入探讨，多发前人所未发，具有较高的学术价值。陈直《汉书新证》（天津人民出版社，1959 年初版，1979 年增订）系统利用居延和敦煌汉简、汉碑、秦汉铜器、漆器等古器物文字、秦汉印玺、封泥、瓦当等资料，在考订之作中，独树一帜。漆侠的《秦汉农民战争史》（生活·读书·新知三联书店，1962 年）是 20 世纪 50 年代秦汉农民战争史研究的总结性之作。上述诸书尽管或在理论运用上尚显幼稚、缺乏深度；或在史论结合上不够贴切，略显生硬；但是崭新的学术探索，严谨的治学精神，代表了当时秦汉史研究的水平。

从 20 世纪 50 年代末起，由于极"左"思潮开始抬头，以论代史、教条主义、简单化、绝对化、非历史主义倾向和轻视史料的倾向愈来愈重，正常的研究工作出现停滞甚至倒退。一些学者知难而进，试图挽回危局。如翦伯赞先后发表了《关于打破王朝体系问题》《对处理若干历史问题的初步意见》《目前史学研究中存在的几个问题》等系列文章，主张阶级观点与历史主义的统一，反对主观主义、虚无主义；主张史论结合，反对空谈理论而忽视史料积累的错误倾向。他还身体力行，在认真地以历史唯物主义基本原理作指导的前提下，熟读秦汉文献，精心搜集编撰了《秦汉考古资料汇编》，故在《中国史纲要》第 1 册"秦汉史"的写作中得心应手、精说迭出。然而，随着斗争的尖锐化，一场灾难无可挽回地降临了。"十年动乱"期间，历史研究被所谓"儒法斗争史"取代，成为"四人帮"篡党夺权的重要舆论工具。秦汉史因其特殊而重要的历史地位，又成为重灾区，秦汉史研究的队伍受到严重摧残，正常的研究进程被截断。

总观这一时期的秦汉史研究，可以说是前进中有曲折，曲折中有发展。据不完全统计，这一时期出版的秦汉史专著有 30 多种，论文近万篇，以下就其中一些重大问题的研究状况作一简要综述。

（一）社会性质问题的研究与讨论

由于古史分期学说的影响，这一时期秦汉社会性质问题研究出现了两次争论高潮。其中主张汉代是奴隶社会的魏晋封建论者认为：第一，两汉时期是以生产剩余价值为主的发展的奴隶制社会；第二，汉代虽然存在一定数量的租佃制和为数众多的自耕农业土地所有制，但不是起决定性作用的生产方式；第三，西汉"重农抑商"政策和武帝打击工商大贾的行动，是贵族奴隶主和商人奴隶主之间的斗争。持这种观点的代表性论著有：尚钺《中国历史纲要》（人民出版社，1954 年）、王思治等《关于两汉社会性质问题的探讨》（《历史研究》1955 年第 1 期）、《再论汉代是奴隶社会》（《历史研究》1956 年第 9 期）、何兹全《关于中国古代社会的几个问题》（《文史哲》1956 年第 8 期）、罗祖基《春秋战国的变革标志着奴隶制瓦解封建制确立吗？》（《学术月刊》1957 年第 5 期）、日知《我们在研究古代史中所存在的一些问题》（《历史研究》1956 年第 12 期）、童书业《略论战国秦汉社会的性质》（《新建设》1957 年第 8 期）、何兹全《汉魏之际封建说》（《历史研究》1979 年第 1 期）等。而战国、西周封建论者主张汉代是封建社会。他们认为：第一，汉代租佃制是十分普及并占有支配地位的生产方式和剥削方式；第二，汉代的主要劳动者是农民，而不是奴隶；第三，西汉社会的主要矛盾是农民阶级与地主阶级的对抗，而不是奴隶主与奴隶对抗；第四，汉代"重农抑商"政策是封建国家消灭奴隶制残余的一种措施。持这种观点的代表性论著主要有：郭沫若的《奴隶制时代》（人民出版社，1952 年）、翦伯赞《关于两汉的官私奴婢问题》（《历史研究》1954 年第 4 期）、杨伟立及魏君弟《汉代是奴隶社会还是封建社会？》

（《历史研究》1956 年第 2 期）、胡珠生《汉代奴隶制说的根本缺陷在那里？》（《历史研究》1957 年第 7 期）、张恒寿《试论两汉时代的社会性质》（《历史研究》1957 年第 9 期）、黄烈《释汉简中有关汉代社会性质诸例》（《历史研究》1957 年第 6 期）等。

（二）封建专制主义中央集权制度

封建专制主义中央集权制确立于秦汉，自然成为秦汉史研究的重要问题。其中关于封建专制主义中央集权制的经济基础，是土地国有制还是以自然经济为特征的个体小农经济的论争一直相持不下。贺昌群《论西汉的土地占有形态》（《历史研究》1955 年第 2 期）、李埏《论我国的"封建的土地国有制"》（《历史研究》1956 年第 8 期）等持前一种观点。张恒寿《关于中国封建土地所有制讨论中的若干问题》（《历史研究》1962 年第 2 期）等支持后一种观点。涉及秦汉封建专制主义中央集权制度研究的代表性论著还有：巩绍英《略论秦汉以来专制主义中央集权制度》（《历史教学》1965 年第 1、2 期）、周予同及汤志钧《博士制度和秦汉政治》（《新建设》1963 年第 1 期）、杨鸿年《汉魏中书》（《文史》第 2 集，1963 年）等。王毓铨《汉代"亭"与"乡""里"不同行政系统说》（《光明日报》1954 年 12 月 23 日）一文，对这一涉及秦汉基层行政组织机构的重要问题进行了细致考辨，指出乡里和亭是两个不同的行政系统，乡里是县以下的基层政权组织，亭则不主民事，主要负责治安和过往官吏的食宿，这个结论已为学界普遍接受，并为深入研究秦汉时期基层组织提供了必要的前提。张政烺《秦汉刑徒的考古资料》（《北京大学学报》1958 年第 3 期）、王毓铨《"民数"与汉代封建政权》（《中国史研究》1979 年第 3 期）、贺昌群《东汉更役戍役制度的废止》（《历史研究》1962 年第 5 期）等也对相关问题进行了深入研究。

（三）经济问题

由于马克思主义把经济视为人类社会发展的基础，学术界在马克思主义的指导下，对经济史进行了较为深入的研究。秦汉土地所有制形式问题，是秦汉经济史研究的热点问题之一。以侯外庐为代表的学者主张，秦汉虽存在着很多领主占有制和有一定的私有制，但土地国有制仍占主导地位。代表作有侯外庐的《中国封建社会土地所有制形式的问题》（《历史研究》1954 年第 1 期）、李埏《论我国的"封建的土地国有制"》（《历史研究》1956 年第 8 期）、贺昌群《汉唐间封建的土地国有制与均田》（上海人民出版社，1958 年）。张传玺等人认为，秦汉土地制度的主要形式是私有制。代表作有江泉《试论汉代的土地所有制形式》（《文史哲》1957 年第 9 期）、张传玺《两汉地主土地所有制的发展》（《北京大学学报》1961 年第 3 期）等。而另一些学者认为，秦汉时代土地国有、私有并存。代表作有朱绍侯《秦汉时代土地制度与生产关系》（《开封师范学院学报》1960 年第 1 期）、刘毓璜《论汉晋南朝的封建庄园制度》（《历史研究》1962

年第 3 期）等。农业是汉代的主要生产部门，农业生产水平是衡量汉代生产力水平的重要标准，因而有关汉代社会性质的论著都对汉代的农业生产问题作过不同程度的探讨。此外，较有代表性的论文还有：胡寄窗《汉代的农业经济循环论》（《江汉学报》1963 年第 4 期）、陈垣力《前汉时代的农业生产》（《农业学报》1956 年第 2 期）、戚其章《关于西汉农业中的收获量》（《光明日报》1957 年 2 月 3 日）、万国鼎《耦耕考》（《农史研究集刊》1959 年第 1 期）、宁可《汉代农业生产漫谈》（《光明日报》1979 年 4 月 10 日）等。安作璋《汉史初探》（学习生活出版社，1995 年）所收有关西汉农业经济和农民生活的 4 篇论文也值得一读。汉代手工业的研究，首推陈直《两汉经济史料论丛》一书。此外，孙毓棠《战国秦汉时代纺织业技术的进步》（《历史研究》1963 年第 3 期）一文对秦汉纺织技术业特点作了分析，白寿彝、王毓铨《说秦汉到明末官手工业和封建制度的关系》（《历史研究》1954 年第 6 期）一文对手工业与封建制的关系进行了探讨。童书业《战国秦汉时代的手工业与商业》（《文史哲》1958 年第 2 期）、李祖德《论西汉的货币改制》（《历史研究》1965 年第 3 期）等文章也都对相关问题作了有益的探讨。

（四）阶级与阶级斗争

这一时期这方面的研究论著相对较多。翦伯赞《关于两汉的官私奴婢问题》（《历史研究》1954 年第 4 期）一文指出，奴隶从事农业生产不过是个别现象，工商业中的奴隶劳动也极不普遍，从事家务劳动才是汉代奴隶最常见的形式。奴隶是被作为消费的财产而不是作为一种生产的投资出现的。王思治等《关于两汉社会性质问题的探讨》认为汉代官私奴婢数量小、来源少，不是社会生产的主要参加者，不能擅自改变身份。童书业《中国古史分期问题的讨论》（《文史哲》1955 年第 1 期）一文认为汉代奴婢数量多、来源多，在生产中占主导地位，可虐杀。由此引发了关于"徒"的性质的争论。一些学者通过对文献和文物资料的对证，指出奴隶和"徒"有着本质的区别：前者是主人的私有财产，可以买卖甚至于被杀戮，不仅奴隶本人奴籍终身，而且其子孙世代为奴；后者则是罪犯，在刑满后可以通过大赦、徙边、赎罪等方式重新恢复庶民身份，为徒的官吏在除刑后也能恢复官职（参见黄烈《释汉简中有关汉代社会性质诸例》、陈直《两汉经济史料论丛》）。对"徒"身份的确认，是这一时期取得的值得称道的学术成果。束世澂《秦汉社会矛盾与阶级结构的分析》（《华东师范大学学报》1960 年第 1 期）、贺昌群《秦汉间个体小农的形成和发展》（《历史研究》1959 年第 12 期）、杨曾文《试论东汉时期的豪强地主》（《文史哲》1978 年第 3 期）、李庆世《关于秦汉的"苍头"问题》（《文史哲》1978 年第 2 期）、卢南乔《"闾左"辨疑》（《历史研究》1978 年第 11 期）等文章对秦汉社会各阶层及其关系进行了有益的探讨。

农民战争及其历史作用是这方面研究的另一重点。除漆侠《秦汉农民战争史》一书外，代表性的论文有：贺昌群《秦末农民起义的原因及其历史作用》(《历史研究》1961 年第 6 期)、《论黄巾农民起义的口号》(《历史研究》1959 年第 6 期)、李鼎芳《谈西汉末赤眉和绿林的起义》(《历史教学》1954 年第 11 期)、曾庸《汉碑中有关农民起义的一些材料》(《文物》1960 年第 8、9 期)、杨宽《论〈太平道〉——记我国第一部农民革命的理论著作》(《学术月刊》1959 年第 9 期)、刘汝霖《汉末魏晋流人考》(《历史教学》1951 年第 8 期)、万绳楠《太平道与五斗米道》(《历史教学》1964 年第 6 期) 等。

（五）思想文化研究

继战国百家争鸣之后，秦汉时期封建专制主义中央集权制的确立，使思想文化领域中逐渐形成文化专制主义。其影响又波及社会的各个领域，出现了许多引人注目的变化。这一领域的研究，当首推侯外庐等合著的《中国思想史》第 2 卷 (人民出版社，1950 年初版，1957 年再版)，以及其独著的《中国古代社会史论》、《中国封建社会史论》。在这些著作中，侯外庐将中国社会史和思想史的研究熔为一炉，本着历史与逻辑相统一的精神，对秦汉思想的内容、演进、特色等进行了系统的分析和论述。汤用彤《汉魏两晋南北朝佛教史》(中华书局，1955 年) 等也是这一领域的重要作品。在秦汉思想文化领域中争论最大的一个问题可能就是“焚书坑儒”。一种意见认为，焚书对文化虽曾造成损失，但起到了巩固专制主义集权制度的积极作用。代表作有翦伯赞《秦汉历史上的若干问题》(《历史学》创刊号，1979 年第 1 期)、何兹全《怎样评价秦始皇》(《新建设》1959 年第 4 期)、林甘泉《论秦始皇》(《历史研究》1978 年第 4 期)。另一种意见认为，焚书坑儒虽对统一思想、巩固政权有迫切的必要性，但手段毒、效果微、不良影响久远。代表作是史苏苑的《谈谈关于秦始皇的评价和翻案问题》(《郑州大学学报》1964 年第 2 期)。还有一种意见认为，焚书的出发点是对的，落脚点却大谬。代表作是刘泽华、王连升的《论秦始皇的是非功过》(《历史研究》1979 年第 2 期)。“罢黜百家，独尊儒术”，是秦汉政治思想上的大转折点，研究者甚多。林甘泉《从百家争鸣到独尊儒术》(《中国史研究》1979 年第 3 期) 一文，是一篇全面探讨儒家思想成为封建社会统治思想的全过程的重要论文。李民《试论董仲舒的自然观——哲学史笔记》(《新建设》1962 年第 12 期) 一文，认为董仲舒的自然观既有“有神论”的部分，也有“非神论”的部分。张岂之、杨超、李学勤《怎样理解董仲舒的自然观的实质》(《新建设》1963 年第 3 期) 认为董仲舒的思想是消极、保守的。而张恒寿《关于中国哲学史中唯物主义与阶级主义斗争的关系问题》(《中国哲学史问题讨论专辑》，科学出版社，1957 年) 一文，则认为董仲舒的哲学、政治思想在当时历史条件下是进步的。翦伯赞《秦汉历史上的若干问题》一文，对战国时期儒家和董仲舒的儒学作了比较。许抗生《略说黄老学派的产生和演变》(《文史哲》1979 年第 3 期) 对黄老思想作了探讨。杨荣国《桑弘羊的哲学思想》（《历史研究》1974 年第 1 期）、胡鉴美《从〈盐铁论〉看桑弘羊的财政思想》（《江汉学报》1963 年第 5 期），对桑弘羊的思想进行了探讨。侯外庐《论汉代思想的阶级性与总倾向》（《光明日报》1950 年 4 月 26 日）、任继愈《秦汉的统一与哲学思想的变革》（《历史研究》1977 年第 6 期）、《董仲舒的哲学思想与汉代今文经学》（《文史哲》1979 年第 5 期）、冯友兰《贾谊的哲学思想》（《北京大学学报》1963 年第 2 期）、喻松青《道教的起源和形成》（《历史研究》1963 年第 5 期）等也都是这方面的代表性论文。在史学史方面，白寿彝有关《司马迁与班固》问题的三篇文章（《人民日报》1956 年 1 月 22 日、《北京师范大学学报》1963 年第 4 期、《山西师范学院学报》1979 年第 3 期）对读者很有启发。冉昭德《班固与〈汉书〉》（《历史教学》1962 年第 4 期）、杨翼骧《裴松之和范晔》（《光明日报》1962 年 7 月 14 日）等也较有代表性。

（六）历史人物评价

评价秦汉历史人物的论著较多，李鼎芳《王莽》（上海人民出版社，1957 年）、张维华《论汉武帝》（上海人民出版社，1957 年）、季镇淮《司马迁》（上海人民出版社，1955 年）、杨宽《秦始皇》（上海人民出版社，1956 年）等都是这一时期有一定影响的人物传记。论文主要集中在一些政治人物的评价方面。对秦始皇的评价除杨宽《秦始皇》作了较全面的探讨外，林甘泉《论秦始皇》、何兹全《怎样评价秦始皇》、刘泽华和王连生《论秦始皇的是非功过》，认为秦始皇功大过亦大。金立人《评秦始皇》（《复旦学报》1979 年第 4 期）一文认为秦始皇过大于功。刘泽华、王连升《论刘邦》（《人民日报》1956 年 1 月 22 日）认为刘邦是一个从农民起义领袖转化成的帝王。安作璋《论吕后》（《山东师范学院学报》1962 年第 1 期）对吕后评价较高。邓经元《怎样正确评价吕后》（《历史研究》1979 年第 12 期）在揭穿"四人帮"美化吕后的政治阴谋后，按历史的本来面目客观评价吕后，认为她是一个应肯定的人物。项羽是秦汉史中又一位争议较大的人物，杨翼骧《为什么项羽是农民起义领袖》（《历史教学》1954 年第 5 期）认为项羽是农民起义领袖，并对其失败进行了分析。张传玺《项羽论》（《文史哲》1954 年第 10 期）认为项羽是旧贵族，其失败与其个人品格关系重大。施丁《韩信批判》（《学习与批判》1974 年第 11 期）、康立《论张良政治立场的转变》（《历史研究》1974 年第 1 期）、吴则虞《论贾谊》（《光明日报》1961 年 10 月 25 日）等也对相关的人物进行了评介。

（七）实证史学的继承与发展

在顾颉刚等一批著名学者的主持与参与下，《史记》《汉书》《后汉书》和《三国志》等前四史得到了颇为精到的校勘，并加注了新式标点，分别在 1959 年、1962 年、

1965年和1979年由中华书局出版，为中国史学的发展做了大量基础性的工作。而陈直为代表的一批史学家将文献资料与文物考古资料相结合，出版了《汉书新证》《两汉经济史料论丛》，将王国维开创的实证主义学风在继承的基础上进一步发扬光大，在秦汉基本史实的考证方面作出了不可磨灭的贡献，为秦汉史研究的深入发展奠定了良好的基础。这方面的代表性书籍还有：陈直《史记新证》（天津人民出版社，1979年）引用大量的考古资料与实物订补《史记》，独辟蹊径，多有精辟见解。杨树达《汉书窥管》（科学出版社，1955年）一书，是作者在深入研究《汉书补注》等历代各种《汉书》注释的基础上，反复考辨后，形成的对《汉书》文本进行分析、考辨的专著。郭沫若《〈盐铁论〉读本》（科学出版社，1957年）也是目前为止，对《盐铁论》这部汉代经济名著进行考辨的最好的读本。王明《太平经合校》（中华书局，1960年）一书，在对《太平经》各种版本进行绎读的基础上，钩稽各种文献，收集佚文，形成的有关这部探讨东汉时期早期道教的形成及其社会影响的专著的最好校本。徐复《秦会要订补》（上海群联出版社1955年，中华书局1959年再版）一书，在清孙楷编集的《秦会要》的基础上，钩稽群籍，逐条校正，并续有增补，便于读者翻检取资。论文方面主要有：陈直《谈谈秦汉史和秦汉考古的研究》（《中国史研究》1979年第3期）一文，积极倡导用考古材料考订文献记载，使二者相互参验，以求得信史，为秦汉史研究者指明了一条科学的道路。不仅如此，他还身体力行地写作了《长沙马王堆一号汉墓的若干问题考述》（《文物》1972年第9期）、《两汉陶器手工业》（《西北大学学报》1957年第3期）、《略论云梦秦简》（《西北大学学报》1977年第1期）、《〈居延汉简甲编〉释文校正》（《考古》1960年第4期）、《秦汉瓦当概述》（《文物》1963年第11期）等一系列相关的文章，得出了一些信而有征的结论。王仲殊《汉代物质文化略说》（《考古通讯》1956年第1期）、《汉长安城考古收获续记》（《考古通讯》1958年第4期）、黄展岳《汉长安城南郊礼制建筑的位置及其有关问题》（《考古》1960年第9期）、李学勤《战国时代的秦国铜器》（《文物参考资料》1957年第8期）、曾庸《汉代的铁制工具》（《文物》1959年第1期）、贺昌群《升斗辨》（《历史研究》1958年第6期）等利用考古资料对汉代的物质生活状况、城市规划和建设情况进行论述，解决了一大批利用文献资料无法解决的问题。云梦秦简的出土，带动了秦史研究的新高潮。唐赞功《从云梦秦简看秦代社会的主要矛盾》（《历史研究》1977年第5期）、吴荣曾《论秦律的阶级本质》（《历史研究》1977年第5期）、《从秦简看秦国商品货币关系发展状况》（《文物》1978年第5期），利用秦简对秦的阶级矛盾、秦律的本质及秦国的商品货币流通状况进行了考辨。中华书局所编《云梦秦简研究》（1981年）一书，汇集了秦简整理小组李学勤、裘锡圭、张政烺、于豪亮等九位成员，以及吴树平、高敏等人的论文，反映了当时秦简研究的最新成果。陈梦家《汉简所见居延边塞与防御组织》（《考古学报》1964年第1期）、黄烈《释汉简中有关汉代社会性质诸例》（《历史研究》1957年第6期）、陈梦家《汉简考述》(《考古学报》1963 年第 1 期)、于豪亮《〈居延汉简甲编〉补释》(《考古》1961 年第 8 期)、陈公柔和徐苹芳《大湾出土的西汉田卒簿籍》(《考古》1978 年第 1 期)、安志敏和陈公柔《长沙战国缯书及其有关问题》(《文物》1963 年第 9 期)、孙祚云《长沙战国时代楚墓出土帛画考》(《人文杂志》1960 年第 4 期)、钟肇鹏《黄老帛书的哲学思想》(《文物》1978 年第 2 期)、李学勤《战国题铭概述》(《文物》1959 年第 7—9 期)、吴荣曾《和林格尔汉墓壁画中反映的东汉社会生活》(《文物》1974 年第 1 期)、钟敬文《马王堆汉墓帛画的神话史意义》(《中华文史论丛》第 10 辑，1979 年) 等论文可以说从基本史料、史实的考订，到对秦汉社会物质生活、社会阶级结构、社会各阶级的关系，再到思想意识领域中的有关问题都进行了广泛而深入的探讨，构成了这一时期秦汉史研究领域中不可或缺的精彩篇章，使学人对秦汉社会有了更进一步的认识了解。

（八）其他方面的研究成果

秦汉时期，为巩固多民族封建国家的统一局面，加强各地区之间尤其是中央和地方，内地和边疆之间的联系，中央政府建立了一套较为严格完善的邮驿制度。但由于文献记载零散不足，给这一课题的研究带来很大困难。20 世纪以来，随着大量秦汉简牍、封泥和碑刻等考古材料的发现，陈梦家、陈直等都在此方面取得了重大成果。陈直在《汉晋过所通考》(《历史研究》1962 年第 6 期) 一文中认为，两汉传递文书，邮驿并称。按其实际，则步递为邮，马递为驿；邮与亭相近，故联称邮亭，驿则因设站长短分为驿、置两种，大者称驿，小者为置。陈梦家《汉简考述》(原载《考古学报》1963 年第 1 期；后收入陈梦家《汉简缀述》，中华书局，1980 年) 一文，根据居延汉简所见的邮书材料，列出了邮程和邮站表，对汉代的邮书记录、运行和管理进行了探讨，把汉代邮书课的内容归纳为邮书方面、邮书性质、封数及其装束、发文及收文者、邮站和传递者、邮站收发时刻、邮程及时限、传递方式和其他等 10 个方面，从而将汉代邮驿制度的研究从较为宽泛抽象的概论引入了更具体细致的深入探讨。冉昭德《汉代的大家、中家和小家》(《光明日报》1964 年 1 月 25 日)、《汉代人民的日常生活》(《西北大学学报》1957 年第 4 期) 二文运用文献与文物考古资料互补证的方法，对过去极少有人论述的汉代人的家庭生活状况和日常生活进行了细致的探讨，颇有新义。与之相似，秦汉时期自然环境的研究逐渐展开。文焕然《秦汉时代黄河中下游气候研究》(商务印书馆，1959 年) 一书，依据文献资料，着重探讨了秦汉时期黄河中下游地区的常年气候。尽管由于作者在当时的情况下还无法利用树木年轮和沉积物等自然现象资料，但这个研究方向还是相当科学的。1972 年竺可桢发表的《中国近五千年来气候变迁的初步研究》(《考古学报》1972 年第 1 期) 一文，又将这一研究推向前进。谭其骧《何以黄河在东汉以后会出现一个长期安流的局面》(《学术月刊》1962 年第

2 期）则从人文与自然的互动关系上，对黄河泛滥成灾和安流进行了有益的探索。少数民族史也进入了研究者的视野，翦伯赞《从西汉的和亲政策说到昭君出塞》（《光明日报》1961 年 2 月 5 日）、马长寿的《北狄与匈奴》（生活·读书·新知三联书店，1962 年）、《乌桓与鲜卑》（上海人民出版社，1962 年）等是这方面的代表作。

三、20 世纪 80 年代以来的秦汉史研究

20 世纪 80 年代以来，广大秦汉史研究者坚持史论结合的科学方法，坚持文献资料与考古资料相结合的研究途径，积极汲取自然科学研究的有益经验，有选择地借鉴外来的新研究方法，不断开拓新领域，使秦汉史研究呈现出繁荣局面。概述这一时期的秦汉史研究，大致有以下几个明显的特点。

第一，旧的重大课题新形势下，取得了较大进展。为了在宏观上实现突破，首先在微观上下功夫，成为秦汉史研究的突出特点。如由探讨封建专制主义中央集权制到对秦汉具体的典章制度进行大量的研究，尤其在官制、赋役制度、法律制度等方面取得重大进展。

第二，新的研究领域不断开拓。在过去 30 年中被忽视的家族史、生活史、宗教史、风俗史、文化史、区域史、人口地理史、社会史方面的研究课题，涌现出了一批有分量的专著论文。

第三，随着云梦秦简、马王堆帛书、江陵汉简、新居延汉简、武威汉简、杨家湾汉兵马俑、秦始皇帝陵兵马俑、放马滩秦简、尹湾汉简、秦始皇帝陵、汉景帝阳陵、徐州狮子山汉墓及徐州兵马俑、汉长安城遗址、西安西郊相家巷秦封泥、广州西汉南越王宫遗址等重大考古资料的公布，极大丰富了秦汉史的研究内容。

第四，中国秦汉史研究会的成立和《秦汉史研究会通讯》《秦汉史论丛》《秦汉史研究译文集》的出版，初步形成了一个有机的学术网络。每两年或三年一届的秦汉史研究会的举办，不但加强了会员之间，也加强了中国大陆与港台，以及日本、欧美秦汉史研究者的交流合作，使研究工作更加富有成效。

以下从八个方面对本期秦汉史研究的主要成果作一简要的介绍。

（一）宏观研究著作不断问世，扩展了秦汉史研究的视野

在长期微观研究积累的基础上，20 年来出版的秦汉史研究著作多达 300 余部。其中，林剑鸣《秦史稿》（上海人民出版社，1981 年）一书，按秦人早期历史、秦国和秦朝三个历史时段研究了秦发展、强盛和衰亡的过程，在秦人来源、秦的土地制度和秦文明特征等方面提出了一些富有启发性的观点。长期从事秦史研究的马非百用数十年的时间写成的《秦集史》（中华书局，1982 年），分纪、传、志、表四部分，分记秦人

物事迹、典章制度、郡县设置、风俗、教育、交聘、会盟等，是一部文献资料丰富的秦史资料集。王云度用编年体例撰写的《秦史编年》（陕西人民出版社，1986 年），按年代勾勒出秦的发展轨迹，便于读者翻检。安作璋、熊铁基《秦汉官制史稿》（齐鲁书社，1984、1985 年）一书，从秦汉中央和地方行政管理机构的设置、官爵、官员的设置、户籍、上计制度的变化等方面对秦汉的官制进行研究，颇多创获。钱剑夫《秦汉赋役制度考略》（湖北人民出版社，1984 年），是一部全面考察秦汉赋役制度的专著，对秦汉的土地税、人头税、商业税及其他杂税，以及秦汉更卒徭役、正卒徭役、戍卒徭役和复除制度作了较为全面的探讨。林剑鸣《秦汉史》（上海人民出版社，1989 年）不但在体例上吸收吕著秦汉史之长，对秦汉社会的历史演进轨迹进行细致探讨，而且运用简牍等考古文献资料对这一时期的社会生活和科学技术问题进行探讨分析，并专门撰写了对秦汉史研究的展望一节，指出秦汉史研究存在的困难和解决问题的方法。黄留珠《秦汉仕进制度》（西北大学出版社，1985 年）一书专论秦汉选拔官吏制度。有关秦制的上编是开创性探讨，而对于汉制则着力于说明该制产生的合理性、发展的必然性及其衰亡原因，较有新意。栗劲《秦律通论》（山东人民出版社，1983 年）一书，以出土云梦秦简法律文书为主要依据，系统阐述了先秦法家的基本理论和法律原则，全面论述了秦的法学理论和具体实践，并就秦简研究中的有关争论问题提出了独立的见解。王子今《秦汉区域文化研究》（四川人民出版社，1998 年）一书，上编论述秦汉时代各个文化区域的划分和文化风貌，中编分析秦汉文化共同体的形成及其与各区域文化的历史传统的关系，下编探讨秦汉时代区域文化政策及其影响。全书从平民的日常生活和基层社会运行中发掘文化特质，用动态的眼光把握秦汉统一文化与区域文化之间的关系，揭示了传统文化统一性与多样性共存的历史特征。是第一部关于秦汉区域文化研究的专著。朱大昀《中国农民战争史（秦汉卷）》（人民出版社，1990 年），朱绍侯《秦汉土地制度与阶级关系》（中州古籍出版社，1985 年），黄今言《秦汉赋役制度研究》（江西教育出版社，1988 年），上海社会科学院经济研究所经济思想史研究室《秦汉经济思想史》（中华书局，1989 年），林甘泉、童超《中国封建土地制度史》（中国社会科学出版社，1990 年），林剑鸣、余华青、周天游、黄留珠《秦汉社会文明》（西北大学出版社，1985 年），冷鹏飞《中国秦汉经济史》（人民出版社，1994 年），刘泽华《士人与社会》"秦汉魏晋南北朝卷"（天津人民出版社，1992 年），熊铁基《秦汉军事制度史》（广西人民出版社，1990 年），黄今言《秦汉军制史论》（江西人民出版社，1993 年），马长寿《氐与羌》（上海人民出版社，1984 年），林幹《匈奴通史》（人民出版社，1986 年），田继周《秦汉民族史》（四川民族出版社，1996 年），王子今《秦汉交通史稿》（中共中央党校出版社，1994 年），熊铁基《秦汉新道家论略稿》（上海人民出版社，1984 年），任继愈《中国哲学发展史（秦汉）》（人民出版社，1985 年），陈戍国《秦汉礼制研究》（湖南出版社，1993 年），熊铁基《秦汉文化志》（上海人民出版社，1998 年），高敏《云梦秦简初探》（河南人民出版社，1981 年），刘乐贤《睡虎地秦简日书研究》（台北文津出版社，1999 年），陈直《居延汉简研究》（天津古籍出版社，1986 年），陈梦家《汉简缀述》（中华书局，1981 年），彭卫《汉代婚姻形态》（三秦出版社，1988 年），葛剑雄《西汉人口地理》（人民出版社，1986 年），张传玺《秦汉问题研究》（北京大学出版社，1985 年），马新《两汉乡村社会史》（齐鲁书社，1997 年），林甘泉主编《中国经济通史·秦汉经济卷》（经济日报出版社，1999 年8 月），王学理《秦陵兵马俑》（中华书局，1981 年），袁仲一《秦始皇陵兵马俑研究》（文物出版社，1990 年）等著作，对秦汉社会进行了多方位的研究与探索。

（二）政治史研究仍是热点，具体制度与官制研究取得新进展

林剑鸣《秦史稿》与《秦汉史》、白寿彝《中国通史·秦汉卷》从总体上论述了秦汉政治制度的概貌及其在中国历史上产生的深远影响。林甘泉《论秦汉封建专制主义的经济基础》（《秦汉史论丛》第 2 辑，陕西人民出版社，1983 年）一文，认为专制主义中央集权制的经济基础是封建地主大土地所有制。庞卓恒《中西封建专制制度的比较研究》（《历史研究》1981 年第 2 期）、马克垚《罗马和汉代奴隶制比较研究》（《历史研究》1981 年第 3 期），从比较研究的角度对秦汉专制主义制度的基础进行了论述。安作璋、熊铁基《秦汉官制史稿》，对秦汉官制和有关官吏的选用、考课及其他各项制度作了探讨。臧云浦《秦汉职官制度的形成与影响》（《徐州师范学院学报》1981 年第 2 期）、郭人民《秦汉制度渊源初论》（《河南师范大学学报》1981 年第 4 期）、林剑鸣《秦代中央官制简论》（《西北大学学报》1983 年第 1 期）等文章对秦汉官职的渊源、特点和影响作了探讨。苏诚鉴《论西汉"中外朝"的形成及其作用》（《江淮论坛》1983 年第 4 期）、孙福喜《宫省制度与秦汉政治》（《西北大学学报》1997 年第 3 期）等对秦汉中央政府的行政运作方式进行了探讨。杨宽《论秦汉的分封制》（《中华文史论丛》1980 年第 1 期）、杨伟立《论汉初的分封制》（《社会科学研究》（四川）1985 年第 2 期）、李孔怀《汉初"郡国并行"政体刍议》（《复旦学报》1985 年第 2 期）、吴荣曾《西汉王国官制考实》（《北京大学学报》1990 年第 3 期）、王云度《秦汉时期独相制论纲》（《吉林大学学报》1997 年第 2 期）、尚志儒《秦相的设置及其相关问题》（《文博》1997 年第 2 期）、傅举有《汉代相国、丞相为两官》（《文史》第 26 辑）等对秦汉的相权王国与分封问题进行了探讨。张金龙《御史大夫职掌辨》（《北京大学学报》1985 年第 4 期）、魏向东《两汉谒者官制初探》（《苏州大学学报》1985 年第 2 期）、汤其领《太尉非秦官考辨》（《中国史研究》1996 年第 1 期）、王勇华《秦汉御史大夫的职能》（《首都师范大学学报》1995 年第 1 期）、黄留珠《秦客卿制度简论》（《史学集刊》1984 年第 3 期）、罗义俊《秦汉的御史官制》（《江汉论坛》1986 年第 12 期）等，对秦汉中央的其他官员进行了考论。选举制、地方官制与吏制研究是本期政治史研究中取得较

大进展的领域。黄留珠《秦汉仕进制度》是一部较系统、深入、具有填补空白作用的专著。安作璋《汉代的选官制度》(《山东师范学院学报》1981 年第 2 期)、李孔怀《汉代官吏的选拔和任用》(《文汇报》1980 年 8 月 15 日)、张兆凯《任子制新探》(《中国史研究》1996 年第 1 期)、全晰纲《秦汉时期的官吏任用法规》(《学术界》1994 年第 5 期)等论文对此也作了有益的探讨。云梦秦简、尹湾汉简的问世,进一步促进了秦汉地方官制的研究,这方面的代表作有傅举有《有关秦汉乡亭制度的几个问题》(《中国史研究》1985 年第 3 期)、高敏《秦汉"都亭"考略》(《学术研究》1985 年第 5 期)、余行迈《汉代县级官受的长吏释义辨析》(《苏州大学学报》1986 年第 3 期)、陈长琦《汉代郡政府行政职能考察》(《暨南学报》1993 年第 4 期)、韩国崔在容《西汉京畿制度的特征》(《历史研究》1996 年第 4 期)、张金光《秦乡官制度及乡、亭、里关系》(《历史研究》1997 年第 6 期)、谢桂华《尹湾汉墓简牍和西汉地方行政制度》(《文物》1997 年第 1 期)、周振鹤《西汉地方行政制度的典型实例》(《学术月刊》1997 年第 5 期)、吴大林和尹必兰《西汉东海郡各县、邑、侯国及乡官的设置》(《东南文化》1997 年第 4 期)、周振鹤《从汉代"部"的概念释县乡亭里制度》(《历史研究》1995 年第 5 期)等。这些文章对秦汉地方行政体制、职官等问题都作了较为深刻的探讨。史制研究是这一时期秦汉史研究中取得较大进展的又一个课题,这方面的代表作有全晰纲《秦汉乡官里吏考》(《山东师范大学学报》1995 年第 6 期)、张鹤泉《东汉故吏问题试探》(《吉林大学学报》1995 年第 5 期)、陈抗生《两汉的"酷吏"》(《史学月刊》1984 年第 6 期)、冯一下和胡大贵《汉代吏禄透视》(《文史杂志》1990 年第 2 期)等。而阎步克《秦政、汉政与文吏、儒生》(《历史研究》1986 年第 3 期)一文,把秦汉官僚体制的构成成分区分为文吏、儒生两个群体,探讨其差异及相互关系的演变,从而解释秦政与汉政间的差异,追寻中国古代知识分子的社会功能、自身特征及演进的线索。于振波《秦汉时期的"文法吏"》(《中国社会科学院研究生院学报》1999 年第 2 期)、林剑鸣《秦汉政治生活中的神秘主义》(《历史研究》1991 年第 4 期)、安作璋《汉代官吏的任用和考核制度》(《东岳论丛》1981 年第 3 期)、于振波《汉代官吏的考课时间与方式》(《北京大学学报》1994 年第 5 期)等论文,则从官吏考核任用等方面对秦汉的吏治进行了研究。

秦汉监察制度、爵制、外戚与豪族世家制的研究也取得较大进展。就监察制度而言,已发表的近 20 篇论文,对其内容、特点、效果、演变、实质等进行全面研究,使其轮廓脉络基本清楚。代表作有苏俊良《试论秦汉御史制度》(《北京大学学报》1994 年第 5 期)、陈长琦《汉代刺史制度的演变及特点》(《史学月刊》1987 年第 4 期)、余华青《论战国秦汉时代的廉政制度》(《西北大学学报》1991 年第 1 期)。秦汉爵制研究也取得新进展,代表性论文有:高敏《秦的赐爵制度变化的奥秘》(《光明日报》1983 年 5 月 25 日)等。外戚、豪强与皇权的矛盾,以及封建专制主义中央集权制的强弱变化，也是近 20 年来秦汉政治史研究中取得重大进展的一个课题。这方面的代表作有田余庆《汉魏之际的青徐豪霸问题》（《历史研究》1983 年第 3 期）、何兹全《东汉宦官和外戚的斗争》（《文史知识》1983 年第 4 期）、周天游《论东汉门阀形成的上层建筑诸因素》（《学术界》1989 年第 5 期）、卫广来《论西汉纳妃制度》（《山西大学学报》1990 年第 2 期）、刘修明《东汉外戚集团和皇权土地所有制》（《史林》1987 年第 1 期）、余华青《新发现的封泥资料与秦汉宦官制度研究》（《西北大学学报》1997 年第 1 期）、陈玉屏《西汉前期的政坛》（成都出版社，1996 年）、秦学颀《东汉前期的皇权与外戚》（《西南师范大学学报》1995 年第 1 期）、陈勇《董卓进京述论》（《中国史研究》1995 年第 4 期）等。由于兵马俑、汉阳陵、徐州兵马俑及秦汉简牍的大量出现，极大地推动了秦汉军制与法制的研究。其中军事方面，黄今言《秦汉军制史论》（江西人民出版社，1993 年）一书，运用文献与考古材料相结合的方法，从多角度、全方位系统地论述了秦汉军制的形成和演变。王学理《秦陵兵马俑》、袁仲一《秦始皇陵兵马俑研究》等从宏观到微观对秦汉的军事制度作了系统考论。于豪亮《秦简所反映的军事制度》（《云梦秦简研究》，中华书局，1981 年）、孙言诚《秦汉的徭役和兵役》（《中国史研究》1987年第 3 期）、黄今言《汉代期门羽林考释》（《历史研究》1996 年第 2 期）、高敏《东汉魏晋时期州郡兵制度的演变》（《历史研究》1996 年第 3 期）、胡宏起《两汉军费问题研究》（《中国史研究》1996 年第 4 期）等文也从不同侧面对秦汉的军事问题进行了讨论。法制方面，栗劲《秦律通论》（山东人民出版社，1983 年）一书，以新出土云梦秦简法律文书为依据，系统阐述了先秦法家的基本理论和法律原则，全面论述了秦的法学理论和具体实践。安作璋、陈乃华《秦汉官吏法研究》（齐鲁书社，1993 年）一书，依据秦汉简牍法律文书与文献，对秦汉法学理论与法制的政策与实践状况作了全面论述，有较高的学术价值。这方面的论文也有数百篇，其中代表性论文有：黄展岳《云梦秦律简论》（《考古学报》1980 年第 1 期）、刘海年《秦代法吏体系考略》（《学习与探索》1982年第 2 期）、钱大群《再谈隶臣妾与秦代的刑罚制度》（《法学研究》1985 年第 6 期）、于豪亮《西汉对法律的改革》（《中国史研究》1982 年第 2 期）、李学勤《〈奏谳书〉解说》（《文物》1993 年第 8 期）、张建国《西汉刑制改革新探》（《历史研究》1996 年第6 期）、李振红《西汉官吏立法研究》（《中国史研究》1992 年第 4 期）等。

秦汉时期阶级与阶级斗争问题研究继续深入。随着云梦秦简的出土，秦简中"隶臣妾"的性质，成为秦汉史研究中的热点问题。有学者认为"隶臣妾"是奴隶，有的认为是刑徒，还有人认为隶臣妾可分为奴隶、刑徒两类。代表性的论文有：吴树平《云梦秦简所反映的秦代社会阶级状况》、于豪亮《秦简中的奴隶》（《云梦秦简研究》）、林剑鸣《隶臣妾辨》、杨升南《云梦秦简中"隶臣妾"的身份和战国时秦国的社会性质》（《郑州大学学报》1987 年第 2 期）等。此外，有关苍头、闾左、黔首、敖童等是否是奴隶的问题，也有学者进行了深入考辨，主要论著有：林甘泉等《中国古代史分期讨论五十年》（上海人民出版社，1982 年）、王子今《"闾左"为"里佐"说》（《西北大学学报》1985 年第 1 期）、李解民《民和黔首》（《文史》第 23 辑）、辛德勇《闾左臆解》（《中国史研究》1996 年第 4 期）、黄留珠《秦简"敖童"解》（《历史研究》1997年第 5 期）。汉代的官私奴婢是否是奴隶，这一老问题的争论也有一些新进展。一些学者认为，汉代的奴婢不是一个阶级，而是一种职业概念。代表性论文有：林剑鸣《论汉代"奴婢"不是奴隶》（《学术月刊》1982 年第 3 期）、杨作龙《汉代奴婢户籍问题商榷》（《中国史研究》1985 年第 2 期）等。与此同时，一些学者对秦汉生产者的身份进行了考察。代表性论文有：何兹全《秦汉地主与魏晋南北朝地主的不同》（《北京师范大学学报》1984 年第 2 期）、徐扬杰《汉代雇佣劳动的几个问题》（《江汉论坛》1982年第 1 期）、孟明汉《关于西汉农业劳动者的身份问题》（《学术月刊》1984 年第 9 期）、冷鹏飞《论西汉后期流民问题的社会动因》（《湖南师范大学学报》1993 年第 3 期）、安作璋和逄振镐《秦汉封建地主阶级构成的演变》（《山东师范大学学报》1985 年第2 期）、林剑鸣《秦王朝统一后的社会各阶级》（《社会科学战线》1989 年第 2 期）等。最后，农民战争也是秦汉政治史研究中取得成果较多的一个方面。代表性论著有：朱大昀《中国农民战争史（秦汉卷）》（人民出版社，1990 年）、彭年《秦末、西汉农民战争的特征》（《社会科学研究》1982 年第 4 期）、田余庆《说张楚》（《历史研究》1989年第 2 期）等。秦汉政治史研究方面的其他代表性论文还有：吉书时《试论西汉的侠官》（《北京师范大学学报》1995 年第 5 期）、陈勇《论光武帝"退功臣而进文吏"》（《历史研究》1995 年第 4 期）、高敏《试论西汉前期政治上的安定方针》（《史学月刊》1996 年第 6 期）、罗新《从萧曹为相看所谓"汉承秦制"》（《北京大学学报》1996 年第5 期）等。

（三）经济史研究出现新高潮

林甘泉主编的 80 万字的《中国经济通史·秦汉经济卷》（经济日报出版社，1999年），在吸收已有研究成果的基础上，对秦汉时期的自然环境、社会形态、土地所有制形式和经营方式、人口、农业、畜牧业、林业、渔业、手工业、商业、货币、赋税徭役、经济政策以及不同社会群体的经济地位及其生活消费、少数民族经济等领域进行了综合研究，提出了不少有深度的见解。关于土地所有制形式、赋税制、生产力水平以及各项具体经济政策的研究也取得较多成果。

土地制度和阶级关系研究，代表性论著有林甘泉《中国封建土地制度史》第 1 卷（中国社会科学出版社，1990 年）、赵俪生《中国土地制度史》（云南人民出版社，1997年）、朱绍侯《秦汉土地制度与阶级关系》（中州古籍出版社，1988 年）等力作。白寿彝主编的《中国通史》第 4 卷《中古时代·秦汉时期》，提出了秦汉是等级土地所有制的新论。赵俪生《试论两汉的土地所有制和社会经济结构》（《文史哲》1982 年第 5 期）

一文，由分析两汉时期的自然经济和古典经济潮流入手，指出从战国到汉代，国家土地所有制、大土地私有制、小土地私有制，就在这两股经济潮流的交错中发生、发展、互相影响，形成一套完整的土地所有制形式与社会经济结构。云梦秦简的出土，秦的土地所有制问题成为争论的焦点。黄展岳《云梦秦律简论》认为，自商鞅变法至二世灭亡，秦国实行土地国有制。熊铁基、王瑞明《秦代封建土地所有制》（《云梦秦简研究》，中华书局，1981年）认为秦代以封建地主土地所有制为主。姚澄宇《论秦汉的土地所有制形式》（《南京师范学院学报》1980年第4期）也认为，自商鞅变法承认土地私有，允许买卖，到秦始皇"使黔首自实田"，使土地私有制在全国范围内确立起来。张金光《试论秦自商鞅变法后的土地制度》（《中国史研究》1983年第2期）则认为，秦存在着多种形式的土地所有制，但还没有对土地的完整的所有权。秦统一后，使黔首自实田，私有土地制才确立。关于汉代的封国食邑制度，过去一直认为是土地国有制的研究对象。谢忠良《两汉的食封制度》（《秦汉史论丛》第2辑）认为它是披着国有制外衣的私有土地制度。侯外庐《中国思想通史》（第2册）则认为封国食邑是由国有土地的"公田"中赏赐的，诸侯王、列侯只有占有权。柳春藩《秦汉封国食邑赐爵制》（辽宁人民出版社，1984年）在对封国食邑制度进行全面考察后提出了疑异。认为诸侯王和列侯所食的租税，不是基于土地所有权向无地农民征收的地租，相反是向土地所有者征收的地税。因此，封建食邑制本身不属于土地所有制问题。逄振镐《试论秦汉土地制度的基本特点》（《中国史研究》1986年第3期）认为，秦汉土地制度的基本特点是土的变动性，亦即"田无常主，民无常居"。"田无常主"的原因是土地的自由买卖、土地兼并的不断进行，皇帝拥有最高土地所有权；"民无常居"反映了农民与土地的关系非常脆弱。李祖德、刘光华、赵俪生等对两汉的屯田问题进行了论述。

农业是秦汉时期的主要经济部门，农业问题的研究自然成了秦汉史研究的重点之一。这方面的代表性论文有：林甘泉《论秦汉封建国家的农业政策》（《第16届国际历史科学大会中国学者论文集》）、安作璋《从睡虎地秦墓竹简看秦代的农业经济》（《秦汉史论丛》第1辑，1981年），认为秦代农业经济是繁荣发展的，究其原因与秦代新兴地主阶级坚持重农政策分不开。吴荣曾《秦的官府手工业》（《云梦秦简研究》），对秦官府手工业作了全面的论述，认为秦从中央到地方都设工室管理手工业，按生产技能又可分将作、工官、铁官等独立的生产部门，工匠中有少数的自由身份者，其余都是缺乏自由身份的人，主要是刑徒。余华青《略论秦汉时期的园圃业》（《历史研究》1983年第3期）、《秦汉林业初探》（《西北大学学报》1983年第4期）、《秦汉边郡牧师苑的兴衰及其影响》（《人文杂志》1984年第1期）三篇文章，对这些与农业密切相关的生产部门作了比较深入的考察。杨荫楼《秦汉隋唐间我国水利事业的发展趋势与经济区域重心的转移》（《中国农史》1989年第2期）、陈文华《从出土文物看汉代农业生产技术》（《文物》1985年第8期）、李根蟠《对战国秦汉小农耕织结合程度的估计》（《中国社会经济史研究》1996 年第 4 期)、林甘泉《秦汉的自然经济与商品经济》(《中国经济史研究》1997 年第 1 期) 对秦汉的农业生产工具、技术、方式及其与其他部门的关系进行了深入的论述。此外，近年出版的蔡万进《秦国粮食经济研究》、樊志民《秦农业历史研究》两部著作也值得一读。

秦汉工商业经济相对也较为发达，蒋若是《秦汉钱币研究》(中华书局，1997 年) 与钱剑夫《秦汉货币史稿》两书，不仅仅叙述了秦汉币制及其演进过程，而且探讨了钱币铸造技术和主管机构、物价和物价管理、公私借贷及其有关立法、高利贷与货币资本，以及货币政策和货币思想诸方面的问题。宋治民《汉代的铜器铸造手工业》(《中国史研究》1985 年第 2 期)、宋超《战国秦汉时期抑工商思想变化初探》(《秦汉史论丛》第 3 辑)、孙忠家《秦官营手工业管理制度初探》(《沈阳师范学院学报》1988 年第 4 期)、钱剑夫《秦汉的产品检验和物价管理》(《中国史研究》1987 年第 2 期)、李祖德《试论秦汉的黄金货币》(《中国史研究》1997 年第 1 期)、张兆凯《两汉俸禄制度研究》(《中国社会经济史研究》1996 年第 1 期)、孙中家和王子今《秦汉时期的官营运输业》(《求是学刊》1996 年第 3 期)、张中秋《汉代工商贸易法律叙论》(《南京大学学报》1996 年第 4 期) 等文章也都对秦汉的工商业思想、政策、生产部门进行了论述。

（四）社会史研究的复兴与发展

自 20 世纪 80 年代中期以来，社会史研究领域不断扩展，研究水平日渐提升。林剑鸣、余华青、周天游、黄留珠《秦汉社会文明》一书，首次全面论述了秦汉社会文明的特征，并对其物质生产、生活和精神生活概貌，作了较有意义的探索。李学勤《东周与秦代文明》一书，以丰富的考古资料为主要研究对象，紧密结合文献，深入考察了东周列国及秦统一后的文明发展史，论述了该时代的基本历史面貌：在考古学上，由青铜时代向铁器时代的过渡；在经济上，是井田制的崩溃和奴隶制关系的衰落；在政治上，是以宗法为基础的分封制向中央集权的专制主义国家的过渡；在文化艺术上，则宣告百家争鸣的繁荣和结束。同时强调秦人的社会制度保留了野蛮的奴隶制，并不比东方六国先进。周天游的《中国古代复仇面面观》(陕西人民教育出版社，1993 年) 以秦汉为中心，对中国古代社会生活中的“复仇”进行了深入的论述。彭卫《汉代社会风尚研究》(三秦出版社，1998 年)，分七个专题考察了汉代的社会风尚、汉代人的精神世界和语言现象，得出了一些令人信服的结论。马新的《两汉乡村社会史》(齐鲁书社，1997 年) 一书，从生态环境、土地所有制类型及其变迁、农业经营方式、乡村工商业、乡村各阶层分析、农民与政府的关系及其历史命运，到乡里村落、里社宗族、婚姻家庭、民间信仰、神祇崇拜、巫术禁忌、民谣民谚、乡村风情等方面，较为全面深入地剖析了两汉乡村社会的内部结构，全景式地展现了那个时代乡村生产生活的风貌。此外一些相关的论文集也有关于秦汉社会史的精到专论。

宗族、家族、家庭问题，是社会史研究的重要组成部分。秦汉社会史研究在这方面取得了一系列重要成果，主要有：周天游就门阀形成于东汉的问题，连续发表的《论东汉门阀形成的标志》（《西北大学学报》1989年第3期）、《论东汉门阀形成的经济因素》（《史林》1989年增刊）、《东汉门阀形成的上层建筑诸因素》（《学术界》1989年第5期）三文，探讨了东汉宗族组织构成的特点、宗族内部、族人和国家法律的关系及宗族对社会的影响等。信立祥《论汉代的墓上祠堂及其画像》（《汉代画像石研究》，文物出版社，1987年）一文，论述了汉代墓祭祖先的墓上祠堂问题。黄金山《论汉代家庭的自然构成与等级构成》（《中国史研究》1987年第4期）、《汉代家庭成员的地位和义务》（《历史研究》1988年第2期）等文章则对秦汉家庭的形态、家庭成员的关系及家庭在社会的作用进行了深入探讨。

婚姻人口问题是秦汉社会史研究取得重大进展的又一领域。这方面的研究成果，除葛剑雄、彭卫的两部专著外，主要有彭卫《汉代婚律初探》（《西北大学学报》1985年第1期）、《从云梦秦简看战国秦代人口再生产类型》（《西北大学学报》1991年第2期）、寒萍《秦汉时代的成婚礼俗》（《宁夏大学学报》1995年第4期）、王扬《试论汉代妇女在婚姻生活中的自主地位》（《郑州大学学报》1997年第5期）等。

秦汉社会各阶层的地位与特点及影响，也是秦汉社会史研究中的一个热点。杨师群《东周秦汉私营工商阶层述论》（《社会科学战线》1997年第2期）一文，通过评述战国至两汉时期私营工商阶层沉浮的坎坷历程，探讨了私营工商阶层的社会作用及局限性。贺润坤《云梦秦简〈日书〉所反映的秦国社会阶层》（《江汉考古》1995年第5期）、刘修明等《秦汉历史变迁中的知识分子及其作用》（《学术月刊》1989年第7期）、《秦汉游侠的形成与演变》（《中国史研究》1985年第1期）、黄宛峰《东汉颍川、汝南、南阳士人与党议始末》（《中国史研究》1995年第4期）等文，则对秦汉的社会阶层划分，士人、游侠、党人等社会成员在秦汉的沉浮与作用进行了深入探讨。

秦汉社会史研究的又一特点，是开掘了许多新的社会史研究课题。如倪根金《秦汉环境保护初探》（《中国史研究》1996年第2期）、王子今《秦汉时期气候变迁的历史学考察》（《历史研究》1995年第2期）等文章，探讨了自然环境与秦汉社会的关系。王子今《西汉救荒运输略论》（《中国史研究》1993年第3期）认为，两汉政府在以农业为主体的经济条件下，重视组织高效的救荒运输以减缓灾荒对社会的破坏。在救荒运输作为国家实行社会管理的基本职能之一的另一方面，两汉社会的一些文化特征也体现出来了。彭卫《汉代"大丈夫"语汇考》（《人文杂志》1997年第5期）一文，考察了汉代"大丈夫"语辞的社会心理意义，认为这个语汇的流行，既是汉代社会雄风的体现，又是它的结果。宋超《汉匈战争对两汉社会心态的影响》（《史学理论研究》1997年第4期）一文认为，汉匈战争对两汉社会心态的影响主要围绕和亲及战争两个方面展开，在特定历史阶段中，"守和亲"或"言征伐"交替成为社会心态的主流，对汉匈战争进程及汉匈民族关系演变产生了重要影响。李学勤《睡虎地秦简〈日书〉与楚、秦社会》(《江汉考古》1985 年第 4 期)、李如森《从汉墓合葬习俗看汉代社会变化轨迹》(《史林》1996 年第 2 期)、《东汉墓葬及其反映的社会面貌》(《吉林大学学报》1996 年第 3 期)等,则利用考古资料对秦汉社会的社会面貌进行了探讨。此外,史建群《战国秦汉世风的区域性特征》(《中国史研究》1996 年第 2 期)、王子今《秦汉人的乡土意识》(《中共中央党校学报》1997 年第 1 期)、方诗铭《释 "张角李弘毒流汉季"》(《历史研究》1995 年第 2 期)、吴廷璆和郑彭年《佛教海上传入中国之研究》(《历史研究》1995 年第 2 期)等文章也都较有新意,值得一读。

(五)思想文化史研究继续活跃

这一领域虽然提出的新问题不多,但对传统课题的研究却不断深入。论著出版得也较多,除张舜徽《周秦道论发微》(中华书局,1982 年)、金春峰《汉代思想史》(广东教育出版社,1998 年)等著作外,熊铁基《秦汉新道家论略稿》(上海人民出版社,1984 年)、《中华文化通志·秦汉文化志》(上海人民出版社,1998 年)、李景明《中国儒学史(秦汉卷)》(广东教育出版社,1998 年)、吴树平《秦汉文献研究》(齐鲁书社,1988 年)、丁启阵《秦汉方言》(东方出版社,1991 年)、陈戌国《秦汉礼制研究》等也各具特色,值得一读。此外,由人民出版社 1994 年出版的《中国地域文化丛书》、秦俑博物馆编《秦文化论丛》8 册及黄留珠主编的《周秦汉唐文明》等论著,也对秦汉的各种文化形态进行了别具特色的论述。由于本领域的研究成果较多,难以概述。现分儒生与古代政治史研究、经学、宗教神学、人物思想、学术文化与教育、道家思想、区域文化、其他 8 个方面,分别对其主要成果与研究特色作一概述。

关于儒生与古代政治史的研究。刘修明《儒生与国运》(浙江人民出版社,1997 年)是一部通史体裁的专著,其中第 2 章属于秦汉史的范围。作者对秦汉历史转折中的儒生及其作用,党锢之祸和太学生等问题进行了深入探讨。葛承雍《儒生·儒臣·儒君》(陕西人民教育出版社,1995 年)一书则对秦汉儒生与政治的关系进行了探讨,颇多启发。张华松《秦代的博士与方士》(《孔子研究》1999 年第 1 期)、阎步克《秦政、汉政与文吏、儒生》、陈相生《秦汉之际的受命改制说与儒学独尊》(《齐鲁学刊》1997 年第 1 期)及众多有关 "焚书坑儒" 与 "独尊儒术" 的论文,也都对儒学、儒生与秦汉政治的关系从不同角度进行了论述探讨。

在经学史方面,成果较多。学人不但对汉代经学的演化和蜕变进行探讨,而且注意把经学的发展放到当时的政治思想文化背景中去加以研究。代表作有臧云浦《两汉经学的发展和影响》(《徐州师范学院学报》1984 年第 4 期)、金春峰《论汉代中期思想领域的变化》(《晋阳学刊》1985 年第 2 期)、卢仁龙《河间献王与汉代儒学》(《河北学刊》1990 年第 3 期)、汤其领《董仲舒首推阴阳解〈春秋〉与汉代经学神学化》(《华东师范大学学报》1990 年第 2 期）、田昌五《易学与秦汉思想文化形态的演变》（《求是学刊》1998 年第 5 期）、杨天宇《刘秀与经学》（《史学月刊》1997 年第 3 期）、金春峰《东汉末经学的衰落与党锢之祸》（《求索》1987 年第 3 期）等。

区域思想文化研究，是 20 世纪 90 年代形成并向纵深发展的一个领域，成果有王子今《秦汉区域文化研究》一书及一批高质量论文。主要有：张鹤泉《东汉关中地区文化发展的特征及影响》（《史学集刊》1995 年第 2 期）、张荣芳《两汉时期苍梧郡文化述论》（《秦汉史论集》，中山大学出版社，1995 年）、王健《两汉徐州经学探论》（《中国哲学与哲学史》1996 年第 9 期）、丁冠之、蔡德贵《试论秦汉齐学的内容》（《烟台大学学报》1996 年第 3 期）、冷鹏飞《"东南有天子气"释》（《学术研究》1997 年第 1 期）、周振鹤《从"九州异俗"到"六合同风"》（《中国文化研究》1997 年第 4 期）、李绪柏《两汉时期的巴蜀文化与岭南文化》（《学术研究》1997 年第 3 期）等。

由于考古新发现的不断涌现，使秦汉宗教神学研究硕果累累。代表性论著有：李晓东和黄晓芬《从〈日书〉看秦人鬼神观及秦文化特征》（《历史研究》1987 年第 4 期）、林剑鸣《秦汉政治生活中的神秘主义》（《历史研究》1991 年第 4 期）、吴小强《论秦人宗教信仰的层次性》（《简牍学报》第 14 期）、刘信芳《〈日书〉驱鬼术发微》（《文博》1996 年第 4 期）、黄留珠《试论秦始皇对祭祀制度的统一》（《人文杂志》1985 年第 2 期）、方诗铭《黄巾起义先驱与巫及原始道教的关系》（《历史研究》1993 年第 3 期）、饶宗颐《马王堆〈刑德〉乙本九宫图诸神释》（《江汉考古》1993 年第 1 期）、孙家洲《汉代"应验"谶言例释》（《中国哲学史》1997 年第 2 期）、刘乐贤《尹湾汉简〈行道吉凶〉初探》（《中国史研究》1997 年第 3 期）、汤其领《秦汉五德终始初探》（《史学月刊》1995 年第 1 期）、李零《战国秦汉方士流派考》（《传统文化与现代化》1995 年第 2 期）等。

道家思想研究是秦汉思想文化研究领域中一块虽经拓荒，但还缺乏深入研究的领地。主要论著有熊铁基《秦汉新道家》（上海人民出版社，2001 年）、李生龙《汉代"无为"思想简论》（《湖南师范大学学报》1987 年第 5 期）、于迎春《汉代道家思想的兴盛及其对文人的影响》（《齐鲁学刊》1996 年第 1 期）、蒲卫忠《论黄老思想对〈谷梁传〉的影响》（《中国社会科学院研究生院学报》1996 年第 2 期）、熊铁基《秦代的道家思潮》（《秦文化论丛》第 3 辑）等。其中熊铁基的《秦汉新道家》一书，是在作者1984 年出版的《秦汉新道家略论稿》的基础上形成的。全书分"历史篇"和"思想篇"两部分，从纵横两个方面对秦汉时期新道家思想的产生、发展，以及新道家的主要代表作和代表人物进行了全面、系统的论述，提出了许多新颖独到的见解。

人物思想研究是秦汉思想文化研究领域中的一个传统课题。20 世纪 80 年代以来，人物思想研究相对集中在董仲舒等主要思想家的思想研究上，成果也较为集中。代表性文章有：陈德安《董仲舒的人性四品论》（《中国哲学史研究》1987 年第 1 期）、林永光《简论董仲舒对儒学的齐学化》（《文史哲》1997年第5期）、李定生《董仲舒与黄老之学》（《复旦学报》1995年第1期）、王保顶《论董仲舒五德终始说的影响及终结》（《史学月刊》1996年第2期）、许殿才《董仲舒的"三统循环"说》（《史学史研究》1996年第3期）等。

由于近年来学术、文化史研究的兴盛，秦汉学术文化与教育的研究也趋向深化，代表性作品有：林剑鸣《从秦人价值观看秦文化的特点》（《历史研究》1987年第3期）、孙筱《孝的观念与汉代新的社会统治秩序》（《中国史研究》1990年第3期）、王云度《西汉前中期在中国学术史上的地位》（《徐州师范大学学报》1996年第2期）、刘良郡《两汉太学述论》（《江西师范大学学报》1996年第3期）、周桂钿《汉代公羊学传授考》（《史学史研究》1996年第2期）、李书有《秦汉：中国文化丧失多元性和独立性的转折点》（《探索与争鸣》1997年第11期）、李小树《论东汉道德教化网的形成》（《晋阳学刊》1997年第6期）、孙家洲和邬文玲《汉代士人"移风易俗"理论的构架及影响》（《中州学刊》1997年第4期）、胡青《试论汉代的家庭家族教育》（《秦汉史研究论丛》第6辑）、刘厚琴《汉代封建父权制思想研究》（《史学月刊》1995年第4期）等。

此外一些综述性论文与史学史研究论文，也是秦汉思想文化史研究中的重要成果。其中李泽厚的《秦汉思想简议》（《中国社会科学》1984年第2期）、林剑鸣的《秦汉政治生活中的神秘主义》、熊铁基的《秦汉时期的统治思想与思想统治》（《华中师范大学学报》1987年第2期）、李宗桂的《秦汉之际社会思潮简论》（《浙江学刊》1987年第6期）等文章，都具有从总体上把握秦汉社会思想的本质与特点。《史记》与《汉书》研究也在本阶段取得了丰硕成果。主要论文有：李泉《司马迁不是无神论者》（《中国哲学史研究》1987年第3期）、季镇淮《〈史记〉人物传记的思想性及其叙事特点》（《史学史研究》1987年第1期）、刘隆有《试论〈汉书〉的学术成就》（《天津师范大学学报》1987年第5期）、张子侠《班氏父子与〈史记〉的学术命运》（《史学史研究》1995年第4期）、施丁《论司马迁的"成一家之言"》（《中国史研究》1996年第1期）、陈其泰《司马迁对历史发展趋势的卓识》（《史学史研究》1996年第4期）、许殿才《〈汉书〉典雅优美的历史记述》（《史学史研究》1996年第1期）等。

（六）民族史、历史地理与中外关系史研究渐趋深化

这为从整体上把握秦汉社会状况奠定了良好的基础，这方面的主要论著有：马长寿《氐与羌》、林幹《匈奴通史》、王子今《秦汉交通史稿》。代表性论文有：朱振杰《"凿空"前西域同内地的联系》（《新疆社会科学》1986年第2期）、丘进《关于汉代丝绸国际贸易的几个问题》（《新疆社会科学》1987年第2期）、何天明《两汉皇朝解决北方民族事务的统治机构——"护乌桓校尉"》（《内蒙古师范大学学报》1987年第1期）、冼剑民《岭南地区的封建化过程》（《学术研究》1987年第4期）、辛土成《百越民族稻

作农业初探》(《社会科学战线》1998年第3期)、华林甫《论两汉时期中国地名学的奠基》(《中国史研究》1996年第2期)、陈益民《秦汉陵邑考》(《中国社会经济史研究》1996年第1期)、纪宗安《丝绸之路新北道网络及城镇考述》(《中国历史地理》第3辑)、高荣《东汉西安城的布局与结构》(《考古与文物》1997年第5期)、徐鸿修《秦汉时期两次大规模更改地名的比较》(《文史哲》1997年第2期)、段渝《论秦汉王朝对巴蜀的改造》(《中国史研究》1999年第1期)等。

(七)历史人物研究创新与重复性劳动并存

这一时期,秦汉时期历史人物研究评价长盛不衰,人物传记接连不断,文章很多,其中虽不乏力作,可由于研究主要集中在少数政治人物身上,故重复性劳动在所难免,值得我们引以为戒。如有关秦始皇的传记,从马非百的《秦始皇帝传》(江苏古籍出版社,1985年),到耿宝珍的《秦始皇》(晨光出版社,1998年),在不到20年时间内,据笔者粗略统计,就达23种之多。其中其名称虽不乏新意,而其实际内容又有几多创新?实在令人生疑。我们在收获20世纪秦汉史研究的丰硕成果时,是否应在充分吸收前人成果的基础上,推陈出新,尽可能地避免重复劳动呢?另外一些较为集中的人物传记有李惠民的《李斯》(中华书局,1981年)等李斯传记3种,任继愈《韩非》(中华书局,1982年)等有关韩非的传记3种,丁毅华《商鞅传》(重庆出版社,1999年)等有关商鞅的评传3种,安平秋《项羽》(中华书局,1981年)等有关项羽的评传4种,林剑鸣《吕不韦传》(人民出版社,1995年)等有关吕不韦的评传2种,孟祥才《王莽传》(天津人民出版社,1982年)等有关王莽的评传3种,肖黎《司马迁评传》等有关司马迁的评传5种。此外,中华书局的人物传记系列书系、三秦出版社的风云人物丛书、解放军出版社的中国历代智囊人物丛书、学苑出版社的开朝帝王全传书系、南京大学出版社的中国思想家评传丛书、重庆出版社的宰相列传丛书等也有多种有关刘邦、吕后、汉武帝、刘秀、董仲舒、桑弘羊等人物的传记出版。另外,尚有王云度的《刘安评传》(南京大学出版社,1997年)出版。人物传记之所以如此兴盛,一是因为人物传记拥有较广的读者面,二是各地为提高本地的知名度,纷纷打历史名人牌,三是传统史书有关人物传记的资料集中、典型、丰富,便于写作。当然,我们也要看到,与以往的人物传记书不同的是,近年来的人物传记已经开始着力借鉴西方传记史学的某些优点,注重从人物的心理情感与其所处的历史环境与文化氛围去解构人物,分析特定的社会因素与个人因素对人物所处社会的影响作用,使秦汉史研究出现了一些新色彩。

有关秦汉人物研究的论文主要有:林剑鸣《秦始皇的怨恨》(《人文杂志》1994年第3期)等评价秦始皇的论文70余篇,晁福林的《商鞅史事考》(《人文杂志》1994年第4期)等评价商鞅的论文60余篇,汝信《韩非评传》(《中国哲学史研究》1981年第1期)等评价韩非的论文190余篇,洪家义《论吕不韦》(《南京大学学报》1996年第 2 期）等研究吕不韦的论文 20 余篇，张诚《李斯新论》(《郑州大学学报》1991 年第 4 期）等研究李斯的论文 30 余篇，安志敏《论徐福和徐福传说》(《考古与文物》1997 年第 5 期）等研究徐福的论文近百篇，张传玺《项羽论评》(《秦汉问题研究》，北京大学出版社，1995 年）等评论项羽的论文 60 余篇，王云度《刘邦血亲析疑》(《中国史研究》1997 年第 4 期）等研究刘邦的论文 20 余篇，吴刚《论光武帝的人生观》(《史林》1997 年第 1 期）等有关刘秀研究的论文 100 余篇，王汉昌《应当怎样评价董仲舒》(《河北大学学报》1995 年第 1 期）等有关董仲舒评论的论文近 100 篇，等等。

（八）文献、文物考古资料的发掘整理与研究取得重大成就

就传统文献的整理、注释、翻译、研究而言，除了白寿彝《史记新论》(中华书局，1981 年）、陕西司马迁研究会主编的《史记汇校汇注汇评》(陕西人民教育出版社，1989 年）等数十部有关"前四史"研究、注释的专著外，学人们对其他文献也进行了卓有成效的整理研究，扩大了秦汉史研究的文献史料源泉。周天游《后汉纪校注》(天津古籍出版社，1987 年），集明清诸本之长，重新加注新式标点；又比较诸家《后汉书》的史事记载，详加考校，以定是非。《八家后汉书辑注》(上海古籍出版社，1986 年）在清人诸辑本的基础上，既增辑张莹《后汉南纪》，又补充较多他书佚文，使诸家后汉书佚文更完备地汇集起来，并作了大量考订工作，是研究东汉历史不可或缺的资料。《汉官六种》点校本（中华书局，1990 年）、吴树平《东观汉记校注》(中州古籍出版社，1987 年）、王利器《盐铁论校注》(天津古籍出版社，1983 年）、石声汉《氾胜之书汇释》(农业出版社，1980 年）、刘琳《华阳国志校注》(巴蜀书社，1984 年）、陈奇猷《吕氏春秋校释》(学林出版社，1984 年）、李解民《尉缭子译注》(河北人民出版社，1992 年）等文献的整理、注译出版，扩大了文献资料的范围，为秦汉史研究者提供了重要的参考文献。

20 世纪 80 年代以来，考古新发现似乎非常垂青秦汉史研究者。众多遗址、墓葬的发掘清理和资料的公布，使秦汉史研究取得诸多突破性研究成果。如秦俑、西安西郊相家巷秦封泥与睡虎地云梦秦简出土前，学者对秦的制度、文化常常是语焉不详。时至今日，不但由于对秦俑的研究形成了"秦俑学"，出版了数以百计的著作、报告、论文集，形成了一个秦文化的研究集体，而且发表了数以千计的各类文章，从而使秦文化的研究取得了长足进步。云梦秦简出土后，文物出版社也先后出版了《睡虎地秦墓竹简》(文物出版社，1990 年）等 4 个有关秦简的不同版本。中华书局 1981 年出版了《云梦秦简研究》、香港中文大学出版社 1982 年出版了饶宗颐、曾宪通的《云梦秦简〈日书〉研究》，台北文津出版社 1994 年出版了刘乐贤的《睡虎地秦简日书研究》等专著，数以百计的论文也先后发表。从而使学者对秦的徭役、土地、隶臣妾、赐爵、法律、户籍、官吏考核、官府手工业等制度，以及秦人的思想观念、禁忌习俗、秦国的

阶级关系和阶级斗争等问题,有了较为深入全面的认识。西安西郊相家巷秦封泥出土后,学者通过初步研究,对秦的官制、郡县制等制度也已有了许多新认识。相信随着科学发掘的秦封泥资料的公布,秦史研究会更上一层楼。又如随着《疏勒河流域出土汉简》(文物出版社,1984年)、《居延汉简甲乙编》(中华书局,1981年)、《马王堆汉墓帛书》(文物出版社,1980年)、《银雀山汉墓竹简》(文物出版社,1985年)、《敦煌汉简》(文物出版社,1988年)、《居延新简》(文物出版社,1992年)、《尹湾汉墓简牍》(中华书局,1997年),以及《文物》有关张家山汉简有关释文的发表,使秦汉简帛研究成为秦汉史研究的热点,不但出版了中国社会科学院简帛研究中心主编的《简帛研究》第1、2、3辑,李学勤《简帛佚籍与学术史》(台北时报文化出版公司,1994年)等一系列专著与专辑,还发表了数以千计的相关论文。再加上《云梦龙岗秦简》(科学出版社,1997年)、袁仲一《秦代陶文》(三秦出版社,1987年)、罗福颐《秦汉南北朝官印征存》(文物出版社,1987年)、徐锡台《周秦汉瓦当》(文物出版社,1988年)、俞伟超《先秦两汉考古学论集》(文物出版社,1985年)、信立祥等《汉代画像石综合研究》等专著及相关论文的出版发表,使以往由于文献阙如造成的秦汉史研究徘徊不前的状况,已经从根本上有所改变。当然,我们还必须指出,由于一些考古文物资料长期不予公布,一些考古文物资料的研究失之简或浅,使考古文物资料在秦汉史研究中的突破性作用还没有得到充分发挥,随着这方面研究的深入,秦汉史研究一定会更上一层楼。

回顾这一时期的秦汉史研究状况,我们有足够的理由为秦汉史研究的繁荣、昌盛而自豪,并坚信新的学术格局正在不断的探索中逐渐形成。同时,我们也注意到,学术研究的不平衡性依然存在,有影响的研究专著为数不多,全新的能反映20世纪秦汉史研究水准的秦汉史专著更是阙如,经济制度与经济史的研究相对冷落,人物评价与思想研究不乏陈陈相因之论,社会史研究的选题相对散乱,严格的学术规范尚待建立。

四、20世纪50年代以来的港台秦汉史研究

自1949年后,以劳干、马先醒等为代表的一批港台秦汉史研究专家,非常重视利用简牍研究秦汉的有关问题,并取得了丰硕的研究成果。传统史学理论与研究方法,在港台秦汉史研究中长期占据主导地位,并呈不断发展提高趋势。

第一,以《秦汉史》为名的5部断代史著作各具特色。虽有两部在大陆初版,但在台湾重版时都有修订,并多次再版,影响较大。这两部专著分别是:劳干《秦汉史》。劳干是20世纪整理研究汉简的首席大师。他的这部《秦汉史》在充分利用文献与简牍资料的基础上,特别重视民族疆域和政治制度问题,体现出了一种"经世致用"的精神。全书简单、明洁,笔法通俗清新。李源澄《秦汉史》,全书夹叙夹议,重议不重叙,类似一

部系统的秦汉史评论集。语体近文言，不用考古资料，概念术语多沿用传统名称。

在台湾出版的 3 部秦汉史分别是：钱穆《秦汉史》，大东图书公司 1957 年初版，此后不断再版。本书分 7 章，上起秦统一，下至王莽新朝，以学术文化为线索，考察分析秦汉史事，论事有详亦有略，结构不加推敲。由于历史观的限制，该书对人们活动的思想动机多有关注，而忽略了历史发展中更为根本的经济和阶级原因。姚秀彦《秦汉史》，三民书局 1974 年初版，后不断再版。该书共分 4 编 12 章。秦、西汉东汉各为一编，以时间为序，分段叙述政治举措与重大史事，翔实周密，又随时辟出专目，探讨胜衰成败原因，条分缕析，十分清晰。最后一编"秦汉制度"，分 4 章叙述职官、选举、周边民族、兵制、刑法、赋役、社会等级、经济、生活日用、学术思想、文学艺术、史学、科技等内容。全书除强调文化中心和重视重大背景外，也注意分析历史人物的个性和心理，比较真实全面地将秦汉社会的整体风貌体现了出来，虽有只引用传统文献，基本没有利用考古资料等不足，但堪称是一部高水平的学术著作。韩复智等编著《秦汉史》，台湾大学 1996 年初版。该书对文献和文物考古资料都做了应用，内容翔实，是一部代表近 20 年来港台秦汉研究成果与水平的力作。

第二，以劳干、马先醒为代表的部分学者，对秦汉简牍等考古资料进行了深入研究，并在此基础上撰写出了较有质量的著作，推动了秦汉史研究的深化。其中劳干在大陆研究居延汉简的基础上，1957 年在台湾出版了《居延汉简》图版六部，1960 年出版了对图版的考释内容。接着又在七八十年代出版了《劳干学术论文集甲编》《劳干学术论文集乙编》。这是劳干在长期研究汉简的基础上，结合历史文献所写的秦汉史论文的汇集，涉及政治、经济、军事、思想文化、社会生活等几乎秦汉史的各领域，创见纷出，具有较高的学术价值。此外，有影响的简牍专著有：马先醒《简牍论集》（简牍社刊，1977 年）、徐富昌《睡虎地秦简研究》（台北文史哲出版社，1993 年）、傅荣珂《睡虎地秦简刑律研究》（台北商鼎文化出版社，1992 年）、余宗发《云梦秦简中思想与制度钩摭》（台北文津出版社，1992 年），吴福助《睡虎地秦简论考》（台北文津出版社，1994 年）。而最新成果是廖伯源依据尹湾汉简写成的专著，《简牍与制度——尹湾汉墓简牍官文书考证》（台北文津出版社，1998 年）。另外，张金仪《汉镜所反映的神话传说与神仙思想》（台北故宫博物院，1981 年）、黄麟书《秦始皇长城考初稿》（香港珠海书院，1976 年）、曹树铭《秦玺考》（香港万有图书公司，1966 年）等书，也是利用考古资料研究秦汉史的重要著作。

第三，以钱穆为代表的史学"传统派"在深入研究文献的基础上，以学术文化为线索，通过整理研究传统史料，对秦汉史进行了细致入微的分析考察。如钱穆、施之勉、劳干、王叔岷等在《大陆杂志》《史语所集刊》等杂志上发表了数以百计的考证系列论文，对《史记》各篇都进行了疏证、考释、解释，使学人对《史记》所记史事、事例，甚至具体的语词都有了进一步认识了解，为秦汉史研究的深入提供了良好的动力。而施之勉更是从 1952 年起，在《大陆杂志》连续发表了 80 余篇论文，对《汉书》所述西汉史事进行了考证，对《汉书补注》进行了辨证。与此同时，他还在《大陆杂志》上连续发表了近 70 篇论文，以《后汉书集解证疑》为题，对后汉书所述史事、人名、地名进行了考证。施之勉的这项研究，为进一步认识了解两汉史事，进一步读懂两汉书，提供了极大的方便。这也就是港谷 20 世纪 80 年代以来出版的一些秦汉史研究论著，有的虽极少采用考古资料，但仍新意迭出、灼见纷呈的奥妙所在。

第四，社会、政治、思想文化的研究不断深入，研究方法新颖细密，成果丰硕。由于中国港台地区与欧美国家保持着较为紧密的文化关系，多数学者又有留学经历，故而欧美等国史学界在 20 世纪上半叶的许多新思想、方法都能较迅速地我国在港台学界传播开来，并与传统史学研究相结合，为港台史学研究注入了活力。就社会史研究而言，代表性的著作有：何浩天《汉画与汉代社会生活》（中华丛书编审委员会，1969 年）、刘伟民《中国古代奴婢制度史》（由殷代至两晋南北朝，香港龙门书店，1975 年）、周林根《中国古代礼教》（台湾省立海军学院）、何联奎《夕中国礼俗研究》（台北中华书局，1973 年）、胡朴安《中华全国风俗志》（台北启新书局，1968 年）、张末元《汉朝服装图样资料》（香港太平书店，1963 年）、谭宗义《汉代国内陆路交通考》（香港新亚研究所，1967 年）、劳干《中国的社会与文学》（台北文星书店，1964 年）、刘增贵《汉代婚姻制度》（台北华世出版社，1980 年）等，以及任卓宣《周秦间之社会史问题》（《大陆杂志》第 48 卷第 6 期，1974 年）、张其昀《秦代的社会》（《华学月刊》第 97 期，1980 年 1 月）、《西汉帝国的社会》（《华学月刊》第 108 期，1980 年 12 月）、徐复观《周秦汉政治社会之研究》（《明报》第 9 卷第 6 期，1974 年）、陶希圣《儒法关系之社会史的考察》（《中山学术文化》第 17 卷，1976 年）、施之勉《后汉"至孝"举》（《大陆杂志》第 28 卷第 1 期，1964 年）等近百篇论文。这些论著对秦汉史各方面几乎都有所涉及。

由于以钱穆为首的港台"传统派"史学家非常注重以学术文化为线索研究中国古代史，因而 20 世纪后半叶的港台学术思想文化史也显得相当繁荣。以研究特色而言，如果说以侯外庐为代表的大陆学者非常注重社会史与思想史结合，努力熔社会史与思想史于一炉，力求把握社会思潮发展的脉搏作为思想史研究的主线来开展研究，并取得了丰硕成果；那么以钱穆为代表的港台学者，则力求把学术史与思想史的研究相结合，努力熔学术史与思想史于一炉，力求探索思想发展的学术知识底蕴，也取得了丰硕的成果。这方面的代表作主要有：钱穆《中国思想史》（台北维新书局，1968 年）、徐复观《西汉思想史》（台北学生书局，1976 年）、张金仪《汉镜所反映的神话传说与神仙思想》、钱穆等《中国学术史论集（四册）》（台北中华文化事业发展委员会，1956 年）、王云五《两汉三国政治思想》（台北商务印书馆，1969 年）、张美煜《荀悦申鉴思想探究》（台湾师范大学国文研究所，1974 年）、刘绍辅《中国经济思想史》（台北中央书局，1960 年）、余精一《中国农业社会史论》（台北进学书局，1970 年）、黄锦《秦汉思想研究》（台北学海出版社，1979 年）、台湾省博物馆《秦汉工艺史》（1989 年）、余宗发《秦人出入各家思想分期初探》（台北学海出版社，1987 年）等。

由于受欧美各国学者醉心于社会制度史研究，以及传统派学者注重王朝政治演变史研究的影响，港台的政治制度史研究不断深入，代表性论著也时有出现。其中，严耕望《中国地方行政制度史》（台北"中研院"历史语言研究所，1961 年）上编第一、二册，将文献与文物考古资料融为一体，对秦汉地方行政制度进行了深入、细密的论证，可谓 20 世纪秦汉地方行政制度史研究的扛鼎之作。此外，周道济《汉唐宰相制度》（台北政治大学政治研究所，1964 年）、陈世材《两汉监察制度研究》（台北商务印书馆，1968 年）、芮和蒸《两汉御史制度》（台北政治大学政治研究所，1964 年）等专著，以及劳干《秦汉九卿考》（《大陆杂志》第 15 卷第 11 期，1957 年）、《与严归田教授论秦汉郡吏制度书》（《大陆杂志》第 28 卷第 4 期，1964 年）、《论两汉的内朝与外朝》（《史语所集刊》第 13 卷，1949 年）、《汉代的吏员与察举》（《考铨月刊》第 11 卷，1952 年）、《汉朝的县制》（《中研院院刊》第 1 卷，1954 年）、齐觉生《秦博士制度与廷议》（《大陆杂志》第 15 卷第 12 期，1957 年）、张其昀《秦帝国的政治》（《华学月刊》第 96 卷第 12 期，1979 年）、饶宗颐《新莽职官考》（《东方学报》第 1 卷第 1 期，1959 年）、杨树藩《两汉尚书制度研究》（《大陆杂志》第 23 卷第 3 期，1961 年）、廖伯源《汉代爵位制度试释》（《新亚学报》第 12 卷，1977 年）等数百篇论文，对秦汉政治制度的内涵、演化等都进行了深入细密的考证论述，为秦汉史研究的深入建立了基本的框架。

综上可知，20 世纪后半叶港台从事秦汉史研究的人数虽少，但研究成果堪称丰富，是 20 世纪中国秦汉史研究的重要组成部分。港台秦汉史研究人员少而精，研究方法专而细，研究成果的学术性与知识性、通俗性相交融，既注重继承和发扬中国传统史学以文献考辨为基础的基本功训练，又注意吸取欧美史学研究的新理论、新方法，力求使秦汉史研究在保持其学术性的前提下，获得尽可能长久的生命力。从事秦汉史研究的学者，不以秦汉为局限，努力将秦汉史放到整个中国历史发展长河中，尽力使秦汉史融入当时世界历史的变局中去分析问题，寻求秦汉历史发展与整个人类历史发展过程中所体现出的共性与个性特征，这种努力使一些学者依据传统的秦汉史研究史料，获得了许多新的、相对客观公允的、具有持久生命力的结论，使传统史学"经世致用"的功能得到进一步体现，为 21 世纪的秦汉史研究提供了可供借鉴的经验。

五、21 世纪秦汉史研究展望

（一）20 世纪中国秦汉史研究存在的问题与不足

研究领域过于狭窄，研究课题过于陈旧，研究方法和手段形成了固定的模式而不求进取，这是造成研究人员众多，但团结协作性的工作做得很少，有突破性的研究成果与优秀论著寥寥可数，低水平的重复劳动屡见不鲜的重要原因。表面上研究队伍不断壮大，成果连篇累牍，实际上专心深入研究者日少，研究成果鲜有人问津，读者圈越缩越小，影响力微乎其微，与时代的发展越来越不相适应。造成此种局面的原因是多方面的，但主要原因是，1949年以来，在科研体制方面沿用了苏联的体制，50多年来几乎一成不变，相当一批人的创造力被扼杀，史学著作也越来越模式化、学院化，史学的生命力越来越弱。秦汉史研究也越秦汉史化，把秦汉史放入中华民族的历史长河中，置于整个人类史的变局中去研究的人与论著越来越少。秦汉史研究者的知识结构也越来越专业化，低水平重复劳动大量存在。甚至就连秦汉史研究中，东汉史研究始终薄弱这个环节，也终20世纪不得解决。这从另一方面反映出了秦汉史研究领域的狭窄与突破性研究成果的缺乏。

一些学者缺乏必要的史学理论知识与素养，论著与研究课题缺乏必要的理论高度与合理的逻辑结构体系。这也是造成秦汉史研究徘徊不前，突破性研究成果缺乏的重要原因。中国传统史学虽然有自身的理论体系与研究方法，但在20世纪人类社会飞速发展的过程中，有些理论和方法就显得陈旧与落后了。故而一批老学者虽然学富五车，精于史料与史事的考订，但终其一生，很难拿出具有突破性的研究成果。1949年后，马克思主义史学理论在大陆得到了广泛而迅速的传播，一批马克思主义史学家运用唯物史观的基本理论与方法，结合秦汉社会历史发展的实际情况进行深入的研究，取得了一些突破性的研究成果。但随着"文革"的发生，马克思主义史学理论逐渐被歪曲，影射史学登峰造极。20世纪80年代以来，随着拨乱反正的进行，史学界形成了史学方法论研究和实践的高潮。一些学者在坚持和恢复马克思主义史学理论本来面目，坚持用马克思主义史学理论指导秦汉史研究的同时，把西方社会流行的控制论、系统论、信息论等自然科学的研究方法和历史计量法、比较研究法、结构研究法、社会学研究法、心态史学研究法、人口学研究法等社会科学的新研究方法运用到了研究实践中，给秦汉史研究领域吹进了一股清新的空气，开拓了秦汉史研究的新领域，带动了相关问题研究的深入展开。但一些人对摆正新引进的方法与马克思主义史学理论研究方法的位置缺乏应有的认识与基本素养，因而在实际研究工作中，忽略了马克思主义史学理论和方法对具体研究工作的指导作用，试图用西方的研究方法构成新的史学体系以求取而代之，但由于他们缺乏对新研究方法的深入了解和消化过程，结果逐渐走向另一个极端。或不顾客观的历史事实，一味刻意模仿，生搬硬套；或不求甚解，炫奇耀博，结果很难与突破性的研究成果有缘。

轻视打好坚实史料功底的作用，缺乏历史研究与考古田野发掘密切配合的必要机制，是影响与限制秦汉史取得突破性研究成果的又一重要因素。一些学者，特别是中青年学者，在市场经济大潮的冲击下，急功好利，轻视打好坚实史料功底的作用，可谓舍本逐末。虽然我们不能再走乾嘉考据学的老路，将毕生的主要精力都耗费到浩瀚的史料堆中去，而应该尽量利用现代化的手段，从烦琐落后的手工操作中解放出来，但不论史料处理手段如何先进，不系统全面掌握史料，不通过艰辛的分析、比较、鉴别的复杂过程，仅凭不甚坚实的知识功底，随意寻来的片段材料，而幻想取得突破性的研究成果是不可能的。秦汉的文献史料集中而有限，可文物考古资料却相当丰富。20 世纪的秦汉史研究充分说明：将文物考古资料与文献资料熔为一炉，使文物考古资料与文献资料互相印证，是秦汉史研究取得重大进展的必由之路。同时，20 世纪的秦汉史研究状况也告诉我们：由于文物考古工作与历史研究工作在机构设置方面缺乏有效的配合机制，相当一批文物考古工作者往往把自己发掘的资料据为己有，在自己没有充分研究前不容他人染指，使许多重要的考古发掘资料不能及时公布，无法充分运用于研究。甚至随着时间的流逝，一些资料或损坏，或流散，使秦汉史研究失去了许多能做出重大研究成果的良机。

（二）21 世纪秦汉史研究展望

以 20 世纪中国秦汉史研究成功的经验与失败的教训为背景，展望 21 世纪的秦汉史研究，我们认为，21 世纪秦汉史研究的课题将更新更广，研究的方法也将更多更现代化。20 世纪秦汉史研究的成功经验已经告诉我们，秦汉史研究之所以会在这一世纪取得一些突破性的进展和研究成果，就在于学者在继承前辈们遗产的基础上，进一步扩大了秦汉史的研究领域，开拓出了许多新课题；同样，20 世纪秦汉史研究的一些教训也告诉我们：这一时期的秦汉史研究之所以没有取得更多更好的成果，也主要是因为经过一定阶段的发展后，学人的研究领域与视域没有适时扩大，造成了一定阶段研究领域过于狭窄，研究课题过于陈旧，研究方法和手段相对落后。而随着 21 世纪人们的视野与思维方式的多样化，类似于夏商周断代工程研究中的多学科相结合的研究方法也会使秦汉史研究的领域更加广阔多样化。我们相信，21 世纪的秦汉史研究，将向着研究秦汉时期人与自然环境，人们具体的物质生产与生活状况，人与人之间更细微的关系，以及人们的精神信仰与自然及社会之间的更细微的关系等领域展开。而这些课题的开掘必然促使研究的方法更加多样化、现代化，研究者之间的协作交流更加紧密，因为只有这样才能达到预期的目的与效果。

指导秦汉史研究的理论将更新更成熟化。大量的考古新资料的发现，必将使秦汉史研究更上一层楼。随着各项基础理论研究工作的不断深化，21 世纪的史学理论也必将进一步得到深化。具体到秦汉史研究而言，传统史学理论也随着时代的发展而不断发展，成为从事秦汉史研究的学者所能真正消化运用的成熟理论。与此同时，随着信息业的不断发展，以及其他自然科学与人文科学的进步，可供秦汉史研究者应用的研究资料必将更新更多。先进的科技设备可使研究者从传统资料中提取出新的更加系统化的信息资料，使许多我们过去没有重视，或无法利用的资料，成为可供研究利用的新资料。而现代考古学的不断进步，必将会使大量的考古资料迅速公布，为研究者提供更多更新的资料，使王国维先生倡导的"两重证据法"进一步发挥出它的作用，开阔视野，启迪思路，丰富秦汉史研究的内容。不但要把中国秦汉时期的各种发展变化状况置于整个中国历史发展变化的长河中去，而且要把秦汉时期的中国置于当时整个世界范围内，作为世界的有机组成部分去认识、理解、描述、分析，生动准确地为人类描绘出秦汉时期的中国历史发展图卷，从而使秦汉史研究达到融知识性、学术性、通俗性于一体，有广泛的读者群与持久生命力的学科。

（原载《历史研究》2003 年第 2 期。与孙福喜合作）

中国社会史研究的新趋向
——"地域社会与传统中国"国际学术会议综述

地域社会史的研究是 20 世纪 80 年代以来的热点课题,并逐渐成为认识中国国情的一个重要突破口。为了系统考察这一历史课题,西北大学接受中国社会史学会的委托,于 1994 年 8 月 2—6 日在西安召开了中国社会史学会第五届年会暨"地域社会与传统中国"国际学术会议。此次会议得到了中国社会科学院、上海社会科学院、南开大学、山西大学、湖北大学、重庆师范学院、陕西历史博物馆、商务印书馆、天津人民出版社、浙江人民出版社、陕西人民教育出版社和青海人民出版社 12 个发起单位的资助和配合。来自全国 20 个省(自治区、直辖市)的大专院校、科研机构和新闻出版单位的 85 名代表,以及来自日本、英国、法国、韩国和中国香港地区的 16 名学者出席了会议,共提交论文 79 篇和《中国社会史文库》(第 1 辑)、《中国社会结构的演变》《中国地下社会》《简明中国移民史》《中国家族制度新探》《金色帝国耕耘人》《社会·性格·帝国命运》及《中国历史社会发展探奥》等社会史新著 10 余部。既展示了近两年来我国社会史研究的最新成果,又实现了与国外社会史界的正式"接轨",是一次富有特色和收获的学术会议。

探讨中国历代地域社会的政治结构、经济结构、文化结构、社会结构,以及风俗民情、宗教信仰的发展与演变,剖析不同特色的地域社会之间的差异、冲突和交融,不仅对深入了解传统中国的过去和现状,深化中国社会史研究颇有价值,而且对今天的改革开放,特别是对不发达地区的发展提供历史的镜鉴大有裨益。因此,本次大会的主题确定为"地域社会与传统中国"。与会中外学者围绕该主题,从地域社会史研究的理论、方法和意义,家族、宗族结构的地域特征与现状,地方民间信仰与宗教活动,人口结构与移民,社会问题与社会风俗,社会阶层与社区等多方面各抒己见,展开了热烈的讨论和争鸣,许多观点具有较高的学术价值,在研究方法上也进行了一些有益的尝试。现扼要介绍于下。

一、地域社会史研究的理论、方法和意义

在我国,有关地域社会的专题研究由来已久。然而把地域社会史作为社会史研究的一个分支,有针对性地开展系统全面的探索,还是近几年才引起重视的事。所以关

于地域社会史研究的理论、方法和意义的讨论尚处于发蒙阶段。本次会议所反映的成果，正是包括该方面的初步的努力，既发人深思，又有待实践的检验。

乔志强、行龙（山西大学历史系）的《近代华北农村社会变迁刍论——兼论地域社会史研究的理论与方法》一文，为地域社会史作了如下定义：地域社会史是以社会及其发展的相近性为依据而划定的一定地域的社会及其发展的历史。并以此为基点，提出了研究地域社会史的必要性，即：一，社会及其发展的历史在区域之间由于种种原因存在着相对的相异性，地域内则存在着相对的相近性，这是客观存在，因此按地域分别研究社会史是符合客观实际的；二，整体与局部是相对的，从地域局部来探讨，更能从地域的大小体系之间，从地域的相互之间深入研究其特色，有利于进一步作宏观、微观及比较研究，便于使这些研究沟通；三，冲破以行政管理区划以及用朝代断限来研究社会史的局限，以社会及其发展来确定社会史的研究空间范围和时限，可以拓展社会史的研究视角，有利于多角度、多层次地研究社会史；四，从实际应用而言，研究地域社会史不但可以科学地掌握本地域的社会史，便于在实际生活中应用它，而且有利于协调发展地域间的新的社会生活的建设，进而有利于整个社会发展的需要。

王玉波（中国社会科学院哲学研究所）《历史是时空运动过程的结合》一文，则致力于确定地域社会史研究的理论基础。他认为历史不仅是由时间运动构成的，也是由空间运动过程构成的；历史的向度不仅是纵向的，也是横向的。横向的空间运动既是历史主体活动的重要内容，也是历史前进的主要动因。甚至可以说，没有空间运动，就没有人，没有社会，没有社会发展。由此论点出发，他进而在《地域社会史研究浅议》一文中指出，地域社会史是从空间结构的角度再现人类历史。地域社会史研究可以更好地把握历史的立体结构，避免对错综复杂、多姿多彩历史的简单化认识，因而具有方法论、认识论的价值，它是深化中国社会史研究的一个重要途径。

如何划分地域？在总结美国、中国台湾地区和大陆学者研究成果的基础上，乔志强、行龙认为应注意三个问题。第一，地域社会史的区划应充分考虑地域内社会多种因素的整体性，寻求社会因素各方面有共同联系和特点的地域，作为地域研究范围。第二，要考虑研究对象的具体特征。如研究农村社会史，应考虑农村社会结构、社会生活、生态环境、交通运输、作物种植等方面在地域内的相近性和历史传承性。第三，要考虑地域社会史与诸如地域经济史、地域文化史等其他地域史的关系。王玉波则说，对于地域的选择，应从我国古代社会的整体性认识出发，把具有共同的地理特质、历史背景和同一类型的生活方式、文化模式，以及由中心地与周围互动形成的政治、经济、文化功能体系的地域作为研究对象。

关于地域社会史的研究内容，赵清（四川大学历史系）《研究区域社会的意义》一文认为，应包括区域沿革与自然环境，政治、军事与文化教育结构，经济状况，社会结构，外国的入侵及其影响，区域研究与传统社会，区域研究与中国近代社会，区域研究与中国当代社会这 8 项内容。

乔志强、行龙还强调，地域社会史的研究方法应坚持旨在突出地域社会史特征所应该采用的方法，即包括横向比较、纵向比较、综合比较在内的比较方法，可增强科学性和减少随意性的计量方法，以及借鉴社会学、经济学、人类学、民俗学、民族学、人口学等相近学科的理论和方法的学科渗透法。王玉波则突出肯定了借鉴社会学的社会调查方法和人类学的田野调查方法的重要性，认为把这些调查所得资料与历史文献、文物资料结合起来，再通过不同地域社会历史的跨文化的比较研究，才能提高研究水平。

对此，法国学者贝桂菊（法国科学研究中心）在《地方传统和文化人类学方法论——从法国看福建一地方实例》一文中，利用这种田野与文献相结合的方法研究陈靖姑崇拜，既有直至唐代的纵深观察，又有对一个地方性心理复现表象系统的全景环视，将身份、生死、家庭辈分、疾病等现象融合起来，凝聚成一个完整的社会缩影。英国学者科大卫（英国牛津大学）认为，应重视地域类型学的研究，而田野调查是必不可少的手段。他与我国南方部分中青年学者合作，进行了大量的田野考察活动，取得了可观的成果。但也有部分学者认为，田野调查是"史"的基础，却不是从事社会史研究的终极目的。田野手段不能作为地域社会史研究的必然过程，更不能自然主义地停留在调查材料的简单分类排比的程度上。

藤田胜久（日本爱媛大学）在《中国古代社会的地域性研究》的报告中，介绍了以牧野修二为首的爱媛大学研究小组，他们以考古资料为主，结合文献，对战国秦汉时代华北与江南的差异、秦与东方六国、汉代郡县的地域社会状况等问题，通过共同研究的方式，探讨中国古代国家和地域社会的特点，完成了《依据出土文物研究中国古代社会的地域性》和《〈史记〉〈汉书〉的再探讨与古代社会的地域性研究》两部报告书。

赵清还就地域社会史研究的意义问题发表见解：我们的区域研究，不仅是为了填补学科空白，更重要的是为建设有中国特色的社会主义提供历史经验。不仅是探索传统社会，或由传统社会向近代社会的历史进程，而是要探索当代社会，为中国社会主义建设和改革开放，对从东到西，从沿海到内地的发展进行比较研究，为区域的开发利用提供借鉴。因此，区域社会史研究具有重要的历史意义和现实意义，是大有作为的。

二、家族、宗族与宗族活动

家族、宗族问题历来是社会史研究的重点，本次会议也不例外。与过去有所不同的是，个案研究明显增多，其中基于社会调查的成果又居多数。

个案研究一则集中在安徽，二则集中在江西。

唐力行（安徽师范大学历史系）的《徽州方氏与社会变迁——兼论地域社会与传统中国》一文，对"世望河南"而后南迁徽州成为"新安名族"的方氏家族进行了深入的剖析（见本期）。

王振忠（复旦大学中国历史地理研究所）在《从祖籍地缘到新的社会圈——关于明清时期侨寓徽商土著化的三个问题》一文中论证，所谓商籍是指客商子弟被允许在其父、祖本籍之外的行商省份附籍。由于徽州府与两淮运司同属南直隶，所以两淮商籍无徽商。而占籍是有条件的，即在侨寓地拥有田地、坟墓二十年以上者就可以入籍当地，所以徽商所到之处，纷纷广求田舍，以争取尽快土著化。解决了商籍、占籍两个概念时常混淆的问题。他又指出侨寓徽商的另一个动向，即以侨寓地为中心重修族谱，重建宗祠。其中有大批徽商"不欲以徽人称"，所以即使修谱，也不冠以徽州之名，显示出由其祖籍地缘向新的社会圈转移的轨迹。

臼井佐知子（日本大东文化大学国际关系部）《论徽州的家产分割》一文，则以中国社会科学院经济研究所、历史研究所和北京大学图书馆所藏的 248 种徽州家产分割文书为主要依据，从徽州家产分割文书的名称和家产分割的意义、徽州文书《分家书》立书家族的职业、《分家书》立书人，以及家产分割的原因、家产的内容和分割方法这四个方面进行了论述，并在此基础上，与日本的分家作了比较。她的结论是：第一，中国的"家"在广义上是指起源于同一祖先，由子孙后代不断延续的存在于永恒时间长河里的个人的总体，在狭义上是指统一进行家庭经济核算的生活共同体，以及该共同体所拥有的家产。反之，日本的"家"超越了其中的人、财产等具体存在，代表的是家业、家名等观念性的东西。第二，在中国，兄弟拥有同等的家产继承权。日本原则上由嫡长子单独继承，包括祖先祭祀权。第三，在中国，包括决定"分家"和进行家产分割在内的家产管理权，属于家族内辈分最高的成员。但具体实施时，管理者却不能随意确定分割的比率，其子孙也对家产拥有潜在的所有权。相反，日本家产管理权只属家长。非长子只有在"主君"同意下才有可能继承"家"。第四，中国寡妇原则上拥有与其丈夫同等的对家产、家务的管理权。家族中没有男子，寡妇可以通过认领养子的方式让其继承家产。而日本则通过女子招婿的方式继承"家"。在武士家族中，女性在丈夫生前或死后，原则上对家产的继承和管理都没有发言权。此外，她还以徽州家产分割是以不导致家业经营受损为前提，否则即使立了《分家书》，实际上也不进行家产分割，或往往保有相当一部分家产"存众"的事实，驳正了仁井田陞关于家产均分是导致中国贫困化的原因之一的论点。

梁洪生（江西师范大学历史系）的《彰义堂：流坑家族组织中商人地位上升的标志》和邵鸿（南昌大学历史系）的《竹木贸易与明清赣中山区土著宗族社会之变迁》两文，都以中国古代宗族社会的"活化石"——江西乐安县流坑村，特别是上可追溯到五代时期的千年大族董氏家族为调查对象，开展专题研究，并得出各自的结论。

梁文认为董氏家族由于控制了牛田河及其上游诸水道，又在与周边族争夺河道的控制权的斗争中强化了家族组织，又有一批士绅文化精英的理论建设和组织建设，特别是逐渐拥有一批较为富有的木商，而木商又逐渐成为家族内部的经济主体和稳定的势力，终于在明代嘉靖、万历年间完成了一次整合，使流坑成为一个单一家族独居的社区。在此过程中形成的彰义堂及其系统有两方面的意义：第一，形成多层次的共同祭祀关系，共同的跨房派的祭祖活动强化了族人的亲情观念和认同心理；第二，确保了木材贩运中的"房族内劳力雇佣制"。这一点与董氏家族控制河道，从事垄断性木材外运互为表里，使族人的生活较他族相对富裕。而这一点又成为董氏家族长期聚而不散，向心力强的原因。这一典型事例，为我们研究"小传统"与"大传统"的既相异又统一的关系提供了条件。

邵文先指出宋明时期弥漫于流坑村中的浓厚的科举文化氛围，不仅是封建国家政治更新和社会控制的要求及其教化诱导使然，也是董族个人与宗族组织的自我发展需求使然。换言之，科举制度是当时封建政治与地方小社会的一种文化契合和共荣的纽带。然而明末清初开始，流坑村的社会生活发生了重要变化，即科举的衰落和竹木贸易的兴起和繁荣。木纲会的成立，保证了董氏家族对竹木贸易利益的独占，使它成为家族组织适应现实需要而创造出来的一种辅助性功能组织。限于流坑及乌江流域经济与社会的总体环境，并未因商业化的发展发育出新型的市场机制和文化形态，相反却使这一发展受到很大的制约，并服务于既存的社会组织和文化。非更深更广的改革，便无法瓦解其封闭系统，导致传统宗法社会向近代市场社会的转变。由于近代中国封建宗族组织的瓦解是一个普遍的趋势，流坑董氏家族组织的衰落也不可避免。而科举的衰落，竹木贸易的兴起，商人士绅取代官僚士绅，使儒家学说向乡村社会的渗透受到削弱，家族整合的要件发生缺失，是其衰落的原因之一。似乎可以这样说，当僻在山区的赣中土著社会尚未能接受新型的经济、文化体系之前，传统商人在社区中的兴起，既未能导致商业文明的真正形成，也不是传统文化最佳的传承者和发展者。

钱杭（上海社会科学院历史研究所）、谢维扬（华东师范大学历史系）对江西泰和县农村的调查，则将研究的眼光集中到当代大陆农村宗族活动的现状上。《当代农村宗族结构的重建和转型》就是他们初步研究的结晶。他们认为宗族组织在当代中国大陆农村的重建似乎已是一个客观的事实，但就其内部结构的发展水平而言，无论哪一个地区的宗族（即使是东南沿海侨乡"特区"的宗族），都远不能和传统宗族相比。可以断言，在中国目前的历史条件下，传统宗族结构上的一系列最基本的特征，如大、小宗制度，宗子、族长制度和房长制等，已经不可能在现代宗族内部系统地再现了。正是在这个意义上，现阶段中国农村宗族的重建过程，应该被视为传统宗族发展史上的一个"后宗族"阶段，或者称为转型阶段。比如泰和农村的宗族的职能班子由宗族大会推选和授权，全权负责该项事务的进行，并且随着该项事务的完成而结束使命。即使该宗族已有族长之类的领袖，他也只能作为班子的一个成员而发挥作用。这意味着转型中的宗族是宗族成员自愿结合的产物，并且更多地具有俱乐部性质。也说明转型中的宗族不再是国家权力在农村的延伸，宗族对族人的影响只能依靠道义和为族人接受的少量经济上的手段，而不再有权采用暴力。最值得注意的是宗族首领的非常设化，工作班子的职能化等结构性特征，显示了现代宗族已经在整个结构上与传统宗族出现了系统的差异。

对当前比较兴盛的宗族活动应如何看待？徐扬杰（湖北省社会科学院历史研究所）以为建祠堂，修家谱，往往劳民伤财。干部带头赌博，搞迷信活动，增加了负面效应。唐力行则主张对负面效应加以约束，对正面效应加以引导。钱杭则指出宗族活动虽不是农村经济现代化的必要因素，但具有重要的文化意义。因此应对其现阶段的作用和趋向，采取审慎对待的态度。

此外，蒋文中（云南省社会科学院历史研究所）《从云南民俗看华夏"家天下"传统社会——兼论家长、亲族与泛亲族关系之社会结构》一文，通过对云南少数民族生育仪礼、回门仪式、报喜仪式等民俗的分析，提出其表面虽是一种民俗文化活动仪式，而实际则具有一个家族、一个民族乃至一个国家被赋予一定社会权力和社会规范的整合功能。在传统社会里，亲子长幼代际关系实际上构成了一种社会性的尊卑辖属等级序列，辈分及排行往往决定了一个人最基本的社会身份地位。随着人生仪礼的完成，一个人从刚刚出生并连同其父母、祖父母等在家族内部各辈分层序上的社会角色及身份地位都得到了确立。这也是贯穿于整个中国古代的以家庭为本位的社会结构网络和以亲权为基础的社会权力体系在当代的折射和孑遗。

刘志伟（中山大学历史系）《女性形象的重塑："姑嫂坟"及其传说》一文，阐述了当岭南文化逐渐归化到统一的"中国文化"体系时，作为正统文化向地方社会渗透的教化手段之一——对女性形象的重新塑造，即广州地区流行的"姑嫂坟"及其传说，是如何具体展示这一历史和文化的全过程的。阎爱民（南开大学历史系）的《六朝时期会稽余姚大姓虞氏》和黄启臣（中山大学社会学系）的《清代农村的家族组织》两文，分别对一个时期的典型地方家族系统或一个朝代的农村家族组织的全貌，作了有益的探索。

三、民间信仰与宗教活动

中国是一个多神崇拜的国度，任何一个社会史研究者都不会忽视这一历史现象的发展过程及其对社会演进的影响。从不同的地域角度审视民间信仰和宗教活动的相异性与一致性的矛盾统一，是本次会议讨论的焦点之一。

　　陈春声（中山大学历史系）《三山国王信仰与清代粤人迁台——以乡村与国家的关系为中心》一文，揭示了原存于广东东部韩江三角洲地区的三山国王信仰，是怎样随着客家移民流播到台湾的情况，试图了解台湾移民社会地缘认同意识的形成及其变化，士大夫文化在基层社会的影响，乡村与国家的关系等问题。他指出：三山国王是潮州人和客家人共同信仰的地方性神祇，并被台湾人视为"客家移民的保护神"。几乎大陆原乡流传的所有传说，都可以在台湾发现，并在口述中发生变异。但奇怪的是，具有士大夫文化色彩的神明来历的故事却几乎不为民间社会所知。尽管明清两代三山国王不是王朝认可的神明，但并不妨碍乡民关于国王"正统性"的信念。与大陆不同，与三山国王有关的庙宇已成为跨村社的地域联盟的标志，发挥出极强的社会功能。而地方政府也默认和利用其社会功能，又扩大了其影响，反映出国家政权与乡村社会的复杂的互动关系。因此，陈春声又认为，以往关于传统中国国家与乡村的关系研究，大多集中在赋税征收、司法审判、教育科举之类的问题上，这是远远不够的。从民间宗教的角度考察乡村与国家的关系，也是一种值得重视的做法。

　　徐晓望（福建省社会科学院历史研究所）《论东南母亲崇拜与观音信仰的嬗变》一文，从中国东南女性的社会地位入手，指出古代东南妇女在家庭中的地位远比北方妇女为高，所以南方文化具有女性的阴柔之美，与北方文化基本是男性文化而形成的阳刚之美形成明显的对比。这种源出于地域社会结构特征的女性文化孕育了母亲崇拜，所以当佛教传入东南区域后，便产生了母性观音的崇拜。从心理上说，观音崇拜实质上就是母亲崇拜。这也是东南多女神的原因。她们的普遍特点是以保护妇女、儿童为基本功能，然后发展为两性共同崇拜的保护神。

　　郑振满（厦门大学历史系）在《莆田江口平原的神庙祭典与社区历史》一文中，对长期以来进行的江口平原社会文化的调查作了小结。他认为在江口历史上，南安陂报功祠与东来寺、东岳观，都可以被视为社区整合的文化形式。如果说南安陂报功祠只是直接服务于当地的水利组织，东来寺和东岳观则具有更大的包容性。从三者的相互继替中，可以发现水利系统对于江口社区生活的持久影响，也不难察觉社区权力结构的微妙变化。江口历史上的社、庙、境，可以视为分析村落等级体系的主要标志，从中找出四类不同层次的社会实体：以"七境总宫"为标志的村落集团；以"自立社庙"为标志的基本村落；以"一社数庙"为标志的次生村落；以"有庙无社"为标志的再次生村落。可见，"建庙立社"的历史过程，其主导趋势是从里社向村庙的演变。而江口历史上的村庙祭典组织，往往与基层政权相结合，成为里甲组织和保甲组织的有机组成部分，其单纯的宗教设施的社会性质值得深入研究。

　　顾希佳（杭州师范学院）的《江南地区民间信仰沿革考》一文，则围绕神歌的仪式行为，神灵信仰体系以及神灵观等问题展开论述，以此追寻江南民间信仰的历史轨迹。

有关北方地区民间信仰的研究，主要集中在庙会上面。

刘文智（天津社会科学院历史研究所）的《清代以来河北地区的城乡庙会及其经济职能》一文，通过对南朝梁以来形成于河北的如城隍庙、土地庙、龙母庙、龙王庙、虫王庙、财神庙和娘娘庙等形形色色的庙宇崇拜，以及随之而形成的规模大小不一、世代沿袭的庙会活动的分析，认为在宗教迷信活动的基础上所赋予的经济职能，是庙会长期延续的主要原因。在当今社会中，庙会依然发挥着物资交流、沟通城乡的功能。

赵世瑜（北京师范大学历史系）《明清时期华北庙会与江南庙会的比较研究》一文，则跳出了局部地区个案研究的圈子，进行了对比分析。他指出庙会的宗教功能作为其初始的和最基本的功能，华北与江南并无差异。但到了明清时期，华北庙会的经济功能突出，而江南地区由于商品经济远比华北地区活跃，商品集散和经济贸易多在市镇上进行，所以庙会的经济功能反而减弱。不过，江南庙会游乐功能却相应加强，华北庙会的戏曲歌舞水平或发展速度都低于江南。与此相关的组织管理程度，也是南方略高于北方。由于宗族性的关系，江南庙会的区域性或社区性极强，这也是北方所不及的。他还指出，庙会活动往往是传统社会中国人的一种非理性、反规范、情感化的活动，所以各种参与者都有可能做出超越平时道德规范的行为。

此外，王兆祥（天津社会科学院历史研究所）的《明清时期的商人崇拜》一文，对商人的财神崇拜、行业神崇拜、妈祖崇拜及其地域特色作了系统的研讨。科大卫《明嘉靖初年广东提学魏校毁淫祠之前因后果及其对珠江三角洲的影响》一文认为，明代的官吏并不反对所有的宗教，其禁止巫觋是全面性的，反佛教则是局部性的政策。反对地方宗教确实产生了效果，但是没有禁止庙宇发展，只是改变了庙宇里面的活动。

关于儒释道三教合一思潮的形成与发展，过去多从哲学史、宗教史、文化史的角度加以探讨。秦宝琦（中国人民大学清史研究所）、孟超（中国人民大学出版社）的《儒释道三教合一思潮对我国下层民众组织的影响》一文，则从社会史的角度分析其对秘密教门与会党的影响，认为儒道释三教合一思潮对我国下层民众组织的影响，乃是传统文化对我国人民思想影响的反映。下层民众组织成员限于文化水平，对三家思想和三教合一思潮并没有全面、系统、深刻的理解，故大多摘引只言片语，为其所用，发展为具有叛逆性的思想，有时导致造反行动，这是三教合一思潮倡导者所始料未及的。宋军（中国人民大学清史研究所）《试论明清时代宗教结社的信仰体系》一文指出，宗教结社的信仰体系尽管脱胎于儒释道三教，但却经过了民间宗教家按照下层民众能够接受的方式加以重新组合与注解，赋予了新的内涵，形成独具特色的民间宗教信仰体系。这一体系包括安心（身）立命型信仰、巫术型信仰和千年王国信仰三类。但在具体教派的信仰体系上，又很难将他们截然分开，只是随着社会环境的不同和教派在当地行为趋向的不同而各有侧重而已。

西方宗教在近代中国的传播情况，张笃勤（武汉市社会科学院）《从湖北看西方宗教在近代中国传播的几个问题》一文作了论述，其中对把教案发生的原因归结为西方宗教与中国封建政权礼俗的矛盾，以及在教案的处理上地方官袒教抑民等流行的说法提出了质疑。

四、人口与移民

地域性的人口与移民问题，不仅是社会群体研究和社会结构研究的基础，而且也是传统农业社会中人口城镇化和职业构成变化以及与经济发展相关联的问题。本次会议对各区域人口比较与移民类型进行了讨论，涉及了人口、移民对社会、经济、政治、民俗文化诸方面的影响。

许檀（中国社会科学院经济研究所）在《16—19 世纪山东人口的非农业化趋势》一文中指出，明代中后期到清中叶，山东传统农业区中的社会经济发展有其自身的特点，不仅经济作物的广泛种植与农副产品加工业的发展，改变了农村种植业结构，增加了小农家庭的经济收益；而且山东形成城乡市场网络，各州县商品流通网密切联系，与全国大多数省区沟通。从明中叶到清中叶的 300 年间，山东耕地面积从 57 万顷增至 98 万余顷，人口从 740 万增至近 3000 万，人口翻了两番，而耕地只增加了 70%，在这种经济结构和人地矛盾深化的双重影响下，山东人口的非农业化扩大了。第一，社会风气与观念变化是从广泛种植棉花开始起步的，单一种植业的改变提高了小农经济收入，也把小农与市场紧密联系在一起；而运河的浚通使山东农副产品销往各地，并在运河沿岸兴起济宁、临清、张秋镇等一批商业城镇。商业的繁荣促使社会风气和人们观念发生了深刻变化，从崇尚俭朴到羡慕奢华，从重视等级规制到以金钱财富为衡量贵贱的标准，夸富、讥贫、逐财、薄儒，对人们经商和从业选择发生了重要影响，读书做官被经商致富捐官所取代，连仕宦乡绅也主动参与市场管理。第二，山东城镇人口不断增加，相当一部分商业城镇人口规模超过了传统的州县治所。一般城市居民的职业构成中从事商业者比重很高，而作为商业城镇的居民职业构成，工商业人口和从事农副产品加工的人口就更多了。第三，农业人口的非农业化趋势，分为脱离土地务工经商和离土不离乡两种情况。特别是随着农业季节的变化，农闲外出从事商业、运输业或其他副业的兼业人口所占比重很大。至于从事棉、丝织业和编织业等家庭手工业者更是不计其数，这就为人们从业选择提供了更广泛的可能。

吴建华（苏州大学历史系）《明清太湖流域的市镇密度和城乡人口结构变动》一文，用市镇密度的概念来衡量明清苏州、松江、太仓、常州、杭州、嘉兴、湖州市镇分布的疏密，着重从地域空间结构入手分析，揭示太湖地区市镇都市化的程度。他认为明清太湖流域地区的市镇继承了唐宋以来草市发展的基础，逐步臻于兴旺发达的水平。大约明成化、弘治年间是市镇初步形成发展期，到清乾隆时代迎来第二个高潮，而这两个年份也正好是太湖地区人口增长的两个波峰。这就意味着人口增长下的生存竞争促动着农村商品经济的生产和流通。人口职业结构变动促使人口流动，其中一部分流向本地城市和市镇，从事手工业、商业和服务业，也使一些农村勃兴为新的市镇。但是，市镇数量的多少和市镇规模的大小一样，都是从农村母腹中长大，侵蚀着农村母体，又依托农村母体的经济优势，吸附剩余农村人口，改变传统人口职业结构和城乡人口分布，开辟新的缓和人口压力的途径，也诱发新生产关系和阶级关系较早在市镇中发生变动。从明中期到清末，太湖流域城乡人口结构变动、城镇人口增长的进程从来没有停滞，但各府县社会经济发展并非同步前进，存在着极大的地区差异，即使苏州、杭州等市镇都市化程度较高，但仍有不少纯农业区。造成这种经济发展不平衡的因素很多，除了受到本地局部环境的影响，还有风俗习惯、道德观念的社会文化环境，以及生产方式和经济行为取向等经济环境的制约，必须具体分析才能获取客观的结论。

马学强（上海社会科学院）《区域社会经济发展中的人口问题——1368—1911年江南地区分析》一文认为，近几个世纪来，面对相同背景的人地紧张，不同地区的过剩人口寻求了不同的化解途径与方式。闽广沿海地区在人满为患的压力下，数百万人选择了向海外谋生的道路；中南人口向西南地区流动，出现"湖广填四川"的现象；黄河中下游的剩余人口则加入开发东北的行列，"走关东"成为一种时尚。然而，一直高居全国人口密度之冠的江南地区，非但没有出现人口成群外涌，相反却适量地吸纳了邻近区域的一大批过剩人口。原因有两条：其一，江南地区是明清以来全国最大的"粮仓"，吸引着贫困地区人口向较富裕地区流迁，尽管其时并没有发生任何天灾人祸，但人口仍然向富庶地区集聚。这实际上是各地区经济发展不平衡，以及不同社会经济发展阶段上反映出来的深层次人口问题。其二，1368—1911年间，江南出现了几次大的战乱，明嘉靖倭寇、海盗洗劫，清兵南下屠城，太平军与清兵拉锯战，都使人口稠密的江南地区损失很大或暂时流动，引起此后外地区人口的大规模填补。这种颇具规模的省际区域间人口大流动，构成了中国近代移民史上的重要内容。

刘海岩（天津社会科学院）在《租界与近代天津城市人口的重构》一文中具体探讨了天津城市人口增长的规律，认为战争和灾荒是将主要来自华北的人口迁入天津的一个主要动因。而租界对城市人口重构的作用，不仅表现在人口的迅速增长，以及中外居民同居于一个租界社区中，而且表现在居民居住空间模式发生了根本的演变。居民按不同的社会阶层聚居；形成高低悬殊的住宅区，完全打破了传统中国城市的格局，形成了鲜明的富人住宅区和中下层居住区。

宋钻友（上海社会科学院）在《潮人在上海》一文中指出，尽管潮人在上海人数不多，但在某些行业具有相当大的影响，他们和各地区移民一起为近代上海的崛起和发展作出了贡献。

五、社会问题与社会风俗

对社会弊病和世风民俗进行历史考察是探讨社会本质的重要问题，这次会议的发言与论文集中在地区特点上，从中发掘更深层的社会结构、价值取向等内容。

葛承雍（西北大学文博学院）在《唐京的恶少流氓与豪雄武侠》一文中论述，在唐京社会生活中，曾长期滋生过一批当时称呼为"亡命少年""恶少""市井凶豪""闲子""闲人"的不法之徒。他们拦路抢劫、勒索市民、偷盗财产、聚徒赌博、混迹妓院，还经常搞一些恶作剧，这成为京兆府治安管理辖区内的一件大事。但具有两面社会特征的是，许多介于"恶少"与"英豪"之间的武侠，又是一种民间社会文化崇拜的偶像。他们路见不平、拔刀相助、仗义疏财、劫富济贫、使酒任气、复仇雪恨、对立朝廷、颇讲义气，从游侠、浪侠变为义侠、豪侠。作者还对流氓与武侠的两面行为、个人心理作了区分，指出正面可以转化为一种人格道义力量，反面则沦落为一种危害社会的强暴势力。侠成为恶少流氓与英雄豪杰的统一。

冷东（汕头大学）则具体探讨了16世纪时期潮汕地域的"海盗"。他认为从15世纪开始，西方海盗、日本海盗和中国海盗几乎同时出现在中国沿海和南洋各地，导致了长达几百年的"海盗之患"。三者势力交锋于中国沿海，其中潮汕海盗则是明代海盗之患的重要组成部分和最后阶段。由于潮汕地区开发较晚，统治薄弱和教育落后，压迫剥削过深，所以山寇海盗较多。在严厉的海禁政策束缚下，连私人海上贸易也无法正常进行，因此潮汕地区豪门奸商、一般居民和大批流亡者纷纷采取多种形式组织海上武装，冲破政府海禁，既经商又掠夺。明代潮汕地区的"海盗集团"，是以中国国内原因为基础，以国际关系变化为外部环境而发生的，是16世纪海盗现象中的重要组成部分。它具有瓦解封建专制、推动商品的经济作用，是中国资本主义萌芽发展道路中伴随国内原始积累过程的海外扩张殖民活动的一种特殊表现，因此称之海上"盗商"更加贴切。

谭属春（湖南师范大学历史系）在《近代中国的匪患问题》一文中分析，民国时期土匪成倍地增加，而且活动日益猖獗，不仅边远地区和广大农村匪祸惨烈，就是成都、洛阳、长沙这样的通都大邑也有土匪活动的踪迹。由于半殖民地半封建的社会地位，相当大一部分破产农民和手工业者因找不到正当的谋生之路，最终不得不游离漂泊，弱者行乞为生，强者流为盗匪，游民在近代中国土匪队伍中占很大比重。再加上军阀混战不断，兵匪一家非常普遍。作者认为，近代土匪产生和猖獗的重要历史原因有五条：一是落后的自给自足的自然经济与中国人口迅速增长之间的矛盾；二是中国版图广袤，地区联系不紧密和交通不发达；三是近代以来鸦片的腐蚀和西方腐朽生活导致中国传统道德沦丧；四是政治腐败不仅使贫富悬殊加大，而且使社会动荡不安；

五是错综复杂的民族矛盾和宗族冲突。

对社会风俗的具体阐述，从古代到现代许多问题都有涉及。

商传在《明代的文人与社会趋向》一文中考察了元末明初的学风，认为恃才自傲的文人们在文化专制摧残下日趋官僚化，文风崇尚台阁体，整个文坛沉寂了一百余年。正德以后，士大夫们一方面追求高雅文化，另一方面陷于追求物质享乐之中，形成文化商品化与社会纵欲思潮，色情的泛滥、个性的无羁、民风的颓靡，一直影响到晚明崇奢腐败的社会风气。但士大夫在文化上逐渐与平民社会接近，得到了社会的支持。

李长莉（中国社会科学院近代史研究所）从儒家世俗伦理与近代资本主义的关系入手，探讨 19 世纪中叶上海租界社会风尚与民间生活伦理。她认为 19 世纪 50—70 年代中期的上海租界社会是中西文明接触较早、文化融汇面最大、民间社会变化最大、民间伦理的变化与冲突表现最集中、最具代表性的社区，所以，作为个案具有典型意义。首先，上海是一个快速发展起来的华洋混居的移民社会，原来儒家伦理基于血缘关系之上的等级义务的联系纽带被基本割断，虽然人们仍尽量利用同产、同业等旧式关系网，但其效用已十分有限。其次，租界地区由外国人行使行政管辖权，原来官方对于民间的教化渠道及惩戒机制被基本阻断，使正统教化伦理的社会强制力大为削弱。最后，租界的社会活动中心，已不是传统的自给自足的小农经济或传统城镇封闭性的小工商经济，而是以对外贸易为核心的开放性商业活动，儒家教化伦理无法发挥全面有效的功用。来自于实际生活经验的行为方式表现为与正统教化伦理明显相悖的社会风尚，其中最为突出的是争趋从商之风、奢靡之风和"欺诈奸伪"之风。因此，上海租界的商业活动呈现出许多病态，不利于近代资本主义成长。

陈生玺（南开大学）在《清末民初的剪辫子运动》一文中指出，清末民初的剪辫子运动是和当时的民族关系、政治问题、社会习俗变化紧密地联系在一起的，是人们要求精神解放的一种表现。

严昌洪（华中师范大学历史系）在《近代武汉商事习惯的文化审视》一文中认为，汉口自明清以降即为我国商业重镇，清末民初更是一座近代化的商业都会，中外商贾云集，老店新号林立，商事习惯十分丰富。他具体考察了商人信仰习俗、语言民俗在商业中的表现，商业对礼仪习俗的利用，商业对消费习尚的导向等内容，指出商人常常有意识地将民俗文化用于经营活动中，以增加生意成功的系数，于是发生了商业文化与民俗文化联姻的现象，也促进了传统文化与现代文化接轨转变的积极现象。

胡戟（陕西师范大学历史系）在《礼治社会的拂晓和迟暮》发言中指出，在一个小农经济基础上实行礼治的宗法伦理社会里，应注意由自然人成为伦理的人，从原始群衍成社会的发展历程。他认为人为了自己的生存，在食物分配中引入共同要遵循的制约机制，形成了最初的礼。所以"饮食之礼"是人类社会的第一礼，甚至食人也被合理地纳入了饮食之礼。

　　李禹阶（重庆师范学院历史系）认为礼是华夏民族及国家的重要社会特征。他在《史前中原地区的宗教崇拜和"礼"的起源》发言中指出，对超自然的自然山川神的泛灵崇拜，对超血缘的部落联盟内祖先神的权威崇拜，对日益发展的世俗公共职能的神化与敬畏，这三重神统的出现，构成中原地区史前宗教的基本特征。这三重神统内在的矛盾结构，引起了原始宗教的分化及现实人伦性的崛起，最终导致向宗法血缘与世俗权力相结合的"礼"的转化。所以礼是从史前宗教中孕育，又服务于社会整合目标；既有强烈的内在宗教性，又有一定的规范性。

六、社区研究与社会阶层

　　区域社会性的研究并不始于本次讨论会。近年来，各地学者都对本地区的社区特色、地缘文化、人文差异等不同方面进行了饶有兴味的探索。但是，有意识地集中对地域社会作具体或整合性研究，则是这次学术交流的主要议题之一。与会者都试图通过一个地区的研讨，找寻更深刻、更内在的社会契合与冲突，然后获得群体行为的全面认识。特别是各地域之间发展的不平衡性，对研究者开辟新思路具有重要意义。

　　崔在容（韩国庆州东国大学校）在《汉代三辅研究》一文中指出，三辅制度是由因袭秦内史而设立的汉内史逐渐分化发展而来，于武帝太初元年（公元前104年）形成。三辅的产生对西汉帝国的稳定与发展作出了巨大的贡献，主要表现在以下五个方面：一，西汉王朝通过对三辅的有组织有计划的统治，来解决关中徙民、陵邑徙民、降胡封爵等"强干弱枝"政策所带来的问题；二，西汉政府的三辅保护政策和六辅重视政策，使三辅成为汉代国家的坚实基础；三，由于三辅是很难管理的地方，所以在汉代的中央政治上，三辅官所发挥的作用不容忽视；四，人口的增长、资源的开发，使三辅地区摆脱经济上对东方的依赖，形成以三辅地域为中心的商业圈，对三辅的经济安定及政治安定起到很大的作用；五，三辅处于要塞地带，对异族的侵袭起到了堡垒的作用。

　　刘健明（香港中文大学历史系）在《再论唐代岭南发展的核心性》一文中对中古时期岭南地域发展状况及特点进行了深入的讨论。他认为，秦汉以后，中原的农耕技术，随中原武力的南来，输进岭南，提高了该地区的生产水平。魏晋南北朝时期，北方人南下，岭南虽地处南端，但由于自然环境的保护，不受兵灾之苦，地方经济得到较稳定的发展。唐代，由于内陆交通的改善，南海贸易的兴盛，广州成为中外贸易的主要港口，在外贸方面占有优势，但在人口密度及农耕技术上并不比岭南其他地区为优。从矿产地的统计分析得知，岭南在农业生产上比较落后，但在矿产方面却占重要的地位，而广州的矿产绝不比岭南其他地方优胜。在瓷器的外销方面，广州是外销中心，但从制作水平分析，粤中显然落后于粤东。总之，唐代广州的繁荣，有赖岭南其他地区及岭南以外地区的供应。唐代岭南的发展，如从人口分布去看，人口密度较高的是广东北部及西江流域一带，这是由于北人南来多先居于广东北部及西江一带农业较为发达地区的缘故。广州虽开发较早，且在唐代有繁荣的对外贸易，但在人口密度、农田水利、矿产蕴藏及工艺技术方面并不占优势。地区的发展，极少是单一中心的孤立繁荣，而应有一个较全面的网络联系。

金在先（韩国圆光大学）在《崔溥〈漂海录〉与明代弘治年间之杭州地区景观》一文中，介绍了朝鲜朝端宗年间崔溥所著《漂海录》的内容及书中记载的杭州地区景观，反映了明弘治年间宁波府、慈溪县、余姚县、上虞县、绍兴府、崇德县、嘉兴府等都市形成的以杭州府为中心的经济圈的情况。

游子安（香港树仁学院历史系）在《明末清初功过格的盛行及善书所反映的江南社会》一文中，通过对明末清初善书的盛行地区、盛行原因及内容的分析，阐述了善书的意义及其反映的江南社会。他指出，明末清初的善书撰者，集中在江南地区。当时商品经济的发展，带来奢靡逐利的社会风气，也出现色情文学泛滥、低假包银及贫富悬殊的社会问题。这些现象或问题，善书都有所反映或提出了解决办法。另一方面，社会经济的演变也影响善书的写法与内容，其中功过格如记账般"论钱记功"，便渗透着货币经济的色彩。晚明以来尊卑贵贱等级关系的变动，说明了明末清初善书以乡绅及婢仆为主要劝诫对象的因由。此外，金钱在晚明成了人们崇拜的对象，五通神在江南也成为民间普遍信仰的财神；明末清初的善书却认为财富是公共的，也是聚散无常的，因此劝谕富者散财以积德。这些主张，无疑对资本的集中积累是不利的。

陈学文（浙江社会科学院历史研究所）的《明清时期江南社会民情风习的演变》一文，详细考察了明清时期商人的经商行为和心态。他认为江南社会经济的发展形成弃农弃儒从商的风气，冲破了封建等级制度，不仅建房、礼仪违制，而且婚姻论财，奢靡之风在饮食、衣饰、器用等方面反映强烈，整个社会文化和士人风气发生流变。但从明清两代大量专门性的日用商业用书来研究，则发现当时商人都有自己的经商之道，不求蝇头小利和不以投机假冒手段创业发家，有着较好的商业道德和丰富的商业知识，有巨商大贾的风度，凭借文化素质发家致富。其中一些良好的经商风气值得研究。

马楚坚（香港大学中文系）在《阳明先生重建社区治安理想与安施》一文中分析了王阳明于正德十一年（1516年）抵江西南安府后，面临军纪官责的紊乱和赏罚不明、互相推诿的局面，为了开导军民有"爱、教、养、卫"四纲自治精神，制定了熔保甲与乡约于一炉的《南赣乡约》。其弟子以后又将它推广到各地，确有很大影响。

王日根（厦门大学历史系）在《地域性会馆与会馆的地域性差异》一文指出，会馆是明清时期寓居外地的同籍人设置的一种社会组织，地域性是它的最基本特征，不仅众多会馆几乎都是地域性的，而且在不同地域设立的会馆也存在着明显的地域差异。

首先，离开故土经商者面临着十分尖锐的土客矛盾，只有团体的组织才能作为依恃的力量；其次，作为乡井复制物的会馆提供了寓外人士体现人生价值的舞台，官绅和富商对建设会馆非常热衷；再次，地域性会馆是对流寓人员实行有效管理的最佳社会组织。因而，不仅京师省城多设会馆，下属府县也广泛设置会馆。服务于科举的会馆显示出浓厚的政治倾向性，服务于工商业的会馆则包容了强烈的商业化色彩。在各地会馆中主角往往是商人。除了新兴工商城市中外籍会馆兴盛外，一些由墟市发展而来的场镇也发展了会馆，特别是移民集中区域的会馆既是一种经济型组织，也是一种社会型组织。然而，会馆在沿海沿河地区分布多，内地腹地分布少；东部地域多，西部地域少；会馆的建设也与商帮发展相辅相成，从而形成了众多地域商帮并举的局面。

郭伟川在《潮州礼学研究述略——兼论儒家精神对潮州的影响》一文中，概述了宋元明清四代潮州礼学研究的兴盛、礼学人才的辈出和撰述的丰繁，并着重探讨了韩愈、朱熹对潮州礼学发展的巨大影响及其学术承继源流。同时，作者指出，"汉唐之后，潮人得力于儒家思想的濡养，因而奉汉朔，崇正统，重礼义，故每能临大难而见大节"，这正是潮州精神的特色之一。

王先明的《从保甲到团练：近代绅士阶层与基层社会控制》一文认为，在乡村社会中真正对民众的生活发生作用的社会控制系统，是远比封建官吏制度更为复杂也更为多样的社会控制形式。在清王朝精心建造的保甲控制系统中，试图把绅士作为社会控制的对象，而不是听任其成为社会控制的主体。绅士们拥有的文化教养和在家族中的地位，绝不是一个非权力化的社会控制系统所能动摇的。清王朝统治者的悲剧在于，一旦把绅士置于保甲控制之下，必然会泯灭绅士与庶民之间的根本性差别，而这种差别又是在更深层次上支撑着封建社会的统治机制。

李天纲（上海社会科学院历史研究所）在《1927：上海市民自治运动的终结》一文中研究了上海商人与国民党政权的关系。

有关社会阶层与区域关系的问题，与会者也予以极大关注。如李开元（日本就实女子大学）的《汉初军功受益社会阶层与西汉政权的建立》一文提出，西汉初年出现了一个新的社会阶层，即汉初军功受益社会阶层，并存在了一个世纪之久。张涛（山东大学）在《西汉经学与山东儒生》一文中，对在以经学为指导的社会政治生活中，山东儒生所扮演的重要角色作了探讨。认为山东不仅产生了一大批学识渊博、造诣颇深的经学大师，还有齐学、鲁学之分和今古文之争，形成了一个开放型的经学体系。冯尔康（南开大学历史系）提交了《新西兰社团述略》论文，叙述了近期奥克兰地区的华人社团史，对其社会背景、社团内部结构和类型、社团活动以及积极作用等作了介绍与评述。

七、地域文化与民族调查

地域文化一直是社会史关注的重点之一。从新的视角来看文化的地域性，区分先进发达地区和闭塞落后地区的文化差别，无疑会使地域社会史研究走向深入。

赵润生、马亮宽（聊城师范学院）在《试论齐文化的形成及对秦汉政治的影响》一文中指出，齐文化是一种内容丰富的地域文化，其形成和发展可分为两个时期：一是齐开国及桓公时期。开国君主姜尚及其继承者注意巩固统治，发展经济，吸收和融合当地的文化，为齐文化的形成和发展奠定了基础。齐桓公、管仲使齐文化在当时处于领先地位。二是稷下学宫的设立和发展时期。稷下学宫的设立与当时私学盛行有密切关系，其存在期间，学者荟聚，名流迭出，成为百家争鸣的主要基地。齐文化有三个显著的特点，神秘性、自由开放与博杂宏富。齐文化对秦汉政治有着重要影响。秦王朝吸收了齐文化中的阴阳学说，与法制学说结合，作为严刑峻法的理论根据。汉初黄老学说是齐国传统思想文化吸收原始道家思想糅合而成的新的道家学说。在由黄老之学向王霸相杂思想的转变过程中，荀子对齐文化的总结起了中介作用。汉武帝"罢黜百家，独尊儒术"后，儒学成为统治阶级的指导思想，亦是齐鲁文化融合的结果。

王子今（中央党校历史教研室）在《秦汉时期赵地社会文化的特色》一文中指出，赵地兼有山地、平原、海滨、荒漠等地理条件，其社会文化具有独自的特色。最突出的特点是司马迁所谓"民俗懁急""悲歌慷慨"。赵地出身的军将多有作战勇悍的杰出表现，官僚多有为政残厉的明显风格。另一方面，赵人行政多以严猛为治，以杀伐为威，也与赵地民俗"好气为奸""号为难治"的特点有关。赵地急烈的民风与齐地"宽缓阔达""舒缓养名"之风有明显差异。但赵地临近齐、鲁、中原的许多地区，又受到当地文化风格的显著熏染。赵地出身的经学之士，均居于东部与齐、鲁、中原临近的平原地区。赵地的西部与东部，大致可以看出以"剽悍"为主要民俗倾向和以"礼文"为主要民俗倾向的文化分野。赵地在北边文化区与齐鲁文化区、中原文化区之间，形成了一个文化过渡区，体现了赵地的文化优势，而邯郸地区则成为赵地政治、经济、文化的重心所在。

张鹤泉（吉林大学古籍研究所）在《东汉关中地区文化发展的特征及影响》一文中指出，关中地区是我国古代开发较早的地方，自秦、西汉以来，成为统一国家的畿腹地区，使该地区在文化发展上具备了优越的条件，到东汉仍不失为一个重要的地方。其文化发展的特点表现在经学、史学、文学及教育诸方面。东汉时代的关中，经学兴盛。研习经学的社会阶层非常广泛，经学世家占有相当数量，并出现一些大儒，使当地尊崇儒士的风气盛行，并使关中成为在经学上有重要影响的地区。关中儒生在史学上作出突出的成绩，在辞赋上亦取得成就。对经术的传授是关中儒生重要的文化活动，他们热心兴办私学，并到处游学，推动了关中文化的繁荣。关中地区的文化对其他地区产生重要的影响，表现在以下三个方面：一，关中成为吸引外地儒生学习经学的重要地区；二，关中儒生在担任国家官职时，将传授经学作为其重要事务；三，关中儒生对促进古文经的传播影响重大。

郭美兰（中国第一历史档案馆）在《从地域特征看清政府对鄂伦春统治政策的得失》一文中指出，近代沙俄对我国东北地区领土的蚕食，迫使清政府加强了对鄂伦春民族的统治。自清初管理松弛的布特哈总管衙门开始，清政府不断采取新措施以强化管理，直至光绪八年设立兴安城总管衙门，并派官设员，执行各项军政措施，以图加强边防，同时更好地控制鄂伦春人。清政府的上述措施虽具有推动鄂伦春民族社会发展的积极意义，但由于鄂伦春人所处社会条件和自然环境没有发生根本性变化，因而最终没有达到预期的目的。

定宜庄、胡鸿保在《满族社会历史调查的若干启示》一文中，通过对辽宁清原县辉发那拉氏后裔、福建晋江女真人粘氏后裔和福建长乐琴江水师营旗人后裔这三个个案材料的分析，探讨了有关"不肯归附努尔哈赤的女真人""因汉族宗法宗族制而保存至今的金代女真人"，以及"不具有女真血统而一直生活在满族共同体的一部分人"等特殊的历史民族现象。从社会史的角度揭示了满族形成、发展中的多元化问题和历史、文化、心理等诸范畴对民族意识、民族认同的重要影响作用。

除以上专题论文外，井上彻（日本弘前大学人文学部）的《日本学界关于明清时代宗族问题的研究》、熊远报（华中师范大学历史系）的《多秋贺五郎的中国宗谱问题的研究》、常建华（南开大学历史系）的《80年代以来日本的明清地域社会研究》等文，从不同的侧面介绍了日本社会史研究的状况。汪冰、马斗成、韩凝春（南开大学历史系）合写的《1980年—1993年区域社会史研究概述》一文，将14年中有关区域研究的成果，按大区、分区、省市的层次编制，作了扼要而又全面的评述。

综上所述，本次会议有以下特点：一，首次对地域社会史的理论、方法和意义作了较为认真和深入的讨论；二，田野调查成果在争议中呈日渐壮大的趋势，随着此类研究的深入，其实际作用会逐步明朗；三，微观或中观的个案研究占相当大的比重，为有分量的宏观研究成果的问世奠定了坚实的基础；四，多学科渗透法已被较广泛的利用，国外学者的介入，进一步开阔了我国学者的眼界；五，中青年学者异常活跃，使学会与研究工作充满了活力；六，中外学者的成功合作与交流，为今后的交往展开了良好的前景。

（原载《历史研究》1995年第1期）

自　传

　　我 1944 年阴历七月十八日出生于上海，祖籍浙江省诸暨市保和乡小兼溪村。祖父周宝田为农民，因家境贫寒，父亲周士达于初中毕业年仅 14 岁时，独自离家去当学徒。后得到外公阮禅堂和外婆庄文娟的赏识，得以与母亲阮舜贤结婚，生活与事业才出现转机。1949 年前后，父母在香港三一公司任职，父亲一度任天津分公司襄理，主持日常商务，曾为突破禁运作出过贡献。1957 年父母一起回到天津定居，并就职于天津机械进出口公司，父亲任运机科科长，不久即成为国务院备案的外贸专家。他们无论是工作还是为人，均口碑甚佳。所以我家虽非书香门第，他们言传身教却于我影响至深，德行操守，至今谨遵不辍。

　　1949 年天津解放，我进达文小学上一年级第一学期。所以我是中华人民共和国成立后，由党和国家培养的第一代学子。1950 年春节我南下宁波就学，但自 1953 年初重返天津后，就一直生活在北方。

　　天津第 20 中学是沈慧儒先生在原英国航空俱乐部旧址上创办的一所中学，当时学校汇集了京津著名大学毕业的一批高才生任教师，学风严谨而又不失活泼，书记、校长常在周末于大礼堂讲《三国》，说《红楼》，语文教研室的老师们常在重大节日来临前演出全套《失空斩》。20 世纪 50 年代末、60 年代初，20 中是九年一贯制和十年一贯制的试点校。我读高中时，虽系 12 年一贯制学生，课本却是九年一贯制的。光《文学》课本就有近二寸厚，90% 以上的课文是文言文。高二即分文、理科班，我选择进了文科班。高中三年的学习为我的学术生涯奠定了初步的基础。1962 年，我考入南开大学历史系。这一年高考是所谓"以分取人"，不太注重家庭出身的。班上 30 名同学清一色是应届毕业生，成绩突出，年龄又轻，与"大跃进"时开始进校的调干班形成鲜明的对比。恰逢此时，老教授重上讲台，如郑天挺讲明清史，王玉哲讲先秦史，杨翼骧讲秦汉史，杨志玖讲宋元史，吴廷璆讲日本史，杨生茂讲美国史，来新夏讲历史文选，黎国彬讲中外史学史，均为一时之选。而在七八十年代成名的刘泽华、魏宏远、冯尔康、陈振江、李义佐、汤纲等一批青年教师也分别为我们授课或作辅导。可以说我们整整读了 3 年好书，使我们一生受益。特别是在杨翼骧先生的指导下，我通读了《史记》《汉书》和《三国志》，为日后研究秦汉史做了较充分的准备。

　　从 1964 年开始，我先后按河北省委和学校的安排，在唐山市丰润县和沧州市盐山县搞了一期半"四清"，又于 1965 年上半年去塘沽 66 军 588 团当了 2 个月的兵。1966 年又赶上了"文革"，一整就是 2 年。虽是 67 届毕业生，却拖到 1968 年 7 月才分配工作。这些运动大多具有负面影响，其中以"文革"为最，这无疑是一场灾难。但是从另一个角度上来讲，它不是正规学习，却胜于正规学习。对于我这样一个从学校到学校的单纯而幼稚的学生来说，是一次次重要的认识社会、认识历史、增添阅历、提高史识的好机会。尤其是作为史学工作者来说，更具有现实与长远的意义。因为现代既是历史的延续，也是历史在新条件下的再现。了解历史才能更好地认识现代，而认识了现代又能更好地理解历史。

1968 年 8 月的一个夜晚，我与室友胡英芝一起赶赴黑龙江。他去方正县高楞镇中学，我则去龙江县华民公社中学。我们是被工宣队限期离校的，所以一切均很匆忙。我家因受"文革"冲击被抄过家，所幸我的两大箱藏书却意外地被保存了下来，完好地托运到了工作单位。然而当时昏黄的门灯下，外婆与母亲送别时瘦削的身影与凄楚的神情，深深地刻入我的心里，至今无法挥去。

嫩江边的生活可说清苦、荒唐、无奈，而又时时透露着希望。尽管忠字舞、早请示、晚汇报，公社大喇叭时不时传来最高指示，甚至半夜三更我与朝鲜族的同事、车老板，打着鼓，举着旗，在田野上呼喊着革命口号，以庆祝最新指示的发表等这些令人难以理解与相信的事，日复一日，令人难耐。但是，面对着一班又一班天真烂漫的汉族、达斡尔族、朝鲜族学生，一切烦恼也就烟消云散了。凡事靠自己，一切从头做起。当我上第一节语文课时，平常不爱说话，也不爱发言的我，刚刚讲了不足 10 分钟，便无话可说。情急之下，忙叫学生自己朗读课文，才把这节课混完。令人想不到的是，从第二节课铃声响起的一刹那开始，我竟能滔滔不绝地讲满 45 分钟。以后更是一发不可收拾，就是做一天的报告，也不会发怵。后来和同学们聊起此事，成为笑谈。

华民中学规定，教师早上 8:30 前到校，学生 9:30 前到校，然后连上 5 节课，下午 2:30 学生离校，教师 3:30 便可回家。所以当时对我来说最多的便是时间。在我的心里，认为"文革"的乱象不可能一直持续，因而无论如何都不能放弃学业，于是两大箱书成了益友。

1968 年春节，我从齐齐哈尔出发，在天津稍作停留，便赶到西安去看望分手 8 年的女朋友葛丽华。她是我天津 20 中文科班的同学，当时我们之间并没有什么浪漫的交往，只是在共同的学习生活中，不知不觉相互留下了良好的印象。她是陕西凤翔人。陕西人爱家乡，不愿远游，所以高考前全家迁回西安，然而月下老人的红线把我们悄悄拴在了一起。此时 8 年的书信往还终于结出了果实。岳父葛志平与岳母王清秀允诺了我们的婚事，1969 年夏，我们幸福地结合了。这对我来说，是一生中最重要的一件大事，从此我身后有了一个坚强的后盾，帮助我顺利地走到现在。

我的岳父是 1948 年在家乡参加革命的，随贺龙的一军一师解放青海，接着又参加了抗美援朝战争。胜利归国后转业到天津市建委。"文革"中，我家受到冲击，我成了"黑五类"，又远远发配东北。然而一则我在南开读书时，他通过战友调查了解过我和我的家庭，心中有数；二则他是小学教师出身，喜欢教师职业，所以对我这个中学教师较为认可；再则他为人正直，在家中也比较民主，能尊重我爱人的意见，所以我的婚事才如此顺利。他是我一生中最敬重的人之一。他的英年早逝，始终是我心中永远的痛。

1972年，通过我岳父的帮助，我调到西安，进了第73中学任教，一教又是6年。与我在东北时一样，我教历史，但更多的是教语文、政治，甚至还偶尔上上地理课。期间我曾担任所在学区6校政史地联合教研组组长。不过史学仍是我的挚爱，我便挤出一切可能的时间来读书。这时我买到了《后汉书》，前四史成为我的基本读物。

机会总是给予有准备的人。1978年国家恢复了研究生招生考试。我本来想报考南开大学，重投杨翼骧先生门下，专攻史学史。但是好不容易才结束夫妻两地分居的我，不愿再走回头路，于是改投西北大学的秦汉史专家陈直先生。杨先生尊重我的选择，同时仍无微不至地关心我的学业，他专门叫他的大弟子也是我的挚友叶振华寄来详细的阅读书目和学习计划，供我参考。师恩难忘，所以我在西北大学学习期间发表的第一篇学术论文《荀悦与〈汉纪〉》，就属于史学史范围。杨先生走了，他永远活在我心里。

陈直先生面容清癯，神态慈祥，南方人特有的气质，以及与我父亲当年离家谋生的相似经历，使我对他有一种亲近感。而他深厚的学术功底，他把二重证据法引入秦汉史研究领域的独到治学方法，更令我折服。陈先生自学成才，从不懈怠，也从不做与自己长处不合的事，从不刻意追逐名利与权力，是他成功的秘诀。他博学多闻，所以也要求弟子多翻书。常出一些题目让我们去做，如中国最早的书肆名称见于何书，汉代有哪些名酒，汉代入仕的常途是什么，等等。这些题看似不起眼，有的还有些偏，但促使你多翻书，还常常能引出大题目。师兄黄留珠就从"举孝廉为郎"这一汉碑中常见的入仕常途入手，写出了《秦汉仕进制度》一书；而师弟余华青则发表了《汉代酿酒业探讨》一文，刊登于《历史研究》上，获得了陕西省社会科学优秀成果一等奖。陈先生还十分重视阅读和点校汉代基本典籍。刚一入学时，他命我们五弟子共同点校《汉纪》，之后又命我单独点校《后汉纪》，并明确要求我专攻东汉史，为我制订了一个详细的研究计划。他告诉我说，过去的学者往往先读《史记》，再读《汉书》，等读到《后汉书》时，已近暮年，精力不及，缺少力作，东汉成为一个薄弱环节。关于东汉的文献在存世秦汉文献中，其实数量较多，应系统予以整理，为今后的研究打一个坚实基础。当然重点还是《后汉书》。

自1980年6月陈直先生去世以来，我就是按他的部署一步步走来。在通读《后汉书》的同时，我先扫清外围，辑校了《东观汉记》，形成一个资料长编。1986年12月由上海古籍出版社出版了《八家后汉书辑注》（上下册），并于1990年获陕西省社会科学优秀成果二等奖。1987年2月由书目文献出版社出版了《〈史略〉校笺》；7月由河北人民出版社出版了《七家后汉书》（点校汪文台辑本）；12月由天津古籍出版社出版了《后汉纪校注》，并于 1992 年获首届古籍整理图书三等奖。1990 年 9 月又由中华书局出版了《汉官六种》。1991 年在张岂之先生指导下，为国务院古籍整理出版规划小组草拟了《中国古籍整理出版十年规划和"八五"计划》第一部分《建国以来古籍整理出版的成就和制订本规划应说明的若干问题》的征求意见稿。本人的《汉魏六朝佚史钞》项目后来被列入"八五"计划，同时，《后汉书集注》项目被列入全国高校古委会重点项目。正当计划顺利实施的过程中，1995 年 8 月我被调任陕西历史博物馆馆长，繁忙的行政工作打断了这一进程。直至 2004 年 9 月，年届耳顺之年的我终于卸下馆长重任，现在我又有时间重新整理修订旧著，重点放在中华本《后汉书》的修订和《今注后汉书》的撰作上，同时，开展点校王先谦《后汉书集解》和再做《后汉书集注》的工作，力争在五年内完成，给陈先生一个较圆满的答复。

古籍整理工作往往不被现今的学界看重，甚至不少院校在考核科研成果时少计或不计古籍整理成果。殊不知古籍整理的难度不亚于写部新著，更重要的是这是一件功德事，也是做学问必走的打基础的门径。它利人利己，利国利民，何乐而不为！陈先生的功力即基于斯，又创造性地把考古资料系统地引进该领域，使古籍整理与研究工作达到新高度，创出新水平。《汉书新证》就是他突破乾嘉学派以来《汉书》整理基本上是从文献到文献的旧路数，在前人耕耘过千万遍的熟地上结出硕果，成为秦汉史界公认的典范。一则是师命，一则是使命，所以我虽已步入晚年，却心甘情愿将《后汉书》的整理工作进行到底。

陈直先生的一生是坎坷的，但也是幸福的。他是极少数在去世前就出版或已安排好绝大多数著作出版的著名学者。不过为了不留遗憾，也为了更好地了解和学习先生的治学与为人，我在林剑鸣老师的指导下编辑出版了陈先生的论文集《文史考古论丛》，解决了天津人民出版社丢失原稿的尴尬。又通过各种渠道努力，在得到夏鼐先生临终前的首肯，在中国社科院考古研究所乌恩先生的帮助下，将该所珍藏的陈先生旧作《关中秦汉陶录》《续陶录》《云纹图录》，再配上陈先生家藏《摹庐藏瓦》，交由天津古籍出版社出版。在中国秦汉史研究会成立二十周年之际，为纪念原筹建组组长陈直先生，我又在陕西省文物局和陕西历史博物馆的资助下出版本人所藏的《摹庐诗约》。在此进程中，时在西北大学文博学院任教的周晓陆先生两度整理出版了《读金日札》。这样陈先生的存世作品基本出齐。值得庆幸的是，2005 年北京召开"两会"期间，出版陈直先生全集《摹庐丛著》一事，得到中华书局总编李岩先生、副总编徐俊先生的大力支持，作出了妥善的安排。在古代文献编辑部主任李解民先生和责编王勉女士的具体操作下，目前已出版《关中秦汉陶录》和《史记新证》二书，《汉书新证》将于今年上半年问世。他如《居延汉简研究》《两汉经济史料论丛》《文史考古论丛》《读子日札》《读金日札》《三辅黄图校证》《弄瓦翁古籍笺证》和《摹庐诗稿》等书，也将在 2009 年前出版。作为摹庐入室弟子尽此义务，可以告慰先师的在天之灵了。

我治学的基本特点是在整理秦汉文献的基础上，开展秦汉社会史专题研究。秦汉史研究由于文献有限，关注的学者多，已有的成果亦多，要想继续深入，往往不是剩义无多，就是难以成文，鲜能突破。解决的主要办法公认是吸取陆续出土的新考古资料来推动研究，然而在史学研究方法上借鉴国内外最新理论，也是可行之路。社会史理论与方法无疑是最佳选择之一。

早在毕业初留校任教时，林剑鸣老师曾组织我与黄留珠、余华青共同编著了《秦汉社会文明》一书，其中我主撰衣食住行四章。这是改革开放以来大陆学者写作较早、影响较大的一次尝试。其实在撰写硕士学位论文时，我选定了两个题目，一个是论东汉门阀的形成，一个是两汉复仇研究。后者在 70 年代极"左"思潮仍具有影响之时，被认为是难登大雅之堂的支流末节小课题，是不能也不配作学位论文选题的。于是我只好选择了前者。东汉门阀一题甚大，涉及面广，面对已成主流的魏晋门阀说，做起来确是困难重重。但是东汉表面上延续了秦、西汉之制，并进行了总结，实际上却发生了许多变化，在各个方面开启了一个新的时代，直接对魏晋南北朝起了指导作用，其影响一直延续至唐末。与其归入秦汉史，不如划入魏晋南北朝史，至少是承上启下的关键转折时期。学位论文只是以门阀问题为突破口，做了一个初步的探索。在写作过程中，一直得到陈直先生和林剑鸣老师的热心指点与帮助。令我终生难忘的是，在陈先生去世前半小时，他尚在为我解答论文有关问题，而当我离开后仅十多分钟，他便平静安详地睡在床上离我们而逝。用"鞠躬尽瘁，死而后已"来评价陈先生的师德，是再恰当也不过的了。正是在他的精神感召下，我终于完成了论文。1980 年 10 月，在中国秦汉史研究会成立前夕所举行的研究生论文答辩会上，在长达半天的答辩过程中，我详尽地回答了以林甘泉先生为主席的答辩委员会所提出的所有问题，顺利地通过了答辩，不久即获得历史学硕士学位，留系当了教师。东汉门阀问题实际上也是社会史课题，本拟就邓窦梁马四大外戚家族以及弘农杨氏、汝南袁氏、济郡桓氏再做系列个案研究，可惜均因时间问题而搁置。

1991 年我在《历史研究》上发表了《两汉复仇盛行的原因》一文，还了一个旧账。1992 年又将其扩充为《古代复仇面面观》一书，编入由我主编的《中国社会史文库》第 1 辑中。值得一提的是，我从中悟出了一个道理，即复仇风尚不仅仅是原始社会血亲复仇的孑遗，也是封建宗法制度深入人心的必然结果，还是礼教重于国法的人治社会的必然产物。此外，它又是不同阶级、不同阶层人士经济利益、政治利益、社会利益冲突的外在表现形式之一，是古代社会习俗和地域文化特征、价值取向的一种独特反映。从一个小小的社会现象中，可以透视一个时代乃至整个封建社会，采取以小见大，探微知著的研究方法，从不同角度和侧面解剖中国社会，我们对中国社会就会有一个比较全面而深入的认识。也就是说，社会史研究不应该只局限于微观或中观的研讨上，而终极目的应是在微观与中观研究的基础上，从宏观上揭示中国社会的基本构架和发展规律。这一认识为当初被否定的课题正了名。令人遗憾的是，我最想做的国家社科基金项目《秦汉姓氏研究》，因为工作调动原因而搁浅，何时才能恢复，至今难以确定，只能留待他日了。

从 1982 年 3 月起，我在西北大学工作了 14 年，历任历史系古籍整理教研室主任、历史系副主任（后改称文博学院副院长）兼西北大学古籍整理研究所所长、西北大学图书馆馆长等职。1986 年为研究生导师，1993 年享受国务院特殊津贴。我学术上的主要成果，完成于这一时期。

1995 年 8 月至 2004 年 9 月出任陕西历史博物馆馆长，事出突然，也给我的学术工作带来不利影响。但是这也是一个绝好的机会，为我推开一个广泛联系社会、重新认识世界的一扇大门。

陕西历史博物馆是国家"七五"规划 50 项中唯一的文化项目，作为中国第一个现代化的国家级大型历史博物馆，自 1991 年 6 月正式开馆以来，在国内外享有盛誉。馆中 37.5 万件藏品，绝大多数是经过科学发掘的出土品，具有很高的收藏价值和研究价值，也是能成为国内少数可以借助文物讲述整部中国古代史的博物馆之一的基本原因。陕西历史博物馆也是唯一代表中国出席由日本京都新闻社主办的两届世界博物馆美术馆馆长会议（也被称为世界十大馆馆长会议）的博物馆，与英国伦敦大英博物馆、法国巴黎卢浮宫、意大利佛罗伦萨乌菲济美术馆、西班牙马德里普拉多美术馆、德国柏林国家博物馆群、俄罗斯圣彼德堡艾尔米塔什博物馆、美国华盛顿国立美术馆、美国纽约大都会艺术博物馆、日本京都国立博物馆的馆长们，共同讨论世界博物馆发展中大家关心的问题。正因为如此，各国政要，国内中央至省市各主要领导、国内外社会知名人士、博物馆及相关学科的同行及广大游客纷至沓来，年平均都在 60 万人以上。其中如美国总统克林顿、西班牙国王卡洛斯、意大利总统斯卡尔·法罗、日本天皇明仁等近百位元首专程来访；又如美国微软公司总裁比尔·盖茨、洛克菲勒及其财团高层、加拿大蒙特利尔银行都在本馆举行晚宴，以招待其内部人士及亲朋。所以接待成为日常的重要工作，节假日尤甚。

天下文物是一家。对我来说，国内外同行间的学术交流更为重要。国内合作，国外参访，聆听了最新的理论见解，观赏了具有很高科学价值的稀世珍品，了解了众多相关学科的科技信息，得到了许多富有启发性的作品，开阔了眼界，推动了研究，为我现今的重返史坛积累了宝贵的知识财富。正所谓"失之东隅，收之桑榆"。许多无聊的行政琐事带来的烦恼，也就变得容易忍受与善于化解了。这整整 11 年的经历，让我的人生变得更加绚丽多彩，回味无穷。

从 2003 年起，我被陕西师范大学聘为兼职教授，出任中国古代史专业（秦汉史方向）博士生导师，为该校重建秦汉史科研教学队伍出力。重返教学科研岗位，是我即将退休前的强烈愿望。感谢陕西师范大学，感谢赵世超校长和历史文化学院，给了我这样一个机会。焕发学术青春，为自己一生的学术生涯做一总结，是我晚年的奋斗目标，我会加倍珍惜此际遇。2004 年西安美术学院杨晓阳院长聘我当客座教授，以帮助周晓陆教授创办美术考古专业，这也将是人生一大快事。

在已度过的大半生中，学术是我的第一生命。1997 年和 2003 年我两度被评为陕西省有突出贡献专家。现在还担任中国秦汉史研究会会长、中国历史文献研究会副会长、中国社会史学会副会长、中国博物馆协会理事等职。已出版著作（包括合著）28 部，发表论文（包括合撰）50 余篇，也算是不枉此生了。然而我还是不满足，希望在有生之年，再多留下一些东西来。

此外，在党和政府的关心下，我的社会活动相对较多。1993 年至 1997 年为陕西省人大代表，同时是陕西省政协委员兼文史资料工作委员会副主任；1998 年至 2002 年为九届全国政协委员（社会科学界）；2003 年至今为十届全国政协委员（社会科学界）。多次为文化、文物事业和群众关心的问题提出建设性提案和大会书面发言稿。其中大会书面发言稿《西部开发要以史为鉴》，被中国新华通讯社刊于《中国对外新闻》2000年第 12 期上，并被中外 30 余家报刊所转载。又，《关于制定各级考古单位按期移交出土文物的法规的建议案》，被全国政协选入《把握人民的意愿》（全国政协九届优秀提案及复文选）第二卷中。与此同时，还大量参与对外友协与侨联工作。为了维护西安古都的历史风貌，我应邀担任西安市决策咨询委员会委员，市规划委员会委员和市雕塑委员会委员，参与完成了张家堡广场、玉祥门广场、西华门广场、环城西苑的规划方案。并将继续努力，把自己的学识用于西部大开发中去。

（原载《社会科学战线》2007 年第 2 期）